Das Aura-Soma Buch

Farben für die Seele

Mike Booth
mit Carol McKnight

AURA-SOMA®
South Road, Tetford,
Lincs, LN9 6QB, UK
www.aura-soma.net

Aura-Soma Products Limited
South Road
Tetford
Horncastle
Lincolnshire LN9 6QB
United Kingdom
www.aura-soma.net

Die englische Originalausgabe erschien unter dem Titel *The Aura-Soma Sourcebook: Color Therapy for the Soul* by Healing Arts Press, Rochester Vermont 2006 zuerst in den Vereinigten Staaten.

Diese Ausgabe erschien 2012 nach Vereinbarung mit Healing Arts Press, a division of Inner Traditions International, Rochester, VT 05767 USA.

Gedruckt in Indien von Replika Press Pvt Ltd.

10 9 8 7 6 5 4 3 2 1

Rechts: Licht, auf die Erde strömend.

Diese Arbeit widme ich mit Liebe Vicky Wall, Margaret Cockbain und all den Menschen, die seit der Geburt von Aura-Soma mit dabei waren und seine Entwicklung förderten, bis es seinen Weg in die Welt fand; Carol McKnight und ihren drei Töchtern Ariel, Erin und ganz besonders Kirsten, die uns bei der Entstehung des Buches halfen.

M.B.

Mit Liebe widme ich dieses Buch der Freude, die wir auf der Suche nach uns selbst, und wie wir in Harmonie zusammen leben können, gewinnen; den wunderbaren Möglichkeiten, die sich aus einer kreativen Zusammenarbeit ergeben; und gleicherweise Aeonghus, Bridget und den anderen Tieren in unserem Leben in Dankbarkeit für ihre treue Begleitung auf diesem Weg.

C.M.

Inhalt

Danksagung

Die Entstehung dieses Buchs war eine Erfahrung an schöpferischer Zusammenarbeit und synergetischem Einsatz im Sinn und Geist des Wassermannzeitalters. Viele Personen haben viel von sich eingebracht, damit es veröffentlicht werden konnte. Besonders möchten wir Judi McLaughlin, Nick Vittum und Christopher Clements für ihr Können und ihre außerordentliche Großzügigkeit beim Gestalten aller Fotografien unseren Dank aussprechen; nicht zuletzt für ihren heiteren Optimismus, selbst als sich die Arbeit bis in die frühen Morgenstunden hinzog. Auch bei allen, die uns ihre Fotografien angeboten haben, bedanken wir uns herzlich. Judy Taylor und Michele De Santis verbrachten viel Zeit damit, ihre Archive nach schönen Bildern zu durchstöbern; John Buckeridge, Scott Wayne und Ryan Barolet-Fogarty taten alles dafür, um einem Fremden, dem sie im Flugzeug begegneten, über Kontinente hinweg Bilder zu schicken. Ruth Barenbaum und John Ramsey inspirierten uns aus der Weisheit ihrer eigenen Erfahrungen. Elaine Lasker Von Bruns, Buchliebhaberin und Archivarin, las mehrmals geduldig Seite für Seite, um verständliche Ausdrucksweisen zu finden. Annabelle Westling Williams und Don McLaughlin unterstützten hilfreich und halfen mit ihrem unerschütterlichen Glauben an das Projekt. Ed Besozzi und Irene Paquin begleiteten uns bei der sorgfältigen Bearbeitung der Dokumentation; die „Alleskönner" Irene und Ariel Burgess standen Kirsten Talmages und uns bei der Arbeit am Manuskript zur Seite. Lilleth Booth schrieb wie mit Zauberhand. Jon Graham danken wir für seine Offenheit und Ermutigungen, ebenso Jamaica Burns, Jeanie Levitan und anderen Menschen der Healing Arts Press für ihre Geduld und fachkundige Geburtshilfe.

Oben: Ewiges Licht, außerhalb von Fairbanks, Alaska.

Einführung

Aura-Soma wurde als eine „nicht eingreifende, auf Selbstauswahl beruhende Therapie für die Seele“ [1], ein Dienst für die Seele bezeichnet. Diese knappe Formulierung weist es als neues Paradigma im Bereich des geistig-energetischen Heilens aus. Es ist darauf begründet, die in jedem von uns liegende Weisheit anzuerkennen und achtet und unterstützt dieses innere Wissen. Indem wir von bestimmten Farbkombinationen angesprochen werden, ermöglicht dies uns, unsere eigene Spiegelung zu erstellen – wer wir sind, und was wir brauchen. Da unsere Auswahl einem „Ruf“ folgend und einem dem Bewusstsein übergeordneten Wissen getroffen wird, spiegeln die Farben die Wahl der Seele wider und sind nicht nur vorübergehend anziehend.

Vicky Wall, die Begründerin von Aura-Soma, betonte gerne: „Die größere Führung liegt in euch selbst“. Der Philosoph und Mystiker Rudolf Steiner glaubte, jeder Mensch müsse zusätzlich zur Verkörperung „innerer Wahrhaftigkeit und kompromissloser Aufrichtigkeit“ das Persönliche transzendieren, um „als reale Erfahrung zu fühlen und zu erkennen, dass er … höheren Welten angehört.“[2] Wenn wir verstehen, dass wir uns mit einem eigenen transzendenten Aspekt verbinden können, hilft uns dies zu erklären, wie unser überbewusstes Selbst die Farben der Equilibrium Flaschen im Aura-Soma System wählt. Erlauben Sie sich, beim Betrachten der Bilder der zweifarbigen Flaschen in diesem Buch zu den vier Flaschen geführt zu werden, die Sie am meisten ansprechen. Vertrauen Sie dabei Ihrer inneren Führung!

Im Aura-Soma System offenbaren sich uns die vier zweifarbigen Kombinationen unserer Wahl von selbst und ergänzen uns wieder. Durch das, was wir in der Welt zum Ausdruck bringen, sind wir der, wer wir sind. Wenn wir aktiv sind, tun wir in der Regel aktive Dinge. Ist es uns gegeben zu analysieren, denken wir wahrscheinlich sehr viel. Dadurch, dass wir der sind, wer wir sind, geben wir der Welt etwas oder brauchen es in der Welt auf, und genau dabei benötigen wir Unterstützung, und das ist es, was wieder ergänzt werden muss. Aura-Soma lehrt uns, dass die Farben, die wir wählen, das Wesen enthüllen, das wir sind und uns das zeigen, was wir benötigen. Sie stärken uns, denn alles, was gleich ist, steht miteinander in Einklang, und so können wir unser Potenzial erfüllen. Wir empfangen und übertragen gleichzeitig die Qualität der Energie, die wir verkörpern.

In diesem Sinne eröffnen uns die Equilibrium Farbkombinationen unser Potenzial, unser Geburtsrecht und unsere Gaben und Geschenke, die wir durch Geburt mitbringen sowie unsere Verpflichtungen, die aus unserer Geburt entstehen. Wenn wir die Empfängnis, die Zeit der Schwangerschaft und die Reise durch den Geburtskanal erleben, verlieren wir teilweise unser Wissen über Aufgabe und Zielsetzung unseres Lebens. Dies war uns noch klar, als wir uns im Bardo – dem Zwischenleben – befanden. Die meisten von uns sehnen sich danach, sich ihrer Bestimmung bewusster zu sein. Unsere Farbvorlieben geben nun die Möglichkeit, uns zu erinnern. Entdecken wir, welche Farbkombinationen uns besonders anziehen, so offenbart sich unser individueller Farbcode und enthüllt

Oben: „Ich setze meinen Bogen in den Himmel.“ Regenbogen in Vail, Colorado.

das Dharma und das Karma dieser Lebensspanne und die Reise unserer Seele durch die Äonen der Zeit. Dieser Farbcode enthält die Lektionen, Möglichkeiten und die Richtung und Art unseres Dienstes in der Welt.

Bewusstsein identifiziert sich mit Farbe und Licht. Die Qualität unseres Bewusstseins in unserer Körperlichkeit drückt sich in unserem Dasein und unseren Charaktereigenschaften aus und entspricht unseren Farbschwingungen. Farbe wirkt direkt und spiegelt sich dann im Bewusstsein wider. Dadurch entdecken wir uns auf gewisse Weise im Zusammenhang mit Farbe und Licht. Das Betrachten der zweifarbigen Aura-Soma Equilibrium Kombinationen bietet uns die Möglichkeit, unseren eigenen Farbcode mithilfe von Farbe und Licht zu erkennen.

Dieses Buch soll sowohl eine Einführung in Aura-Soma als auch eine Quelle für alle sein, die das System bereits nutzen. Für jene, die neu bei Aura-Soma sind, bietet das Bild von allen Flaschen am Ende des Buches ein Schaubild der Farbkombinationen in der bestmöglichen Farbqualität, ohne dass Sie jedoch dabei die realen, lebendigen Energien der Equilibrium Flaschen vor sich haben. Anhand dieses Schaubilds können Sie die vier Flaschen finden, von denen Sie sich am meisten angesprochen fühlen. Wir ermutigen Sie, diese Kombinationen anzuschauen und sich die Reihenfolge Ihrer Vorlieben festzuhalten, damit dieses Buch für Sie lebendiger wird.

Das 1. und 2. Kapitel bieten eine Grundeinführung in Aura-Soma, seine Prinzipien, seine Ziele und seine Geschichte. Um das Verstehen der Bandbreite und Tiefe von Aura-Soma zu unterstützen, und wie es zu unserem persönlichen Leben und auch zu unserer Teilnahme an der Entwicklung des menschlichen Bewusstseins gehört, ist das 3. Kapitel ein Studium der Farben an sich – ihrer Symbolik und ihrer Verbindung mit der feinstofflichen Anatomie des menschlichen Körpers. Im 4. Kapitel werden die wichtigsten Elemente von Aura-Soma und ihre Anwendung beschrieben. Im 5. Kapitel befassen wir uns genauer mit jeder Flasche. Wir tragen zum Verstehen ihrer Namen bei und gehen in bestimmten Fällen auch auf die Herkunft dieser Namen ein. Diese Beschreibungen sind zugleich Auszüge der wesentlichen Bedeutung und Wichtigkeit jeder Farbkombination, wie wir sie zu verstehen gelernt haben. Wir werden aufgefordert, der Verbindung der Flasche mit anderen Weisheitslehren nachzuspüren. Im 6. Kapitel begeben wir uns tiefer in die Auseinandersetzung mit Aura-Soma und seiner Verbindung mit anderen Weisheitstraditionen und verschaffen den Lesern einen Zugang zur weiteren Erkundung. Ein Beispiel der vielfachen Bedeutungen, die eine einzelne Flasche zu enthüllen vermag, wird ebenfalls aufgezeigt. Dies macht deutlich, dass jede Equilibrium Flasche wie ein chinesisches Puzzle-Kästchen ist und zu einer Überraschung nach der anderen führt, indem sie mit unserer feinstofflichen Anatomie und dem physischen Körper zusammenarbeitet, um den Ausdruck unserer größten Fähigkeiten zu ermöglichen.

Zusätzlich zu dem, was Sie über das Equilibrium System lernen werden, sprechen die Farben immer für sich selbst. Sie werden ermutigt, die Farben mit dem, was Sie bereits wissen, in Zusammenhänge zu bringen und die einzigartigen Wege zu erkunden, wie die Flaschen verstanden werden können. So sind diese Flaschen in erster Linie Schlüssel zum Verständnis unseres Wesens. Wenn wir die Farbkombinationen in den Flaschen erforschen - jene Schlüssel zum Bewusstsein, führen wir uns selbst auf dem Weg der Individuation. Indem wir dies tun, werden wir zugleich auch bewusstere Mitschöpfer der planetarischen Entwicklung.

Die Farbrose

1

Aura-Soma

Ein Weg zur Selbsterkenntnis—Farben für die Seele

Du bist die Farben, die du wählst, und diese spiegeln die Bedürfnisse deines Wesens.

VICKY WALL

Vermutlich sind wir für uns selbst das größte Lebensrätsel. Unser großer Wunsch ist es, zu uns selbst zu „reisen", ein tieferes Verständnis dafür zu entwickeln, wer wir sind und uns in der Welt im Rahmen unserer Gemeinschaft, in der wir leben, zu zeigen und mitzuteilen. Das Aura-Soma Farbsystem bietet eine Reihe „farbiger Juwelen", die uns als Hilfe zur Erfüllung unserer größten Aufgabe gegeben wurden: die Enthüllung und Bewusstwerdung unseres Selbst. Farben üben auf alle Menschen eine Anziehungskraft aus; auf einen gebildeten Erwachsenen ebenso wie auf ein Kind. Selbst Blinde oder Farbenblinde können die Schwingung einer Farbe fühlen und werden von bestimmten Kombinationen angezogen.

Das Wort *Aura* bedeutet „Licht" und bezieht sich auf die Facetten von farbigem Licht in uns, dem Potenzial unserer Seele - der Aufgabe der Seele. *Soma* bezieht sich auf das Wesen, das im Körper wohnt. Im Griechischen bedeutet *Soma* „Körper", im Aramäischen „Wesen", im Sanskrit „lebendige Energien". Zudem umfasst es das elektromagnetische Feld an der Oberfläche des Körpers. Aura-Soma vermittelt somit das Verständnis, dass wir im wesentlichen Lichtwesen oder lebendige Energien sind. Vom Standpunkt der Quantenphysik aus gesehen, besteht alles aus Licht mit unterschiedlichen Schwingungen. Menschliche Wesen sind auf der Zellebene Biophotonen, die Licht aufnehmen und Licht abgeben. Dieses Verständnis findet sich in der alten vedischen Sichtweise und auch in der tibetischen Tradition. Beide Systeme beschreiben uns gleichermaßen als Regenbogenwesen.

Als System ist Aura-Soma ein nicht-eingreifender auf Selbstauswahl beruhender Ansatz, die Seele mithilfe ihrer Farben zu erreichen. Es soll die Verbindung zwischen unserem Lichtwesen und dem Licht unseres physischen Körpers fördern. Diese Verbindung, vor allem durch Farbe dargestellt, hilft uns, über das Licht in uns selbst und ebenso über die uns umgebenden lebendigen Lichtenergien bewusster zu werden. Vicky beschrieb es meist so: „Das Innere nach außen, das Äußere nach innen." Durch den Prozess, aus über einhundert Möglichkeiten, die vier Equilibrium Flaschen auszuwählen, zu denen wir uns am stärksten hingezogen fühlen, erfahren wir, welche Lichtschwingungen besonders mit uns selbst zu tun haben. Wenn wir die Sprache der Farben lernen, erkennen wir auch, was diese Wahl über unsere tiefsten Bedürfnisse und Gaben aussagt. Wir können so Hilfe erhalten, um unseren Lichtkörper zu verstehen und zu begreifen, dass wir letztlich Lichtwesen sind.

Oben: Sich zum Licht hin bewegen. Frau, die aus einer Statue in Manchester, Vermont, heraustritt.

Erkennen und würdigen wir unsere wahren Farben, haben wir die Möglichkeit, uns im Spiegel der Farben wiederzufinden. Wir erhalten einen Hinweis auf den Farbstrahl, auf dem wir ins Dasein gelangt sind.[1] Diese Wahl kann gleichermaßen unsere Neigungen wie auch unsere Qualitäten offenbaren, auf die wir uns konzentrieren müssen. Die Farben, die wir wählen – ihre Bedeutungen und Zuordnungen – bieten einen Spiegel für unsere Seele, gewähren uns Selbstbestätigung und ermutigen unsere Entwicklung. Jede Equilibrium Flasche zeigt das Wesen und die Kraft der Farbe sowie auch die dazugehörigen Energien von Pflanzen, Kräutern, Edelsteinen und Kristallen für unsere Seelenarbeit.

Schöner noch als jede Geschichte über die vier Flaschen, die jeweils unabhängig voneinander angeschaut werden, ist die fortlaufende Geschichte, wenn wir die Flaschen in der Reihenfolge unserer Auswahl betrachten. Wenn wir uns vom unteren Teil (der unteren Farbe) unserer ersten Flasche bis zum oberen Teil (der oberen Farbe) der letzten Flasche bewegen, entsteht der einzigartige Farbcode unserer Seelenreise durch die Zeit. Gerade so, wie das Leben ein ständiges Wechselspiel an Veränderungen, Bewegung und Statik ist, so enthüllt unser Auswählen in seinem Farbenmuster die uns innewohnenden Qualitätcn in ihrer Entwicklung und Bewegung. Es zeigt uns, wie wir unsere Talente unterstützen können, und wie sie von der Persönlichkeit und historischen oder kulturellen Konditionierungen befreit werden können, die sie an ihrem Ausdrucksvermögen gehindert haben. So, wie die Farben gemischt sind, welche vorherrschen und welche verborgen sind oder wieder auftauchen, dies alles ist Teil einer sich entfaltenden Geschichte, die uns im Spiegel unserer Farbwahl entgegentritt.

Die Erkenntnisse, die wir durch das Aura-Soma Colour Care System erhalten, sind meist persönlich relevant, treffen aber auch auf unsere Gemeinschaft zu. Obwohl jeder von uns das Leben allein erfährt, nehmen wir auch am Leben einer größeren Gemeinschaft teil. Deshalb sprechen die von uns gewählten Farben sowohl unsere einzigartigen Lebenserfahrungen als auch die Bedingungen in unserem Umfeld an. Dieses Buch konzentriert sich vor allem auf Aura-Soma als Werkzeug, das uns individuell in Richtung Bewusstseinswachstum führen soll – und doch geht es um noch mehr. Es geht um direkte Energieübertragungen, bedingt durch die Energien der drei Reiche (dem Mineralienreich der Kristalle und Edelsteine; dem Reich der Kräuter, Pflanzen und Bäume und dem Reich des Farb-Menschen, mit seiner Wahrnehmung von Licht und Farbe). Das Geschenk der drei Reiche scheint spezifisch und einmalig für das Aura-Soma Farbsystem zu sein. Wir verstehen Aura-Soma so, dass die Energien der drei Reiche im Einklang mit den einzelnen Menschen und ihren Bedürfnissen und ebenso in Harmonie für das größere Wohl schwingen – ein wesentliches Prinzip bei diesem System.

Alles, was in diesem Handbuch dargestellt ist, wird als Schlüssel angeboten, damit wir die umfassende Bedeutung von Farben als Unterstützung der Reise zu uns selbst verstehen. Letztendlich werden unsere persönlichen Erfahrungen mit Farben und die jeweiligen Assoziationen und Einsichten, die wir gewinnen, am wichtigsten für uns sein. Was auch immer wir suchen, wir haben es bereits!

Wesentliche Gedanken

Zu der Zeit, als dieses Buch entstand, waren bereits mehr als zwei Jahrzehnte vergangen seit Vicky Wall die ersten Equilibrium Flaschen „gebar". Seitdem haben viele Tausend Menschen in der ganzen Welt zu Aura-Soma gefunden und damit begonnen, sein Versprechen zu erkunden. Aus Erfahrungen haben wir die grundlegenden Prinzipien des Systems erkannt. Nun sind wir damit vertraut und können uns so für weitere Erkundungen öffnen.

Anhand der Aufstellung der von uns gewählten Farben werden die von unserer Seele bevorzugten Farben in der Gegenwart für uns bewusst gemacht. Diese Farbvorlieben sind der Schlüssel für unser Selbstverständnis - als Persönlichkeit und als Seelen- und Ewigkeitswesen. Es wird gesagt, dass Adam vor dem Exodus aus dem Garten Eden den Namen eines jeden Tieres kannte - jedes hatte einen wesenhaften Namen. In gewisser Weise waren das Wort und das gemeinte Objekt identisch. Nach dem Sündenfall wurde von dem einen Namen vielfältig abgewichen; beliebige und überlieferte Namen wurden gegeben, die zudem gebunden waren an eine Unmenge von Sprachen.[2] Solch eine Vielfalt von Sprachen kann Menschen voneinander wegführen, und Gefühle der Entfremdung entstehen, wenn Menschen das Gleiche mit verschiedenen Namen benennen. Leben wird flüssig, veränderbar und vergänglich. Unsere Persönlichkeit ist wie diese Namen Veränderungen und Unbeständigkeiten preisgegeben. Sie sind passend für bestimmte äußere Situationen und besonders für innere Herausforderungen. Aufgrund dieser Namensvielfalt kann es sein, dass nur ein Teilaspekt von uns bekannt ist oder wahrgenommen wird. Unser Farbcode – der in gewissem Sinne unser eigentlicher Name ist – ist ewig. Ihn wahrzunehmen kann unser Gefühl der Verunsicherung oder Entfremdung verringern. Unser wahrer Farbcode kann uns zu dem Gefühl der Einheit mit uns selbst zurückbringen, zu einem Gefühl der Ausrichtung mit unserem Seelenstern, unserem Dharma und der Aufgabe unserer Seele. Wir werden von bestimmten Farben angezogen, die unseren Farbcode durch die Zeit hindurch widerspiegeln. Wenn wir ihn finden, bedeutet dies unmittelbar ein nach Hause kommen und eine Rückkehr zu unserem wirklichen Wesen, und wir erinnern uns wieder.

Die Qualität des Bewusstseins wird durch Farbe und durch unsere Farbvorlieben vermittelt. Unser eigener überbewusster Anteil nimmt Farbe und Licht unabhängig von unserer physischen Gestalt wahr. Dieses Verständnis scheint Teil vieler alter Weisheitstraditionen zu sein und wird beispielhaft von den tibetischen Yogis und Lamas erläutert, besonders im Bardo Thodol (Totenbuch). In dieser Abhandlung wird von alten tibetischen Meistern Bewusstsein unabhängig von der Körperlichkeit beschrieben, entweder als Teil des Übergangs von einem Zustand in den anderen, solange wir auf der Erde sind oder im Moment der Transzendenz am Ende des physischen Lebens. Es werden speziell die Erfahrungen der Seele nach dem Tod beschrieben, bei dem sich das unabhängige Bewusstsein im Hinblick auf Farbe und Licht erkennt; es ist Farbe, die der Seele auf ihrer Reise der Evolution hilft.

Durch harmonische Resonanz können uns Farben in

unserem Leben unterstützen und nähren, während wir unsere Aufgabe und Zielsetzung sowie unser Potenzial zum Ausdruck bringen. Das Aura-Soma System arbeitet mit Prinzipien, die harmonisierenden, durch Schwingungen wirkenden Methoden ähnlich sind. Die Farben der Flaschen entstehen dadurch, dass pflanzliche Inhaltsstoffe, Edelstein- und Mineralenergien sowie natürliche Färbemittel kombiniert werden. Durch sympathetische Resonanz, vergleichbar mit der homöopathischen Doktrin des „*Similia similibus curentur*" (Ähnliches werde durch Ähnliches geheilt), haben die energetischen Schwingungen dieser Inhaltsstoffe eine anregende, klärende und ausgleichend wohltuende Wirkung auf uns. Verbinden wir uns mit den Farben, zu denen wir uns hingezogen fühlen, sehen wir, dass diese Farben eine Resonanz erzeugen, die unsere physischen und aurischen Felder stärkt. Sie verhelfen uns zu positivem Wohlergehen und persönlichem Wachstum.

Ein Geschenk mit einer besonderen Bestimmung

Die Menschheit scheint auf einer Schwelle von Wachstum und großer Veränderung zu sein. Es kann sein, dass Aura-Soma gerade zu dieser Zeit angeboten wird, sodass wir alle die Möglichkeit haben, unseren Farbcode zu entdecken und dabei ein größeres Bewusstsein für unsere Lebensaufgabe, unsere Gaben, Talente und Herausforderungen zu entwickeln. So, wie wir persönlich bewusster und zielbewusster werden, sind wir auch Teil einer langsamen Welle der Veränderung im kollektiven Bewusstsein und tragen unser Bewusstsein und unsere klare Absicht in die Welt hinaus.

Das Zusammenspiel mit den Farben von Aura-Soma kann ein persönlich verjüngender und unterstützender Prozess sein, und das kann sich auch auf die Dynamik des Ausgleichs unserer feinstofflichen Anatomie und unseres physischen Wesens auswirken. Wenn wir die Energien der Farben, der Pflanzen und der Kristalle, die wir benötigen, auf den Körper auftragen, dient uns dies als Hilfe, von Unwohlsein abzurücken und zu einem harmonischen Wohlergehen zu gelangen.

Bei Aura-Soma umfasst die menschliche feinstoffliche Anatomie acht Chakras oder Energiezentren (die feinstoffliche Anatomie wird weiter im 4. Kapitel, Seite 23 erörtert). Jede zweifarbige Kombination einer Equilibrium Flasche kann als Lichtkelch betrachtet werden, der in Resonanz ist. Wenn diese Resonanzen zu einem Chakra passen, wirken sie auf das Bewusstsein dieses Chakras und haben eine direkte Wirkung auf die feinstofflichen Energiesysteme des Körpers. Die Farben unterstützen die Öffnung der Chakras und ihre gute Funktion als Sender-Empfänger. Sie helfen den Energiefluss in unserem Wesen zu verbessern und ermöglichen uns, die Absicht unserer Seele auf der Erde besser zum Ausdruck zu bringen. Schließlich fördert Aura-Soma eine tiefere Entspannung, offener zu sein für den Geist sowie eine erhöhte Leistungsfähigkeit und das Vermögen, unserem Individuationsprozess nachzugehen.

Aura-Soma handelt von Farbe und Licht, Farbe und Leben. Sind wir ausgerichtet, dann stehen wir aufrecht: regenbogenfarbige Menschen zwischen Himmel und Erde, den Kopf im Himmel und die Füße fest auf der Erde. Wir fühlen die Verbindung mit unserem Seelenstern und unserem Erdstern. Wir lassen das Zentrum frei fließen und lassen Ängste und Sorgen los. Wir sind in der Lage, unseren Inkarnationsstern zu offenbaren. *Das „Ich bin" kommt auf die Erde. In gewisser Weise ist dies das Geschenk des Aura-Soma Farbsystems.

---

*Der Erdstern ist ein Punkt, knapp unter der Erdoberfläche, der jedes menschliche Wesen aufspürt, gleich, wo er oder sie sich auf der Erde befinden. Der Erdstern ist der Grund, warum wir hier inkarniert sind, anstatt irgendwo sonst. Der Erdstern trennt sich vom Inkarnationsstern in dem Moment, wo Bewusstsein sich mit der ersten Zelle verbindet. Der Inkarnationsstern enthält das Potenzial, das sich in der ersten Zelle befindet sowie das Gedächtnis innerhalb der Physiologie dieser ersten Zelle. Von da aus gibt es einen Zugangspunkt zu der offenen Seite der Akashaschrift, die zu dieser Inkarnation gehört.

2

Die Geschichte von Aura-Soma

Vicky Wall, die Begründerin von Aura-Soma, erhielt die Inspiration für die Equilibrium Flaschen durch Gebet und Meditation. In ihrer Autobiografie, *Aura-Soma: Selbstentdeckung durch Farbe*, beschreibt sie ihr Erbe und zeigt dabei das Fundament auf, auf dem Aura-Soma beruht:

> Ich wurde in London als siebtes Kind eines siebten Kindes geboren. Mein Vater und seine Eltern gehörten zu den Chassidim, einer tief religiösen Gemeinschaft, die sich mit den mystischen Aspekten der Bibel befasste. Mein Vater war ein Meister der Kabbalah und des Sohar. Dieser Hintergrund lieferte ihm das Wissen um die Heilkraft von Pflanzen und natürlichen Heilmethoden, das er an mich weitergab.[1]

Von klein auf teilte Vicky mit ihrem Vater die Gabe des aurischen Sehens, der Hellsichtigkeit. Es war eine Fähigkeit, die sich später noch weiterentwickelte, selbst als vererbter Diabetes sie erblinden ließ. In ihrer Person waren Intuition, ein Bewusstsein für die feinstoffliche Anatomie, das kabbalistische Erbe und die Weisheit des Pflanzenreichs vereint. Mit diesen persönlichen Voraussetzungen und den ihr gegebenen einzigartigen Fähigkeiten konnte Aura-Soma enthüllt und Jahrzehnte später durch sie geboren und der Welt geschenkt werden.

Die Geburt von Equilibrium

Vicky verlangte danach, mit ihrem Vater sein kabbalistisches Wissen zu teilen. Chassidische Regeln erlaubten ihm jedoch nicht, sie darin zu unterweisen, da sie ein Mädchen war. Sie teilten aber das Wissen um das Geheimnis, die Aura zu sehen, was sie teilweise tröstete. Als sie noch sehr jung war, versprach ihr Vater ihr zudem, dass sie eines Tages offen über dieses Geheimnis sprechen könne, wonach sie sich sehr sehnte. Tragischerweise wurde schon in ihrer Jugend das Band zu ihrem Vater äußerlich getrennt. Sie verließ das Elternhaus, da sie von ihrer Stiefmutter misshandelt wurde und ließ sich in einem nichtjüdischen Haushalt nieder. Den chassidischen Regeln zufolge konnte sie ihren Vater deshalb nicht mehr sehen. Trotzdem bewahrte sie ihr ganzes Leben eine tiefe Liebe für ihn.

Als junge Frau arbeitete Vicky als Assistentin für einen Apotheker, der sie in die alten Künste der Pharmazie einweihte. In dieser Zeit nahm sie mit Freude wahr, anderen helfen zu können. Zunächst plante sie Masseurin zu werden. Allerdings wurden ihre Inserate falsch ausgelegt, woraufhin sie sich zur Podologin ausbilden lies und eine der

Oben: der Berg Londonderry in Vermont.
Seite 7: (links) nördlicher Arm des Middlebury Flusses, (rechts) Magenta-Flaschen.

ersten Frauen in England war, die eine Zulassung als chirurgische Fußspezialistin erhielt. Vicky bildete sich weiter, unterrichtete an vielen Schulkrankenhäusern Londons; aber schließlich beendete ihr schlechter werdendes Augenlicht diesen Berufsweg. Mit Mitte sechzig galt sie als blind, hatte Altersdiabetes und erlitt einige Herzinfarkte. Ihr gesamtes erarbeitetes Vermögen hatten sie und ihre Partnerin Margaret aufgrund eines größeren Betrugs an einen Freund verloren. Vicky sah all diese Umstände als einen Hinweis, ihre Bequemlichkeit aufzugeben - eine himmlische Aufforderung, einen göttlichen Anstoß. Sie wandte sich der Meditation und dem Gebet zu. Anfang 1983 erhielt sie die Inspiration für Aura-Soma, worüber sie in ihrer Biografie schreibt:

> Ich fand mich plötzlich in eine wunderschöne Kaskade von Farben eingehüllt, die wie Ebbe zurückwich und wie Flut sich ausdehnte und sanft rauschte, als sie wieder verschwand. Als sie mich rhythmisch umfing, sehnte ich mich danach, darin zu verweilen; mein ganzes Wesen wurde von vibrierender neuer Energie überströmt und Frieden durchflutete mich … Dann hörte ich die zart sanfte Stimme …“ Teile die Wasser, mein Kind.“ „Teile die Wasser?“ wiederholte ich, und sofort war ich wieder auf der Erde. “*Welche Wasser*?” dachte ich …
>
> In der zweiten Nacht wiederholte sich alles. Auch die Anweisung: „Teile die Wasser.“ Wieder kam ich schnell und voller Verwunderung aus meiner Meditation. In der dritten Nacht fühlte ich mich wie Samuel im Tempel und konnte die Stimme nicht länger ignorieren, obwohl mein Verstand klar sagte: *Was soll das nur, ich bin nicht Moses! Ich bin blind, und mein Herz arbeitet nur noch zu vierzig Prozent. Außerdem bin ich fast siebzig. Um Himmels willen, wen sollte ich wohl in welches gelobte Land führen?*
>
> Diese Eindrücke ließen mich nicht los, und ich erhob mich aus meinem Bett. Die Erinnerung an die nächsten Stunden fehlen mir völlig und letztlich damit auch, wie Equilibrium geboren wurde. Ich weiß nur, dass andere Hände die meinen führten.[2]

Als dann am Morgen nach der Geburt von Equilibrium Vicky von Margaret gefragt wurde, wofür es denn sei, antwortete sie, sie wisse es nicht. Aura-Soma Equilibrium war tatsächlich aus einem Mysterium heraus geboren, und das vollständige Verständnis von Aura-Soma ist weiterhin ein Geheimnis, eine Enthüllung, eine Bewusstwerdung und sich entfaltende Offenbarung. Vicky sagte, sie hege „keinen Zweifel“, dass Aura-Soma eine neue Erscheinung von etwas sei, wovon sie in ferner Vergangenheit bereits Kenntnis besaß …

> Allmählich enthüllte sich seine volle Bedeutung und die Struktur von selbst. Es war … eine Weiterführung. Alles war vertraut und strömte ins Bewusstsein. Der alte Wein erschien in neuer Gestalt, besonders für das Neue Zeitalter … Es wurde sehr lange geforscht, seit Anbeginn der Zeit; dann gesucht und wieder geforscht und wieder erinnert. … Ich wurde an den Anfang getragen, als Gott sprach: „Es werde Licht“, und es ward Licht. Und Licht war die Lebenskraft und der Anfang der Lebensenergien, und da forschte ich wieder, und die Erinnerung kam, und ich trat in die geheimnisvolle und magische Welt der Farben im “Großen Garten” Gottes ein.[3]

Vickys Liebe zu ihrem Vater war bedingungslos und tief. Als die Farbwellen in den ersten drei Nächten auf sie zukamen, und unsichtbare Hände ihre Hände führten, um die ersten Aura-Soma Equilibrium Flaschen zu schaffen, fühlte Vicky, dass es das Geschenk ihres Vaters war. Damals war ihr Vater, der Meisterkabbalist, bereits verstorben und auf der anderen Seite, ohne dass sie es wusste.[4] Sicherlich war es die vollkommene und offene Liebe, die sie für ihren Vater empfand, die ihr die Tür geöffnet hatte, durch welche diese Botschaft aus der geistigen Welt kommen konnte. Es waren direkte Mitteilungen und eine Offenbarung für unsere Zeit, gerade jetzt, wo sie am meisten gebraucht werden – ein Geschenk aus Farben, das zu Beginn dieses neuen Äons zugänglich und passend ist.

In einem Abschnitt, der Vickys persönliche Erfahrungen charakterisieren könnte, beschrieb der visionäre philosophische Mystiker, Wissenschaftler und Vater der Anthroposophie, Rudolf Steiner, die Stufen, durch die „die erhabenen Schätze des Geistes" zu unseren eigenen werden können. Rudolf Steiner lebte um die Jahrhundertwende (1861-1925), hatte Zugang zu den Akasha-Chroniken und kommunizierte mit spirituellen Wesen.

> Es gibt Kinder, die mit ehrfürchtiger Scheu zu bestimmten verehrten Menschen aufschauen ... viele initiierte Schüler kommen aus den Reihen solcher Kinder. Was zunächst kindliche Verehrung für Menschen war, wird später zur Verehrung für Wahrheit und Wissen ... Der/die Eingeweihte hat sich die Stärke angeeignet, mit klarem Verstand zu höherem Wissen vorzudringen, allein dadurch, dass er/sie sein/ihr Herz zu den Tiefen von Verehrung und Hingabe führt.[5]

Das Aura-Soma System scheint mit anderen Systemen Gemeinsamkeiten zu haben, die als göttliche Offenbarungen anerkannt sind. So besteht zum Beispiel eine Ähnlichkeit mit den Sequenz- und Strukturbildungen zwischen Aura-Soma und dem gnostischen Tarot sowie den Pfaden und den Sephiroth auf dem kabbalistischen Lebensbaum. Vielleicht hilft Aura-Soma gerade in einer Zeit, in der das Bedürfnis besteht, als Teil eines sich entfaltenden göttlichen Plans, Mitteilungen von Wesen aus der kosmischen Hierarchie auf die Erde zu bringen.

Das Wachsen von Aura-Soma

Aura-Soma ist ein sich entwickelndes System. Dies ist eine seiner attraktivsten Eigenschaften. Mit jeder Geburt einer Flasche dehnt sich das ganze System exponentiell aus und damit die Erkenntnisse und das Wissen der Menschen, die damit arbeiten. Sobald einige Ebenen der Informationen und Einsichten vertieft und integriert sind, werden andere, zum System gehörende Geschenke angeboten oder wichtiger. Vicky selbst sagte, dass ihr nach ihrer letzten Nahtoderfahrung sieben Jahre „geliehene Zeit" gegeben wurden, um einen Weg zu finden, damit sich Aura-Soma fest verankern könnte. Die Anwendung der Flasche 10, Grün/Grün[6] half ihr, das Geschenk Aura-Soma, das sie empfangen hatte, zu nähren und es zu ermutigen, seine ersten Schritte zu tun. Diese zwei Prozesse des Empfangens und Übertragens sind für das Aura-Soma System etwas Zentrales. Sie stimmen mit den Traditionen der kabbalistischen Lehre überein, wobei Kabbalah „empfangen" bedeutet. Die Unterweisung der meisten heiligen Aspekte der Kabbalah wird durch direkte Übertragung vom Lehrer zum Schüler vorgenommen. Vicky war dies nicht bewusst, da sie keine anerkannte Ausbildung in dieser Disziplin erhalten hatte. Dennoch öffnete ihr dauerhaftes Band der Liebe für ihren Vater die Türen zum Geistigen und gab ihr eine direkte Erfahrung der lebendigen Kabbalah, als sie Aura-Soma empfing und der Welt schenkte.

Auf ähnliche Weise schulte Rudolf Steiner seine natürliche Hellsichtigkeit, die er als Kind besaß, um sich ihrer stärker bewusst zu werden und um seine Gabe zu erweitern, Wissen aus den spirituellen Welten zu erlangen. Durch diese konnten die vergleichbaren Feinabstimmungen und die Genauigkeit der Informationen in Bezug auf die wissenschaftliche Welt entdeckt werden.[7] Er entwarf diese „spirituelle Wissenschaft" als eine Methode, durch die andere Menschen zu Inspirationen und Intuition gelangen konnten. Er beschrieb sogar einige Übungsstufen, wonach wir die Fähigkeit des inneren Hörens erlangen können, die seiner eigenen bzw. der von Vicky Wall ähnelte:

> In uns beginnt etwas zu leben, was das Persönliche transzendiert. Unser Blick ist auf Welten gerichtet, die höher sind als die, mit denen wir das alltägliche Leben verbinden. Und so beginnen wir als gegenwärtige Erfahrung zu fühlen und zu begreifen, dass wir zu diesen höheren Welten gehören. ... Wir hören auf die Stimmen, die zu uns im Augenblick innerer Ruhe sprechen. ... Aus der Stille heraus beginnt etwas zu uns zu sprechen, es hallt durch unsere Seele. ... Ein inneres Licht breitet sich über unsere ganze äußere Welt aus.[8]

Aura-Soma wird durch unser Zusammenspiel mit den Equilibrium Flaschen, den Pomandern, Quintessenzen, ArchAngeloi und Farbessenzen lebendig. Die Zeit, in der wir etwas über die Bedeutung der einzelnen Farben erfahren, kann ein spannendes Unterfangen sein. Bedeutsam sind auch die gewonnenen Erfahrungen, die aus der Wechselwirkung mit den Kernelementen des Systems hervorgehen. Es werden uns nicht nur Informationen aus dem Pflanzen- und Mineralreich, der Farb- und Lichtwelt und dem gesamten Aura-Soma Wissen übertragen, sondern auch ein Verständnis von uns als Teil eines Ganzen, des Kollektiven, bis hin zu unseren persönlichen Anteilen. Unser inneres Wissen wird gestärkt. Wir werden wach und inspiriert, und mit dem Individuationsprozess kommen wir stärker an unser Potenzial heran. Wir beginnen uns zu entfalten und bringen mehr von uns, unserem Schicksal, unseren Fähigkeiten und unseren Gaben zum Vorschein.

Das erste Mal traf Mike Booth Vicky Wall im Herbst 1984 auf einer Earth-Spirit (Erde und Geist) - Ausstellung in Malvern Hills, einem Ort in der englischen Grafschaft Worcestershire. Davor befasste sich Mike mit einer Form von Zen, arbeitete als Töpfer und Künstler, und seine Gemälde nahmen zunehmend die Formen von Mandalas an. Auch kam er durch seine Eltern schon früh mit den Lehren der Theosophie in Kontakt. Daher waren ihm die Konzepte der Meister, die Hierarchien und die spirituellen Wesen vertraut (siehe die Erörterung über die Quintessenzen, die auf Seite 38 Erklärungen zu diesem Konzept bringt). Während seiner Lehrerausbildung vor den Toren Londons stieß Mike in Zusammenhang mit druidischen Studien zufällig auf die Kabbalah.

Bei einer von Mikes wichtigen Fragen, die er den spirituellen Medien und intuitiven Menschen stellte, denen er in seiner Kindheit begegnete, ging es um die Bedeutung des menschlichen Nabelbereichs. Teilweise erkannte Mike Vicky Wall deshalb an, weil er und sie, während viele Hellsichtige nur über die Farben sprechen, von denen wir umgeben sind, die Wahrnehmung der Wahren Aura teilten, die sich in diesem Körperbereich befindet – dem goldenen Bereich mit dem Inkarnationsstern, einem Lichtpunkt im Zentrum des Wesens mit der Erinnerung der ersten Zelle (siehe „Die feinstoffliche Anatomie“ auf Seite 23). Aufgrund der Bestätigung ihrer gemeinsamen Wahrnehmungen kam Mike dem Ruf nach, mit Vicky in den folgenden sieben Jahren zu arbeiten. Sie hatte vorausgesehen, dass es Mike sei, der Aura-Soma helfen würde, in die Welt hinauszugehen. Er war ihr ständiger Begleiter, ist von ihr unterstützt worden, lernte von ihr, und mit ihm zusammen gelang es, das Aura-Soma System zu uns zu bringen. Mit Vickys Übergang in eine andere Welt akzeptierte Mike die Verantwortung, weiterhin dafür zu sorgen, Aura-Soma gemäß seiner Erfahrungen und Eingebungen aus dem Geistigen weiterzuentwickeln.

Aura-Soma ist ein immer weiter wachsendes System, das als Spiegel und Parallele zur Entwicklung der Menschheit gesehen werden könnte. Nach der Flasche 43 (B43) wurde Mike die Verantwortung übergeben, neue Farbkombinationen zu schöpfen. Allmählich zog Vicky ihre Aufmerksamkeit aus dem Geburtsprozess zurück. So wuchs in Mike das Vertrauen in den Entfaltungsprozess, noch bevor sie hinüberging. Es war ein Übergang, der von der Geburt der Flasche B78 geprägt war. Seither enthüllen sich Mike die Flaschen von selbst. Als er dies hier schrieb, gab es 106 Kombinationen in der zweifarbigen Aura-Soma Reihe.

Es sieht so aus, als ob mit der Verlagerung und Veränderung der Bedürfnisse der Menschheit und der Entfaltung des kollektiven menschlichen Bewusstseins neue Flaschen auftauchen, um von innen her diesen Prozess zu unterstützen und zu fördern. Für die letzten Jahrtausende könnte gelten, dass eine Überbetonung auf Themen vorherrschte, die mit den ersten drei Chakras zusammenhingen: dem Wurzel- und dem Sakralchakra sowie dem Solarplexuschakra. Das Wurzelchakra bezieht sich auf Überlebensthemen, das Sakralchakra auf Abhängigkeit und Co-Abhängigkeit und das Solarplexuschakra auf Themen um Angst und Macht. Es wurde viel darüber geschrieben, wie es um die Menschheit zum Zeitpunkt des Übergangs vom dreidimensionalen ins vierdimensionale Bewusstsein der kollektiven Öffnung des Herzchakras stehen würde. Vierdimensionales Bewusstsein bedeutet, sich in einen anderen Menschen zu versetzen – wirklich fähig zu sein, Dinge von seiner Perspektive aus zu sehen, zu verstehen, und warum er/sie so denken oder handeln mag oder sich auf bestimmte Art verhält. Das Herzchakra hat mit einem Sinn für Weiträumigkeit, Bewusstheit und Vereinigung im Selbst zu tun, geht über Eifersucht und Neid hinaus und nimmt an der Möglichkeit der Wahrheitssuche teil. Das Aura-Soma System hilft, uns über die ersten Chakras hinaus zum Herzchakra hinzubewegen.

Vielleicht wurde uns Aura-Soma vom Spirit als Hilfe gegeben, damit wir uns in der Einstimmungsphase vor 2012 und in der Zeit nach dieser Wandlungsphase weiter entfalten können. Aura-Soma kann uns bei einer schnellen Neuausrichtung helfen, wenn Bewusstsein zugänglicher wird und uns bei der Integration der Energien dieses Evolutionssprungs unterstützen. Als Individuen werden wir fortlaufend bewusster und gleichzeitig nehmen wir die Wesen besser wahr, die um uns sind und mit uns arbeiten.

Es gibt zunehmend mehr empirische Daten über Aura-Soma, die im Laufe der Zeit aus den Erfahrungen vieler Berater und Lehrer in der ganzen Welt zusammengetragen wurden.

Dieser Datenschatz berücksichtigt die Wirkkraft der Equilibrium Flaschen sowie die Resonanz auf sie – emotional, psychisch, intuitiv, spirituell und physisch. Auch wächst das empirische Verstehen hinsichtlich der harmonisierenden Wirkung der Pflanzen, Edelsteine, Kristalle und anderer Inhaltsstoffe, die zur Herstellung der Flüssigkeiten in den Flaschen verwendet werden. Im Laufe der Entwicklung von Aura-Soma setzten Einzelne sogar Equilibrium Flaschen, Pomander, Quintessenzen und Farbessenzen nicht nur für Menschen, sondern auch für Tiere und Pflanzen ein. In dem Maße wie Aura-Soma in der Welt unterrichtet, angewandt und erkundet wird, gibt es auch zunehmend Gelegenheit, das zu erforschen, was da geschieht. Viele Menschen haben Aura-Soma mit anderen Disziplinen und Praktiken kombiniert, so z. B. mit Krankenpflege, Reiki, Akupunktur, Massage oder Psychologie und haben dabei deren jeweilige Wirkung verstärkt. 1997 wurde die Aura-Soma Art and Science International Academy of Colour Technologies (Internationale ‘Academy’ für Kunst und Wissenschaft der Farbtechnologien) zur weltweiten Förderung des Studiums und der Erforschung von Farbsystemen gegründet. Bis heute haben dort mehr als fünfundzwanzigtausend Studenten erfolgreich studiert. Aura-Soma wird in über fünfzig Ländern unterrichtet. Bei all diesen Veränderungen gab es aber eine Konstante: das Einverständnis, dass Informationen zum gemeinsamen Gebrauch und Nutzen gegeben werden. Die Synthese der Erfahrungen, Anekdoten und Forschungen vieler Menschen trägt zu dem sich weiterentwickelnden Verständnis von Aura-Soma bei, und Aura-Soma entfaltet sich zudem mit seinem ganzen Reichtum gerade, während wir es erforschen.

Eine neue wichtige Entwicklung im Aura-Soma System ist der Lichtstift (Beamer Light Pen), ein Werkzeug, das verwendet wird, um die Equilibrium Farbkombinationen in das menschliche Energiefeld, die Akupunkturpunkte, die Jin Shin (Aurajin) Punkte und die Meridiane des Körpers einzubringen. Mithilfe des Strahlstifts werden die Wellenlängen der Energien, die wir in jeder Farbkombination finden, durch ein Prisma verstärkt und wie ein Lichtstrahl fokussiert. Bekannterweise besitzt Licht die Eigenschaften einer Welle als auch die eines Materiepartikels. Es kann sich zudem in unterschiedlichen Schwingungen bewegen. Die paradoxe Natur von Licht kann erklären, warum es auf so einfache und so schöne Weise gegenwärtig sein und doch solch eine große Bandbreite an Informationen überbringen kann. Die Equilibrium Kombinationen können, wenn sie zusammen mit dem Lichtstrahlstift verwendet werden, eine sehr anregende Wirkung haben.

Stand der Erkenntnisse

Aura-Soma gibt es seit 1983. Unser derzeitiges Verständnis beruht auf dem, was wir in den letzten Jahrzehnten während der Entwicklung von Aura-Soma wahrnahmen. Wir ermutigen Sie deshalb, es als ein sich veränderndes System zu sehen, und wir hoffen, dass es für Sie zur Starthilfe für ein tiefer reichendes Verstehen Ihres Weges und Ihrer Zielsetzung wird.

Kurz nach der Enthüllung und Einführung von Aura-Soma definierte Dr. Carolyn Shreeve vom Saint Mary's Hospital in London in einem vergleichenden Text über alternative und komplementäre Therapien Aura-Soma als eine 'Therapie für die Seele', einen Dienst für die Seele.[9] Diese Beschreibung führte dazu, dass Aura-Soma weithin als begleitendes Farbsystem bei der Bewusstseinsentwicklung der Seele bekannt wurde. Es war ein Hinweis, dass es auf den tiefsten Ebenen im Selbst wirkt und auf etwas in unserem Innern deutet, das nicht von unseren physischen Körpern begrenzt ist.

Im Grunde wissen wir, dass die Auswahl von Farben die Möglichkeit bietet, eine augenblickliche Standortbestimmung von uns selbst zu geben sowie tiefer liegende Eigenschaften zu beschreiben, die dabei durchscheinen können. Deshalb hilft Aura-Soma uns über die Rollen, die wir spielen, über unsere Persönlichkeit, unsere Identifizierungen und das, was über die Persönlichkeit hinaus zu unserem Wesenskern führt, stärker bewusst zu werden.

Eine Folge aus der Arbeit mit Aura-Soma ist, dass die aus der Vergangenheit übernommene Saat des Karmas sich in der Gegenwart als besondere Anlage zeigt. Reinkarnation bzw. Wiederkehr bietet uns die Chance, wenn wir wieder auf ähnliche Umstände treffen, zu lernen, anders umzugehen und somit zu einem anderen Ergebnis zu kommen. Da unsere karmische Saat in den Farben unseres Energiefelds zum Ausdruck kommt und auf Farben anspricht, die von außen kommen, wird es uns möglich, unsere Farbwahl sowohl zur Wahrnehmung von Tendenzen zu nutzen, die Probleme verursachen, als auch um unseren Wandlungsprozess zu erleichtern. Karma bezieht sich auf Spannungsmuster oder den Stress, mit denen wir vertraut sind, und mit denen wir uns identifizieren. Diese Muster werden oft von unseren Eltern an uns weitergegeben, sei es vererbt oder übertragen. Die Art und Weise, wie wir die karmische Saat entwurzeln, steht in unmittelbarem Bezug dazu, wie wir ihre Auswirkungen zu bewältigen vermögen und somit eine Qualität einbringen in die Ausdrucksweise, das Dharma, in alles, was wir tun. Die karmische Saat kann in Form von Farbe und Licht erfasst und gesehen werden. Gelingt es uns, diese karmische Saat oder diese Muster zu meistern, dann offenbart sich Farbe als Ausdruck der dharmischen Qualitäten, die wir in unsere Arbeit und ins tägliche Leben einbringen. Sowohl das Problem, wie auch die Lösung, spiegeln sich durch die Farbe.

Mithilfe von Aura-Soma wird die Erinnerung an unseren tieferen Wesenskern angeregt, und dies hilft uns, Nachwirkungen der festgefahrenen Konditionierungen in unserer Persönlichkeit aufzulösen. Auf diese Weise wird es möglich, dass wir uns durch die spezifischen Schwingungen der Farbe und des Lichts aus den drei Reichen wieder an uns selbst zurückgeben.

Das Signaturenwissen beruht auf dem Elementargesetz der Entsprechungen. Die Signaturen verbinden die drei Reiche durch die Besonderheiten von Farbe und Licht. Die Mineralien und Kristalle, die Kräuter, Pflanzen und die Farben sind alle durch eine Resonanz verbunden, die viele Ebenen der menschlichen Erfahrung durchdringt. Betrachten wir doch einmal einen Amethysten aus dem Kristallreich, den Lavendel bei den Pflanzen und den violetten Strahl in der Welt der Farben und des Lichts! Alle haben die Eigenschaft, in uns Entspannung, Beruhigung und größere Leichtigkeit wachzurufen: der Amethyst als ein sich selbst klärender neutralisierender Stein; der Lavendel als Heilpflanze, der Spannungen mildert, Stress abbaut und Entspannung bringt; und die Farbe Violett als die Wellenlänge des wahrnehmbaren Lichts, die uns am meisten beruhigt.

Das Herz von Aura-Soma, den Schlüssel, der zu weiteren tragenden Elementen führt, finden wir in den Equilibrium Flaschen. Vicky bezeichnete sie als ihre farbigen Juwelen, die die Resonanzen der drei Reiche enthalten. Werden sie in Übereinstimmung mit einem Chakra als ein Band um den Körper aufgetragen, wirken sie auf das feinstoffliche Energiesystem des Körpers durch sympathetische Resonanz mit dem Bewusstsein. Um ihre Wirkung auf andere Art zu erklären, können wir die Meridiane der klassischen chinesischen Akupunktur so betrachten, als wären sie Straßen oder Wege, die Lichtpunkte miteinander verbinden. Die Straßenlampen dieser Straßen sind Behandlungspunkte. Die Anwendung einer Equilibrium Kombination an einem dieser Behandlungspunkte erhellt nicht nur die Straßenlampen selbst, sondern auch die Straßen, und das bedeutet, dass der Energiefluss zwischen vielen Organen und Drüsen verbunden wird.

Die Menschheit scheint am Beginn eines unermesslichen Wandels zu stehen, der ein wirkliches Potenzial für Wachstum bietet. Aura-Soma wird uns als Möglichkeit geboten, sodass jeder von uns die Gelegenheit hat, seinen Farbcode im Zeitenverlauf zu entdecken. Aura-Soma als System bietet uns die Möglichkeit, ein größeres Bewusstsein für unsere Lebensaufgabe, Gaben und Talente sowie für unsere Hausforderungen zu entwickeln.

3

Eintauchen in das Mysterium von Farbe

Die größere Führung findest du in dir.

VICKY WALL

Das Aura-Soma System befasst sich mit dem Spektrum sichtbarer Farben und gleichzeitig mit den verschlüsselten Informationen in der Reihenfolge der Farbkombinationen. Die Komplexität dieser Informationen öffnet Tür um Tür. Farbe ist eine universelle Sprache. Es ist die Sprache der Natur, und sie vermittelt einen Teil der grundlegenden Ordnung und des Rhythmus des Universums. Sie ist auch ein Instrument, mit dessen Hilfe wir Verbindungen knüpfen können. Jene Informationen zu verstehen, die unsere Vorliebe für bestimmte Farben betreffen, kann uns bei unserem Prozess der Individuation und der Selbstverwirklichung dienlich sein.

Es werde Licht

Farbe geht aus Licht hervor. In der Genesis steht geschrieben, Gott sprach: „Es werde Licht", und dann sah Gott das Licht, und es war gut. Licht ist etwas Besonderes, ein wirklich göttliches Geschenk. Das Licht der Sonne gibt uns Wärme und fördert Leben. Wir wissen aus der Physik, dass sich Licht aus vielen Farben zusammensetzt. Einige sind mit unserem bloßen Auge wahrnehmbar, einige werden von anderen Spezies wahrgenommen, und weitere können wir nur mithilfe unserer Einbildungskraft „sehen". In der Geschichte wurden Licht und Farbe als Mittel zur Heilung eingesetzt, z. B. in den Heiltempeln des alten Ägypten und alten China und auch bei den Essenern. Die Buntglasfenster der großartigen gotischen Kathedralen sind ein sichtbarer Beweis für die Wirkung von farbigem Licht. Wenn Sonnenlicht durch diese Fenster scheint, wird das Innere einer Kathedrale in funkelndem Licht gebadet. Das Zusammenspiel der Farben lässt die Atmosphäre entstehen, während die im Glas dargestellten Bilder, Geschichten und Symbole, Informationen übermitteln. In einer Zeit, in der viele Menschen noch nicht lesen konnten, lernten sie aus den Bildern und nahmen gleichzeitig in den leuchtenden Farben ein Bad. Wie Steiner sagte: „Farbe ist das Seelenelement der Natur und des ganzen Kosmos. Wir haben Anteil an diesem Seelenelement, wenn wir Farbe erleben."[1]

Das Zusammenspiel von Licht und Farbe scheint eine Aussagekraft zu haben, die über das Phänomenale hinausgeht. Aristoteles behauptete in seiner *Harmonie der Farbe*, Farbe sei das Zusammenspiel von Licht und

Oben: Untere Kapelle der Sainte-Chapelle, der Jungfrau Maria gewidmet, Paris, Frankreich.

Dunkelheit.[2] Laut Steiner:

> Engel haben Licht in die Dunkelheit geboren oder Dunkelheit ins Licht. Sie wurden die Mittler und Botschafter zwischen Licht und Dunkelheit. Und was zuvor nur im Licht erschien und seinen Schatten, die luftige Dunkelheit hinterher hervorbrachte, explodierte nun in Farbe und wechselte von einer Farbe zur anderen, sodass das Licht in der Dunkelheit erschien und die Dunkelheit im Licht … [die Engel] zauberten Farben aus Licht und Dunkelheit hervor … [und stehen] hinter der kosmischen Bedeutsamkeit der Explosion von Farben.[3]

„Die Farben sind Taten des Lichts."[4] So erzielte Goethe durch seine persönliche Hingabe an die Beobachtung der Natur sein Verständnis für Farben. Für ihn ist „Licht und seine Abwesenheit zur Erzeugung von Farbe notwendig. Dem Licht am nächsten erscheint eine Farbe, die wir Gelb nennen; eine andere taucht nah' bei der Dunkelheit auf, und wir nennen sie Blau."[5]

Kathedrale von Chartres, Frankreich.

Georg, wie er auf den Drachen der Dunkelheit stößt.

Bestimmte Weisheitslehren weisen darauf hin, dass Bewusstsein Farbe unabhängig vom physischen Körper wahrnehmen kann. Im Bardo Thodol (Tibetisches Totenbuch) geht es um Farben und Licht, die in der Phase nach dem Tod wahrgenommen werden. Der tibetische Mentor hilft der scheidenden Seele bei der Navigation durch die Farbauswahl. Sie zeigt sich dem Bewusstsein selbst mit jeder Farbe, jeder Farbschattierung und jedem Farbton, die bestimmte Eigenschaften und Neigungen der Seele repräsentieren. Die Farbwahl gibt Auskunft und hat Einfluss auf künftige Inkarnationen und auch darauf, irgendwann einmal vom Rad des Todes und der Wiedergeburt befreit zu werden. In „The Dark Night of the Soul" (die dunkle Nacht der Seele) von Saint John of the Cross (Heiliger Johannes vom Kreuz) und in den Maya-Kodexen wird das gleiche Phänomen aufgegriffen: Bewusstsein, das den physischen Körper verlassen hat, kann in Bezug auf Farbe und Licht Vorlieben zeigen, welche in Handlungen begründet sind, die in einer bestimmten Lebenszeit erfüllt und erfahren wurden. Durch diese Parallele sollen wir verstehen, dass unsere derzeitigen Vorlieben unseren ewigen Farbcode widerspiegeln und über die Persönlichkeit hinausgehen. Es heißt, unsere Augen seien das Fenster unserer Seele. Ebenso ist es mit unserer Farbwahl.

Die Sprache der Farben

> *Licht geht aus der Dunkelheit hervor. Dunkelheit geht aus dem Licht hervor. Aus diesem Phänomen erfolgt die Bildung aller Farbabstufungen.*
>
> Rudolf Steiner, *Farbe* (119)

Blaues und grünes Licht im Goetheanum, Dornach, Schweiz.

Ich wanderte einsam als Wolke,
die hoch über Tälern und Hügeln schwebt,
doch auf einmal sah ich eine Menge,
eine Schar goldener Narzissen…

William Wordsworth

Wir sind mit der Sprache der Farbe vertraut. Wenn uns ein Kind einen Strauß Löwenzahn schenkt, oder Wordsworth die Schönheit eines Flussufers preist, das mit „Zehntausenden" Narzissen bewachsen ist, „ihre Köpfe in munterem Tanz hin- und her wiegend", kommt ein Gefühl vom Optimismus und Frohsinn des Frühlings auf. Im Beatles Film *The Yellow Submarine (Das gelbe U-Boot)*, als die Blauen Fieslinge das Land der Fröhlichkeit und der Musik angreifen, verstehen wir, wie die Stimmung vermittelt wird. Die Komplexität der Bedeutung von Farbe kann uns amüsieren, wie das Lied aus den 1950ern, das verkündet, „It was a itsy bitsy teeny weeny yellow polka dot bikini" (es war ein klitzekleiner winzig kleiner gelber Bikini mit einem Punktmuster). In Schweden, wo es in den Wintermonaten so wenig Sonnenlicht gibt, sind viele Häuser gelb bemalt und leuchten das ganze Jahr über in einem strahlenden Willkommen.

„Farben sprechen alle Sprachen", sagt Joseph Addison.[6] Rot z. B. ist die Farbe der Leidenschaft und des Blutes, des Weins und der Rubinen. Der Schotte Robert Burns, der im 18. Jahrhundert lebte, schreibt, „O my Luv's like a red, red rose" (Oh, meine Liebe ist wie eine tiefrote Rose), und wir fühlen seine unsterbliche Hingabe. Im Buch des Amerikaners Stephen Crane über den Bürgerkrieg mit dem Titel *The Red Badge of Courage (Die rote Tapferkeitsmedaille)*, das er 1895 verfasste, hat der Held den Mut (das Wort Courage leitet sich vom Französischen coeur ab, das Herz bedeutet) sein Herz leidenschaftlich im Angesicht der Gefahr voll einzusetzen, um für seine Ideale zu kämpfen und sein Leben für sie zu opfern. Rot wird jedoch auch vom Heiligen Nikolaus getragen, einer Verkörperung der Fülle und des guten Willens. In Indien und in China tragen Bräute traditionell Rot als Symbol der Fruchtbarkeit und des Glücklichseins. Im Rotlichtdistrikt hat Rot eine sexuelle Bedeutung.

Schönheit liegt im Auge des Betrachters. Wahrheit ist es, wenn es im Inneren mitschwingt. Wir fühlen uns von bestimmten Equilibrium Flaschen angezogen. Die Farben, die wir mit diesen verbinden, befinden sich im sichtbaren Spektrum. Die infraroten und ultravioletten Farben existieren jedoch jenseits dessen, was wir mit bloßem Auge wahrnehmen können. Farbe kann sowohl anhand von Wellenlängen als auch mit Teilchenbewegung erklärt werden. Ihre eigentliche Natur gilt jedoch immer noch als Mysterium. Teil dieses tieferen Geheimnisses ist, dass wir unabhängig von unserem wissenschaftlichen Wissen auf Farbe ansprechen. Wir können von einigen Farben mehr angezogen werden als von anderen. Auch Schmetterlinge ziehen bestimmte Blumen vor und besuchen andere weniger oft. Das Chamäleon schwingt zu einer gewissen Zeit mit einer bestimmten Pflanze und gleicht sich optisch zu einem anderen Zeitpunkt einer anderen Pflanze an.

Wenn wir über Farbe und über unseren persönlichen Farbcode etwas lernen, erfahren wir gleichzeitig die archetypische Bedeutung der Farben und ebenso die universelle Bedeutung wie auch kulturell beeinflusste Nuancen. Für die

Bild: Hochzeitskleid mit Rot verziert.

alten Ägypter konnte ein tiefblauer Lapis, gesprenkelt mit Gold, Prestige und Respekt zum Ausdruck bringen. Andererseits war die Bezeichnung „Blaustrumpfgesellschaft“ im London des achtzehnten Jahrhunderts ein höhnischer Ausdruck für eine Gemeinschaft mit überwiegend weiblichen Personen, die als pedantische Intellektuelle galten. Sie lasen wissenschaftliche Arbeiten und trugen blaue Strümpfe aus Kammgarn. Ob es 3500 Jahre vor Christi Geburt war oder jetzt ist, wir alle leben auf der Erde unter blauem Himmel mit Sonnenlicht, das sich durch unsere Atmosphäre ergießt und die Lebensprozesse der Natur zu einer grünen Vegetation anregt. Wie in „The Subtle Anatomy“ (die feinstoffliche Anatomie, Seite 23) erläutert, müssen wir alle mit dem gelben Stern im blauen Bereich zusammentreffen, um die Erfahrung der Empfängnis machen zu können. Sobald wir anfangen, unseren Farbcode zu entfalten und zu verstehen, was die Farbauswahl uns sagen will, finden wir viele Assoziationen. Grün beispielsweise erinnerte Vicky Wall an die Natur, und sie sprach von Grün/Grün, der B10 als der „Go Hug a Tree“ (Geh', umarme einen Baum) Flasche. Eine andere Person hört vielleicht das Lied „Greensleeves“, die Liebesklage des sechzehnten Jahrhunderts an Lady Greensleeves, oder sie ist „Grün vor Neid“ oder verlangt danach, die Umwelt und die üppigen tropischen Regenwälder zu schützen.

Grüner Nymphalid.

Umarmen eines Baumes in einem alten Apfelgarten in Shelburne, Vermont.

Zum Verständnis der Bedeutung von Farbe gehört dazu, dass wir die Vielfalt der Bedeutungen akzeptieren. Wir leben mit einem Bewusstsein, das derzeit Dualität und Polarität, Licht und Dunkelheit wahrnimmt und doch auch weitaus größere Feinheiten vieler Spektren zu erfassen vermag. Ein Mensch mit cholerischem Temperament, der vor Wut zornrot wird, könnte ebenso gut eine rote Rose zu seiner oder ihrer wahren Liebe bringen. Wenn wir die Sprache der Farben erforschen, mag es hilfreich sein zu verstehen, dass sowohl Polarität wie auch eine Reihe von Bedeutungsinhalten, die mit den Farben verknüpft werden, Möglichkeiten sind, uns zu erinnern, dass jeder schwierigen Situation ein Geschenk oder Potenzial innewohnt, um unsere Fähigkeiten zum Ausdruck zu bringen und unser Bewusstsein zu erweitern.

Ein Beispiel für solch eine Herausforderung ist das transformative Potenzial von Licht und Dunkelheit, Freude und Trauer und wird von Goethe wie folgt beschrieben:

> Die Wirkung von Wärme kann auf eine sehr lebendige Weise erfahren werden, besonders, wenn wir eine Landschaft an einem grauen Wintertag durch ein gelbes Glas betrachten. Das Auge erfreut sich, das Herz weitet sich, wird aufgemuntert und ein Leuchten scheint auf einmal auf uns zuzuwehen ... [aber] durch eine geringfügige, kaum wahrnehmbare Veränderung, wird der wunderschöne Eindruck von Feuer und Gold transformiert ... die Farbe der Ehre und Freude wird umgekehrt zu Schande und Unlust. Zu diesem Eindruck gehören auch die gelben Hüte des Bankrotts. . . .[7]

Es gibt so viele Farbassoziationen, die wir wachrufen können. Denken Sie an die Landschaften - die türkisen Gewässer der Karibik, die korallefarbenen Sandwüsten des amerikanischen Südwestens, die Symbole. wie z. B. der weiße Marmor des Taj Mahal, Zeugnis der Liebe eines Großmoguls für seine Frau oder an Wendungen wie „Weiß wie Schnee.“ Die Farbkombinationen der Equilibrium Flaschen stellen das Persönliche und das Allgemeine dar. Ein Mensch, der Klar/Blau, B12, Frieden im Neuen Zeitalter wählt, mag scheu sein und eine Neigung zum Stottern gehabt haben, als er jung war. Diese Person kann auch eine Seele sein, die sich dem globalen Frieden und der wahrheitsgemäßen Kommunikation widmet. Das sind Werte, die für die blau-weiße Flagge der Vereinten Nationen als Symbole gelten.

Jede Equilibrium Flasche hat zwei farbige Hälften. Goethe behauptet, Farbkombinationen wie diese hätten eine „gewisse

Bedeutung und erwecken im allgemeinen einen bestimmten Eindruck."[8] Wenn wir unsere Flaschen wählen und die Flüssigkeit auf unserem Körper auftragen, erhalten wir die Widerspiegelung einer Facette des Juwels, das wir sind. Zur gleichen Zeit erleben wir ein Gefühl für unseren Platz im großen Meer des universellen Bewusstseins. Unser eigenes Herz wird im Herzen und dem Potenzial der Erde gespiegelt, und die Erde spiegelt sich in uns wider. Wir sind alle eine Widerspiegelung und ein Aspekt des Ganzen. Erkennen wir unseren kleinen Anteil im Ganzen des Prismas, helfen wir, die Entwicklung der Menschheit auf dem Planeten zu fördern.

Die Farbrose

Hier beschreiben wir alle Farben der Aura-Soma Reihe. Beim Lesen dieses Abschnitts ist es hilfreich, die Farbrose auf Seite 2 mit einzubeziehen. Die Erkundung der Equilibrium Flaschen im 5. Kapitel basiert teilweise auf dieser Farbtheorie. Bei der Auflistung der verwandten Flaschen sind wir z. B. auf die primären, sekundären und tertiären Farben und Farbkomponenten eingegangen.

Bei Aura-Soma sind Blau und Gelb die zwei Primärfarben, und sogar Rot geht aus diesen beiden Farben hervor, wie die Sonne am blauen Himmel, wenn sie am Morgen aufgeht oder am Abend untergeht und ihren roten Schein auf den Horizont wirft. Bei der Addition der Pigmente wird Rot allerdings als die dritte Primärfarbe betrachtet. Zusammen werden die drei Primärfarben zu den sekundären und tertiären Farben. Die Farben von Rot bis Violett bilden unser sichtbares Spektrum. Magenta entsteht zwischen Rot und Violett.

Jede Farbe kann entweder als voller Farbton (eine dunklere, eher gesättigte Version der Farbe) oder als zarter Farbton (eine hellere Version der Farbe) dargestellt werden. Ein Vollton ist die Basis der Farbe. Unter Zusatz von Licht (der „klaren" Farbe) zum Vollton wird eine hellere Farbe, eine Intensivierung erzeugt. Interpretiert wird die zugehörige Bedeutung einer entsprechend helleren Farbe genauso wie die ihrer Basisfarbe, dem Vollton. Ihre Wirkung jedoch erhöht und verstärkt sich. Aus Aura-Soma Sicht nimmt die Intensität der Bedeutung einer Farbe zu, wenn Licht zur Farbe hinzukommt, und diese zu einem Pastellton wird. Die Steigerung im Licht weist auf die Steigerung des Bewusstseins hin, das zwei mögliche ursächliche Faktoren hat: Erstens wächst Bewusstsein mit Leiden und dem Verstehen von Leiden, und zweitens entwickelt sich Bewusstsein proportional zu einer größer werdenden Gewahrwerdung, Aufmerksamkeit und Gegenwärtigkeit.

Rot

Rot ist eine erdende Energie. Von der Erdung in unserem physischen Körper bis hin zum Regenbogen unseres Lichtkörpers kann die Reise zum Regenbogen unseres Selbst beginnen. Für Rot wesentlich ist das Erwecken dessen, was sich an der Wurzel unserer Körperlichkeit befindet. Dort finden wir auch die Themen, die mit unserem Überleben zusammenhängen. Wurden wir mit dieser Vielschichtigkeit in unserem körperlichen Sein und in den feinstofflichen Energien unseres Selbst nur zum Überleben ausgestattet, nur damit wir uns mit der materiellen Seite des Lebens befassen? Oder ist sie uns zu einem höheren Zweck gegeben worden – um den Lichtkörper zu entwickeln, um das Erwachen der männlichen/weiblichen Energien in uns selbst zu vereinen, damit wir durchweg in Harmonie mit unserem ganzen Wesen sind? Im Rot finden wir die Antwort auf diese Frage.

Rot zeigt Losgelöstheit, ein Nicht-Verhaftetsein mit etwas. Es geht um ein Bewusstsein, mit der Möglichkeit Zeuge zu sein für alles, was auf unserer eigenen Bühne geschieht. Im Rot werden die Energien mit den Emotionen Wut, Frustration und Groll in Verbindung gebracht. Diese Emotionen können umgewandelt werden, wenn wir die Etiketten unserer Konditionierungen ablegen, sie diesen Emotionen zuordnen und erkennen, welche Energie dem zugrunde liegt. Solch eine Erkenntnis kann eine stärkere innere Losgelöstheit, eine Nicht-Anhaftung mit sich bringen, was Teil des Potenzials des Rots ist.

Rot enthält das Potenzial der aufsteigenden Kundalini und den Mut, zuzulassen, dass dies geschehen kann. Wenn wir mit den Emotionen von Wut oder aggressiver Reaktion arbeiten, dann führt die

„Den Aufstieg beginnen", graviertes Fenster im Goetheanum, Dornach, Schweiz.

Reise des Erwachens zu einer umfassenderen Erkenntnis, zu unserem Lichtkörper. Die Fülle unseres Wesens befindet sich in der Wurzel, dem roten Energiezentrum. Wird Bewusstsein zum Rot gebracht, wird Rot zu Rosa: zuerst Rosenpink (B23, B104), dann Rosa (B81) und dann Hellrosa (B52). Stufenweise wird hier die Energie verstärkt.

Leidenschaft fürs Leben hat einen grundlegenden Anteil im Ausdruck der roten Energie. Rot kann aber auch die Tendenz zeigen, „Stopp" zu sagen oder „nicht mehr", als Energie des Wegstoßens oder Ablehnens und des Widerwillens. Leidenschaft (Rot), bevor Bewusstsein (Licht) hinzugefügt wird (bevor es zu Rosa wird), ist die Energie der Zurückweisung und der Abneigung. Wird Rot zu Rosa, trägt es die Energie der Akzeptanz, ja zu sagen, mehr im Frieden zu sein. Einigen Aspekten der Sexualität haftet die Energie der Zurückweisung an. Vielleicht hatte Sigmund Freud nicht ganz unrecht, wenn er die Ursache von Neurosen mit sexuellen Problemen in Verbindung brachte, denn einer der hauptsächlichen Gründe für Leiden entsteht aus unserem Widerwillen und besonders, wie dieser sich als unterdrückte sexuelle Energie äußert.

Rot bedeutet auch das Blut des Lebens, neues Leben und Lebenskraft. Der achtundzwanzig Tage dauernde Ovulationszyklus einer Frau ist ein Klären der Energie und die Energie zur Reinigung, die an unserer eigenen Wurzel mit natürlichen Zyklen in Harmonie ist. Für viele urwüchsige Volksstämme ist die Zeit der Mensis einer Frau eine Zeit für Stille und Meditation und eine Gelegenheit, während des Prozesses der Reinigung Stille im Inneren zu finden. Es ist ein heiliges Ritual und verbindet das Selbst mit der Erde, denn Rot steht in Bezug zur Erde und ist ein wesentlicher Teil unserer Körperlichkeit. Durch das Blut, dem Träger von Sauerstoff in unserem Blutstrom, ist Rot eng mit dem Leben selbst verwoben. Diese Farbe ist eine Primärfarbe. Sie dient der Verschönerung – Rouge auf den Wangen, scharlachroter Lippenstift, rubinfarbener Nagellack – alles Dinge, um das äußere Erscheinungsbild von sprühendem Leben zu verbessern. Licht, das ins Rot einfließt, macht Rot zu Rosa. Rosa kann sowohl auf die weibliche Energie des Mitgefühls hinweisen, als auch auf die männliche Energie des wagenden Bewusstwerdens, als ein Schritt zur Weisheit hin.

Koralle

Auf der Farbrose liegt Koralle zwischen dem primären Rot und dem sekundären Orange und übermittelt Botschaften von beiden Farben. Koralle hat bei Aura-Soma seinen festen Platz als tertiäre Schwingung. Das Wesentliche bei Koralle ist, das Innere nach außen und das Äußere nach innen zu bringen. Lebende Koralle ist außen skelettartig und im Inneren fleischig; bei menschlichen Wesen ist dies umgekehrt.

Koralle ist mit dem neuen Bewusstsein und dem „Neuen Menschen" verknüpft, der sich innerhalb der Menschheit herausbildet, deren dringende Priorität es ist zu erwachen, auf dass jeder Mensch zum Homo sapiens werde. Diese Menschen laden dazu ein, wach für ein Leben zu werden, das mit anderen verbunden und doch unabhängig geführt wird. Koralle vermittelt uns das Verständnis, welches bei Aura-Soma mit der „Neuen Christusenergie" zusammenhängt; dem Einatmen und Ausatmen im Moment der erwachenden Christusenergie. Der Begriff *Christus* bezieht sich hier nicht im Besonderen auf den Jesus Christus der Christenheit; stattdessen geht es um die Möglichkeit, für die einströmende und ausströmende Göttlichkeit in unserem Bewusstsein zu erwachen. Es handelt sich um das Erwecken tiefer Ebenen der Einsicht, Qualitäten der Liebe und die Entwicklung von Weisheit und auch um die Weisheit, uns selbst zu lieben.

Felszeichnung im Südwesten der Vereinigten Staaten.

Koralle schließt die Erfahrung der unerwiderten Liebe mit ein; Liebe, die zwar gefühlt, aber nicht geäußert werden kann; Liebe, der es nicht möglich ist, in der Form angenommen zu werden, in der sie gegeben wurde, wenn Täuschung und starke Verletzung vorausgegangen sind. Unerwiderte Liebe bietet ein starkes Potenzial zur Entwicklung von Selbstannahme und Spontaneität.

Hellkoralle ist eine Verstärkung der Koralle-Erfahrung und zeigt das Licht des Bewusstseins, das in den Vollton eingebracht wurde. Taucht Koralle als hellerer Farbton auf, so kann dies auf ein vertieftes Verstehen der Koralle-Themen hinweisen. Es kann auch auf heftiges Leiden aufgrund unerwiderter Liebe deuten, vielleicht aus Unfähigkeit, Liebe so zu zeigen, wie sie gefühlt wird, oder wenn Liebe unausgesprochen und im Verborgenen bleibt.

Koralle eröffnet die Möglichkeit zur Vernetzung und zur Kooperation. Bei Aura-Soma wird Türkis mit Verbindung assoziiert, mit Kommunikation durch Massenmedien und mit einem Netzwerk, das neue, auf einem Silikon-Chip basierende Technologien verwendet, die verfügbar sind, um Menschen global zu verbinden. Erstaunlicherweise wird Koralle, die Komplementärfarbe von Türkis, auch mit Verbindungsfähigkeit assoziiert. Dies erinnert uns daran, dass die Koralle im Meer in einer Gemeinschaft gegenseitiger Abhängigkeit von Pflanzen und Tieren wächst. Mit Hellkoralle werden die Koralle-Qualitäten der Kooperation und des mitfühlenden, den Menschen zugewandten Austauschs, dem Miteinander hinzugefügt.

Orange

Orange ist die Farbe der Begeisterungsfähigkeit, tiefer Freude und Glückseligkeit, tiefgründiger Einsicht und einer Weisheit, die aus dem Bauch kommt. Es ist die Farbe der ausdrucksvollen Sexualität. So wie Aura-Soma Orange versteht, wird es vor allem mit Schock oder Trauma in Zusammenhang gebracht. Orange ist eine Sekundärfarbe.

Sie wird zu gleichen Anteilen aus den primären Farben Rot und Gelb gebildet, und sie ist mit dem zweiten Energiezentrum des physischen Körpers, dem Kreuzbein verbunden. Dieses liegt gleich über dem roten Energiezentrum der Wurzel.

Für Orange wesentlich sind Themen von Abhängigkeit und Ko-Abhängigkeit. Wir rufen abhängige Beziehungen hervor, indem wir versuchen, unsere eigenen Mängel von außen zu ergänzen, anstatt die Stärke und die Kraft unserer Einsicht zu nutzen, den Grund unseres Gefühls an Mangel und Unzulänglichkeit zu erkennen. Auch ist der Zustand der Abhängigkeit eine Gegebenheit, nicht eine Wahl: Als Menschen sind wir von den Bäumen, dem Gras und der ganzen organischen Schicht der Erde abhängig, denn sie ergänzt den Sauerstoff, den wir zum Überleben benötigen. Ohne Sauerstoff würden wir nur wenige Minuten leben. Mit anderen Worten bedeutet dies, dass die Thematik der Abhängigkeit das Überleben (Rot) betrifft. Kenntnis (Gelb) darüber bringt uns Orange.

Orange wird mit dem Ätherkörper verknüpft. Es ist der erste Körper außerhalb des bio-elektrischen oder bio-energetischen Felds, der aber immer noch eng mit dem physischen Körper verbunden ist. Der Ätherkörper speichert eine deutliche Erinnerung an Schocks oder traumatische Erfahrungen aus der Vergangenheit.

Orange wirkt sich auf die Heilung der Zeitlinie aus, die sich sowohl in die Zukunft als auch in die Vergangenheit ausdehnt. Sind wir mit uns selbst in Harmonie, werden wir in Einklang mit unserem Seelenpfad und dem größeren Wohl wahrscheinlich zur rechten Zeit am rechten Ort sein und das Richtige tun. Ist die "Wahre Aura", die sich normalerweise im goldenen Bereich unseres Körpers befindet, aufgrund von Schocks verschoben, sind wir nicht in Harmonie mit uns selbst. In diesem Fall bewegt sich die "Wahre Aura" zur linken Seite des Körpers hin, auf den ätherischen Spalt zu, und wir verlieren das Gefühl für Synchronizität. Orange hat die Fähigkeit, uns zu helfen, traumatische Erlebnisse aus der Vergangenheit loszulassen und uns in die richtige Beziehung zur Zeitlinie zurückzubringen. Es gibt uns die Chance, wieder ganz auf die rechte Zeit und den rechten Ort ausgerichtet zu sein, mit der Fähigkeit, beharrlich und mit Leib und Seele bei etwas dabei zu sein, zu dem wir uns verpflichtet haben.

Orange inspiriert besonders unsere Bauchgefühle und die daraus entstehenden Reaktionen. Diese Reaktionen entspringen der grundlegenden Wahrheit des Wissens und der Weisheit, die sich im Orange befinden. Wir erfahren eine Lebenslust, die uns das Gefühl vermittelt, verfügbar und optimistisch zu sein und die Umstände des Lebens mit einer positiven Einstellung wahrzunehmen, was zu Glückseligkeit und Verzückung führen kann.

Gold

Zwischen Orange und Gelb zeigt sich Gold. Die Aura-Soma Philosophie mit ihrem Farbverständnis versteht Gold als den Schlüssel. Für Vicky Wall beinhaltet Gold die "Wahre Aura" mit der wahren Essenz des Selbst und enthält auch die Farbinformationen über den Persönlichkeitsstrahl und den Seelenstrahl. Die "Wahre Aura" hat ungefähr die Größe einer Walnuss und wird aus dem sie umgebenden Persönlichkeitsstrahl gebildet. Dieser wurde aus den Energien geformt, welche die erste Zelle ins Dasein brachten, das Zusammenkommen der genetischen Informationen der Mutter und des Vaters. Die Farbnuancen des Strahls zeigen die Verschmelzung dieser beiden Ströme. Der Seelenstrahl innerhalb der walnussartigen Form im goldenen Bereich, zeigt, was die Seele als Kern ihres Wesens aus der tiefen Vergangenheit mitgebracht hat. Dies geht von Leben zu Leben so weiter, bis dieser Aspekt der Entwicklung der Seele vollständig ist. Gold ist das Kleinod unserer Weisheit.

Anders als Wissen ist Weisheit das Gold unseres Wesens, wobei die dichtere Materie der Verfeinerung bedarf, und doch ist es wirklich unser eigenes Gold. Weisheit kann durch einen Prozess der inneren Alchemie und unserer Reise zu uns selbst verfeinert werden. Die Feinheit des Goldes kann im Heiligenschein sichtbar werden, der auf den Bildern der Renaissance bei Heiligen und Meistern auftaucht sowie auch bei den buddhistischen Ikonen der Bodhisattvas und auf den tibetischen Bildern der Lamas und Gottheiten dargestellt wird. Das Gold ist die Verwirklichung und Erfüllung der Verfeinerung der Rohmaterialien im Tempel des Körpers, und dies wird auf den inneren Ebenen des Wesens durch innere Alchemie erreicht.

Innerhalb dieses goldenen Bereichs befindet sich auch der Inkarnationsstern, der die physiologische Erinnerung der ersten Zelle enthält, aus der sich alle multizellulären Lebewesen entwickelten. Sich mit jenem Stern zu verbinden, belebt unser

Goldenes Feuerwerk in Palma de Mallorca, Spanien.

ganzes System neu; ähnlich wie Stammzellen benutzt werden, um andere Zellen an ihre Fähigkeit zur Regeneration zu erinnern. Durchdringen wir uns selbst mit der Essenz unserer Erkenntnis, kann als Erinnerung an das Potenzial dieser ersten Zelle eine Regeneration erfolgen.

Gold ist die Tiefe des Glücklichseins und die Tiefe an Vertrauen, wenn Weisheit in uns dämmert. Das Faszinierende an dieser Qualität der Weisheit ist, dass sie nicht besessen werden kann und einem nicht gehört. Es handelt sich um etwas, aus dem wir lernen können, sei es, dass wir selbst etwas sagen oder uns die weisen Worte eines anderen Menschen anhören. Die Natur von Gold ist der Gelben gleich. Sie strahlt aus.

Gold hat Bedeutung für die Überwindung von Ängstlichkeit und Furcht, sodass wir fähig werden, in einen neuen Moment einzutreten. Zu Beginn des Goldenen Zeitalters, einem Zeitalter größeren Bewusstseins und mehr Licht, entstehen goldene Momente aus unserer Verbindung mit dem goldenen Bereich in uns selbst. Gold ist auch die Farbe, die am meisten mit dem Gedanken des Loslassens verbunden ist: Loszulassen ins Gold regt die innere Alchemie an, die Umwandlung hin zu größerer Weisheit, die vom Kern des Wesens her mit tief empfundener Freude ausstrahlt. Wird diese Weisheit in jedem Augenblick wahrgenommen und gelebt, findet dies im Glanze des goldenen Heiligenscheins um den Kopf herum seinen Ausdruck.

Gelb

Gelb ist die Farbe des Sonnenlichts, bevor es auf die hellblaue Sphäre trifft, die die Erde umgibt. Ohne diese Lichtquelle könnte Leben auf diesem Planeten nicht erhalten werden. Gelb ist die Farbe des Glücks und des Lachens in uns selbst, die Lebensfreude an sich, die Freude an der Lichtkraft des Lebens.

Gelb ist auch die Farbe des Intellekts, die Klarheit des Gedankens und des Prozesses, der sich im mentalen Bereich entfaltet. Auf die gleiche Weise wie Orange im Verhältnis zum Äther- (Emotional) Körper steht, ist Gelb mit dem Astral- (Mental) Körper in Verbindung. Gelb regt uns an, unsere mentale Belastbarkeit und unsere Lernfähigkeit wiederherzustellen.

Gelb steht auch in Zusammenhang mit nervösen Ängsten. Nervöse Angst lässt uns erfahren, wie es ist, wenn sich als Folge eines Gehemmtseins eine Art Verkrampfungsknoten bildet. Dieser Knoten strafft sich bei Befangenheit, und wir erleben ein Gefühl der Trennung vom Selbst. Dies fühlen wir wahrscheinlich als Teenager am intensivsten, wenn unsere Empfindung in unserem Solarplexus, dem gelben Bereich, einer ausgeprägten Befangenheit entspricht. Wenn wir das loslassen, und wir uns dann ruhiger fühlen, wirkt sich das idealerweise als Selbsterkenntnis aus, als eine Ausstrahlung von Sonnenlicht in unserem Selbst.

Die Griechen glaubten, ein Raum werde dunkler, wenn Menschen mit geschlossenen Augen zusammensäßen; sie glaubten, das Licht strahle aus den Augen jener, die sich versammelten. Das Licht, das aus einer Befangenheit heraus geboren wurde und sich zur Selbsterkenntnis in unserem gelben Bereich entwickelt hat, leuchtet durch die Augen, aus den Fenstern der Seele.

Gelb bringt uns das Einsammeln der Ernte nahe, die Zeit, wenn die gepflanzte und gewachsene Saat geerntet wird. Wir

Goldenes sonnengereiftes Korn in Ripton, Vermont.

ernten, was wir gesät haben. Gelb weist auf Themen hin, bei denen es um Ängste geht, um aus Furcht ausgeübter Kontrolle und um Macht, die wenig Grund zu Neid aufgibt. Im Gelb finden wir die Befangenheit oder die Hemmung, die mit dem „kleinen" Willen oder dem Eigenwillen, dem Eigensinn im Selbst einhergeht. Vieles der neueren Geschichte könnte man als Folge des Missbrauchs der inneren Sonne betrachten und auch als Folge der Frage, wie wir unserem individuellen Willen Ausdruck verleihen sollen. Am besten wäre es, wenn Macht in Einklang mit dem sein könnte, was wir in unserem goldenen Bereich vorfinden und auch mit dem, was sich darüber befindet, mit den grünen und olivgrünen Aspekten unseres Wesens.

Olivgrün

Olivgrün befindet sich zwischen dem primären Gelb und dem sekundären Grün. Als Tertiärfarbe enthält es Elemente von beiden Farben. Besinnlich über die Eigenschaften eines Olivenbaums nachzudenken, hilft uns, Olivgrün zu verstehen. Ein Olivenbaum kann mehrere Jahrhunderte leben, schwierige Klimaverhältnisse überstehen, und er ist sogar imstande, den Olivenzweig des Friedens und seine Früchte anzubieten. Olivgrünes Öl nährt das Herz, hält unsere Haut geschmeidig, und wenn es brennt, leuchtet Licht auf. Die frisch gepflückten Früchte des Olivenbaums schmecken bitter. Einzig durch einen Einweichungs- und Marinierungsprozess mit genau der richtigen Menge Salz kann sich das Bittere zu etwas Süßem und Genießbarem wandeln.

Olivgrün mahnt uns, dass wir die Süße des Geistes finden, wenn wir die Bitterkeit der Vergangenheit loslassen. Wir können den Bund zwischen Gott und den Menschen, den Regenbogen, wieder herbeirufen; den Regenbogen unseres Wesens, in dem alle Farben zusammenkommen. Diese Hoffnung und dieser Optimismus sind im Olivgrün enthalten.

Olivgrün bringt unseren weiblichen Aspekt zum Ausdruck, die Erinnerung an die Göttin, die weibliche Führerschaft des Herzens. In unseren Herzen können wir das Vertrauen in unsere Intuition finden, die wiederum von unserer Bewusstheit (Grün) sowie von unserem Licht und unserer Klarheit (Gelb) geführt

Olivenmarkt in Avignon, France.

wird, die im Olivgrün zusammenkommen.

O-live, O-lebe(n) klingt beinahe wie ein Appell an die Lebenskraft. Die Farbe Olivgrün wurde beim Militär in Zeiten von Konflikt und Krieg als Camouflage benutzt. Wir werden aufgefordert, uns nicht länger zu verbergen, Konflikte in uns zu bewältigen, Sektierertum und Paranationalismus aufzugeben, auf dass die weibliche Empfänglichkeit eine neue Ebene des Miteinanders erreicht.

Unsere Intuition wird mit Freude geachtet, wenn wir ihre Gleichwertigkeit mit unserer analytischen Natur anerkennen. Olivgrün erinnert uns an die Freude, unseren eigenen Raum zu finden und Raum für uns selbst zu schaffen. Wir sollen uns unseres eigenen Raumes bewusst sein und gleichzeitig anderen Menschen Raum geben; denn in einer Situation, in der Unterstützung angeboten wird, ist es wichtig, dem Klienten Raum für Wachstum zu geben. Wenn wir eine einzige Rose aus einem Rosenstrauß herausnehmen, können wir die Fülle ihrer Schönheit auf neue Weise schätzen lernen; wir geben ihr den Raum, den sie für sich benötigt.

Grün

Die zwei Primärfarben Gelb und Blau werden kombiniert zu Grün. Grün steht für Panoramabewusstsein, Raumgefühl, Richtung und Treffen von Entscheidungen.

So wie Aura-Soma die menschliche feinstoffliche Anatomie versteht, befindet sich im Grün der Smaragd des Herzens. Unser Herz ist eng mit der Erde verbunden. Wenn wir die Buchstaben des Wortes heart (Herz) entsprechend umordnen, entsteht daraus das Wort earth (Erde). Dies ist auf elegante Weise der Sache dienlich. Bei grünen Themen geht es um die Erde, und wie wir für sie sorgen; Probleme mit der Umweltverschmutzung; Bedenken, was wir von der Erde nehmen, statt ihr zu geben. Es ist kein Zufall, dass „Grün" oder Umweltthemen gegenwärtig so politisch sind, wenn die Menschheit sich näher auf die kollektive Öffnung des Herzens hinbewegt.

Auch wenn die „Grüne Bewegung" immer noch eine zarte kleine Stimme innerhalb der gesamten Menschheit sein mag, so wird diese Bewegung doch unweigerlich wachsen. Die Erde kann uns nicht dienen, solange wir sie weiterhin auf eine unhaltbare Weise ausbeuten. Wir müssen unseren Konsum mit Bemühungen um ihre Regeneration ausgleichen. Ebenso wenig werden uns unsere Herzen unterstützen, die so eng mit der Erde verbunden sind, solange wir nicht mehr in Harmonie mit der Natur leben.

Die Herzkrankheiten in der westlichen Kultur sind ein Leiden, das viel aussagt. Ungeachtet von Diäten und anderen Umweltfaktoren wird das Herz nicht so arbeiten, wie es sollte, solange uns Harmonie und Freude im Leben fehlen. Harmonie erwächst vielmehr aus einer engen Beziehung zur Gesamtheit der Existenz als aus den Ängsten und dem Stress des modernen Lebens. Eine solche Harmonie und Ausgeglichenheit führen zu mehr Synchronizität in unserem Leben.

Grün ist auch symbolhaft für grüne Felder und offene Räume, für Bäume und die Stille, die Bäume zu erzeugen scheinen, während sie die Jahreszeiten mit Ringen in ihren Stämmen aufzeichnen und Licht in ihren Wesen verdichten.

Grün zeigt Eifersucht, Neid und derartige stressige Gefühle, die andeuten, im Raum eines anderen sein zu wollen. Der positive Aspekt dabei ist ein Panoramabewusstsein. Es ist die Fähigkeit, die Dinge deutlich vom Blickwinkel eines anderen Menschen aus wahrzunehmen und die Position eines anderen so zu verstehen, als wäre sie die eigene.

Türkis

Wesentlich für Türkis ist die kreative Kommunikation des Herzens, wo Grün, eine Sekundärfarbe, durch Blau, eine Primärfarbe, ihren Ausdruck erfährt. Bei Aura-Soma verbinden wir Türkis mit dem sich entfaltenden Individuationsprozess, bei dem wir durch unsere individuellen Herausforderungen und Muster hindurchgehen und uns auf das kollektive Leben der Menschheit zubewegen. Diese Auffassung wurde von Carl Jung ausgiebig erforscht und bezieht sich auf die Erfahrung, mehr in unsere Mitte zu kommen und uns besser zu erden. Dabei beginnen wir Symbole, Gedanken und Wahrnehmungen zu empfangen, die im kollektiven Geist und Unbewusstsein der Menschen vorhanden sind. Diese Informationen sind transkulturell und transepochal; sie stehen keinem Menschen allein zu, sondern sind für alle Menschen aller Kulturen, Rassen und Zeiten verfügbar.

Türkis bezieht sich auf das Ananda Khanda, das kleine Zentrum auf der rechten Seite der Brust. Übersetzt aus dem Sanskrit ins Englische bedeutet Ananda Khanda „the abode of bliss" - der Sitz der Glückseligkeit. Im Allgemeinen wird es auch als das „kleine Zentrum" und „das Herz im Herzen" bezeichnet. Da Türkis sich auf das türkise Band um den Körper bezieht, ist es somit auch in Verbindung mit der Bewegung des Ananda Khanda zur Körpermitte hin, auf das Herz zu. Das Erwecken des Sitzes der Glückseligkeit ist ein Individuationsprozess.

Türkis ist die Kreativität in uns selbst, die Möglichkeit Mitschöpfer mit dem Schöpfer zu werden. Wenn wir mit unserer kreativen Kraft in Kontakt kommen und unsere Gefühle mit dem zusammenbringen, was unser Herz mitteilen möchte, können wir unseren tiefen Empfindungen in Gesang, Tanz, Malerei oder Poesie Ausdruck verleihen.

Türkis wird mit der Kommunikation über Massenmedien, mit Vernetzung durch das Internet und den neuen, auf dem Silikon-Chip basierenden Technologien in Verbindung gebracht.

Wie wir wissen, hat dieser Chip die Welt revolutioniert. Durch die Verwendung dieses Chips konnte unser globales Gehirn erweckt und die neuralen Synapsen der globalen Kommunikation angeregt werden. Außerdem ermöglichte er uns, in Zusammenhang mit dem Planeten an eine kleinere und mehr integrierte Gemeinschaft zu denken. Indem der neurale Schaltkreis zu Beginn des Erwachens des globalen Gehirns aktiviert wird, werden viele dunklere Teilchen des Unterbewussten/Unbewussten durch das neurale Netz gespült. Türkis enthält ebenfalls solche unterbewussten/unbewussten Tendenzen. Wir leugnen sie gerne. Doch wir müssen sie ins Bewusstsein bringen und unsere Verantwortung auf neuer Ebene erfahren. Türkis symbolisiert das Zusammenkommen unserer individuellen Fähigkeit, auf etwas einzugehen und die Fähigkeit zu menschengemäßer Unabhängigkeit.

Die Essenz der Türkis-Erfahrung ist Kreativität. Vicky Wall sagte, seit 1966 seien bildlich ausgedrückt, Türkis und Magenta im Regenbogen und am Himmel sichtbar stärker geworden. Dies sei symbolhaft für das Äon am Ende des Zeitalters der Dunkelheit. Türkis verspricht die Möglichkeit der transdimensionalen Kommunikation, einer neuen Wertschätzung der Geschenke aus der Mineralwelt der Kristalle und des Miteinanders, des sich Austauschens und des Spiels innerhalb von Gruppen, wie es von Walen beispielhaft gezeigt wird.

Blau

Blau, die erste Primärfarbe bedeutet Frieden, ein Frieden, der mit Konflikt und Krieg polarisiert wird. Es ist ein Frieden, der über alles Verstehen hinausgeht. Eine Affirmation der Energie des Blaus ist „Ja" zu sagen und mit dem, was ist, im Frieden zu sein. Für Blau wesentlich ist die Kommunikation, die durch uns und nicht von uns kommt. Ebensowenig wie von der Weisheit des Goldes kann auch von der Kommunikation des Blaus nicht Besitz ergriffen werden. Sie kommt durch uns, auf dass wir zuhören mögen, um Führung und Gelassenheit zu erlangen.

Blau weist auf Glauben und Vertrauen hin: Wir haben die Möglichkeit zu vertrauen, dass das, was zu uns gehört, zu uns kommt, ohne dass wir danach greifen und es an uns reißen müssen und ohne es verfolgen zu müssen; wenn wir glauben, wissen wir, dass es kommen oder zu uns zurückkehren wird, wenn es zu uns gehört.

Blau kann auch Autorität anzeigen. Es handelt sich dabei um eine natürliche Autorität, die jeder von uns hat, jedoch so leicht verlieren kann, wenn wir sie als selbstverständlich annehmen, oder es uns an Demut mangelt. Die Autorität des Blaus ist sowohl positiv als auch negativ besetzt. Die Schwierigkeit im Blau kann eine Einengung der Sicht sein, die sich in einem Anhaften an unsere eigenen Meinungen auswirkt, mit dem Widerwillen, sich für Ideen und Meinungen anderer Menschen zu öffnen. Dadurch entsteht dann ein gewisses Maß an Dogmatismus bzw. Selbstgerechtigkeit. Dies loszulassen bahnt uns den Weg zum Höheren Willen, besonders wenn blau heller und intensiver wird.

Mit Hellblau können wir Empfänger und Übermittler werden, gleich einem hohlen Bambus. Der Höhere Wille kann zu uns und durch uns kommen und uns inspirieren. Diese Inspiration mag auf einen höheren Plan hin ausgerichtet sein, auf das Erfüllen unseres Schicksals in Zusammenhang damit, warum wir hier sind, wofür wir da sind, und dass wir wie die Bienen werden, die genau wissen, wo sie ihre Wachsteilchen ablegen müssen.

Bienen bilden kooperativ eine Wabe mit perfekten 60-Grad-Ecken, immer und bei jeder Wabe. Niemand sagt ihnen, wo sie ihre Wachsteilchen ablegen sollen. Sie folgen keinem Plan eines Architekten. Die *Blaupause*, die den Bienen zeigt, wo sie ihre Wachsteilchen anbringen sollen, befindet sich in ihnen selbst. Ebenso ist es bei uns. Wenn wir uns selbst nicht mehr im Weg stehen, kann der Höhere Wille durch uns wirken: Wir bringen dann unser Wachsteilchen an den richtigen Platz, als Teil eines kooperativen Netzwerks, das den Bienenstock zusammenhängenden Lebens auf der Erde errichtet.

Blau findet auch im Mutterprinzip seinen Ausdruck, sowohl in der Fähigkeit, uns selbst zu nähren, als auch durch das Nähren der göttlichen Mutter, die für alle gleichermaßen sorgt.

Die Schilderungen oben lassen uns die Bedeutung der ersten zwei Primärfarben Blau und Gelb erkennen. Die Sonne und der Himmel, so wie sie sich uns auf der Erde zeigen, erzählen die Geschichte der Beziehung dieser beiden Farben. Unser persönlicher Wille (Gelb) und der Höhere Wille (Blau) integrieren sich in allen anderen Farben, die aus diesen zwei Primärfarben gemischt werden. Werden Pigment und Licht kombiniert, werden Grün und Rot aus Blau und Gelb gebildet, gefolgt von den Feinheiten aus der übrigen Palette.

Königsblau

Königsblau ist eine Tertiärfarbe und wird aus der Primärfarbe Blau und der Sekundärfarbe Violett gebildet. Diese Farbe gehört zu dem Teil unseres Körpers mit den meisten Sinnestoren: den Augen, den Ohren, der Nase und dem Mund. Königsblau bringt Klarheit zu allen Sinnestoren. Rot (im Violett), zusammengebracht mit Blau, schenkt uns eine innere Losgelöstheit von den Sinneserfahrungen und ist ein Wächter an den Sinnestoren, der das Potenzial der Klarheit in sich trägt.

Königsblaue Kommunikation wird von oben eingegeben, wie bei einem Telegrafenband, das gelesen und zurate gezogen werden kann. Wir haben die Wahl, wie wir mit dieser Kommunikation umgehen wollen; es ist unsere Verantwortung, zu entscheiden, ob die Informationen weitergegeben werden können. Königsblau verdeutlicht eine tiefere Ebene der Autorität als Saphirblau und äußert sich als verstärkter Dogmatismus, Utopismus oder Ehrfurcht gebietender Mystizismus. Die natürliche Autorität des Königsblaus als Folge sensitiver und intuitiver Wahrnehmung ist Hellsichtigkeit, Hellhörigkeit, Hellfühligkeit und die Fähigkeit, effizient und zielstrebig zu sein.

Königsblau nährt unsere Fähigkeit, Beziehungen einzugehen. Wenn wir die Eigenschaft entwickeln, inmitten all dessen, was sich in unseren mentalen und emotionalen Körpern rührt, das Selbst wahrzunehmen und zu beobachten, können wir lernen, uns nicht mehr nur mit uns selbst und den eigenen Reaktionen und Meinungen zu identifizieren. Dann geben wir unsere Reaktionen auch nicht mehr an andere weiter. Wir entwickeln auf neue Weise Klarheit in unserer Sinneserfahrung, das heißt, wenn wir nicht in unserer Mitte sind, ist unser Bewusstsein dem zugewandt, was zu uns kommt oder mit dem wir im Außen beschäftigt sind. Innerer Abstand ermöglicht uns, das genauer zu betrachten. Wir erfahren uns selbst, nicht auf negative, abgehobene Weise, die der Demut entbehrt, sondern mit ganzer Beteiligung und Empfindungsfähigkeit.

Violett

Violett ist eine Sekundärfarbe. Sie entsteht, wenn die zwei Primärfarben Blau und Rot vermischt werden. Sie ist bezeichnend für Dienst, Transformation, Ganzheit und Heilung.

Für Aura-Soma ist in Zusammenhang mit Dienst wichtig, das zu tun, was wir tun müssen, um unsere Aufgabe und unser Schicksal zu erfüllen und unseren Teil der Blaupause auf die Erde zu bringen. Darin inbegriffen sind unsere Haltung und Intention, wenn wir unseren Dienst erweisen. Fürsorge und Freundlichkeit werden mit diesem Dienst assoziiert.

Bei Violett denken wir an ein schüchternes Veilchen. Es ist bekannt als die kleine blühende Pflanze, die in Winkeln und im Verborgenen gedeiht. Diese Assoziation zeigt den Wunsch, unsichtbar sein zu wollen, mit der Tendenz, das eigene Licht zu verbergen. Nicht gesehen werden wollen, kann Ausdruck eines falschen Egos oder aber unangemessener Bescheidenheit sein.

Violett kann Kummer und Sorgen anzeigen, entweder über den Verlust von etwas, das war, das hätte sein können oder aufgrund unserer früheren Identitäten. Dennoch enthält Violett die Möglichkeit zu einer vollkommenen Veränderung der Denk- und Sichtweise, zur Metanoia: ein Erschüttern von allem, das zuvor konstruiert worden ist, um die Transformation und Wiedervereinigung unserer männlichen und weiblichen Seiten zuzulassen. Violett repräsentiert den Schleier zwischen dieser Welt und der Welt des Geistes. Es wird mit Übergang und einem Verstehen von Tod und Einssein assoziiert.

Bringen wir Licht ein, wird das Violett zum Hellviolett der Transmutation. Das Licht des Leidens und das Verstehen von Leiden durch den violetten Strahl unterstützen diesen alchemistischen Prozess.

Magenta

Magenta ist aus Aura-Soma Sicht die Farbe, die sich knapp jenseits unserer Körperlichkeit befindet. Goethe bezog sich auf diese Farbe als eine Farbe, die als ungesehene Farbe des Spektrums das primäre Rot und das sekundäre Violett verbindet.

Für Magenta wesentlich ist die Liebe zu den kleinen Dingen. Bei Aura-Soma ist dies ein wichtiger Gedanke. Je mehr wir üben, unsere Aufmerksamkeit, Fürsorge und Wärme in die kleineren Dinge einzubringen, den kleinen Dingen unseres Alltagslebens die entsprechende Aufmerksamkeit zu widmen, desto größer ist die Möglichkeit, ein Guthaben in der geistigen Welt aufzubauen, sodass Aufmerksamkeit verfügbar ist, wenn wir sie in unserem Leben brauchen. Bringen wir in die kleinen Dinge keine Liebe ein, die Liebe, die sich im Dienen zeigt, können wir auch nicht erwarten, dass Liebe in den großen Dingen erfahren wird. Magenta bezieht sich auf Liebe von Oben, auf Gnade. Gnade scheint ein nichtkausales Phänomen zu sein. Praktizieren wir jedoch, Liebe in die kleinen Dinge einzubringen, führen wir eine direkte Verbindung zur Magenta-Energie herbei, von Oben kommend, mit Gnade von Oben. Dies kann unsere Aktivitäten im Alltag unterstützen. Magenta lässt jenen Menschen Fürsorge

Magenta-Pfingstrose, Licht von oben empfangend.

zukommen, die sich um andere fürsorgend bemühen.

Die Equilibrium Flaschen zeigen im allgemeinen eine lichtvolle Form des Magenta. Es ist eine Annäherung an die wahre Farbe. Wahres Magenta scheint Tiefmagenta zu sein, das wir in der Basis der „Erste Hilfe"-Flaschen wie in B0, B1, B78, B89, B90, B100, B102 und B103 finden. Das alle Farben absorbierende Tiefmagenta kann so verstanden werden, dass es alle Farben in sich trägt. Das Magenta der B67, B25 oder B77 z. B. ist im Kontrast dazu mehr Fuchsienrosa. Die Fuchsie zeigt das lichterfüllte Magenta.

Rosa

Rosa, eine helle Farbe, entsteht, wenn dem primären Rot Licht hinzugefügt wird und weist darauf hin, dass in den Körper Bewusstsein eingebracht wurde. Nehmen wir uns selbst an, und hören wir auf, uns selbst zu beurteilen, erlauben wir uns, zu dem zu erwachen, der wir sind. Erwachen wir, finden wir im Rosa die Fähigkeit, uns selbst genau so anzunehmen, wie wir sind und nicht, wie wir vielleicht gerne sein wollen. Die Kenntnis um den inneren Abstand fördert den Wandel. Wenn wir aufhören, uns selbst wegzudrücken, können wir uns erlauben zu sein.

Rosa, eine Intensivierung von Rot, kann intensive Wut, Groll und Frustration anzeigen. Das Licht des Bewusstseins, im Rosa präsent, hilft uns, die Energie von Wut zu nutzen und sie zur starken Liebe unseres Erwachungsprozesses zu transformieren oder zu dem großen Mut, unser Empfinden einer bedingungslosen Liebe zu erden und zum Ausdruck zu bringen.

Werden wir vom Rosa angezogen, haben wir die Fähigkeit, Liebe zu geben und empfinden es gleichzeitig als schwierig, uns selbst zu lieben und für uns selbst zu sorgen. Wir finden immer Gründe, unsere Verletzlichkeit zu leugnen, nicht für uns selbst da zu sein und uns stattdessen dafür zu entscheiden, anderen Mitgefühl und Zärtlichkeit zu geben. Sorgen wir aber für uns selbst, und bringen wir uns selbst auf die Reihe, um dann Aufmerksamkeit zu erhalten, kann unsere Liebe eher bedingungslos in die Welt und zu anderen überfließen.

Klar/Weiß

Klar zeigt das volle Spektrum des Bewusstseins, in dem alle Farben enthalten sind. Es kann einfache Reinheit oder große Intensität ausdrücken.

Klar weist auf Leiden hin und das Verstehen von Leiden. Das Licht dieser Einsicht bezieht sich auf die Erleuchtung Buddhas. Daraufhin hat er seine Erfahrung und seine Einsicht ins Leiden in den vier edlen Wahrheiten erläutert: Es gibt Leiden; es gibt einen Grund für Leiden; es gibt einen Weg heraus aus dem Leiden; es gibt ein Ziel am Ende des Leidens.

Es gibt drei Gründe für Leiden, die ganz einfach ausgedrückt werden können: Wir leiden, wenn wir bekommen, was wir nicht wollen; wir leiden, wenn wir wollen, was wir nicht haben können; wir leiden, wenn wir nicht fähig sind, zwischen diesen beiden zu unterscheiden.

Für Vicky bedeutete das Klar die Quelle ungeweinter Tränen, und dies bezieht sich konzeptionell auch auf das Leiden: wenn wir uns fühlen, als ob sich die Farben aus unserem Leben herausgewaschen hätten. Wir Menschen bestehen zu 70 Prozent aus Wasser. Womöglich bezieht sich die Quelle dieser ungeweinten Tränen auf solche Gefühlsformen des Leidens, mit denen wir uns identifizieren. Leiden ist nicht unbedingt mit den Leidenden gleichzusetzen; Leiden könnte auch ohne Leidende existieren, wenn keine persönliche Identifikation mit der Erfahrung besteht.

Klar bezieht sich auch auf Transparenz. Bewusstsein und Transparenz scheinen Synonyme zu sein. Luzidität, das heißt Klarheit, geht über jegliche sensorische Erfahrung und über Wahrnehmung hinaus. Wenn wir in einen Spiegel blicken, sind Reflexion und Transparenz paradoxerweise beide Teil unserer Erfahrung. Wie dies auch für die Transparenz gilt, lässt Klar alle Farben durch sich hindurchfließen. Stellen wir Rot hinter Klar, dann sehen wir das Rot, und deshalb können wir sagen, dass Klar Rot enthält. Gleichzeitig repräsentiert Klar das Licht und hat die Qualität der Widerspiegelung.

Regenbogenlicht, das auf ein Unterrichtszentrum in Österreich fällt, gestaltet unter Anwendung der heiligen Geometrie.

Obwohl die Pomander und Farbessenzen, die mit dieser Farbe korrespondieren, klar sind, nannte Vicky sie „weiß", und wir beziehen uns heute weiterhin so auf sie. Fügen wir Licht zu einer Farbe hinzu, dann gehen wir von einem satten Farbton zu einem helleren Farbton, einem Pastellton über. Wenn wir an Pigmente denken, würden wir zu einer Farbe Weiß hinzufügen, um das gleiche Ergebnis zu erzielen. So gesehen sind Licht oder Klar oder Weiß das Gleiche. Deshalb betrachten wir Klar als Weiß. Wie vom Klar kann auch vom Weiß gesagt werden, dass es alle Farben enthält.

4

Das Aura-Soma System

Viele Menschen fühlen sich von Aura-Soma angezogen. Vor allem die Einfachheit des Systems, von schwingenden Farben „gerufen" zu werden, spricht uns an. Sobald wir dann beginnen, es in seinem vollen Umfang zu erfassen, kann seine Erforschung für die, die sich eingehender damit beschäftigen wollen, zu einer sehr zufriedenstellenden Erfahrung werden.

Die feinstoffliche Anatomie

Bei Aura-Soma werden die traditionellen sieben Chakras oder Energiezentren des physischen Körpers so bezeichnet, wie es auch in der vedischen Tradition üblich ist. Aura-Soma bestätigt, dass in jedem der sieben Hauptenergiezentren des Körpers sieben Ebenen sind, die wiederum mit einem kleineren Chakra-System in jedem der Hauptchakras übereinstimmen; jede der neunundvierzig Ebenen entspricht einer bestimmten Farbschwingung und seiner entsprechenden Wellenlänge.

Um wirklich gut zu funktionieren, müssen diese Energiezentren als kombinierte Sender-Empfänger wirken. Teil ihrer Funktion ist es, sowohl Energie abzugeben als auch aufzunehmen. In diesem Sinne beschreiben wir Energie als Information, die, soweit dies Aura-Soma betrifft, als Farbe und Licht aufgenommen und abgegeben wird.

Die feinstoffliche Anatomie bei Aura-Soma schließt den Inkarnationsstern im goldenen Bereich, den Erdstern im roten und den Seelenstern im magentafarbenen Bereich ein, den Smaragd im Herzen und den Ikosidodekaeder, einen Polyeder mit 32 Flächen, die sich aus zwanzig Dreiecken und zwölf Fünfecken zusammensetzen; die acht Hauptenergiezentren oder Chakras (sieben in unserem Körper, plus eines im Seelenstern, knapp über dem Körper) sowie das türkise Zentrum, das Ananda Khanda. Den Hauptenergiezentren entsprechen die acht Farben: Rot, Orange, Gelb, Grün, Blau, Königsblau, Violett und Magenta.

Das Wurzelchakra (Rot) ist mit Überlebensthemen befasst, das Sakralchakra (Orange) mit Abhängigkeitsthemen, der Solarplexus (Gelb) mit Themen um Angst und Macht und das Herzchakra (Grün) mit Raumgefühl und Panoramabewusstsein. Das Kehlchakra (Blau) bezieht sich auf Kommunikation und Frieden, das Dritte Auge (Königsblau) auf Klarheit und Beziehungsfähigkeit, das Kronenchakra (Violett) auf Dienst und Transformation und der Seelenstern (Magenta) auf göttliche Liebe und Aufmerksamkeit für die kleinen Dinge.

Im Hinblick auf die feinstoffliche Anatomie ist die Farbe Gold von großer Bedeutung. Sie befindet sich zwischen dem zweiten und dritten Chakra, das heißt, zwischen Orange und Gelb. Der goldene Bereich des Körpers enthält die „Wahre Aura". Die „Wahre Aura" könnte als Zugangsbereich für die Entwicklung der

Oben: Aus der Dunkelheit tauchen die Farben auf, zuerst Rot, dann Grün.

Magenta-Kombinationen beziehen sich auf das 8. Chakra, den Seelenstern.

Violett-Kombinationen beziehen sich auf die Krone.

Blau-Kombinationen beziehen sich auf den Kehl- und Kommunikationsbereich.

Türkis-Kombinationen beziehen sich auf den Kehl- und Herzbereich.

Grün-Kombinationen beziehen sich auf den Brust- und Herzbereich.

Gelb- und Gold-Kombinationen beziehen sich auf den Bereich des Solarplexus.

Orange-Kombinationen beziehen sich auf den Nabel und die Peripherie des Körpers.

Rot-Kombinationen beziehen sich auf das Basis-Chakra.

Rosa-Kombinationen beziehen sich auf Liebe und Kreativität.

Wo möglich, sind die Kombinationen rund um den Körper herum aufzutragen; dabei wird die Wirbelsäule mit eingeschlossen.

Zur Beachtung:
Rosa- und Magenta-Kombinationen haben eine enge energetische Verbindung.

Die Chakras bzw. Energiezentren erstrecken sich vom ersten Chakra an der Basis der Wirbelsäule (Rot/Rosa) bis zum 8. Chakra über dem Kronenchakra (Magenta).

Jede Farbe kann auch auf die Füße aufgetragen werden.

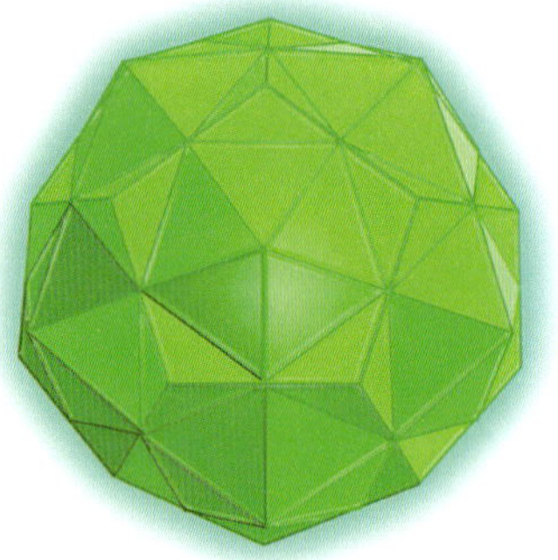

Ikosidodekaeder

Weisheit in uns selbst verstanden werden. Diese Erinnerung liegt im Inkarnationsstern, der sich wie ein unendlich strahlender Lichtpunkt, einem Diamanten gleich, im Zentrum unseres Wesens befindet. Legten wir einen Zirkel am Inkarnationsstern an und setzten wir den Radius vom Ende des Brustkorbs bis zum Anfang des Schambeins, dann wäre der gesamte Bereich innerhalb des gezeichneten Kreises das Hara. (Das Hara umfasst den goldenen Bereich, den Inkarnationsstern, die "Wahre Aura" und das Hologramm der ersten Zelle.)

In der ersten Zelle finden wir drei Phänomene, die sich zueinander verhalten wie die Punkte eines Dreibeins oder eines Dreiecks: die Gesamtheit der genetischen Erbanteile der Mutter, die Gesamtheit der genetischen Erbanteile des Vaters, und das Bewusstsein, das wir waren, bevor wir uns in diese Inkarnation begaben. Bestimmt von Karma und Dharma wurde unser Bewusstsein in diese Inkarnationserfahrung mit den für sie vorgesehenen kombinierten genetischen Eigenschaften angezogen.

Sobald wir mit unserem Inkarnationsstern in Berührung kommen, beginnen wir die Präsenz unseres inneren Meisters wahrzunehmen. Sind wir im Inkarnationsstern zentriert, befindet sich dieser Lehrer in unserem Inneren. Sind wir nicht zentriert, wird uns das Leben durch Erfahrungen belehren, die wir im Außen machen.

Der Inkarnationsstern taucht auf, sobald wir durch das Mandala der Empfängnis gehen, einer Erfahrung, die dem Eintritt in die erste Zelle vorausgeht. Dieser Prozess ist bei allen Menschen gleich. Bewusstsein geht unabhängig von der physischen Form zuerst durch einen kleinen Lichtpunkt, der vor einem blauen Hintergrund erscheint und sich dann in ein strahlend gelbes Pentagramm inmitten einer blauen Sphäre verwandelt. An diesem Punkt wird die Erinnerung an das Bardo und alle Wesen, die wir waren und all die Wesen, die wir noch sein werden, teilweise gelöscht. Es ist, als ob ein blauer Vorhang oder Schleier vor alle Informationen gezogen worden wäre, die vor der Erfahrung der Empfängnis noch im Bewusstsein waren.

Der Lichtpunkt, der im Blau erscheint, ist das Bewusstsein des Selbst. Er bleibt bestehen als Zugangspunkt zu den Lektionen, die wir in der Vergangenheit gelernt haben und den Aufgaben, die wir uns für dieses Leben gewählt haben, oder die für uns bestimmt wurden. Verbinden wir uns mit diesem Bewusstsein des Selbst, mit diesem Lichtpunkt oder Inkarnationsstern, haben wir die Möglichkeit, die Informationen und Energien „herunterzuladen", die oberhalb von uns sind und alle Wesen betreffen, sowohl die, die wir einmal waren, als auch die, die wir noch sein werden.

Der leuchtend gelbe Lichtpunkt des Inkarnationssterns lässt uns die Erfahrung des Menschseins machen und bringt uns zu der Erfahrung unseres Seelenstrahls in diesem Leben. Der Seelenstrahl oder die Seelenfarbe kann durch den unteren Teil jener Flasche erkannt werden, die wir bei unserer Auswahl als erste bevorzugen, und soweit sie das Überbewusstsein als unsere Seelenfarbe zu diesem Zeitpunkt wahrnimmt. Äußere und innere Faktoren, Filter und Konditionierungen beeinflussen uns und somit auch unsere Fähigkeit, diesen Seelenstrahl wahrzunehmen.

Mit dem Auftauchen des gelben Inkarnationssternes auf dem blauem Hintergrund zum Zeitpunkt der Empfängnis, erfährt das Bewusstsein gleichzeitig das Zusammenkommen der jeweiligen Farben, die Verschmelzung der Mutter und des Vaters im Raum. Die dabei erzeugte Farbe bildet sich als Persönlichkeitsstrahl heraus.

Anfangs haben wir keine Form und sind Lichtwesen. Dann materialisieren wir uns, indem wir eine Form annehmen, zuerst mithilfe unseres Seelenstrahls und dann mithilfe des Persönlichkeitsstrahls, durch den der Seelenstrahl wirkt, um sich selbst in dieser Inkarnation weiterzuentwickeln. Die Primärfarben Blau, Gelb und Rot kommen als Manifestation unseres Lichtwesens in Übereinstimmung mit der ganzen Geschichte und der Zukunft unseres Seelenstrahls zusammen. Der Seelenstrahl erfährt durch den Persönlichkeitsstrahl Individualität. Dadurch wird genau festgelegt, was wir durcharbeiten werden, um aufzeigen zu können, was unsere Seele in diesem Leben zum Ausdruck bringen soll – mit anderen Worten, unsere karmische und dharmische Arbeit.

Verbinden wir uns dann wieder mit dem Inkarnationsstern, der physiologischen Erinnerung an den Empfängnispunkt, wird der Stern größer. Wir werden uns der Körperlichkeit und des Erbguts der genetischen Linie bewusster und akzeptieren sie. Wir beginnen in uns ein stärkeres Bewusstsein (Licht) für unseren Körper, unseren roten Aspekt, unser Fundament und unseren Erdungsprozess zu entwickeln. Bringen wir Licht ins Rot, wird Rot zu Rosa. Rosa geht so aus dem Rot hervor.

Der Erdstern befindet sich im roten Bereich, und dies betrifft unser Schicksal auf diesem Planeten. Der Erdstern enthält vorprogrammierte Informationen darüber, wo wir uns inkarnieren wollen, welche Orte wir besuchen werden, und wo wir leben werden. Die Erde als Wesen hat ihr eigenes Schicksal und ihre eigene Entwicklung, aber sie ist mit uns und unserer Entwicklung verknüpft. Für unseren Erdungsprozess und für die Arbeit an uns selbst ist es wichtig, dass wir unsere Beziehung zur Erde, das gemeinsame Wachstum und unsere gegenseitige Unterstützung anerkennen. Dadurch wird es für uns leichter, in synchronistischer Harmonie mit unserer Bestimmung, zur rechten Zeit am rechten Ort zu sein und das zu tun, was wir genau in dem Moment tun müssen.

Rot befindet sich unterhalb der Taille, in den Beinen und den Füssen und reicht bis hin zum Basis-Chakra. Innerhalb des roten Bereichs liegt die Quelle der Kreativität, wie auch der Drang, sich zu reproduzieren und der Wunsch, sich selbst schöpferisch zu verstehen. Wenn Rosa aufsteigt, bewegt es sich durch den koralleroten Bereich zum Orange in Richtung Gold und aktiviert das Hologramm in der Wahren Aura. Die wärmende Energie des Rosa steigt weiter auf und wölbt sich über dem Solarplexus durch das Olivgrün zum Smaragd des Herzens.

Der Seelenstern befindet sich ungefähr eine Handbreit über dem oberen Teil des Kopfes. Er enthält das gesamte Potenzial darüber, wer wir sind. Er ist in Berührung mit uns selbst als einem Wesen, das Tausende von Inkarnationen in irdischen, stellaren und in anderen Formen durchlebt hat. Der Seelenstern enthält das komplette Wissen darüber, wer wir waren, und wer wir noch sein werden, sowie die individuellen Seiten der Akasha-Chronik. Auf der besonderen Seite, auf der das Buch geöffnet ist, sind die Vereinbarungen festgehalten, die wir mit unseren Vorbildern, Lehrern und Meistern getroffen haben, bevor wir in dieses bestimmte Leben eintraten, als wir in Zusammenhang mit ganz speziellen Erfahrungen und Verantwortlichkeiten in dieser Lebenszeit sagten: „Ja, ich werde das tun".

Sobald die rosafarbene Energie den goldenen Bereich, die Erinnerung an die erste Zelle in unserer Physiologie berührt, gehen die Magenta-Energie des achten Chakras, die Informationen im Seelenstern gleichzeitig und synchron in gegenläufige Resonanz und bewegen sich hin zum türkisen Zentrum, dem Ananda Khanda. Die zum Herzen und zum türkisen Zentrum in Beziehung stehende Energie erwacht, wobei sich die Rosa-Energie des Erdsterns und die Magenta-Energie des Seelensterns aufeinander zu bewegen.

Das türkise Zentrum kann als Individuationsprozess verstanden werden oder diesen repräsentieren, wie Carl Gustav Jung es beschrieb. Dieser Prozess des Erwachens entwickelt unsere Verbindung mit dem kollektiven Bewusstsein und hilft uns, Mitschöpfer zu sein bei allem, was ist.

Fliesst Magenta durch Türkis zum Smaragd des Herzens über, dann bewegt sich das kleine Zentrum auf der rechten Seite der Brust zur Mitte hin. Es gibt einen eigenen Energiestrom in unseren Herzen, im Smaragd, der uns, als Wesen für den Dienst an der Welt, mit der Erde verbindet. Vielleicht sind ja auf dem Planeten die Pläne für das Herz und für die Erde dieselben. Im Smaragd des Herzens kommen die drei Energieströme zusammen und führen zur Öffnung des Grüns, zur Öffnung des Herzens.

Der Smaragd ist aus Sicht von Aura-Soma das Erbe des Herrn des Lichts, der neben Gott saß. Gott als ursächliches Phänomen ist die Mutter/der Vater, der Schöpfer und der Architekt von allem, was ist. Als Gott und Luzifer getrennt wurden, brachte Luzifer ein sehr großes Opfer, indem er den Ausschluss aus dem Himmel akzeptierte und so seine Rolle als der Herr des Lichts verlor. Luzifer wollte den zweibeinigen Geschöpfen auf der Erde nicht dienen. Wir tragen Aspekte von beiden in uns, von Gott und von Luzifer. Dies spiegelt sich in gegensätzlichen Impulsen, einerseits unser Licht erden zu wollen, voll präsent auf der Erde zu sein und dann wieder zu anderen Zeiten im Verlangen, uns zum Geist hin zu bewegen und nicht mit der Erde in Verbindung sein zu wollen. Vielleicht haben wir manchmal Schwierigkeiten, uns mit unserem Erdstern zu verbinden und widersetzen uns, uns ganz als das zu inkarnieren, was wir sein könnten und dem, was hier unsere Aufgabe wäre. Als Wesen auf der Erde haben wir die Möglichkeit, einen Weg zu finden, den Herrn des Lichts in uns in Einklang mit unseren Herzen zu bringen. So wäre es dem Herrn des Lichts vielleicht möglich, in Harmonie neben der Gottheit in uns zu sitzen. Die Magenta-Energie kann ihre Reise fortführen, um sich mit dem goldenen Bereich in uns zu verbinden; die Rosa-Energie kann in den Smaragd des Herzens gelangen, nachdem sie sich durch das Gelb des Solarplexus und das Olivgrün des Zwerchfells und der Bauchhöhle bewegt hat, und wir gehen den Pfad der Individuation, auf dass sich unser Herz weitet.

Der Kampf zwischen Luzifer und Ahriman. Die hölzerne Skulptur von Rudolf Steiner und Edith Maryon stellt den Versuch der Menschheit dar, Gefühl und Verstand ins Gleichgewicht zu bringen.

Farbresonanz in den Chakras

Wird reines weißes Licht durch ein Prisma geführt, erscheinen aus dieser Lichtbrechung sieben unterschiedliche Frequenzen als die sieben sichtbaren Farben des Regenbogens. Jedes der sieben Chakras im Körper korrespondiert direkt mit einer dieser Farben. Fühlen wir uns von einer bestimmten Flasche angezogen, weist dies auf die Möglichkeit hin, die entsprechenden Chakras durch ihre sympathetische Resonanz mit der Farbe sowie den Edelstein- und Kristallenergien, die in der Flasche enthalten sind, fein abzustimmen. In gewisser Weise kann das Aura-Soma System den Zustand der Chakras diagnostisch einschätzen.

Die Beziehung zwischen Farbe und der feinstofflichen Anatomie ist tiefreichend. Dadurch, dass unser Farbbewusstsein, unsere Farbwahrnehmung und die Arbeit mit Farbpunkten sich auf *Wohlergehen* („ease") ausrichten, ist die Auswirkung für alle Muster von Un-Wohlsein (Krankheit = „dis-ease") immens. Jegliche Dispositionen im genetischen Code – dem Erbgut – können durch die Arbeit mit Farbe und Licht gemildert werden. Zu Beginn des Neuen Zeitalters wurde Aura-Soma der Menschheit als das Werkzeug angeboten, jedem von uns zu helfen, seinen Farbcode wahrzunehmen und das Potenzial zur Individualisierung zu erfüllen. Dies könnte eine eingehende Betrachtung der DNA-Kodizes einschliessen, in die wir uns inkarniert haben, und deshalb ist es auch gleichzeitig eine Überprüfung unserer genetischen Geschichte, ebenso wie unser Farbcode uns aus der sogenannten Seelenperspektive unseres Selbst als Lichtwesen abbildet.

Das Wechselspiel der Farben im Rahmen von Aura-Soma hat durch die direkte Anwendung der Equilibrium Flaschen, der Pomander, Quintessenzen, ArchAngeloi und Farbessenzen eine tiefe Wirkung auf die Energien der feinstofflichen Anatomie.

Die Farben für jedes der Produkte werden jeweils unterschiedlich detailliert bestimmt. Die Farben, wie sie in den verschiedenen Ausführungen zur Verfügung gestellt werden, stehen in Einklang mit dem elektromagnetischen, dem ätherischen und dem astralen Feld der Aura, die den physischen Körper umgeben sowie mit dem physischen Körper selbst. Um größere Klarheit zu gewinnen, werden alle Kernkomponenten des Aura-Soma Systems im Einzelnen angesprochen: die Equilibrium Flaschen, die Pomander, die Quintessenzen, die Air Conditioner, die ArchAngeloi und die Farbessenzen.

Traditioneller Laden für Färbemittel und Farbpigmente in Florenz, Italien.

Die Equilibrium Flaschen

Die Equilibrium Flaschen enthalten für das menschliche Auge wahrnehmbare Farben, wie auch Energien von Kristallen und Pflanzen. Teil der Inspiration, die Vicky Wall in den ersten Nächten der Geburt von Aura-Soma empfing, war die Anweisung, die öligen und wässrigen Pflanzenanteile zusammenzubringen. Bei der Aromatherapie nutzen die Therapeuten größtenteils die öligen Anteile der Pflanzen, die uns als ätherische Öle bekannt sind. Kräuterkundige andererseits verwenden die wässrigen Auszüge von Pflanzen. In einer Equilibrium Flasche enthält der obere Teil ölige und der untere Teil wässrige Auszüge, sodass beide Teile einer Pflanze in der Flasche vertreten sind. Wird die Flasche geschüttelt, bilden diese zwei Teile vorübergehend eine Emulsion, die eine wohltuende biologische Verträglichkeit mit unserem physischen Körper hat und vollständig durch die Haut absorbiert wird.

Der obere Teil der Equilibrium Flasche repräsentiert das Bewusste, der untere Teil das Unbewusste. Diese Zuordnung wurde von C. G. Jung beobachtet, der beim Betrachten eines Mandalas mit seinen Patienten herausfand, dass der obere Teil sehr oft in Beziehung zu Symbolik, Metaphorik, Farbe und Form stand, während sich der untere Teil auf das unbewusste, unterbewusste oder kollektive Bewusstsein einer Person bezog.

Die Trinität resonanter Wellenlängen

Die Trinität resonanter Wellenlängen umfasst die Wellenlängen des Mineralreichs, die Wellenlängen der Kräuter und Pflanzen und die Wellenlängen der Farbe und des Lichts in ihrer Beziehung zum Reich der Menschen und Tiere. Die Farben enthalten eine Kombination aus pflanzlichen Inhaltsstoffen, Energien von Edelsteinen und Mineralien sowie natürliche Farbstoffe. Für ein vollendetes Produkt widmet sich Aura-Soma dem Zusammenbringen der feinsten Energien, die aus dem Pflanzen- und Mineralreich erhältlich sind. Die Rezeptur der Flascheninhalte verändert sich im Laufe der Zeit. Da wir unentwegt dem nachlauschen, was die inspirative Quelle uns mitteilen will, ist es uns möglich, die Qualität der Inhaltsstoffe sowie das Niveau des Anbaus fortlaufend zu verbessern. Alle pflanzlichen Materialien werden sorgfältig ausgewählt und geerntet. Die Produktion wird in England betreut. Das Ausgangsmaterial wird sowohl vor Ort produziert, als auch weltweit bezogen.

Unter Anwendung landwirtschaftlicher Techniken, die mit dem Aura-Soma System übereinstimmen, baut Aura-Soma Products Ltd. (ASPL) soweit wie möglich alles in Lincolnshire in England an und wird auch den Anbau erweitern, sobald dies möglich ist. Die von Aura-Soma Products gewonnenen botanischen Inhaltsstoffe sind bei Demeter registriert. Dies bedeutet, dass sie dem biologisch-dynamischen Standard entsprechen. (Demeter ist die griechische Göttin der Ernte.) Entwickelt von Rudolf Steiner fördert die biologisch-dynamische Landwirtschaft den Anbau in Übereinstimmung mit seiner Philosophie. Biologisch-dynamisch aufgezogene Pflanzen weisen stärkere Lebenskräfte auf, da sie in Harmonie mit den spirituellen Kräften der Natur sind. Auf der ASPL-Farm werden Pflanzen in Zusammenarbeit mit den Landschaftsengeln und den Devas angebaut, die in die Entwicklung jeder Pflanzenspezies eingebunden sind.

Machen es klimatische Erwägungen erforderlich, oder übersteigt die Nachfrage nach den Produkten die Liefermöglichkeit der Farm, sucht ASPL nach anderen biologisch-dynamischen Quellen. Sind biologisch-dynamisch gezogene Pflanzen nicht verfügbar, wird organisch gezogenes Saatgut verwendet. Steht solches auch nicht zur Verfügung, nutzen wir die beste Quelle, die wir finden können, so z. B. ätherische Öle, die von wild wachsenden

Pflanzen aus unbelasteten Umweltverhältnissen stammen.

Als Vicky ein Kind war, nahm ihr Vater sie oft auf Spaziergänge mit und machte sie mit der Signaturenlehre bekannt. Dieser Studienbereich basiert auf der Theorie, dass der Nutzen einer Pflanze durch die Bewertung von Hinweisen bestimmt werden kann, die von der Pflanze selbst gegeben werden, z. B. wo sie wächst, wie sie aussieht, und welche Farbe sie hat. In gewisser Weise ähnelt diese Lehre dem Werk des alten griechischen Arztes Galen und dem des mittelalterlichen Alchemisten Paracelsus. Die Signatur der Pflanzen ist eine der Grundlagen für die Homöopathie. Sie wurde im frühen neunzehnten Jahrhundert von dem deutschen Pionierarzt Samuel Hahnemann entwickelt. Heute werden die bei Aura-Soma Rezepturen verwendeten Pflanzenextrakte nach ihrer Bedeutsamkeit ausgewählt, wie sie von der jeweiligen Pflanzensignatur angezeigt wird.

Die Homöopathie wendet auch das Gesetz der Ähnlichkeit an, das besagt: „Similia similibus curentur" (Ähnliches werde durch Ähnliches geheilt). Bei Aura-Soma können die Inhaltsstoffe in den Flaschen von einem *Unwohlsein* (dis-ease) zu einem besseren *Wohlergehen* (ease) verhelfen. Durch sympathetische Resonanz haben die energetischen Schwingungen der Produktinhaltsstoffe eine anregende, klärende und ausgleichende Wirkung auf uns. Die Farben, die uns ansprechen, schaffen eine stärkende Resonanz im Körper und im aurischen Feld. Sie fördern ein positives Befinden und persönliches Wachstum. Weiterhin können uns Farben durch harmonische Resonanz im Leben unterstützen und nähren, wenn wir unser Ziel und Potenzial zum Ausdruck bringen. Die Reiche der Pflanzen und Mineralien sind in Bezug zu der Muskel- und Skelettstruktur unseres Körpers. Der menschliche Körper besteht zu einem großen Prozentsatz aus Wasser. Das Medium Wasser kann energetische Erinnerungen transportieren. Wasser entspricht einem Aspekt von Bewusstsein. Solange wir auf der physischen Ebene sind, ist Wasser der Träger oder das Instrument von Bewusstsein in uns. Das Bewusstsein von Wasser war Teil der Erkenntnis vieler alter Philosophien, wie in der Aussage von Chang Tsu beispielhaft erläutert wird: „Ich trage Wasser als mein Element, und durch das Verstehen von Wasser gelange ich zur Erkenntnis von Wahrheit". Die Hälfte des Inhalts der Equilibrium Flaschen und zwei Drittel des Inhalts der Pomander, Quintessenzen, ArchAngeloi und Farbessenzen bestehen aus Wasser. Wasser dient als Hauptkomponente, um Intention und Bewusstsein im Aura-Soma System zu übermitteln.

Zum Verständnis des Konzepts der Signaturen wollen wir *Hypericum perforatum* betrachten. Viele kennen es als Johanniskraut. Es wirkt besonders gut bei Schürfwunden. Johanniskraut hat eine zarte gelbe Blüte. Das Pflücken dieser Blüten ist eine unvergessliche Erfahrung, da die Pflanze ein wenig roten Saft absondert, wenn sie abgeschnitten wird. Die Signatur der Pflanze legt deshalb eine Verbindung zum Bluten nahe. Die Sprache der Farbe weist darauf hin, dass eine Kombination von Gelb und Rot hilfreich sein kann, wenn wir Furcht (Gelb) und emotionales Trauma erfahren haben oder das Potenzial und das Bedürfnis haben, unsere Energie (Rot) weise einzusetzen. Nicht nur zufällig wird Johanniskraut oft als Medizin bei Niedergeschlagenheit verwendet. Ähnliche Assoziationen können für Flasche 5, Gelb/Rot (mehr über B5, siehe Seite 68) abgeleitet werden.

Ein zusätzliches Verständnis der Eigenschaften einer Pflanze gewinnen wir, wenn wir beobachten, wie sie wächst. Johann Wolfgang von Goethe, ein deutscher Wissenschaftler, Dichter und Künstler aus dem frühen 19. Jahrhundert, sagte: „So wie Gelb immer vom Licht begleitet wird, so kann gesagt werden, dass Blau noch ein Element des Dunkels mit sich bringt."[1] Darauf aufbauend stellte Steiner die Theorie über die Pigmentquelle auf:

Die Russell-Wasserfälle im Mt. Field Nationalpark in Tasmanien

> Wir müssen wissen, wie Gelb in der Sonnenblume oder im Löwenzahn wirkt. Wir müssen wissen, wie Blau in der Wegwarte wirkt. Die Vorgänge, welche bei der Wegwarte Blau oder Indigoblau bilden, werden in der Wurzel gefunden, wohingegen die Prozesse, welche bei der Sonnenblume oder beim Löwenzahn Gelb bilden, sich in der Blüte zeigen. Ich muss die Chemie lebendig werden lassen und den Blüteprozess in der Pflanze nachempfinden. Dann werde ich eine helle Farbe erhalten. Ich muss den Wurzelprozess in der Pflanze

Hypericum

nachempfinden, wenn ich eine dunkle Farbe will.[2]

Johanniskraut und seine zwei Pigmente geben ein Beispiel, wie Pflanzen ihre Natur und ihre Eigenschaften zu enthüllen vermögen und Meditationen, Nachforschungen und Anwendungen inspirieren. Dies hilft zu erklären, warum ASPL sich so sehr verpflichtet hat, Inhaltsstoffe zu verwenden, die in Harmonie mit den spirituellen Kräften des Pflanzenreichs und unter Schirmherrschaft der Devas und der Landschaftsengel stehen. Die Aufmerksamkeit, die in jeden Schritt des Anbaus hineinfliesst, beeinflusst die Lebenskraft der Ernte.

Aura-Soma arbeitet auch in Harmonie mit der Energie aus dem Mineralreich. Kristalle und Edelsteine wirken als Empfänger und Überträger. Im Unterschied zum Bewusstsein einer Pflanze ist das Bewusstsein eines Kristalls langsam und dauerhaft – ein Kristall kann länger als dreihunderttausend Jahre für sein Wachstum brauchen. Vieles aus der Lebenserfahrung eines Kristalls wurde in ihm gespeichert und kann „gesehen" werden. Laut Steiner:

> „In dem Moment, wo wir den grünen Juwel sehen, befördern wir unser Auge zurück in weit entfernte Zeiten, und das Grün zeigt sich uns, weil göttliche spirituelle Wesen diese Substanz aus der spirituellen Welt heraus geschaffen haben, aus der grünen Farbe heraus, die zum Geistigen gehört. In dem Moment, wo wir Grün, Rot, Blau oder Gelb in wertvollen Steinen sehen, schauen wir zurück in die unendlich weit entfernte Vergangenheit. ... Und wenn uns der Juwel in der Zeit zurückträgt, schauen wir auf die ersten Anfänge der Schöpfung der Erde vor der lemurischen Epoche unserer Erdenentwicklung, und weil wir sehen, dass er aus dem Geistigen kommt, sehen wir ihn farbig. ...Die göttlichen spirituellen Wesen, die vor langer Zeit Steine erschaffen haben, werden in den Farben lebendig und regen in uns eine lebendige Erinnerung an ihre Schöpfungen in der Vergangenheit an.[3]

Vicky war inspiriert, den Equilibrium Flaschen die Energien bestimmter Edelsteine und Kristalle mithilfe eines energetischen Prozesses einzugeben. Man könnte vielleicht erwarten, dass die Flaschen gemahlene Edelsteine und Kristalle enthalten. Es handelt sich aber um eine Tinktur aus dem Mineralienreich. Vicky wurde eine Möglichkeit gezeigt, Informationen und Energien von Kristallen und Edelsteinen auf ein anderes Medium zu übertragen. Dies wurde kabbalistische Invokation genannt. Ursprünglich hatte sie keine Geräte oder technische Hilfsmittel, die ihr bei diesem Prozess dienten. Als Aura-Soma während ihrer Lebenszeit allmählich wuchs, fand man Wege zur Stabilisierung dieses Vorgangs mithilfe einer Technik, mit der diese Aufgabe wirksamer ausgeführt werden kann. Heute wird zur besseren Übertragung der resonanten Wellenformen, der Informationen und Energien der Kristalle und Edelsteine in das empfängliche Medium Wasser oder Öl in den Equilibrium Flaschen eine sanfte Technik angewandt.

Eine der neuesten Entwicklungen war die alchemistische Technik, die spagyrischer Prozess genannt wird. Dieser sehr

Der Wächter im Labor: Elestial Kristall

alte Prozess hat seine Ursprünge in der Alchemie und den Grundlagen der modernen Pharmazie. Man könnte sagen, dass Paracelsus Kenntnis der spagyrischen Prozesse hatte. Aus diesen uralten Wurzeln entwickelte sich der aktuelle spagyrische Prozess. Eine pharmazeutische Firma in der Schweiz arbeitet mit ASPL zusammen. Sie produziert spagyrische Essenzen aus Kristallen und Mineralien, die von der Firma ASPL geliefert werden. Die spagyrischen Essenzen werden dann den unteren Hälften der Flaschen beigefügt.

Ein anderes Beispiel der fortlaufenden Entwicklung bei Aura-Soma ist die Oloid-Maschine, ein Gerät, das zur Vermischung von Inhaltsstoffen verwendet wird. Diese Maschine wurde von Paul Schatz entwickelt und wurde nach dem Oloid benannt. Es ist die Form, die entsteht, wenn ein Würfel von innen nach außen umgestülpt wird.[4] Das Oloid ist eine sehr wichtige Struktur in der Natur. Der Goldene Schnitt, wie er zum Beispiel in einer Nautilusmuschel mit ihrer nach außen gedrehten Spirale entsteht, erzeugt eine dem Oloid ähnliche Struktur.[5] Die Oloid-Geräte wurden von einer Firma in der Schweiz speziell für ASPL entwickelt und sind einzigartig. Die Inhalte der Equilibrium Flaschen, die Pomander, die Quintessenzen, die ArchAngeloi und die Farbessenzen werden jeweils in unterschiedlich großen Oloid-Geräten aufbereitet.

Eric Pelham im Aura-Soma Labor

Aura-Soma Labor im Jahr 2005

Als Vicky die ersten Flaschen herstellte, führte sie die Inhaltsstoffe mit einer sehr sanften Schaukelbewegung in einer Ballonflasche zusammen. Dieser Vorgang wurde liebevoll „das Baby schaukeln" genannt. Das Oloid-Gerät vermischt die Inhaltsstoffe in einer ähnlichen Bewegung und verbindet die molekularen Oberflächen der Komponenten auf harmonische Weise. Die Bewegung des Oloids kreiert eine Art Lemniskate (Figur einer achtförmigen Kurve) in drei Dimensionen, wodurch sie die Inhaltsstoffe nacheinander in einer gleitenden Bewegung vermischt. Vielleicht soll dies eine Verbindung mit dem Unendlichen andeuten. Diese gleitende Bewegung unterscheidet sich sehr von einem stoßartigen Mischen. Mit dem Oloid-Gerät kann man, anders als beim Homogenisieren des Produkts mit scharfen Instrumenten, auf eine sehr sanfte Art eine harmonische Verbindung der Materialien erreichen.

Die Zusammenarbeit zwischen einer Schweizer Firma und ASPL führte auch zur Entwicklung eines Energetisierungsgeräts, der Goldenen Pyramide. Diese erzeugt mit Luftantrieb ein energetisches Feld rund um die Ballonflaschen. Sie arbeitet in Übereinstimmung mit dem Shambhala, einem Energetisierungsgerät, das die vielfachen Resonanzmöglichkeiten von Mineralien, Kristallen und Pflanzen in die empfangenden Öl- bzw. Wassermedien einbringt. In der goldenen Pyramide sind sieben Pyramiden aus 24-karätigem Gold, wobei jede einzelne bestimmte Edelsteine enthält. Sie kreiert Resonanzen in Harmonie mit den Informationen, die durch das Shambhala kommen und stabilisiert sie dauerhaft.

Die Farben der Flaschen, die von Pflanzen stammen und mit den resonanten Wellenformen von Edelsteinen und Kristallen angereichert sind, sind von lebendiger Qualität, die in Harmonie mit unserer eigenen Lebenskraft steht. Wenn diese Lebenskraft gestärkt ist, können wir auch leichter mit dem Geistigen in Verbindung treten, wie Steiner ausführt: "Wenn wir uns der Tatsache bewusst werden, dass Dinge farbig sind, weil die Götter durch sie sprechen, wird dies die Art Begeisterung erzeugen, die vom Erleben des Geistigen ausgeht."[6]

Die Führung liegt im Inneren: wie die Flaschen ausgewählt werden

Idealerweise schauen wir die komplette Sequenz der Equilibrium Flaschen an, wenn wir die vier Flaschen auswählen. Denjenigen, für die eine direkte Begegnung mit den lebendigen Energien in den Flaschen nicht möglich ist, dient die Karte mit allen Flaschen auf den Seiten 296-297 als guter Ersatz.

Wenn wir die erste Flasche auswählen, bringen wir die Aufmerksamkeit an einen Punkt ungefähr zwei Fingerbreit über dem Nabel und zwei Fingerbreit im Innern. Von diesem Punkt aus, dem goldenen Bereich der Wahren Aura, erlauben wir uns zu fühlen, welche Flasche uns am meisten anspricht. Sich vorzustellen, wir seien auf einer einsamen Insel gestrandet, und diese Farbkombination sei von allen Flaschen diejenige, mit der

Vermischen von Ölen

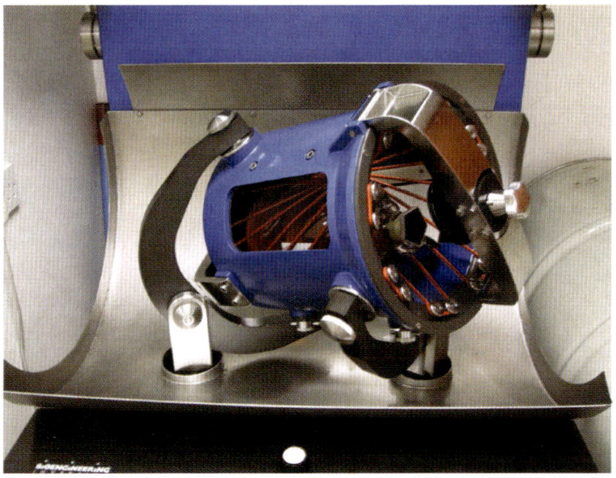

Oloidmaschine

wir am ehesten für immer leben wollten, ist eine weitere mögliche Herangehensweise.

Nach der ersten Auswahl stellen wir diese Flasche ausser Sichtweite und denken nicht mehr an sie. Der ganze Vorgang wird wiederholt, indem wir die Aufmerksamkeit auf den Punkt im goldenen Bereich unseres Wesens lenken und noch einmal entdecken, welche der übrigen Flaschen in der Equilibrium Reihe uns am meisten anspricht. Wir wiederholen dies so oft, bis wir unsere vier Flaschen unabhängig voneinander ausgewählt haben.

Die zuerst ausgewählte Flasche wird als unsere „Seelenflasche“ angesehen. Sie zeigt, wie wir uns selbst und unsere Zielsetzung für diese Inkarnation zu diesem Zeitpunkt von einer überbewussten Perspektive aus betrachten. Sie spiegelt unsere Aufgabe, Zielsetzung und Lebenslektionen und zeigt uns den Ausgangspunkt der Lektionen, an denen wir in diesem Leben wachsen können. Der obere Teil der ersten Flasche steht für die Farbe des Pfads, auf dem die Seele in diesem Leben gehen wird - dies schließt die Energien und Erfahrungen mit ein, die die Seele durch unseren Persönlichkeitsstrahl zum Ausdruck bringen wird. Der obere Teil zeigt unser zweites Talent, welches den Ausdruck unserer Seele durch unsere Persönlichkeit unterstützt. Er weist auch auf die Gegebenheiten hin, in die wir hineingeboren wurden, einschliesslich der genetischen Erblinie. Der untere Teil der zuerst gewählten Flasche spiegelt die Essenz unserer Seele, unseren Seelenstrahl und das, was im Unterbewussten liegt. Er weist auf unsere grundlegende Begabung hin, die unsere Seele direkt unterstützt.

Die zweite ausgewählte Flasche zeigt die grössten Gaben und Talente und ebenso die Herausforderungen, die für uns in diesem Leben vorgesehen sind. Die Herausforderungen helfen uns, das Potenzial der ersten Flasche weiterzuentwickeln und zu verwirklichen. Sind die Herausforderungen verstanden und in unser Bewusstsein integriert, zeigen sich die Gaben und Geschenke, die daraus hervorgehen. Es sind jene Gaben, die wir für diese Lebenszeit zur Unterstützung ausgewählt haben, wenn wir unsere Aufgabe und Zielsetzung offenbaren. Die zweite Flasche weist auf Erfahrungen hin, die für unsere Lebenslektionen wichtig waren. Sie ist die Verbindung zwischen unserem Anfang und dem Gegenwärtigen. Sie deutet an, woran gearbeitet oder was bewältigt werden muss, etwas, das unsere Entwicklung und die Möglichkeit, unsere Talente und Gaben zu zeigen, blockiert. Der obere Teil der zweiten Flasche spiegelt die Gaben und Geschenke, die uns bewusster sind. Der untere Teil spiegelt die Gaben, die uns weniger bewusst sind – die darauf warten, enthüllt und zum Ausdruck gebracht zu werden. Die dritte Flasche dient als Hinweis auf das „Hier und Jetzt“, wo wir uns mit unserer Lebensaufgabe und unseren Lektionen und Talenten befinden. Sie stellt dar, wie sich unsere Talente bis jetzt zeigten, nachdem wir mit den Herausforderungen gearbeitet haben. Der obere Teil spiegelt etwas, dessen wir uns bewusst sind, während der untere Teil die Themen und Energien aufzeigt, die eher im Unterbewussten liegen.

Die vierte Flasche stellt dar, was direkt vor uns liegt, in der nahen Zukunft, dem wir uns als nächstes zuwenden. Sie zeigt uns, was wir für den nächsten Schritt in unserer Entwicklung, und wie wir etwas zum Ausdruck bringen, zu uns heranziehen und hervorrufen. Obwohl diese Flasche die Energien spiegelt, die aus der Zukunft auf uns zukommen, kann sie auch ein Aspekt für das sein, was wir jetzt bereits haben könnten, aber lieber auf morgen verschieben. Sie veranschaulicht, was jetzt für uns möglich und verfügbar wäre, das heisst die positiven Energien und Impulse, die wir haben könnten, wenn wir uns gestatteten, bestimmte Muster ein wenig mehr loszulassen und uns für Veränderungen zu öffnen. Diese Flasche kann auf eine überbewusste Wahrnehmung des vollständigen Bildes hinweisen, das von den ersten drei Flaschen geprägt wurde – auf die wahrscheinlich positivste Lösung ebenso wie auf die hilfreichen Erkenntnisse und Energien, die auf uns zukommen. Wie bei den anderen Flaschen zeigt uns der obere Teil, was offen zum Ausdruck kommt und sichtbar ist, während der untere Teil für das steht, dessen wir uns weniger bewusst sind.

Es gibt viele Möglichkeiten, die Auswahl der vier Flaschen

zu interpretieren. Die Beschreibungen der einzelnen Equilibrium Flaschen im 5. Kapitel bieten einen weiteren Eindruck über die Bandbreite an Informationen, die zur Interpretation zur Verfügung stehen. Um ein noch tieferes Verständnis der unterschiedlichen Interpretationsmöglichkeiten der Flaschenauswahlen zu gewinnen - einschließlich emotionaler, psychologischer, mentaler, spiritueller, archetypischer, energetischer, astrologischer und numerologischer Interpretationen - ist es hilfreich, an einem Aura-Soma Ausbildungsworkshop teilzunehmen oder eine Beratung zu buchen.

Über die Flaschenauswahl werden wir zu anderen hilfreichen Produkten im Aura-Soma System hingeführt – zu den Pomandern, den Quintessenzen, den Air Conditioners, den ArchAngeloi und den Farbessenzen. Bei ihrer Auswahl ist es gut, sich daran zu erinnern, dass die grössere Führung in uns selbst liegt. Einige Menschen wählen einmal in der Woche neu aus, andere nur einmal im Jahr oder einmal im Leben. Viele halten es für sinnvoll, die Produkte, die sie anfangs gewählt haben, aufzubrauchen und dann erneut auszuwählen bzw. wieder einen Aura-Soma Berater für eine Sitzung aufzusuchen.

Zum größeren Wohl: Empfehlungen zur Anwendung der Flaschen

Es gibt viele Möglichkeiten, Erfahrungen mit den Equilibrium Farbkombinationen zu machen. Wir stellen uns vor, in der Flasche zu schwimmen und tauchen dabei gedanklich in die Farben ein. Wir visualisieren die Farben, atmen sie ein und aus und hüllen uns dabei mit einer durchsichtigen Wolke unserer Lieblingsfarben ein. Wir stellen die Flaschen neben unser Bett, wo Sonnen- und Mondlicht die Farben beleuchten und sie im Zimmer tanzen und funkeln lassen.

Aura-Soma berührt uns an den Sinnestoren. Obwohl es faszinierend ist, die Farbkombinationen anzuschauen und zu erkennen, welche uns ansprechen, ist es noch wirkungsvoller, die Equilibrium Flaschen, Pomander, Quintessenzen, ArchAngeloi und Farbessenzen tatsächlich auch anzuwenden. Für deren optimales Zusammenspiel ist es schließlich am besten, einen Aura-Soma Lehrer oder Berater aufzusuchen und sich von deren Erfahrung begleiten zu lassen. Ein Aura-Soma Seminar oder eine Beratung bieten die Gelegenheit, das zu erhalten, was gerade zu diesem Zeitpunkt aus dem Geistigen weitergegeben werden kann. Eine solche Möglichkeit kann sich auch ergeben, wenn eine Flasche angewandt, und der Inhalt auf den Körper auftragen wird. Wir bekommen das, was zu unserem Wachsen beiträgt. Es sind die Aromen der herrlichen ätherischen Öle, das Gefühl der luxuriösen Flüssigkeit auf dem Körper, das visuelle Vergnügen, ein Klang, der für manche Menschen hörbar ist und die Anregung unserer Intuition. Weiterhin hält die Komplexität des Systems den Verstand beschäftigt, während das gegenwärtig gefühlte und gespürte Erleben der Farben, Flüssigkeiten und Aromen rasches Wachstum und Gleichgewicht bringt und die Reise zu uns selbst unterstützt. Steiner erklärte diese lebendige Erfahrung und Beteiligung folgendermaßen:

> Wir müssen ins Leben bringen, was in der Farbe ist, nicht, indem wir uns mit Farbsymbolik beschäftigen, was die schlechteste Möglichkeit wäre, sondern, indem wir wirklich erfahren, was in der Farbe steckt, auf die gleiche Weise wie die Kraft des Lachens in jemandem steckt, der lacht. … Das Wesentliche ist zu wissen, wie wir unsere Seele für das öffnen können, was zu uns aus Farbe spricht.[7]

Für eine grün-violette Flasche beispielsweise ist der violette Aspekt des grünen Energiezentrums und der grüne Aspekt des violetten Energiezentrums wesentlich. Es handelt sich dabei um die beiden Ebenen des Herz- und des Kronenchakras. Stellen wir uns vor, zwei Freundinnen wählen diese Farben. Die eine wählt Grün/Violett (B17) und die andere Violett/Grün (B38). In einem Gespräch über den Unterschied bemerkt die erste Person, dass sie sich Situationen mit großer Offenheit nähert - Grün im oberen Teil - sich innerlich jedoch recht reserviert fühlt. Die andere neigt dazu, Situationen zu bewerten und bleibt distanziert - Violett im oberen Teil - fühlt sich aber recht gewillt, andere sein zu lassen, die sie sind. Die Farben beschreiben Qualitäten und Spannungspunkte. Die Farben in den Flaschen helfen Klarheit in die entsprechenden Chakras zu bringen. Farben tragen die Frequenz, durch die wir ein klares „Bild" bekommen. Sie helfen, unser System ins Gleichgewicht zu bringen und erneuern unsere inneren Wellenlängen durch Resonanz mit ihren eigenen reinen Wellenlängen.

Die Flaschen und andere zum System gehörende Elemente wurden mit der Absicht kreiert, dass sie bei der Anwendung für unser größeres Wohl aktiviert werden. Was die Equilibrium Flaschen angeht, beginnt dieser Prozess, wenn wir die gewählte Flasche mit der linken Hand schütteln. Die Flasche sollte mit dem Daumen von unten gestützt werden, der Mittelfinger wird oben auf den Flaschenhals der geöffneten Flasche gelegt, der Ring- und der Zeigefinger jeweils seitlich davon. Der kleine Finger berührt die Flasche nicht. Mit dem Schütteln der Flasche beginnen sich die Chakras durch eine harmonische Aufgliederung der 144000 Nadis oder Energiepunkte des Körpers tatsächlich wieder auszugleichen. Dies ist die Ebene, auf der die sympathetischen Resonanzen wirken. Sobald wir die Flasche zur größtmöglichen Unterstützung durch die vielfachen Potenzen der Pflanzen, Edelsteine und Kristallenergien aktiviert haben, tragen wir die kurzzeitig entstehende Emulsion aus Öl und Wasser auf. Zunächst geben wir ein paar Tropfen in unsere Hand und verreiben sie mit unseren Handflächen. Dann tragen wir diese Flüssigkeit in einem kompletten Band um den Teil des Körpers auf, der farblich mit den Farbbestandteilen in der Flasche übereinstimmt (wie mit der Illustration auf Seite 24 gezeigt), oder wie bei der individuellen Flaschenbeschreibung auf den Seiten im 5. Kapitel beschrieben. (Im Abschnitt „Die Farbrose", Seite 15, werden die Informationen über die sekundären und tertiären Farben noch weiter vertieft). Wird die Equilibrium Kombination auf den physischen Körper aufgetragen, nimmt die Haut die Energien der Inhaltsstoffe auf, und die Farbe wird in das aurische Feld ausgestrahlt. Auf diese Weise vermag die bestimmte Farbkombination, die wir ausgewählt haben, sowohl genau das Chakra zu klären, mit dem es in Bezug steht, als auch unser Wachstum, unsere Weiterentwicklung zu fördern. Der auf Selbstauswahl beruhende Aspekt bei Aura-Soma ist grundlegend, um zu verstehen, wie das System wirkt.

Es kommt zu einem Widerhall auf allen Ebenen unseres Wesens, die unsere persönliche Entwicklung unterstützen. Wir stellen uns bei der Einatmung vor, wie wir die Farbe einatmen, die wir gewählt haben. Indem wir die Farben mit unserem Atem beseelen, und wenn wir sie auftragen, mit dem Körper in Verbindung bringen, erzielen wir für uns selbst einen stärkeren Ausgleich und eine größere Harmonisierung, was unser Karma und Dharma angeht. Darüberhinaus kann uns die Interpretation der Farbbedeutungen helfen, in unserer Selbst-Gewahrwerdung zu wachsen.

Die Pomander

Bevor Aura-Soma in die Welt kam, arbeitete Vicky als Podologin. Auf ihren vielen Reisen sammelte sie Kräuter, und dies erinnerte sie an die Spaziergänge mit ihrem Vater und an die Zeit in der Apotheke. Die Kräuter bewahrte sie in Glasbehältern auf und vermerkte, was sich in jedem Behälter befand, ohne Pläne für deren Gebrauch oder Verwendungszweck. Nach der Geburt von Aura-Soma nahm sie sich die Kräutersammlung wieder vor, und sie erkannte, dass sie hauptsächlich Kräuter gesammelt hatte, die mit den sieben Ebenen der sieben Hauptenergiezentren oder Chakras des Menschen in Verbindung stehen. Diese neunundvierzig Kräuter (sieben Gruppen von sieben) wurden zur Grundlage aller Aura-Soma Pomander.

Während die Equilibrium Flaschen sich auf den physischen Körper beziehen und an Ausgleich und Ausrichtung seiner Energien beteiligt sind, arbeiten die Pomander wirksam im aurischen Feld. Sie energetisieren speziell die bioenergetischen und elektromagnetischen Felder, die den physischen Körper umgeben und sind dafür vorgesehen zu schützen und die positiven Energien und Botschaften ihrer spezifischen Farbe einzubringen.

Es gibt einen Pomander für die meisten Farben, die in der Equilibrium Reihe vorgefunden werden. Jeder Pomander enthält die gesamten neunundvierzig Kräuter in Alkohol gelöst. Sieben dieser Kräuter beziehen sich direkt auf die Farbe des Pomanders, während zweiundvierzig Kräuter mit allen weiteren Farben verbunden sind und in weniger materieller Form als feinstoffliche Potenzen vorliegen. Als Ausnahme gilt der ‚Original weiße Pomander', der als erster entwickelt wurde. Weiß enthält und spiegelt alle Farben wider, und deshalb zeichnet sich der weiße Pomander durch ein ausgewogenes Verhältnis der neunundvierzig Kräuter aus. Der rote Pomander enthält beispielsweise überwiegend Kräuter, die hauptsächlich mit der roten Energie in Verbindung sind. Einige dieser Beziehungen sind ziemlich komplex. Die medizinische Heilpflanze Johanniskraut (Hypericum perforatum) mit ihren gelben Blüten und dem Rot der Staubgefäße (siehe Seite 28) passt ausgezeichnet zum gelben Aspekt des Rot, der dritten Ebene des ersten Energiezentrums. Diese Pflanze wäre jedoch auch für den roten Aspekt des Gelbs geeignet, der ersten Ebene des dritten Energiezentrums.

Eine Pflanze gleicht einem menschlichen Wesen: Ihre Wurzeln sind in der Erde, und sie wird von einem aurischen Feld umgeben, das dem bioenergetischen und elektromagnetischen Feld des Menschen ähnlich ist. Wenn ein Blatt zerschnitten wird, erscheint mithilfe der Kirlianfotografie auf dem Foto die energetische Ebene und seine ursprünglich unbeschnittene Form. Dieses Phänomen bekräftigt die logische Folgerung, dass Kräuter und Pflanzen als Stärkungsmittel für die bioenergetischen und elektromagnetischen Felder der Menschen eingesetzt werden können. Jenseits der bioenergetischen und elektromagnetischen Ebene befindet sich der Ätherkörper, das erste immaterielle Feld, das über unseren physischen Körper hinausgeht. Bestimmte Pomander, besonders der orange und der korallenrote, zeichnen sich durch eine spezifische Wirksamkeit aus, die sich über das bioenergetische Feld bis zum Ätherkörper hin ausdehnt. Andere Pomander, höher im Spektrum zum Violett hin, beeinflussen auch einige weitere feinstoffliche Körper, wirken aber dennoch in erster Linie über die bioenergetischen und elektromagnetischen Felder.

Die Pomander erneuern unsere Energien, sind positiv und schützend. Ihre Wirkung entspricht dem Gedanken: Indem wir uns selbst schützen, schützen wir auch andere. Unser elektromagnetisches Feld zu stabilisieren und neu zu energetisieren ist ein Schritt, um das Lichtfeld zu stärken, das unseren physischen Körper umgibt. Diese Intention wird in anderen Bereichen des Aura-Soma Systems weitergeführt.

Die einzelnen Pomander

Der dunkelrote Pomander

Der dunkelrote Pomander dient der Harmonisierung des Basis-Chakras und ist hilfreich, um sich nach Meditationen oder therapeutischen Sitzungen zu erden. Er bildet den stärksten Schutz vor Energieverlusten, wirkt energetisierend und hilft, die körperlichen Energien bei Müdigkeit oder Erschöpfung zu beleben. Dunkelrot ist besonders nützlich in Situationen, in denen es schwierig ist, wieder in den Körper zurückzukommen, z. B. nach psychotischen Folgeerscheinungen und hauptsächlich bei einer Unterbrechung, wie nach einem Stromschlag. Es entspannt das elektromagnetische Feld und unterstützt dabei, solche Ängste zu mindern, die mit Überlebensthemen, Geld und Wohlergehen zusammenhängen. Es hilft, die rechte Hirnhälfte zu aktivieren und lässt dabei tiefe weibliche Intuition einfliessen. Wärmend und energetisierend entfacht dieser Pomander seine aphrodisische Wirkung. Bei der Hausreinigung kann er hilfreich sein, um gegebenenfalls paranormale Aktivitäten zu neutralisieren. Er dient zum Schutz bei Ritualen und sakralen Tänzen, und er schützt die Teilnehmer vor negativen Energien an heiligen Stätten und Kraftplätzen, die in der Vergangenheit missbräuchlich genutzt wurden.

Der dunkelrote Pomander schützt Personen, die mit Edelsteinen arbeiten und dient auch dazu, die elektromagnetischen Polaritäten im Körper auszugleichen. Ferner schützt er bei geopathischem Stress, negativen Kraftlinien und belastetem Wasser und ist hilfreich, um die Polaritäten wiederherzustellen, die von solchen Einflüssen gestört worden sind.

Der rote Pomander

Alle Qualitäten des dunkelroten Pomanders finden wir auch bei diesem. Der rote Pomander eignet sich für Alltägliches, während der Dunkelrote eher bei extremen Situationen angewendet wird. Rot unterstützt besonders das Erwachen. Es regt an und gibt auf sanfte Art wieder Energie. Der rote Pomander hilft auch, Enttäuschung und Schüchternheit zu überwinden.

Der korallenrote Pomander

Der korallenrote Pomander hat eine erweckende Energie. Wenn wir Schwierigkeiten in Beziehungen hatten, besonders wenn wir nicht glaubten, anerkannt oder wertgeschätzt zu werden, kann Koralle helfen, uns selbst mehr zu würdigen. Ähnlich verhält es sich, wenn Liebe nicht erwidert wird und besonders, wenn es um Selbstliebe geht. Koralle hilft, die Anteile von uns zu lieben, die wir nicht so leicht lieben können und zu fühlen, wie wir dann auf sie ansprechen. Mit Koralle lernen wir, auf neue Art zu lieben und fürsorglich zu sein. Der korallenrote Pomander fördert Kooperationsgeist und macht uns frei von Konkurrenzdenken. Wir nehmen unsere Verantwortung mehr mit einem Gefühl der Freude als mit einem Gefühl der Belastung an. Wenn wir unsere Ängste akzeptieren, bewegen wir uns in Richtung von Synchronizität und Heilung der Zeitlinie. Korallenrot und Orange haben beide diese Wirkung. Erstaunlicherweise ist der korallenrote Pomander zur Linderung von Unwohlsein in großen Höhen hilfreich.

Der orange Pomander

Zwischen dem elektromagnetischen Feld und dem Astralkörper befindet sich der Ätherkörper. Über den Ätherkörper, mit dem der physische Körper sowie auch der orange Pomander verbunden sind, werden Kontakte zu Erfahrungen aus Vergangenheit und Zukunft aufgenommen. Die Anwendung des orangen Pomanders ermöglicht den Zugang zu dem informativen Gehalt vergangener Erfahrungen, ohne dabei notwendigerweise die emotionalen Auflösungsprozesse in die Gegenwart zu bringen. Dies öffnet die Tür zur Einsicht. Wenn wir in der Zeit zurückgehen und Situationen aus der Vergangenheit erlösen, erhöht dies die Synchronizität in der Gegenwart. Wir sind mehr in der Gegenwart, wenn wir Abhängigkeitsmuster aus der Vergangenheit losgelassen haben.

In Schocksituationen kann sich die Aura auf den ätherischen Spalt zu bewegen, der sich unterhalb der untersten linken Rippe befindet. Dieser Spalt ist eine Art Fluchtweg für die Aura bei extremem Trauma. Der orange Pomander ist hilfreich, die Aura wieder auf ihren richtigen Platz in den goldenen Bereich des Körpers zurückzubringen und schliesst den ätherischen Spalt.

Der orange Pomander reguliert auch die Temperatur. Wenn sich die Aura warm oder kalt anfühlt, dann sollte am Ätherkörper mit Orange gearbeitet werden. Es ist eine Besonderheit, dass er bei Bettnässen und auch bei einer Neigung zu Albträumen hilfreich sein kann. Da Orange bezeichnend ist für Abhängigkeit, ist es für Eltern in manchen Situationen eine Unterstützung, den Pomander mit ihrem Kind gemeinsam anzuwenden.

Der orange Pomander verhilft jenen Menschen zu einer entspannteren Haltung, die Schwierigkeiten mit der Technik und elektrischen Geräten haben. Er ist nützlich als Schutz

bei der Rückführungsarbeit und mildert Schocks aus der Vergangenheit, die noch in der Erinnerung geblieben sind. Bei der Rückführungsarbeit soll zuerst die Quintessenz Saint Germain und dann der orange Pomander benutzt werden, um jenen Anwender zu schützen, der das Tor zum Wissen aus der Vergangenheit öffnet.

Der goldene Pomander

Der goldene Pomander hilft, uns wieder mit unseren Instinkten zu verbinden und unsere angeborene Weisheit zu entdecken. Gold zerstreut irrationale Ängste und Phobien und ist bei schwierigen Gruppensituationen hilfreich, indem es jeden einzelnen mit Selbstvertrauen erfüllt. Gold ermöglicht, gewohnheitsmässige Muster zu sprengen, seien sie mentaler, emotionaler oder körperlicher Art und geht auch Ängste an, die diesen Mustern zugrundeliegen. Mit der Weisheit von Gold erkennen wir, was zu den Mustern führt, und wie wir diese Tendenzen lösen können. Gold kann bei extremen Ängsten in schriftlichen und mündlichen

Rechts: Friedhof auf dem ehemaligen Webb-Anwesen, Shelburne Farms, Vermont.

Prüfungen unterstützen und es leichter machen, sich an die gelernten Informationen zu erinnern. Der goldene Pomander fördert die Aufnahme von Nahrung und Energie. Er hilft, tiefe irrationale Ängste loszulassen und Spannungen im Solarplexus zu lockern. Gold verbindet uns mit unserem Inkarnationsstern.

Der gelbe Pomander

Der gelbe Pomander lädt den Sonnenschein ein und hilft bei Melancholie, Nervosität und Ängstlichkeit. Er vermag ein beachtliches Freudeempfinden freizusetzen. Er beruhigt negative Gefühle, Zynismus, Widerwillen oder Depression und richtet uns auf, wenn wir an einem Mangel an Sonnenlicht leiden und uns wie im Winterschlaf fühlen. Durch seine Verbindung zum Sonnenschein kann der gelbe Pomander in Fällen von Jetlag, Übelkeit und Reisekrankheit hilfreich sein.

Gelb fördert die Entwicklung von Selbsterkenntnis. Es hilft uns zu lernen und unser intuitives Wissen anzuregen. Der gelbe Pomander ist besonders als zusätzliche Unterstützung zum Auflösen von Suchtmustern und zum Entgiften geeignet. Gelb ist für die Verarbeitung der Energien von Nahrung und Wasser wichtig. Wir nähren uns nicht nur vom Essen, sondern auch vom ganzen Energiefeld der Umgebung, welches wir als Prana hauptsächlich über unseren Solarplexus aufnehmen. Der gelbe Pomander führt die Wellenlängen von Kräutern und Edelsteinen zu, um diesen Körperbereich wieder aufzubauen, zu regenerieren und auszugleichen.

Der olivgrüne Pomander

Sowohl der smaragdgrüne als auch der olivgrüne Pomander laden dazu ein, mit Gefühl auf etwas einzugehen. Sie sind bei emotionalen Themen nützlich und berühren das Herz der Dinge.

Der olivgrüne Pomander unterstützt uns, gefühlsbezogene Sorgen, Ängste und Enttäuschungen zu überwinden. Er ermutigt zu weiblichen, herzverbundenen Führungsqualitäten sowie Zusammenarbeit anstelle von Wettkampf, und dennoch verstärkt er die Fähigkeit, für die eigene Wahrheit einzustehen. Mit diesem Pomander können wir Klarheit auf unseren Pfad bringen, wenn wir uns an einer Wegeskreuzung befinden oder in einem Prozess sind, bei dem wir Entscheidungen treffen müssen.

Der Olivgrüne ist gut gegen Schadstoffe und wirkt desinfizierend. In unseren feinstofflichen Körpern ist er nützlich, um Eifersucht, Neid und andere schwierige Emotionen sowie Raum bezogene Themen zu klären, einschliesslich Platzangst und Klaustrophobie.

Dieser Pomander kann uns den Weg öffnen, sodass wir einen neuen Raum finden und dass wir loslassen, besonders, wenn wir starke Emotionen und Reaktionen empfinden. In einer geschäftlichen oder therapeutischen Situation erleichtert der olivgrüne Pomander einen Themenwechsel, wobei er uns hilft, im neuen Moment zentriert und integriert zu sein. Olivgrün unterstützt die Gnade von Übergängen und bringt Bewusstsein für die Heiligkeit eines jeden neuen Moments. Mit christlichen Begriffen könnte dies als die Anwesenheit des Heiligen Geistes bezeichnet werden. Wenn wir den Atem auf das olivgrüne Zentrum unseres Zwergfells und der Bauchhöhle richten, können wir auf eine neue Weise erfahren, wie es ist, im Moment zu sein.

Olivgrün bringt weibliche Intuition zum Ausdruck und das Wissen, das aus der Fürsorge für etwas entspringt. Wenn wir uns von Schatten oder Verborgenem überwältigt fühlen, kann sich die Angst einstellen, Raum zu geben. Der olivgrüne Pomander hilft, im Gleichgewicht zu bleiben, damit wir nicht versucht sind, Entstehendes zu manipulieren oder zu kontrollieren. Eine Qualität der weiblichen Weisheit ist Mitgefühl. Bei nervöser Angst ermutigt Olivgrün zu Mitgefühl, bringt Weisheit ins Herz, befreit von Angst und hilft uns, den eigenen Weg zu finden.

Der smaragdgrüne Pomander

Der smaragdgrüne Pomander ist wunderbar für das Herzchakra geeignet. Er öffnet und beruhigt das Herz. Er hilft, die Atmung auszudehnen und unterstützt alle Arten von Atemarbeit. Er schubst uns in die richtige Richtung, damit wir uns mit der Wahrheit des eigenen Herzens verbinden. In einer konfrontierenden Situation, oder wenn wir Schwierigkeiten mit anderen Menschen haben, bringt Smaragdgrün Klarheit in die Kommunikation unserer Gefühle.

Der smaragdgrüne Pomander gibt uns den Raum, den eigenen Weg zu finden und uns selbst von überholten Gedanken zu befreien. Er hilft uns, wenn wir an einer Weggabelung im Leben stehen und verstärkt die Klarheit, wenn sich eine neue Richtung zeigt.

Smaragdgrün besänftigt Gefühle von Platzangst und Klaustrophobie. Es vermag eine Wahrnehmung von Frieden zu vermitteln, in der unser Raum geschützt und respektiert ist. Therapeuten und Berater können leichter Grenzen zwischen Klienten und sich selbst einhalten, wenn sie den smaragdgrünen Pomander verwenden.

Smaragdgrün hilft jenen Menschen, die sich abgehoben fühlen. Wie bei Impfungen, wenn eine kleine Dosis eines Virus zur Anregung der Antikörper verabreicht wird, kann ein bisschen Grün eine wirksame Hilfe für die Momente sein, in denen wir abgehoben und nicht geerdet sind.

Sowohl der olivgrüne und auch der smaragdgrüne Pomander verbinden Raum und Zeit und unterstützen so unser Erinnerungsvermögen. Wenn wir anfangen zu suchen und zu forschen, kann uns der smaragdgrüne Pomander zu einem Neubeginn und einer neuen Bewusstheit führen. Er kann Ängste vermindern und eine Qualität von Frieden in unseren Raum einbringen. Er hilft, beim Eintritt und dem Wechsel in die vierte Dimension das Gleichgewicht zu bewahren.

Smaragdgrün ist sowohl für die Umwelt, als auch für unsere feinstofflichen Körper desinfizierend und gut gegen Schadstoffe, verbindet uns mit der Natur und den Bäumen und fördert die Verbindung mit der Gitterstruktur und den Energielinien der Erde sowie den Einklang zwischen dem eigenen Herzen und dem der Erde.

Der türkise Pomander

Der türkise Pomander ist ein Pomander des Wassermannzeitalters. Er erleichtert die Kommunikation der Weisheit des Neuen Zeitalters. Dieser Pomander setzt Kreativität frei und ermutigt zur Kommunikation aus dem Herzen. Er erleichtert den Fluss der inspirativen Kommunikation in den Massenmedien von einer

Seite 34, oben: griechisches orthodoxes Kloster, gebaut im späten 5. Jahrhundert über Jericho. Die Legende besagt, das Kloster sei um eine Höhlenkapelle gebaut worden, wo Jesus während der Versuchung saß.

Person zu vielen, wie beim Radio, in Filmen, Theaterstücken und bei Vorträgen. Er hilft, Lampenfieber und Angst vor Technik zu verringern. Er stärkt die Kommunikation mit Kristallen und Devas und erleichtert den Umgang mit Computern und Technologien, die auf Silizium basieren. Türkis wirkt unterstützend bei allen kreativen Tätigkeiten wie schreiben, malen und tanzen.

Türkis bezieht sich sowohl auf den Individuationsprozess als auch auf das Entfalten der individuellen Entwicklung, die mit einem meditativen Prozess einhergeht. Er unterstützt die kreative Entwicklung und ermutigt dazu, bei sich selbst zu bleiben. Zugleich hilft er, sich von ungesunden Mustern und Reaktionen freizumachen und stattdessen besser damit vertraut zu werden, in jedem Augenblick authentisch zu sein – und dient uns, immer wieder gespielte und wiederholte Dramen und Situationen zu beenden, die eigentlich nichts mit uns zu tun haben.

Der türkise Pomander ist unterstützend, wenn wir nicht wissen, wie wir uns fühlen. Er hilft uns, mitzuteilen, was in unserem Herzen vorgeht. Gleichzeitig schützt er uns davor, extreme Verletzlichkeit erfahren zu müssen, während wir Liebe und Fürsorglichkeit zeigen. Er unterstützt beratende Tätigkeiten, fördert Unabhängigkeit und die Fähigkeit, Verantwortung für die eigenen Gefühle und Handlungen zu übernehmen und dennoch zur gleichen Zeit kreativ mit der kollektiven Welt der Archetypen in unserem Mentalkörper in Berührung zu sein.

Der saphirblaue Pomander

Die saphirblauen und königsblauen Pomander unterstützen die höchste Kommunikation der Liebe, fördern Inspiration, Hingabe und Vertrauen in die innere Führung. Sie helfen, das Geistige im Weltlichen zu finden und vertiefen die Erfahrung des inneren Friedens. So können wir klarer sein und wenden weniger Energie für die eigenen, uns beherrschenden Gedanken auf. Energie wird freigegeben, sodass wir tun können, was wir tun müssen.

Blau repräsentiert die Mutter von uns allen und ebenso das Vaterprinzip. Die blauen Pomander führen uns in Einklang mit dem göttlichen Plan und schützen die Kommunikation, die vielmehr durch uns, als von uns kommt.

Übergänge werden von der blauen Energie getragen. Blau ist die Reise hin und her vom Tod ins Leben und wieder zum Tod. Am Ende eines Lebens kann Blau Ruhe, Frieden und Stille schenken. Sowohl der saphirblaue als auch der königsblaue Pomander bringen Frieden in den Übergang und liefern auch die Kraft, sich dem Leben erneut zuzuwenden. Sie können für jene Menschen hilfreich sein, die mit Tod und Sterben oder Wiedergeburt und Geburtshilfe arbeiten. Der saphirblaue Pomander ist bei Übergängen ausserordentlich angemessen.

Dieser saphirblaue Pomander bereichert unsere Meditationen, schützt und bringt Frieden. Er kann für besonders sensitive Menschen hilfreich sein oder für jene, die mit Autorität Schwierigkeiten haben oder selbst autoritäre Rollen einnehmen. Er hilft, sich an die natürliche innere Autorität zu erinnern und sich nicht von äusseren Autoritäten einschüchtern zu lassen.

Der saphirblaue Pomander erleichtert die Anpassung bei Rollentausch in der Familie, wenn z. B. der Vater die Verantwortung trägt, die Kinder zu versorgen, und die Mutter der Brotverdiener ist. Saphirblau ermutigt hyperaktive Kinder, Ruhe zu finden. Dieser Pomander steht auch mit dem Kehlchakra in Verbindung und bietet Unterstützung für jene, die in der Öffentlichkeit sprechen oder Gruppen unterrichten.

Der königsblaue Pomander

Der königsblaue Pomander bezieht sich auf die Stirn und das Dritte Auge und fördert die Entwicklung der aussersinnlichen Wahrnehmungsfunktionen wie Hellsichtigkeit und Telepathie. Er bietet Unterstützung beim Empfangen von Inspirationen. Je inhaltsreicher die Kommunikation ist, umso mehr bedürfen wir des Schutzes: Wird vermehrt Licht gebildet, zeigt sich die Dunkelheit interessierter. Königsblau hilft utopischen Idealisten, die gerne Luftschlösser bauen, auf dem Boden zu bleiben. Wenn wir sehr niedergeschlagen sind, verschafft uns Königsblau Zugang zu unseren Vorstellungskräften, indem es uns dabei unterstützt, aus der inneren Isolation herauszufinden. Dieser Pomander erhöht die Wahrnehmung aller unserer Sinne und steigert unsere Lebensfreude sowie den Genuss der Kunst und der Musik.

Haben wir Schwierigkeiten in Beziehungen, hilft uns der Königsblaue „Bezug aufzunehmen". Für jene, die bereits mit Klang, Gesang, Mantras und Tönen arbeiten, vermag Königsblau die Wahrnehmungsfähigkeit zu erhöhen.

Zur Beachtung: Der saphirblaue und der königsblaue Pomander enthalten einen hohen Anteil an Pfefferminze. Bei homöopathischen Behandlungen bitte vorsichtig mit den blauen Pomandern umgehen! Die Pfefferminze in den Pomandern kann ein homöopathisches Mittel neutralisieren.

Der violette Pomander

Der violette Pomander öffnet die Wahrnehmung und das Bewusstsein für die höheren Reiche. Er hilft uns, mit unserer Aufgabe und Bestimmung in Verbindung zu kommen. Wir werden uns bewusster, warum wir hier sind, und wofür wir da sind; wir vergegenwärtigen uns die Art und Weise, wie wir das tun, was wir tun, und wie wir das tun sollen, wofür wir hier sind, solange wir in dieser Inkarnation sind. Der violette Pomander hilft uns, auf sanfte Art zu wissen, wie wir auf friedvolle Weise dienen und uns einbringen können. Er fördert den Zugang zur Akasha-Chronik.

Der Violette beruhigt Situationen, indem er den harmonischen Fluss unserer beiden Gehinhälften unterstützt. Es fördert dynamische Beziehungsaufnahme, und er lässt sich auch wunderbar vor einer Meditation anwenden. Er ist bei Transformationsprozessen hilfreich und fördert Ganzheit.

Der tiefmagenta Pomander

Der tiefmagenta Pomander ist hilfreich, wenn wir unsere gesamte Energie anderen Menschen haben zukommen lassen und nun selbst das Bedürfnis nach Fürsorge verspüren. Sanft liefert er die Energie, die wir brauchen, indem er Liebe von oben ins aurische Feld einbringt. Er führt uns zur Selbsterkenntnis, und so erspüren wir unsere Aufgabe und unser Lebensziel. Der tertiäre magentafarbene Pomander, der die Energien des primären Rot und des sekundären Violett kombiniert, energetisiert und beruhigt gleichzeitig. Er hilft uns, fokussiert zu bleiben und *auf das Richtige in uns selbst* zu investieren. Wenden wir unsere Aufmerksamkeit den kleinen Dingen des Lebens zu, sind die grossen Dinge geneigt, von alleine zu entstehen. Dieser Pomander ist nützlich,

wenn eine Kernfamilie auseinanderbricht. Er gibt uns die Energie, aufzuräumen und die kleinen Dinge in unserem Leben in Ordnung zu bringen, die für Wichtigeres oder scheinbar Wichtigeres beiseite gelassen wurden. Er ermutigt uns, die alltäglichen Aufgaben mit einer größeren Dankbarkeit und mit Liebe zu verrichten.

In Zeiten, in denen es schwierig ist, auf Einzelheiten zu achten, bietet er Unterstützung. Er gibt uns dann die Fürsorge, die uns hilft, auf alles zu achten, was wir tun. Der tiefmagenta Pomander harmonisiert den Intellekt sowie den Instinkt und eröffnet uns eine höhere Qualität von Bewusstsein und Verstehen. Er baut unsere Energie auf und unterstützt und schützt nach einer Phase großer Niedergeschlagenheit. Mit Tiefmagenta kommen wir leichter mit der Natur in Einklang und können uns bei tiefen Meditationen besser konzentrieren.

Der Pomander stabilisiert die Körperarbeit an bestimmten Reflex- oder Energiepunkten, wie bei Akupunktur und Reflexologie. Nach Beendung einer Sitzung versiegelt er die Energien. Geben wir einige Tropfen auf die Stellen, an denen wir gearbeitet haben, hält er die Energien länger im Fluss.

Der rosa Pomander

Der rosa Pomander umgibt uns mit einer liebevollen Atmosphäre und hilft, unser Bestes hervorzubringen und uns selbst so zu lieben, wie wir sind und nicht so, wie wir gerne sein würden. Er nährt das emotionale Wohlergehen, indem er Wärme spendet. Rosa repräsentiert unsere Lebensgrundlage, auf der alles gründet. Liebevolles Verhalten macht alles möglich. Der rosa Pomander ist besonders zur Harmonisierung von Gruppenenergien und zur Neutralisierung von Aggressionen geeignet. Die Anwendung des Pomanders ist am Anfang bei Gruppenarbeit oder zu Beginn eines Meetings angebracht, zur Unterstützung eines harmonischeren Zusammenspiels und um gegenseitigen Respekt zu fördern.

Der rosa Pomander schützt uns, wenn wir uns für wahre Liebe und zu lieben geöffnet haben. Er macht es uns einfacher zu glauben, dass wir liebenswert sind und hilft uns, den Fluss der Liebe zu anderen zu erhalten ohne reizbar und reaktiv zu werden.

Rosa harmoniert mit Rosenquarz, unterstützt und verstärkt seine Energien. Rosenquarz ist eine bedeutende Kristallenergie in den Equilibrium Flaschen.

Der original weiße Pomander

Der erste Pomander, den Vicky herstellte, wird als ‚Original weißer Pomander' bezeichnet. Er wurde in einer weißen Flasche angeboten, da im Weiß alle Farben des Regenbogens vorhanden sind. Er enthält alle neunundvierzig Kräuter zu gleichen Anteilen. Er hat einen medizinischen Geruch, wobei die Öle des Kajeput (weißer Teebaum) und des Lorbeers vorherrschen.

Die hauptsächlichen Kristallenergien im weißen Pomander sind Bergkristall, Selenit und Apophyllit. Da er in Einklang mit den Quarzenergien ist, eignet sich dieser Pomander zur Reinigung, Klärung und Reprogrammierung von Kristallen.

Der weiße Pomander hat die Funktion zu klären, auszugleichen und das gesamte elektromagnetische Feld und alle Chakras zu schützen. Er ist für die tägliche Anwendung geeignet. Er kann entgiftend, stärkend und erfrischend sein, wenn wir uns in einer verschmutzten Umgebung befinden, sei dies nun emotional, mental oder physisch sowie bei unangenehmen Gerüchen. Er bewirkt eine energetische Reinigung, die Licht einfliessen lässt und andere Energien unterstützt, die sonst nachteilig von der verunreinigten Umgebung beeinflusst würden.

Wie ein Pomander ausgewählt und angewandt wird

Meistens weist die Farbe im unteren Teil der ersten ausgewählten Flasche auf die Farbe des Pomanders hin, der am hilfreichsten ist. Es gibt Zeiten, in denen vielleicht andere Pomander benötigt werden oder passend erscheinen, und das ist gut so. Häufig weist auch die Reaktion auf das Aroma eines Pomanders darauf hin, welchen wir benötigen.

Bei der Anwendung eines Pomanders werden drei Tropfen in die Handfläche der linken Hand gegeben und zwischen den Handflächen verrieben. Die Arme werden über dem Kopf ausgestreckt, und wir stellen uns vor, dass wir den Pomander an die Welt weiterreichen; aus der linken Hand heraus, um die

Oben: Herbsthimmel, gespiegelt in dem schnell fließenden Fluss entlang des Kangamangus Highway in New Hampshire.
Rechts: rosafarbene Rose mit Licht, das sie umfängt, an den Ufern des Flusses Derwent in Tasmanien.

ganze Erde herum und zurück in die rechte Hand. Wir führen die Energie des Pomanders sanft durch unser Energiefeld, beginnen an der Krone und bewegen unsere Hände durch jedes Chakra bzw. jedes Energiezentrum. Über dem Herzen verweilen wir einen Moment, schenken all dem Aufmerksamkeit, das uns berührt und bewegen die Hände dann über den Solarplexus bis hinunter zur Wurzel. Wir bieten der Erde die Energien an und stellen uns dabei vor, wie die Energien des Pomanders sich mit unserem Erdstern verbinden und tief in die Erdschichten eindringen. Anschliessend bringen wir die Hände hinauf zum Gesicht und nehmen den Duft mit der Atmung auf.

Die Quintessenzen

Die Quintessenzen werden wie die Pomander aus Kräutern auf Alkoholbasis hergestellt. Sie wirken besonders auf die astralen Felder über den Ätherkörper hinaus. Den Ätherkörper könnte man in Verbindung zum Emotionalkörper sehen, die Astralfelder zu den "niederen" und "höheren" Mentalkörpern; Energien bewegen sich über die Emotionen zu den mentalen oder über den Ätherkörper zu den astralen Bereichen. Über die astralen Felder werden die Meister der Strahlen angerufen. Die Quintessenzen ermöglichen den Fluss der Energien von den inneren Ebenen und rufen die positivsten Energien jenes Farbstrahls auf, mit dem sie verbunden sind. Entsprechend werden aus unserem tiefsten Inneren unsere eigenen, mit diesem Farbstrahl verbundenen Qualitäten angerufen. Wir erkennen leichter die eigene innere Schönheit und akzeptieren sie auch leichter. Lassen Sie uns dieses Konzept aus Sicht von Aura-Soma untersuchen!

Jede Quintessenz, mit Ausnahme der Holy Grail und Solar Logos, passt zu einer der Equilibrium Flaschen aus dem Meisterset (B50 bis zu B64); sowohl die Flasche als auch die Quintessenz stützen sich auf den Namen eines Meisters. Als die Equilibrium Flaschen des Meister-Sets geboren wurden, sagte Vicky, jede Flasche sei mit einer Person verbunden. Mit jeder weiteren Nachforschung verkündete sie bei vielen Gelegenheiten Namen, jenen Namen ähnlich, die von den frühen Theosophen wie Madame Blavatsky, Annie Besant und J.G. Senet verwendet wurden. Vicky war überrascht, als sie dies bemerkte. Namen, die sie den hellen Farbkombinationen zuordnete, gaben die Theosophen den Meistern früher schon. Meister sind hoch entwickelte Wesen und waren irgendwann einmal inkarniert, manchmal auch mehrere Male. Teilweise aus Dankbarkeit für das, was sie aus ihren Erfahrungen auf der Erde erhielten, verpflichteten sich diese Meister, den Menschen zu helfen.

Das Judentum, welches Vickys Herzen nahe war, beschreibt als eine seiner Erkenntnisse, dass wir eine mögliche direkte Beziehung zu Gott haben, dem Vater, dem Schöpfer von allem, das ist. Diese direkte Beziehung schliesst Mittler zwischen Menschen und Gott aus. Gleichzeitig aber empfand Vicky das Konzept mit den Meistern als angenehm. Sie erklärte, jedes menschliche Wesen habe eine direkte Linie, eine direkte Verbindung, ein goldenes Band zur Quelle von allem, das ist. Dieses Band könne niemals zerrissen werden. Gebete, Meditationen und Fragen aus einem arglosen Herzen werden im Bewusstsein von allem, das ist, empfangen und beachtet. Aus dieser Quelle erhalten wir eine Antwort. Vielleicht muss diese Antwort an uns jedoch ebenso transformiert werden, wie der Strom aus einem Elektrizitätswerk transformiert werden muss, bevor er die Steckdose vor einem Toaster erreicht. Die Meister sind Ausdruck der Überträger zwischen uns und der Quelle, um sicherzustellen, dass wir nicht zu verbranntem Toast werden.

Eine Bitte von uns geht an die Quelle. Aus Mitgefühl wird die Energie dann um eine Stufe herabgesetzt, bevor wir die Antwort erhalten. Auf energetischer Ebene ist die Hierarchie der Meister dieser Schritt nach unten.

Vicky nahm wahr, dass alle Meister der Hierarchie zu diesem Zeitpunkt so stark kooperativ sind, wie sie es nie zuvor waren. Wenn wir eine Quintessenz benutzen, verbinden wir uns mit der gesamten Hierarchie. In gewissem Sinne können wir gar nicht die die falsche Quintessenz verwenden, weil jede Quintessenz ein Punkt geteilter Erreichbarkeit ist. Man kann sich dies wie einen zentralen Telefonaustausch vorstellen: Ein Anruf erreicht einen bestimmten Meister, dessen Nummer gewählt wurde. Der Meister weiß, ob der Anruf entgegengenommen werden muss oder nicht; dies bedeutet, wenn ein Meister nicht verfügbar oder nicht der geeignete Meister für diesen Anruf ist, augenblicklich der richtige Meister zur Verfügung steht, um zu antworten, falls eine Antwort erforderlich ist.

Jede Meisterflasche hat also das Potenzial, uns zu helfen, mit dem inneren Meister in Kontakt zu kommen. Die Idee zum Meister im Inneren wird auf Seite 55 erläutert. Es geht darum, durch die mentalen emotionalen Schichten zu größerer Tiefe in

Wellenkamm mit Regenbogen beim Nookie Point an der Küste von Oregon.

uns selbst zu gelangen. Dieser Prozess wird vom inneren Lehrer gefördert, mit dem wir durch den Inkarnationsstern in unserem goldenen Bereich Kontakt aufnehmen können. Einhergehend mit der Entfaltung des türkisen Individuationsprozesses, und wenn dieser Prozess tiefer geht, und das Türkis heller wird, erreichen wir den Lehrer des Lehrers, der als unser innerer Meister bezeichnet werden könnte.

An diesem Berührungspunkt geschieht eine Veränderung des Seins: Der Meister im Inneren ist in Kontakt mit der inneren Weisheit. Eine Metanoia, ein transformativer violetter Vorgang, bei dem wir Abhängigkeitsmuster der Identifikation, Glaubensmuster und Ideale loslassen und vollständig neu bewerten, ist geschehen. Infolgedessen kommt es zu mehr Synchronizität. Die Richtigkeit von allem, das ist, scheint unbestritten.

Die einzelnen Quintessenzen

In diesem Abschnitt wird jede Quintessenz einzeln beschrieben. Im Rahmen dieser Beschreibung wird die Equilibrium Flasche des Meister-Sets, die zur jeweiligen Quintessenz passt, ihre Farbe sowie die Farbe, mit der sie „in Einklang" ist und ein Hauptaspekt aufgeführt.

Zusätzlich zu ihrer Zuordnung zu den Meisterflaschen werden die Quintessenzen auch mit den pastellfarbenen Flaschen wie mit B44, B66 und B74 in Verbindung gebracht. Weisen alle Teile der Vier-Flaschen-Auswahl satte kräftige Farben auf, so wird die mit der Farbe der Basisfraktion der ersten Flasche übereinstimmende Quintessenz am hilfreichsten sein, und dies setzt voraus, dass wir keine Flasche aus dem Meister-Set gewählt haben. Ist allerdings eine Meisterflasche dabei, oder zeigt sich eine helle bzw. pastellfarbene Fraktion in einer der gewählten Flaschen, so hat eine andere Quintessenz Vorrang. Die mit der Meisterflasche assoziierte Quintessenz, die am nächsten bei der „Hier und Jetzt" Position, also der dritten Position steht, ist am besten geeignet. Das kann darauf hinweisen, dass die Seele zu diesem Zeitpunkt besonders mit ihrer Konzentration auf einen bestimmten Meister in Einklang ist oder dass dieser Meister speziell jetzt verfügbar und hilfreich ist. Ist keine Meisterflasche in der dritten Position, dann ist die mit einem Meister in der vierten Position übereinstimmende Quintessenz die nächste, am besten geeignete, gefolgt von der zweiten und zuletzt der ersten Position. Kommt eine helle Farbe sowohl im oberen als auch im unteren Teil der Flasche vor, sollte die mit dem unteren Teil übereinstimmende Quintessenz zuerst in Erwägung gezogen werden, da sie das Unterbewusste dabei unterstützt, bewusst zu werden. Auch der Duft der Quintessenz, und wie wir ihn aufnehmen, kann als Hinweis auf die am besten passende Quintessenz gedeutet werden.

El Morya

Passt zu: B50
Farbe: Hellblau
In Einklang mit: Blau
Hauptaspekt:„Dein Wille geschehe durch mich."
El Morya gibt den feinsten Schutz und erlaubt uns so, die Belastung des „kleinen" Willens - unseren persönlichen Willen - loszulassen, damit wir unsere Aufgabe in Einklang mit dem höheren Willen verwirklichen können. Diese Quintessenz intensiviert die Kommunikation über die Astral- und Ätherkörper, indem sie zu Frieden aufruft: Ich will, dass „Dein Wille" geschehe, durch mich vom Himmel auf die Erde. Sie hilft uns, zu dem Punkt zu kommen, an dem wir es zulassen, dass der göttliche Wille geschehen kann.

Diese Quintessenz macht Informationen für unser Bewusstsein im Astralkörper zugänglich, indem sie die feinstofflichen Körper beruhigt und Frieden bringt. Werden wir friedvoller, wird Energie frei.

Sie inspiriert zu kreativer Kommunikation und regt unsere kreativen Fähigkeiten an. Sie ist hilfreich, wenn wir immer schon Probleme mit den Mutter/Vater Archetypen hatten, oder wenn wir Schwierigkeiten haben, diese Mutter/Vater Modelle in uns selbst zu entwickeln. In Situationen mit den Eltern finden wir zu größerer Klarheit. El Morya bietet das Nähren der Mutter und die Weisheit des Vaters. Sie fördert das Gefühl eines Einsseins mit allen Dingen. Deshalb dient sie als Instrument gegen Einsamkeitsgefühle: Wir erkennen leichter, dass nicht jeder allein ist, sondern dass wir alle eins sind. El Morya fördert Anmut und Leichtigkeit und verstärkt die Verbindung mit dem göttlichen Willen, was uns befähigt, unser Selbst mit unserer Aufgabe in Einklang zu bringen.

Kuthumi

Passt zu: B51
Farbe: Hellgelb
In Einklang mit: Gelb
Hauptaspekt: Liebe und Weisheit. Die Kommunikation zwischen Engeln, Menschen und Devas wird gefördert.
Das Wort *Kuthumi* klingt wie „Come to me" kum tu mi - komm zu mir und wird als Anrufung der positiven Energien der Zukunft betrachtet. Diese Quintessenz weist auf Erleuchtung und Selbsterkenntnis hin. Sie bezieht sich auf den Maitreya Buddha, der sich um die Zukunft kümmert. Kuthumi ist ein Mitglied der Weißen Bruderschaft, einer Gruppe von Wesen, die zur Erleuchtung kamen, während sie auf der Erdebene weilten und die sich verpflichteten, alle menschliche Wesen bei der Entwicklung ihres Bewusstseins zu unterstützen.

Kuthumi hilft uns Menschen, unsere Rolle zwischen den Engelsreichen und den Reichen der Devas zu finden, damit wir den göttlichen Plan für das Reich der Engel intuitiv verstehen und ihn dann auf der Erde umsetzen. Der Heilige Franziskus beispielsweise war ein Repräsentant für dieses Geschehen, und er gehörte zu den Menschen, mit denen die Energie von Kuthumi hauptsächlich in Verbindung gebracht wird.

Kuthumi unterstützt uns als Menschen, die kommunikative Verbindung zwischen dem Engelsreich und dem Devareich der Mineralien und Pflanzen, der Feuer-, Wasser-, Luft- und Erdelemente zu sein. Devas gehören zur Erde. In der heutigen Zeit befinden sich die Devas aufgrund fehlender Fürsorge und Aufmerksamkeit vonseiten der Menschen im Chaos. Mit Kuthumi können wir uns auf Pflanzen einstimmen und uns mit Devas, Engeln, Elfen und anderen Wesen verbinden, besonders bei der Meditation, der Gartenarbeit und der energetischen Heilungsarbeit. Dadurch eröffnet sich uns die Möglichkeit, bezogen auf die Hierarchie und die Ordnung der Schöpfung, in die richtige Position zu kommen.

Kuthumi steht für die Intensivierung des kleinen Willens bis hin zu dem Punkt, wo negative Befangenheit gelöst wird und positives Selbstgewahrsein erblüht. Diese Quintessenz erweitert und unterstützt die Fähigkeit, Prozesse zu durchschauen sowie Hintergründe und Verbindungen zu verstehen. Mit ihr lernen wir, mit vertrauten oder persönlichen Symbolen zu kommunizieren. Häufig sind Tiere, wie die schwarze Katze der Hexe, der Adler oder das Einhorn Vertraute. Wir werden für die Energie dieser Tiere empfänglicher.

Diese Quintessenz bringt Glück ins Leben, indem sie positive Qualitäten anzieht. Sie wird mit Pythagoras in Verbindung gebracht und hilft uns, Wissenschaft und Zahlen zu verstehen. Sie ruft jene Energien in die aurische Sphäre, die uns ein anderes Verständnis von Form und Energie vermitteln. Auch bringt sie Weisheit und bedingungslose Liebe.

Lady Nada

Passt zu: B52
Farbe: Hellrosa
In Einklang mit: Königsblau und Rosa
Hauptaspekt: Bedingungslose Liebe
Lady Nada bezieht sich auf das sechste Energiezentrum, das Dritte Auge und wird mit zwei Blütenblättern dargestellt. *Nada* bedeutet im Sanskrit heiliger Klang, innerer Klang oder der heilige Ton *OM*. Nada Yoga ist Yoga in Übereinstimmung mit der Stimme der Stille. Lady Nada hilft uns zu hören und gehört zu werden und dadurch unsere Fähigkeit zu verbessern, Beziehungen einzugehen. Bei Menschen, die mit Klängen arbeiten, verbindet Lady Nada Musik und Stimme, fördert so die Integration von Licht und dient dazu, das Zusammenspiel von Licht und Klang in der aurischen Sphäre besser zu verstehen.

Lady Nada hilft uns, Negativität auf tiefer Ebene loszulassen, sodass heilende Liebe fließen kann. Wenn wir zulassen, dass die negativen Aspekte unserer Persönlichkeit durch den Funken der Göttlichkeit in uns abgebaut werden, erhalten wir eine liebevollere Antwort vom Universum. Unsere Gedanken über uns selbst erschaffen unsere Wirklichkeit. Lady Nada ist die sanfteste Quintessenz und ist die, die uns am meisten besänftigt. Sie verringert Aggression in uns und um uns herum. Wenn wir uns selbst tiefgreifend akzeptieren - wenn wir mit der Fürsorglichkeit des hellen Rosa all das auflösen, gegenüber dem wir Widerstand empfinden, sowohl im Inneren als auch im Äußeren - dann gibt es keinen Widerstand mehr, der auf uns reagieren würde.

Lady Nada bringt die reine Liebe der Göttlichen Mutter, die höchste Schwingung bedingungsloser Liebe. Wir haben eine persönliche Begegnung mit unserer eigenen Wahrheit. Wahrheit wird zur lebendigen Wahrheit. Göttliche Weisheit kommt aus der Akzeptanz dieser Erfahrung von Wahrheit.

Die Quintessenz hilft, in jeder Hinsicht negative Energien in positive Energien auszutauschen. Sie reinigt die Atmosphäre der Aura und die Umgebung von negativen Schwingungen, bringt nährende Liebe ein und wandelt dabei negative in positive Energien um. Sie klärt unsere aurische Sphäre von Aggression, schützt anschließend und verändert dabei das Verhalten des Aggressors. Sie kann auch den Fluss der Kommunikation, der blockiert oder behindert war, wieder anregen.

Lady Nada steht in Verbindung mit dem Mond und seiner Funktion, die Erde von negativen Energien zu befreien. Die Quintessenz ist hilfreich, wenn wir denken, dass uns der Rhythmus des Mondes negativ beeinflusst. Sie bereichert Meditationen bei Vollmond.

Hilarion

Passt zu: B53
Farbe: Hellgrün
In Einklang mit: Hellgrün und Smaragdgrün
Hauptaspekt: Raum für Neues. Der Weg, die Wahrheit und das Leben.
Der Weg bedeutet, dass unsere Richtung, der eigene Weg, mit zunehmender Selbsterkenntnis klarer wird. Die Wahrheit des Grüns ist Ausdruck der eigenen Wahrheit. Das Leben erinnert uns, wie wichtig es ist, mit wachsendem Bewusstsein und mit mehr Licht in uns, den eigenen Lichtaspekt zu offenbaren.

Hilarion hilft, einen inneren Raum zu schaffen, in welchem es uns möglich wird, mit uns selbst besser vertraut zu werden. Diese Quintessenz lässt uns den Frieden und den Raum finden, die wir für Entscheidungen benötigen. Auch klärt sie den Raum und bietet uns die Möglichkeit, der Gegenwart neu zu begegnen, indem wir überholte Identifikationen loslassen. Hilarion fördert den höheren Gefühlsaspekt des Herzens. Wenn wir all das loslassen, was wir in der Vergangenheit empfanden, wird es uns möglich, ein neues Verständnis zu entwickeln. Zu Zeiten von Stress bietet Hilarion die Ruhe, in der wir Klarheit in der Richtung finden können.

Kommen wir an den Punkt, wo wir die Welt sowohl mit dem Verstand als auch mit den Gefühlen verstehen, öffnet Hilarion die Tür zur eigenen Weisheit und Wahrheit. Dann wird eine wirkliche Integration des Selbst möglich.

Hilarion klärt Schadstoffe aus der Umgebung sowie innere und äußere Täuschung und schützt uns davor. Durch Hilarions Fokus auf die Wahrheit laben wir solche Seiten unseres Wesens, an die wir mit anderen Quintessenzen normalerweise nicht herankommen. Mit Hilarion haben wir die Möglichkeit, unseren Lichtkörper wirklich zu verstehen. Diese Quintessenz ist inmitten der anderen Quintessenzen besonders bedeutungsvoll, da sie mit der Meisterflasche B53 verknüpft ist und somit auch mit B8, Anubis, Gelb/Blau, sowohl über die Zahl (5+3=8), als auch durch die Farbe (Gelb + Blau = Grün) verbunden ist. Dies bringt sie durch das Aura-Soma System in Verbindung mit der Entwicklung des Lichtkörpers oder der Lichtheit unseres Wesens. Anubis, als Hüter der Schwelle, wiegt zusammen mit den zweiundvierzig Nebengöttern Ägyptens, die Herzen der Verstorbenen mit Federn auf. Leben wir aus der Wahrheit unseres Herzens heraus, tun wir, was wir gerne tun, werden wir mit Lichtheit erfüllt sein. Unsere Herzen werden leicht sein. Die Federn der Flügel unseres Lichtkörpers werden intakt bleiben.

Serapis Bey
Passt zu: B54
Farbe: Klar
In Einklang mit: Klar
Hauptaspekt: Reinigung und Neuanfänge
Serapis Bey steht in Zusammenhang mit karmischer Absolution. Es ist eine Gelegenheit, unser Karma in neuem Licht zu sehen, nicht als Belastung, sondern als Chance zur Heilung. Serapis Bey ist das Licht selbst. Wie auf Seite 22 geschildert, steht die Klar (Licht) für Leiden und das Verstehen von Leiden. So handelten beispielsweise Buddhas erste Aussagen nach seiner Erleuchtung vor mehr als zweitausend Jahren von den Ursachen des Leidens und dem Verstehen von Leiden. Wenn wir uns selbst auf tiefer Ebene von Identifizierungen freimachen, gewinnen wir mehr Verständnis für das Licht. Richten wir Licht auf etwas, so sehen wir vielleicht, dass es nicht das war, was wir dachten. Die Serapis Bey entlastet uns von der karmischen Saat, indem sie unsere feinstofflichen Körper von den Erfahrungen der Vergangenheit entbindet, dadurch dass Licht auf diese Erfahrungen gerichtet wird, auf dass wir in der Gegenwart strahlender sein können. Die Quintessenz bietet ein tief gehendes Verständnis für Konflikt, Schmerz und alles Leiden.

Serapis Bey ist besonders für Therapeuten nützlich, die diese Essenz benutzen können, um den Raum zwischen Sitzungen zu reinigen, zu schützen und zu harmonisieren und die Aura ihrer Klienten zu stabilisieren, damit die Klienten das während einer Sitzung Erlebte und Erfahrene, leichter integrieren können. Diese Quintessenz fördert die energetische Entgiftung und Ausbalancierung auf allen Ebenen. Am besten sollte sie zusammen mit Rosa verwendet werden. Mitgefühl, Fürsorglichkeit und Selbstakzeptanz, die vom Rosa vermittelt werden, wie beim rosafarbenen Pomander oder der Quintessenz Lady Nada, machen es einfacher, das Licht von Serapis Bey als angenehm zu empfinden.

Besonders geeignet ist diese Quintessenz, wenn wir mit Quarzkristallen arbeiten, die als Schlüssel zum Mineralreich betrachtet werden. Mit ihrer Hilfe können wir in die inneren Dimensionen der Kristalle eindringen und diese energetisch reinigen. Auch bei Neuanfängen kann Serapis Bey hilfreich sein.

The Christ (Christus)
Passt zu: B55
Farbe: Rot
In Einklang mit: Rot
Hauptaspekt: Gibt neue Energie, Schutz und Fürsorge.
Das tiefe Rot der Christus Quintessenz deutet auf opferbereite Liebe, mit einem neuen Maß an Fürsorge und Liebesfähigkeit. Licht, das durch Rot scheint, macht es zu Rosa, dem Rosa bedingungsloser Liebe. Die Gefährtin von Christus ist Lady Nada mit der höchsten Schwingung bedingungsloser Liebe.

Wir alle können eine persönliche Erfahrung mit Christus machen, wenn wir es zulassen, von diesem Bewusstsein berührt zu werden. Das Christusbewusstsein hat nicht speziell etwas mit der historischen Gestalt zu tun, die vor zweitausend Jahren lebte. Hier beziehen wir uns auf die Möglichkeit, die Rudolf Steiner für bedeutsam hielt, wenn wir uns aus dem zwanzigsten ins einundzwanzigste Jahrhundert begeben. Damit ist gemeint, dass viele Menschen eine persönliche Erfahrung mit der Christusenergie in ihrer aurischen Sphäre haben werden. Diese Erfahrung könnte als das Christusbewusstsein im Buddhakörper beschrieben werden. Jeder Mensch, sei er Christ, Buddhist, Hindu, ein Stammeszugehöriger, Agnostiker, Atheist und so weiter, ist fähig, diese Entwicklungsstufe zu erreichen.

Die Christus Quintessenz bringt das Verständnis für die eigene Zielsetzung im Leben und klärt die Beziehung zur Erde. Sie hilft, Verantwortung für die Erdung unseres Lichts auf der Erde und für uns selbst zu übernehmen und persönliche innere Verbindungen mit der Quelle aufzunehmen. Christus ist das erwachte „Ich Bin": Wahrheit, die durch den einen zum Ausdruck kam und das Wort, das zu Fleisch wurde, der Logos. Die Quintessenz fördert unser Erwachen, da sich die Kundalini-Energie, die vom Wurzelchakra, dem roten Energiezentrum aufsteigt zu unserem Kronenchakra hinbewegt. Sie hilft uns, zu erkennen, wofür wir hier sind, und was wir kommunizieren wollen. Sie dient auch zur Unterstützung beim Sprechen und Schreiben, wenn etwas mit Worten mitgeteilt werden soll.

Die Christus Quintessenz fördert die Emanzipation von Frauen, hilft die männlichen und weiblichen Energien in uns allen auszugleichen und kann auch bei der Polarity-Therapie nützlich sein. Sie weckt Erinnerungen an weihnachtliche Energien und Düfte sowie an die Libanon-Zeder und an alte Flüssigkeiten, die früher zur Haltbarmachung dienten.

Saint Germain
Passt zu: B56
Farbe: Hellviolett
In Einklang mit: Violett
Hauptaspekt: Heilung, Meditation und Transformation
Die Quintessenz Saint Germain bringt die lilafarbene Flamme der Transmutation (siehe 5. Kapitel, Hinweis 44-a). Sie ist ein Katalysator für die Umwandlung negativer in positive Energien. Sie hilft uns, unser Selbst in einen Katalysator und einen Transformator umzuwandeln und wird so in jeder Situation zur ausgleichenden Kraft. Diese Quintessenz schwingt im Einklang mit den Leitbegriffen der Französischen Revolution: Freiheit, Gleichheit und Brüderlichkeit - und in diesem Fall auch Schwesternschaft. Sie ruft hohe Energien auf, um jedem unserer größeren Energiezentren Wohlergehen sowie den männlichen/ weiblichen Aspekten in uns Ausgleich zu bringen.

Saint Germain hat eine beruhigende Wirkung auf die ätherischen, astralen und elektromagnetischen Felder. Sie hilft uns, nicht verhaftet zu sein, uns von Identifikationen zu befreien und aus uns selbst herauszutreten. Wir lassen uns von Energien durchströmen, ohne uns mit ihnen allzu sehr zu identifizieren. Wir gehen mehr auf etwas ein, anstatt einfach nur zu reagieren. Sind wir ruhig und vorurteilsfrei, kommt das Beste durch uns hindurch. Gleichzeitig bringt Saint Germain all die Darsteller - all unsere Qualitäten - auf die Bühne des Lebens. Sie lässt die Energien, die aus der Zukunft kommen, die Gegenwart durchdringen. Durch die Möglichkeit der Desidentifikation können wir die positiven und auch die schwierigeren Folgen der Unsichtbarkeit erfahren.

Demut ist ein positiver Aspekt. Zögern wir jedoch, in der eigenen persönlichen Kraft und Autorität dazustehen, ist dies ein negativer Aspekt. Saint Germain hilft uns, diese Kernpunkte anzugehen und in jeden Augenblick die Fähigkeit zur Transmutation einzubringen.

Durch die Energie der Transmutation unterstützt uns Saint Germain, Themen zu klären, die mit dem Wurzelchakra zusammenhängen, wie z. B. solche, bei denen es sich um Überleben, Sicherheit, Gesundheit und Finanzen handelt. Indem er anregt, Abstand zu halten, ist Saint Germain für Therapeuten nützlich, die praktische Arbeit tun. Durch diese Essenz werden sie ermutigt, zuzulassen, dass durch sie selbst stärkende Energie zu ihren Klienten fließen kann. Sie kann auch bei der Klärung andauernder emotionaler Probleme helfen.

Saint Germain fördert ein gesundes Atmen. Wenn wir den Atem völlig loslassen und ausatmen, strömt wie ein neuer Atemzug, vollständig neues Leben ein. Indem wir noch mehr loslassen, werden wir noch freier, um dann im Augenblick neu geboren zu werden. So wie der Amethyst hilft, Dinge wieder in ihren ursprünglichen Zustand zu bringen, dient uns diese Quintessenz, zu unserer eigenen Natur zurückzufinden. Sie unterstützt Rebirthing- und Rückführungsarbeit, und mit ihrer Hilfe vermögen wir unsere Energie zu verändern, sodass Angst oder das Gefühl einer Reizüberflutung in spirituelle Energie umgewandelt wird. Sie ist ein Schlüssel zu höherem Wissen und bietet die Gelegenheit, unsere eigenen Gedanken mit den Gedanken anderer in Berührung zu bringen.

Pallas Athena und Aeolus

Passt zu: B57
Farbe: Hellmagenta
In Einklang mit: Magenta
Hauptaspekt: Schöpferischer Ausdruck von Liebe und Schönheit.
Die Quintessenz Pallas Athena und Aeolus vermittelt die Liebe zur Schönheit und das Erwachen für Schönheit, eine höhere Wahrheit. Himmel und Erde werden durch sie für alle verfügbar. Sie ist hilfreich bei der Traumarbeit, unterstützt uns, bewusster zu träumen und so zu träumen, wie wir Dinge gerne hätten. Pallas Athena und Aeolus hilft, sich an den Inhalt der Träume zu erinnern, sodass wir von ihnen inspiriert werden und sie entschlüsseln, indem wir in die eigene Traumsymbolik Einsicht gewinnen. Sowohl in unserem Traumleben als auch in der Zeit, in der wir nicht schlafen können, unterstützt Pallas Athena und Aeolus das zu enthüllen, was normalerweise verborgen ist, und das wir lieber loslassen würden. Sie fördert Träume und Visionen sowie schöpferische Tätigkeiten, sei es mit Feder, Farbe, Musik oder Tanz.

Als Quintessenz auf dem Magenta-Strahl erinnert uns Pallas Athena und Aeolus daran, mit unserer Energie sorgsam umzugehen und auch regelmäßig für die kleinen Dinge die entsprechende Energie aufzuwenden. Wenn wir das Leben so nicht mögen, wie es ist und gerne alte Muster loslassen würden, so können wir die Art und Weise wählen, wie wir unsere Energie verändern wollen. Dann wird die Energie - die Haltung und Fürsorge - die wir den kleinen Dingen im Leben widmen, für uns da sein, wenn wir sie für wichtigere Momente benötigen.

Diese Quintessenz ist hilfreich, um mit schamanischen Traditionen eine Verbindung zu knüpfen, besonders mit solchen, die Träger von sehr alter Weisheit sind und unsere Beziehung zur Erde betreffen. Pallas Athena und Aeolus stehen in Verbindung mit den nordamerikanischen Traditionen der Indianer, mit dem Lied der Eingeborenen von der Erde und mit den Göttern und Göttinnen des antiken Griechenlands und Roms. Pallas Athena wurde aufgrund ihres Geschenks, einem Olivenbaum, als Patronin von Athen gewählt. Aeolus, der Herrscher des Windes, gewährte Odysseus auf seinen Reisen eine sichere Reise und hilfreiche Winde.

Pallas Athena und Aeolus ermuntert uns auch, eine angemessene Existenzgrundlage zu finden, so dass wir mit der Welt in Harmonie sein können. Diese Quintessenz dient uns auf der Reise zum Selbst und zum eigenen Erwachen. Folgen wir unserem eigentlichen Pfad, so gelangen wir zu unserer wahren Lebensquelle und zu einer stimmigen Verantwortung auf dem Pfad der Individuation. Im Erwachens- und Individuationsprozess geht es teilweise um die materielle Seite des Lebens und um das Verstehen der Stofflichkeit des Irdischen. Pallas Athena und Aeolus unterstützt uns dabei, herauszufinden, was wir tun müssen, und was tatsächlich unsere eigentliche Lebensgrundlage ist. Sie fördert auch ein Bewusstsein für Wohlstand oder die Erkenntnis, dass wir haben, was wir brauchen.

Orion und Angelica

Passt zu: B58
Farbe: Rosa
In Einklang mit: Rosa
Hauptaspekt: Neuanfänge und Abschlüsse
Orion und Angelica sind die zwei großen Engel, die jeden Tag eröffnen und beschließen: Orion mit dem heiligen Blau des Raums bringt die Nacht herein und zieht die Sonne über den Himmel (siehe Bemerkung 58-a). Angelica mit dem heiligen Rosa der kosmischen Liebe bringt die Morgendämmerung. Angelica sammelt Unreinheiten in uns und auf der Erde und klärt Negativität auf tiefer Ebene.

Die Quintessenz Orion und Angelica hilft, uns auf Synchronizität einzustimmen, damit wir zur rechten Zeit am rechten Ort sein können. Ihre Energie wird auch mit Reisen in Zusammenhang gebracht, und da wir uns durch Zeit und Raum bewegen, ist sie für alle Reisenden nützlich, besonders für jene, die mit dem Flugzeug reisen. Sie hilft uns, Jetlag zu vermeiden, indem sie alle feinstofflichen Körper aufeinander abstimmt, damit alle zur gleichen Zeit wie der physische Körper am Ziel ankommen, wenn das Flugzeug landet. Zu diesem Zweck wird die Quintessenz auf die Handgelenke aufgetragen, bevor das Flugzeug abhebt, beim Überqueren von jeder Zeitzone und nach der Landung. Sie bringt Licht in unseren Astralkörper.

Orion und Angelica fördert die Inangriffnahme und das Abschließen von Projekten. Haben wir Schwierigkeiten damit, die Verantwortung für das Licht in uns zu übernehmen, ist es möglich, dass wir den Geruch dieser Quintessenz nicht mögen. Sie kann nützlich sein, wenn wir bei der Erdheilungsarbeit mitwirken und zur Verringerung von geopathischer Belastung beitragen.

Lady Portia
Passt zu: B59
Farbe: Gold
In Einklang mit: Gold, Gelb
Hauptaspekt: „Richtet nicht, auf dass ihr nicht gerichtet werdet"; klares Sehen führt zu rechtem Handeln.
Urteilsvermögen und Unterscheidungsvermögen, mit deren Hilfe wir uns selbst, aber auch andere und bestimmte Situationen auf angemessene und ausgewogene Weise sehen können, sind ein großes Geschenk. Klar zu sehen, befähigt uns im Bewusstsein zu wachsen, den richtigen Kurs in unserem Handeln zu kennen und Gedanken genau zu formulieren. Klar zu sehen bringt aber auch die Tendenz zur Selbstbeurteilung und Selbstkritik mit sich oder den Drang, andere Menschen zu kritisieren oder zu beurteilen. Sind wir hart zu uns selbst, ermutigen wir auch andere, Kritik zu üben. Wir können lernen, Mitgefühl zu entwickeln. Mit uns selbst barmherzig zu sein, ist eine Direktive für Mitgefühl. Selbst die subtilste Art, in der wir über uns selbst urteilen, kann unsere Entwicklung beeinträchtigen. Barmherzigkeit und Liebe mit wirklicher Klarheit werden durch diese Quintessenz beispielhaft gezeigt. Lady Portia kann uns helfen, ein Gleichgewicht zwischen Urteilskraft - und ihrer passenden Ausdrucksweise - und Mitgefühl zu entwickeln.

Die mit dieser Quintessenz verbundene Meisterflasche, die B59, ist eine intensivere Version der B22, Gelb/Rosa, der Rebirther Flasche. In dieser Verbindung bietet die Quintessenz die Energien zur Unterstützung beim Loslassen und Aufgeben von Kontrolle. Sie unterstützt bei der Rebirthing-Therapie und der Bewältigung von Geburtstraumen sowie beim Auflösen von Ängsten. Lady Portia fördert die Wiederherstellung unseres Gleichgewichtsgefühls, wenn wir nicht in uns selbst zentriert sind. Glauben wir, ständig ohne Pause arbeiten zu müssen, hilft uns Lady Portia, mit uns selbst barmherziger zu sein. Sie fördert die Selbsterkenntnis, löst negative Schwingungen auf, klärt schnell die Umgebung und bringt Licht hinein. Diese Quintessenz hilft uns auch, Gedanken, die von unterscheidender Weisheit geprägt sind, klar mitzuteilen. Durch das Gold verbindet sich Lady Portia mit der zentralen Sonne unseres Wesens, dem Solarplexus.

Lao Tsu und Kwan Yin
Passt zu: B60
Farbe: Hellorange
In Einklang mit: Orange
Hauptaspekt: Mitgefühl; Befreiung von der Vergangenheit.
Lao Tsu, ein Meister der Alchemie, unterstützt die Fähigkeit, Energien umzuwandeln und zu verändern. Kwan Yin ist die Göttin des Mitgefühls und der Barmherzigkeit. Diese Quintessenz ist bei Rückführungsarbeit förderlich und hilft, Zugang zu Informationen aus vergangenen Leben zu erhalten. Mit dem Mitgefühl der Kwan Yin ist es uns möglich, Erfahrungen aus der Vergangenheit zu verstehen, zu akzeptieren und wertzuschätzen und dann einen tiefen Frieden in uns zu verspüren. Gleichzeitig setzt diese Quintessenz auch Erinnerungen in Zusammenhang mit alter chinesischer Weisheit frei.

Mit Lao Tsu und Kwan Yin lernen wir besser verstehen, was einem Leiden zugrundeliegt. Sie hebt besonders stark jene Aspekte von uns selbst ins Bewusstsein, die sich durch hervorragende Kooperation, Barmherzigkeit und Kommunikation auszeichnen. Wir lösen ein Problem und finden darin ein Geschenk. Tendenzen und Umstände im Leben wandeln sich häufig, wenn wir unsere Einstellung und Denkweise verändern. Die Quintessenz hilft uns, Spannungsmuster im Körper, in den Gefühlen und im Verstand loszulassen, was die Funktionsweise der Energiezentren verbessert. Wir empfinden Mitgefühl und spüren, dass wir gestärkt werden.

Lao Tsu und Kwan Yin bringt den heilenden Fluss der Barmherzigkeit und des Mitgefühls der Muttergöttin/dem Vatergott. Werden Schocks mit Erfahrungen aus früheren Inkarnationen verbunden, hilft uns Lao Tsu, uns von diesen Schocks frei zu machen und dabei eine alchemistische Umwandlung der Energien von Situationen aus der Vergangenheit zu erfahren. Diese Quintessenz ist speziell beim Loslassen von Schocks hilfreich, die mit Sexualität verbunden werden. Auch wenn wir nicht geschätzt werden für das, was unsere besten Anstrengungen wert sind, ob als junger Mensch in der Schule oder als Erwachsener in einer ähnlichen Situation, so können Lao Tsu und Kwan Yin Schock und Enttäuschung doch mitfühlend lindern und in etwas Positives verwandeln, das unser Leben bereichert.

Sanat Kumara und Lady Venus Kumara
Passt zu: B61
Farbe: Hellkoralle
In Einklang mit: Koralle
Hauptaspekt: In die Tiefen der Dinge hineinsehen; das Gewahrsein des Göttlichen ins Alltägliche einbringen.
Die Kumaras repräsentieren das Mutter- und Vaterprinzip auf höchster Ebene. Sie sind derzeit verantwortlich für das Einfließen aller Strahlen auf die Erde, und ihr Thema ist das Gesetz „wie oben, so unten". Mit anderen Worten bedeutet dies, dass sich alles, was wir erleben, gleichzeitig im Göttlichen, im Engelsreich und in der Quelle abspielt und ebenso im Reich der Pflanzen, Mineralien und Tiere.

Als Verwalter aller Strahlen ermutigen uns die Kumaras, uns mit einem beliebigen Strahl zu verbinden. Sind wir unsicher, welche Quintessenz wir wählen sollen, ist es ratsam, diese zu benutzen. Sie hilft uns, herauszufinden, was für bestimmte Situationen verantwortlich ist, sei es ein emotionaler Schock oder Missbrauch, problematische Bedingungen, eine Herausforderung mit der genetischen Linie oder mit etwas anderem. Sie dient uns dabei, ein positives weiblich/männliches Rollenmodell in uns selbst zu finden und auch mit Unausgeglichenheiten auf der linken und rechten Seite des Körpers, auf der linken und rechten Seite des Gehirns sowie mit dem universellen Mutter/Vater Prinzip auf neue Weise umzugehen. Derzeit sind die Kumaras besonders aktiv, um uns beim Brückenbauen zwischen der geistigen Welt und der Welt hier zu unterstützen. Wir alle sind ein Funken der Göttlichkeit und tragen daher alle die Geheimnisse des Universums in uns. Die Kumaras fördern die Fähigkeit, uns dieses Funkens bewusst zu sein, damit wir am göttlichen Plan mit größerer Bewusstheit teilnehmen.

Diese Quintessenz oktaviert eine höhere Schwingungsebene.

Mögen wir ihren Geruch nicht, kommt das möglicherweise daher, dass wir emotionale Schocks erlebt haben, und es uns nicht leicht fällt, loszulassen.

Maha Chohan

Passt zu: B62
Farbe: Helltürkis
In Einklang mit: Türkis
Hauptaspekt: Ins Bewusstsein bringen, was von den Gefühlen her zu sagen ist.
Maha Chohan ist der „Größere" Lehrer, das einzige Meisterwesen, das sich nicht inkarnierte. Er ist der Lehrer der anderen Meister und war der Herr der Zivilisation in Lemuria, einem uralten Land, für dessen Bewohner unter anderem eine Kreativität unter Einbeziehung von Farbe und Klang besonders wichtig war und die sich speziell darauf konzentrierten.

Die Quintessenz Maha Chohan hilft uns, mit unserer Kreativität in Kontakt zu sein und eine Art Zusammenarbeit mit dem Schöpfer und der kreativen Kraft innerhalb der Existenz zu fühlen. Sie unterstützt uns, den eigenen inneren Lehrer zu erreichen, auf dass wir hören, was unser innerer Meister uns mitteilt, wenn wir im Individuationsprozess vorangehen. Wir hören leichter, was uns die Stimme unseres Herzens zuflüstert und sind in der Lage, jene Gefühle freizusetzen, die zu äußern wir bedürfen. Durch den inneren Lehrer finden wir die persönliche Verbindung zur Meisterenergie innerhalb der Gefühlsseite unseres Wesens. So wird der Weg geöffnet für einen geeigneten Zugang zum kollektiven Unbewussten und für das Gefühl zur Kommunikation und Beziehung mit den Engelsreichen.

Maha Chohan fördert die Inspiration, wenn wir mit Massenmedien arbeiten oder uns durch Improvisation mit Musik, Tanz und Theater Ausdruck verleihen. Sie ist hilfreich, wenn wir intuitive Massagen geben. Müssen wir aus dem Stegreif sprechen, so unterstützt diese Quintessenz den Fluss der Kommunikation.

Maha Chohan fördert den Ausdruck der Weisheit des Neuen Zeitalters und erleichtert von Herzen kommende Beziehungen zwischen uns und anderen. Diese Quintessenz unterstützt ein Bewusstsein positiver Qualitäten für Lichtarbeiter und Regenbogenkrieger und bereichert so das Leben fühlender Wesen. Sie bringt mit der helltürkisen Farbe die Energien des Aquamarins ins Wassermannzeitalter, dem Wiederaufleben von Atlantis und arbeitet mit ganzer Kraft an dieser lang erwarteten Zeitperiode, um das Gesetz einer neuen Zivilisation licht-bewusst aufsteigender Seelen zu enthüllen. Heute werden genetisch-technische Experimente mit Tieren und Pflanzen gemacht, wie in der weit zurückliegenden Vergangenheit zu Zeiten von Lemuria und Atlantis. Die Erinnerung an diese Gentechnik und die Möglichkeit zu einem Machtmissbrauch ist in den Erinnerungsspeichern eines jeden von uns vorhanden. Die Quintessenz Maha Chohan hilft, mit den Sorgen über den Missbrauch von Macht zurechtzukommen, besonders, was gerade die Gentechnik angeht. Sie dient uns dazu, vor-wissenschaftliches Wissen wieder aufleben zu lassen und die Verbindung zwischen Geist und Verstand zu stärken.

Djwal Khul

Passt zu: B64
Farbe: Smaragdgrün
In Einklang mit: Smaragdgrün
Hauptaspekt: Die Wahrheit suchen.
Djwal Khul ist der tibetische Meister, der Alice Bailey mit ihren von Lucis Trust herausgegebenen Schriften unterstützte. Er ist der leidenschaftlichste Sucher, ein Sucher nach der Wahrheit um der Wahrheit willen. Seine Quintessenz fördert die über das subjektive Nachdenken des Suchers hinausgehende Suche nach Wahrheit - so wie im Falle des Narcissus - zu einer objektiven Wahrheit. Djwal Khul ist der Sucher nach Wahrheit und Bestimmung.

Die Quintessenz hilft uns, Raum im Inneren und das richtige Gleichgewicht zwischen innerem und äußerem Raum zu finden, sodass wir den Raum haben, die Richtung und die Wahrheit zu finden, die im eigenen Herzen sind. Mit ihrem Smaragdgrün umgibt sie schützend unser Herz. Sie regt das Grün in jedem der sieben Hauptenergiezentren an und unterstützt uns, Gleichgewicht und Harmonie in den feinstofflichen Körpern zu bilden. Mit Djwal Khul bleiben wir geerdet, während wir uns dem Intuitiven öffnen, und so nicht von den Informationen übermannt werden, die wir intuitiv erhalten. Wenn wir sehr traurig sind, gibt diese Essenz uns den Raum, Klarheit und Selbstakzeptanz zu entwickeln.

Der Sucher, Djwal Khul, fördert das Verständnis für die Rhythmen, Gesetze und Strukturen der Natur sowie auch für Astrologie und Esoterik. Diese Quintessenz ist nützlich für solche Menschen, die intuitiv wissen, dass sie auch über die Erde hinaus Raum einnehmen.

Holy Grail und Solar Logos (Heiliger Gral und Sonnenlogos)

Farbe: Hellolivgrün
Passt zu: Hellolivgrün
In Einklang mit: Olivgrün, Hellolivgrün
Hauptaspekt: Empfänglich sein und lauschen
Die Quintessenz Holy Grail und Solar Logos erhöht die Fähigkeit, empfänglich und offen zu sein und Kommunikation durch uns fließen zu lassen. Hellolivgrün ist die Brücke vom Solarplexus zum Smaragd des Herzens. In allen Aspekten unseres Wesens kann diese Quintessenz uns helfen, für die Entfaltung der kreativen weiblichen Intuition empfänglich zu werden. Mit ihrer Unterstützung können wir uns erinnern, dass alles, was wir suchen, in uns selbst ist.

Zwischen dieser Quintessenz, Lady Nada und Christus besteht eine Verbindung. Bei Lady Nada mit dem Hellrosa geht es um Selbstakzeptanz. Lady Nada galt als Gefährtin des Christus. Klar/Rot verschüttelt sich zu einer Farbe, die Lady Nada, B52, ähnlich ist und teilt die selben Themen der Selbstakzeptanz. Die Akzeptanz gleicht dem Konzept, das mit dem Wort Kabbalah, „empfangen", offenbart wird. Wenn wir empfänglicher werden, finden wir wahrscheinlich den Gralskelch in uns selbst. Die Quintessenz Holy Grail und Solar Logos hilft uns zu unterscheiden, was für uns selbst wahr ist, sodass wir in die Stimme des Logos Vertrauen gewinnen.

Wie eine Quintessenz angewandt wird

Wir geben drei Tropfen auf den Puls des linken Handgelenks und reiben die Handgelenke sanft aneinander. Wir strecken dann die Arme über dem Kopf aus, und die Energien der Quintessenz werden der Welt angeboten. Gleichzeitig tasten wir nach einer Art Berührung mit dem Geistigen, bewegen die Hände sanft hinab und kreuzen die Handgelenke über der Krone, um dann fließend die Arme zu öffnen und zu schließen, während wir sie über jedem Energiezentrum kreuzen, als ob wir die Energien um uns falteten. Über dem Herzzentrum verweilen wir für wenige Augenblicke mit über den Handgelenken gekreuzten Händen. Wir bewegen dann die Arme weiter, bringen die Energien durch die unteren Energiezentren und bieten die Quintessenz schließlich der Erde an. Danach bewegen wir die Hände in Rückwärtsspiralen, indem wir sie nach außen und aufwärts vor dem Körper bewegen, um die Energien schließlich an die Welt abzugeben. Zuletzt bringen wir die Handgelenke vor der Stirn zusammen und lassen uns vom Aroma der Quintessenz berühren, während wir den Duft mit der Atmung aufnehmen.

Die Air Conditioner

Die Air Conditioner haben eine Sprühvorrichtung. Im Wesentlichen sind es Pomander und Quintessenzen mit verstärkter Rezeptur und somit für Räume geeignet. Sie bereiten die Luft um uns auf und wirken sich auf die Umgebung aus; sie bringen dem Raum die Qualitäten des speziellen Pomanders oder der Quintessenz, die sie enthalten. Jedem Pomander und jeder Quintessenz entspricht ein Air Conditioner. Zusätzlich machen auch Erzengel Michael, Gabriel, Raphael und Uriel über die Air Conditioner ihre Energie verfügbar.

Die ArchAngeloi

Die ArchAngeloi sind der neueste Baustein im Aura-Soma System. Als Feuergeister in der spirituellen Hierarchie scheinen sie gerade jetzt aufgetaucht zu sein, um uns dabei zu helfen, festgefahrene Muster gehen zu lassen und die noch ruhende Saat zu inspirieren, die für die Entfaltung des höheren Plans auf der Erde massgeblich ist. Wie andere Engel sind sie Botschafter des Göttlichen und dienen als eine höhere Ordnung von Mittlern zwischen den Menschen und dem Göttlichen. Die ArchAngeloi unterstützen besonders den Volksgeist eines Landes oder einer Gruppe, sind führend und richten ihr Licht auf das Land und auch auf die Menschen, die helfen, die Essenz dieses Ortes hervorzubringen. Die ArchAngeloi arbeiten besonders in Übergangszeiten mit uns, bieten Führung durch den ätherischen Körper und fördern das Erwachen für unsere Rolle in einem grösseren Plan.

Die ArchAngeloi haben die geeignete Intensität und Schwingung für unser persönliches aurisches Feld. Indem Sie die Flüssigkeit in Ihr aurisches Feld sprühen, laden Sie die Energien der Erzengel in Ihre Aura ein.[8]

Die einzelnen ArchAngeloi

Wie die Quintessenzen sind auch die ArchAngeloi mit bestimmten Equilibrium Flaschen verbunden; hier sind es die Flaschen B94 - Erzengel Michael, B95 - Erzengel Gabriel, B96 - Erzengel Raphael, B97 - Erzengel Uriel, B98 - Erzengel Sandalphon, B99 - Erzengel Tzadkiel, B100 - Erzengel Metatron und B101 - Erzengel Jophiel.

Die Auswahl einer Flasche in der Reihe der B94 - B101 gibt einen konkreten Hinweis auf den passenden ArchAngeloi. Andere Möglichkeiten für die Auswahl eines ArchAngeloi sind über die Farbbeziehungen der Flaschenauswahl sowie über die Abfolge in der Matrix gegeben. Dies wird im Abschnitt über Matrizen und das Tarot (siehe Seite 272) erörtert. In diesen Matrizen erscheinen gewisse Erzengelflaschen häufiger als andere. Indem wir untersuchen, welche Erzengel, die mit den ausgewählten Flaschen übereinstimmen, in den Matrizen vorkommen, können wir entscheiden, welcher ArchAngeloi am hilfreichsten wäre. Eine weitere Möglichkeit zur Auswahl ist die Reaktion auf den Duft der ArchAngeloi.

ArchAngeloi-Essenz Michael

Die ArchAngeloi-Essenz Michael hilft uns, die Qualitäten von Vertrauen und Glauben zu entwickeln, sodass wir uns von den beschränkenden Mustern intensiver Ängste und Sorgen befreien können. Auch Gewohnheiten, wie Verwirrung und sich Sorgen machen, lassen wir los und erfahren dabei Friedlichkeit und Klarheit. Wir öffnen leichter unsere Herzen und werden uns klarer darüber, warum und wofür wir hier sind, um dann unsere harmonische Rolle im sich entfaltenden grösseren Plan in vollem Umfang zu übernehmen.

ArchAngeloi-Essenz Gabriel

Die Essenz hilft dabei, unser Potenzial zu verwirklichen und den für uns bestimmten Weg zu gehen. Lösen wir Muster von Schmerz und Sehnsucht, Traurigkeit und Ängstlichkeit, werden wir uns einer neu gefundenen Hoffnung und eines Gefühls der Freiheit bewusst. Auch nehmen wir eine Quelle der Inspiration in uns selbst wahr, die uns freundlich und aufmerksam ermutigt, ein Leben zu leben, das unserem Wesen entspricht.

ArchAngeloi-Essenz Raphael

Die Essenz unterstützt uns dabei, eine intuitive Wahrnehmung zu entwickeln, sodass wir für unsere innere Stimme erwachen und einen tiefen beruhigenden Frieden erfahren. Lösen wir uns von den äußeren Sinnestoren - den fünf Sinnen, durch die wir äußere Realität wahrnehmen, befreien wir uns von Mustern kritischer Wahrnehmung und distanzieren wir uns davon, an ablenkenden Einflüssen beteiligt zu sein, nehmen wir wahr, was wir innerlich fühlen sowie auch die Einsichten, die von oben eingegeben werden. Unsere Aufmerksamkeit wendet sich Gedanken an das Gute aller Beteiligten, der Gemeinschaft zu, während wir uns gleichzeitig wohler fühlen und die männlich/weiblichen Energien in uns ausgeglichener sind. Wir bemerken, dass wir weniger dazu neigen, uns zurückzuhalten, zu analysieren und zu theoretisieren und fähiger werden, ein Werkzeug für Frieden zu sein und die Qualität der Wahrheit in Beziehung zur Gemeinschaft zum Ausdruck zu bringen.

ArchAngeloi-Essenz Uriel

Wie Raphael fördert diese Essenz die Erfahrung eines tiefen inneren Friedens und klarer intuitiver Wahrnehmung. Wir werden uns der eigenen Gewohnheiten und Verhaltensmuster in der Gemeinschaft, der Besorgnisse und Verwirrungen bewusst, die, wenn gelöst, uns erlauben, unsere Wahrheit und unser wahres, durch unsere Seele inspiriertes Selbst in dieser Welt zu offenbaren. Die Essenz hilft uns, offener und für die eigenen Wahrnehmungen empfänglicher zu werden, und dies wird uns dabei unterstützen, unsere Weisheit weitreichend und herzlich zu teilen.

ArchAngeloi-Essenz Sandalphon

Die Essenz kann uns zur Inspiration dienen, eine tiefgehende Fähigkeit für Mitgefühl, ein Verständnis von Unabhängigkeit sowie das Potenzial zur Zusammenarbeit in unserer Farb-Mensch-Familie zu entwickeln, verbunden mit einem Netzwerk an Energie und Leben auf und fern der Erde. Rücken wir im persönlichen Leben und auch als Teilnehmer einer grösseren Gemeinschaft von Konflikts- und Wettbewerbsreaktionen ab, wird es möglich, ein umfassenderes Ganzsein sowie Akzeptanz und Wertschätzung der Vielfalt zu erfahren. Die Transformation von Glaubenssystemen, an denen wir lange festgehalten haben, wird offenbar. Esoterisches Wissen, das aus alten Zeiten noch in unserer Erinnerung gespeichert ist, wird eher verfügbar.

ArchAngeloi-Essenz Tzadkiel

Diese Essenz hilft, ein neues Verstehen, eine neue Erfahrung und einen neuen Ausdruck der Liebe zu finden. Schranken von Reaktion und Wut werden abgelöst von Selbstannahme und Fürsorge gegenüber anderen. Die neuere Geschichte hat einfühlsame, vom Herzen her kommende Führung durch das Weibliche verdrängt. Lassen wir Bitterkeit und Entmutigung darüber los, finden wir neue Hoffnung; eine Hoffnung, die von dieser Essenz und auch von der Großen Weißen Bruderschaft unterstützt wird. Lösen sich Frustrationen, erfahren wir eine Wiedergeburt der Möglichkeit, Frieden und Liebe mitzuteilen. Wir entwickeln auch eine neue Wertschätzung für das Weibliche, äußerlich in unserer Kultur und auch innerlich im Hinblick auf die weiblich/männlichen Qualitäten in uns selbst.

ArchAngeloi-Essenz Metatron

Die Essenz enthält das intensivste Licht sowie auch die Tiefen der Dunkelheit – die zwei Aspekte des Ganzen. ArchAngeloi Metatron kann uns helfen, die Gesamtheit unserer Qualitäten und Talente sowie unseres Potenzials wahrzunehmen, zu verstehen und zu stärken. Sehen wir klar und werden wir für uns selbst transparent, können wir dahin kommen, wo wir verstehen, wer wir sind. Schauen wir in unseren inneren Schatten hinein, können wir unsere Projektionen zurücknehmen und einsehen, dass das, was wir „dem anderen" übergestülpt hatten, ein Teil von uns selbst ist, eine Widerspiegelung unseres Selbst.

Durch seine numerologische Beziehung zu B10 hilft dieser ArchAngeloi uns über das Lebensrad, die Gesetze der Natur und über Ursache und Wirkung bewusst zu werden. Wenn wir unser Licht in der Welt mit der Angemessenheit und der Fürsorge zeigen, die aus dem Inneren kommen, werden wir eine Wellenwirkung erkennen, die von allen unseren Gedanken und Handlungen ausgeht. Wir entdecken, dass wir zur Entfaltung unserer persönlichen Bestimmung und Zielsetzung zur rechten Zeit zum rechten Ort geführt werden. Gleichzeitig wird es uns möglich, bei der Entwicklung von Gaia und der Stabilisierung der planetarischen Energiemuster des Gitternetzes mitzuwirken.

ArchAngeloi-Essenz Jophiel

Die Essenz kann uns helfen, bewusst eine Art Frieden, Vertrauen und Ruhe zu erfahren. Entwickeln wir einen stärkeren Glauben in diese Möglichkeit, fühlen wir neue Hoffnung und eine Weiträumigkeit, die uns erlauben, einschränkende Muster von Zynismus und Selbstbeschuldigung loszulassen. Wir öffnen unser Herz für Liebe neu, schätzen, wer wir sind und erlauben unserem Selbst und der Wahren Aura, sich mit Freude in der Welt zu zeigen. Wir fühlen uns in den Garten Eden zurückgeführt, wie er gewissermaßen im Garten des eigenen Herzens existiert. Ein Gefühl der Abwendung, Sehnsucht und Verbannung scheint Teil der menschlichen Veranlagung zu sein. Wären wir mit unserem eigenen Selbst in größerer Harmonie, und fühlten wir ein inneres Zusammenkommen und eine innere Einheit, würde sich dies vielleicht in den Erfahrungen reflektieren, die wir im Außen machen. Übereinstimmend mit dem eigenen Individuationsprozess könnten wir im Rahmen der Gemeinschaft wachsen, wobei es uns möglich wäre, Qualitäten von Offenheit und Liebe zu zeigen. Das führt dann zu einer Wertschätzung der Vielfalt und zum Verständnis und zur Einbeziehung einer natürlichen Autorität und des Werts einer jeden Person und jeder Gruppe, solange wir dieses Leben auf der Erdenheimat miteinander teilen.

Die Farbessenzen

Wie die Pomander beziehen sich die Farbessenzen nicht auf bestimmte Flaschen, sondern auf die Farben in der Aura-Soma Reihe und repräsentieren diese. Die Farbessenzen tragen die energetischen Qualitäten jeder Farbe. Sie bauen den Kontakt zwischen den mentalen und emotionalen feinstofflichen Energien der höheren und niederen Astralfelder und dem elektromagnetischen Feld um den physischen Körper herum auf. Es ist der Bereich zwischen jenen Feldern, auf die sich die Pomander und Quintessenzen auswirken. Sie wirken besonders von der Ebene her, die mit dem Ananda Khanda (siehe Seite 19) in Beziehung ist. Die Farbessenzen haben eine zentrierende Qualität, die unsere Verbindung zur Erde fördert. Das hilft uns, auf der Erde brauchbar zu sein und unser ganzes Wesen in die für uns bestimmten kreativen Aufgaben einzubringen und zu erden.

Die Farbessenzen wurden entwickelt, um die Arbeit der Equilibrium Flaschen zu unterstützen und dienen als Hilfe zur Integration der Energien der Pflanzen- und Mineralreiche und der Reiche der Farben. Die Wahl einer Farbe, die wir verwenden wollen, kann auf der Farbe der Equilibrium Flasche basieren,

Seite 47, oben: Mutter- und Babyrobbe auf Eisscholle bei den Magdalen-Inseln, vor der Küste Kanadas.

mit der wir arbeiten. Wir können aber auch eine Farbe wählen, die sich auf das Chakra bezieht, auf das wir uns gerade gerne einstimmen möchten. Zur weiteren Unterstützung der Farben, mit denen wir bereits arbeiten, bieten Farbessenzen auch die Möglichkeit, mit Farben Erfahrungen zu machen, die nicht bereits in unserer Farbauswahl vorkommen, wir aber ein Bedürfnis nach einer bestimmten Farbe haben.

Die individuellen Farbessenzen

Die Farbessenz Rot

Die Farbessenz Rot bietet Energie, Bewusstheit und Leidenschaft. Sie stärkt und kräftigt das aurische Feld und hilft, vielmehr bei der eigenen Energie zu bleiben, als überbesorgt und zu einfühlsam mit anderen Menschen zu sein.

Die Inhaltsstoffe schließen ein: Kirsche, Kupferbuche, Rubin, versteinertes Holz, Eisen.

Die Farbessenz Koralle

Die Farbessenz Koralle ist stärkend für die Seele und bietet eine dankbare Bestätigung für den Wert einer Gemeinschaft. Offenheit in Zeiten von Stress fördert das Wohlergehen und trägt zu einem besseren Schutz bei. Korallenrot bietet die Gelegenheit zur Zusammenarbeit, Kompromisse zu schliessen und die wechselseitige Abhängigkeit von den einzigartigen Gaben der anderen Menschen zu erkennen. Diese Essenz gleicht alle Chakras aus: Verspüren wir weniger Angst, fließt unsere Energie sanfter, und wir nehmen Qualitäten wahr, von denen wir nicht einmal wussten, dass wir sie überhaupt hatten. Korallenrot macht es Gruppen leichter, Entscheidungen zu treffen.

Die Inhaltsstoffe schließen ein: Erdbeere, Maulbeere, Wüstenrose, Koralle.

Die Farbessenz Orange

Die Farbessenz Orange unterstützt gegenseitige Abhängigkeit und Vernetzung in Beziehungen, wobei sie hilft, die eigene innere Wahrheit und den eigenen Wert zu pflegen. Sie bietet tiefe Einsicht, die zu Glückseligkeit führt.

Die Inhaltsstoffe schließen ein: Physalis, Mandarine, oranger Selenit, Kupfer.

Die Farbessenz Gold

Die Farbessenz Gold verstärkt das Gefühl der Verbundenheit sowie das Gefühl, Teil eines größeren Ganzen zu sein. Suchen und verwirklichen wir den eigenen inneren Wert, finden wir Erfüllung.

Die Inhaltsstoffe schließen ein: Schlüsselblume, Bambus, Bernstein, Gold.

Die Farbessenz Gelb

Die Farbessenz Gelb hilft, die Wahrnehmung von Grenzen zu klären. Sie kann Klärung in Zeiten von Verwirrung bieten. Sie bietet eher die Ruhe einer erweiterten Sicht, als die Überaktivität dualistischen Denkens.

Die Inhaltsstoffe schließen ein: Gänseblümchen, Mahonie, Zitrin, Pyrit.

Die Farbessenz Olivgrün

Vertrauen in die zarte leise Stimme in der Tiefe des Selbst stabilisiert sich, wenn wir in den goldenen Bereich unseres Wesens hinein atmen. Das Licht von dort steigt auf. Die Farbessenz Olivgrün ebnet den Durchgang dieses Lichtes für eine Öffnung des Herzens.

Die Inhaltsstoffe schließen ein: rote Zeder, Olive, Moldavit, Karbon.

Die Farbessenz Grün

Die Farbessenz Grün unterstützt das Einbringen von Liebe in konkrete Handlungen. Sie hilft, uns selbst die Zeit, den Raum und die Richtung zu geben, die wir benötigen und respektiert solche Bedürfnisse auch bei anderen.

Die Inhaltsstoffe schließen ein: Russisches Efeu, Eiche, Smaragd, Schwefel, Jade.

Links: Harmonie im Garten, Holland, symbolisch für die Rückkehr in den Garten Eden.

Die Farbessenz Türkis

Die Farbessenz Türkis unterstützt die Kommunikation von Empfindung, die vom Herzen her kommt. Einsicht, inneres Wachstum und Selbsterkenntnis können sich einstellen, wenn wir uns selbst in alle Aspekte des Lebens kreativ einbringen.

Die Inhaltsstoffe schließen ein: blauen Flachs, Pappel, Türkis, Jod.

Die Farbessenz Blau

Die Farbessenz Blau bietet Frieden und eine nährende Energie, die auch Klarheit bringen kann. Die Farbe Blau symbolisiert den Atem. Das Blau des Himmels, das Ein- und Ausatmen der unbewegten Luft; sie kann das Gefühl vermitteln, im Hier und Jetzt präsent zu sein.

Die Inhaltsstoffe schließen ein: Borretsch, Walnuss, Maulbeere, Saphir, Lava.

Die Farbessenz Königsblau

Die Farbessenz Königsblau ist reinigend, zentrierend und beruhigend. Sie hilft uns, Muster zu erkennen und einen Überblick über Ereignisse zu gewinnen.

Die Inhaltsstoffe schließen ein: Vergissmeinnicht, Tanne, Lapis, Platin.

Die Farbessenz Violett

Die Farbessenz Violett fördert das Wohlergehen und unterstützt unseren Dienst durch ein größeres Verständnis und neue Einsichten, wenn wir beginnen, das Mysterium der Existenz in jedem Moment zu würdigen.

Die Inhaltsstoffe schließen ein: Stiefmütterchen, Mistel, Amethyst, Kobalt.

Die Farbessenz Magenta

Die Farbessenz Magenta fördert bedingungslose Liebe, selbst bei kleinen Dingen.

Die Inhaltsstoffe schließen ein: Malve, Schlehe, Opal, Ton.

Die Farbessenz Rosa

Die Farbessenz Rosa regt die Fähigkeit an, Liebe zu empfangen und Liebe zu fühlen. Sie vermindert Furcht und ist hilfreich in Situationen von Schmerz, der durch Verlust oder Missbrauch entstanden ist. Rosa hilft uns, mehr mit unserer weiblichen Intuition in Berührung zu sein.

Die Inhaltsstoffe schließen ein: rosa Rose, Geißblatt, Weißdorn, Rosenquarz, Kalk.

Die Farbessenz Weiß

Die Farbessenz Weiß ist stark reinigend und harmonisiert auf allen Ebenen. Sie erleichtert die Fähigkeit, mit mehr Klarheit und Einsicht zu sehen, zu fühlen und uns selbst neu zu spüren. Sie hilft, unsere Gaben zu erkennen, und was wir zu bieten haben sowie Licht in jede Situation zu bringen. Indem sie es unterstützt, die eigene Reflexion genauer zu betrachten und nicht zu urteilen, lässt sie uns mit anderen Menschen ungezwungener zusammen sein.

Die Inhaltsstoffe schließen ein: Maiglöckchen, Magnolie, Quarz, Mondstein, Silber.

5 Die Equilibrium Farbkombinationen

Wär nicht das Auge sonnenhaft, die Sonne könnt es nie erblicken;
läg nicht in uns des Gottes eigne Kraft, wie könnt uns Göttliches entzücken?
GOETHE

Verständnis für die Farbkombinationen der Equilibrium Flaschen zu entwickeln ist eine Entfaltung in zwei Richtungen: Es ist eine persönliche Reise, erschließt aber auch universelles Bewusstsein und allgemeine Informationen. Indem wir den eigenen Farbcode erkennen, stellen wir unsere Farben dar und sind bereit, unsere Flügel auszuspannen. Wir sind bereit, Abhängigkeitsmuster abzulegen, aus denen wir herausgewachsen sind und sie als Kompost für das nächste Stadium unserer Entwicklung wiederzuverwerten. Wir werden für die leuchtenden Juwelen wach, die wir selbst als Teil des universellen Bewusstseins sind. Unser eigenes Herz spiegelt das Herz und das Potenzial des Ganzen wider. Unterhalten Sie sich bitte gut beim Erkunden der folgenden Seiten, und gönnen Sie sich die Gelegenheit zu einer Reise der Selbsterforschung in die Welt der Farben.

Wie man die Seiten liest

Auf den folgenden Seiten wird jede Equilibrium Flasche zusammen mit sehr vielen Informationen präsentiert. Diese Informationen über jede Farbkombination werden als Beginn oder Zugang zum Verstehen der individuellen Flasche gelesen und sind eine Einladung an Sie, den Leser, intuitiv zu erkennen, was die entsprechende Farbkombination für Sie persönlich bedeutet. Die Informationen hier stellen eine Synthese der Erfahrungen mit der Equilibrium Reihe dar und schließen die wesentlichen Punkte mit ein, die sich herauskristallisiert haben.

Jede Flasche hat eine Nummer, einen Namen und einen Hauptaspekt, die meisten haben eine Beziehung zum Tarot. Die Geschichte, die hinter dem Namen steht und wenn hilfreich, auch die Geschichte der Flasche, sind mit einbezogen. In gleicher Weise werden die Informationen zu den entsprechenden Situationen berücksichtigt, für die die jeweilige Farbkombination wichtig sein könnte sowie auch die Merkmale oder Bedingungen, die dazu führen können, sich von einer bestimmten Kombination angesprochen zu fühlen. Außerdem geben wir Anleitung zur Anwendung der Kombinationen; im Allgemeinen sollten sie in einem vollständigen Band um den Körper herum in den Bereichen aufgetragen werden, die bei jeder Flasche angegeben sind.

Oben: Wie sich Farben in der Natur ganz natürlich vermischen, hier gezeigt auf dem Flügel eines Blauhähers.

Die Farbsprache

Wir ermutigen Sie, die jeweilige Beschreibung wie einen Dialog zwischen den beiden Hälften jeder Flasche zu lesen, wenn Sie sich mit den Eigenschaften der Flaschen befassen. Es ist eine Darstellung der dynamischen Beziehung zwischen den beiden Hälften und die Beschreibung einer Synthese dieser oberen und unteren Teile. Selbst wenn die gleiche Farbe oben und unten erscheint, besteht eine Beziehung zwischen dem Bewussten, dem Unbewussten, Unterbewussten und Kollektiven.

Wir empfehlen auch, die Eigenschaften der individuellen Farben in der Flasche sowie die Eigenschaften der Farbe zu betrachten, wenn sie verschüttelt ist. Um es kurz zu halten, haben wir die Beschreibung aller Eigenschaften jeder Farbe nicht bei jeder Flaschenbeschreibung noch einmal wiederholt. Mit wachsendem Vertrauen in die Farbsprache sehen Sie, dass viele Beschreibungen ein Dialog sind, der widerspiegelt, wie die beiden Hälften zusammenspielen und sich aufeinander auswirken. Diese Beziehung entwickelt sich weiter, wenn wir die Farben in der Abfolge von vier Flaschen erkunden.

Der Name der Flasche

Eine Lehre in der westlichen magischen Tradition weist auf die Bedeutung von Namen hin. Den Namen einer Person, einer Blume, einer Equilibrium Flasche zu kennen, bedeutet gleichzeitig alles, das einen Namen trägt, besser zu kennen. Ein Name ist Teil einer Person, einer Sache oder eines Systems, die er erkennbar macht und somit ihre Energie trägt. Der Prozess, den Equilibrium Farbkombinationen Namen zu geben, war Teil des wachsenden Verständnisses für das, was sie repräsentieren und für die Energie, die sie mit sich bringen. Mit der Offenbarung der Namen und der Geschichten, die hinter den Namen stehen, wurde die Vielfalt der Bedeutung der Flaschen deutlicher gemacht.

Der Name Equilibrium selbst ist von Bedeutung. Equilibrium ist vielmehr bezeichnend für eine gewisse Bewegung als für etwas Statisches, für eine lebendige Dynamik. Die mittlere Säule der Gnade und des Willens im kabbalistischen Baum des Lebens wird als die „Säule des Equilibrium" bezeichnet. Sie versöhnt und gleicht die dynamische Spannung und gegensätzliche Energie der Säule der Stärke und der Säule der Strenge oder Form aus.

Die Namen und das gesamte Aura-Soma System entwickelten sich, je mehr darüber offenbar wurde. Auch wurden sie durch die Arbeit der Menschen mit dem System geprägt. Mitunter erhielten die Equilibrium Flaschen neue Namen, z. B. Mittelnamen oder Kosenamen. Jeder Name beschenkt uns mit einer Energie, die die Möglichkeit bietet, eine andere Ebene des Verstehens für die Flasche zu entschlüsseln, die er bezeichnet. Jene mit der Numerologie vertrauten Leser erkennen das Konzept wieder, dass der Name einer Person und die Zahlen, die mit den Buchstaben in Beziehung sind, eine bestimmte Schwingung oder Auslegung haben. Jeder Name hat eine Bedeutung an sich, seine eigene Geschichte und auch seine charakteristischen Energien.

Die Namen der Equilibrium Flaschen tragen dazu bei, die Vielfalt der Flaschen zu verstehen und geben uns auch einen Schlüssel für ihre Verwendbarkeit in der Welt. Einige Namen werden uns mit dem Inhalt der Flaschen in Verbindung bringen, einige mit anderen Wissenszweigen und Lehren; einige sind mit Anekdoten verbunden und rühren aus Erfahrungen der Menschen, die mit dem Aura-Soma System arbeiten. Kennen wir ihren Namen, erfahren wir mehr über die Qualitäten der Flasche, die er bezeichnet. Wir hoffen, Sie entdecken beim Durchlesen dieses Abschnitts, dass der Name jeder Flasche wie das Öffnen einer Tür ist. Es ist eine weitere Möglichkeit, die entsprechende Farbkombination kennenzulernen. Und doch müssen wir noch einräumen, dass wir im gesamten Angebot des Geistes, der in Aura-Soma ist, nur mit einem kleinen Teil der Energien der Flaschen in Berührung kommen. Was über das Körperliche hinausgeht, ist die Aura der Flasche, das Lichtjuwel. Enthalten in dieser reinen Fülle aurischen Lichtes ist eine synergistische Vollständigkeit und alles, das hier erwähnt wird und vieles mehr.

Die zusammengeschüttelte Farbe

Die zusammengeschüttelte Farbe ist die Farbe, die entsteht, wenn die Farbe der oberen Hälfte der Flasche und die Farbe der unteren Hälfte vorübergehend zu einer Emulsion vermengt werden. Wenn wir eine Flasche auswählen und sie anwenden wollen, gehen wir folgendermaßen vor: Wir schütteln sie, während wir sie in der linken Hand im pharmazeutischen Griff halten, d.h. wir unterstützen die Flasche unten mit dem Daumen, legen den Mittelfinger auf den Flaschenhals und den Ring- und den Zeigefinger auf beide Seiten. Kommt die dabei entstehende Farbe einer gleichen Farbe aus der Flaschenkollektion nahe, haben wir dies mit einer „Verschüttelt" Zeile angemerkt.

Indem wir die Flaschen schütteln, lernen wir durch die Sprache der Farben mehr über die Energetik der Equilibrium. Die Idee dabei ist, dass beim Zusammenschütteln der beiden Hälften der Seelenstrahl im unteren Teil, der das Unterbewusste oder weniger Sichtbare repräsentiert, in den oberen Teil, den Persönlichkeitsstrahl gebracht wird, der für Bewusstsein steht und in der äußeren Wirklichkeit in der Welt zum Ausdruck kommt: Unsere Wahrnehmungsfähigkeit wird auf das gerichtet, was vorher weniger bewusst oder verborgen war. Gleichzeitig wird das Bewusste dem Unterbewussten angeboten: Licht und Aufmerksamkeit werden in unsere innersten Erfahrungen gebracht. Durch diesen Prozess entwickelt sich das Maß an Selbst-Gewahrwerdung und Integration stärker.

Die Tarotkarte

Das traditionelle Tarotdeck hat siebenundachtzig Karten: zweiundzwanzig Große Arkana und fünfundsechzig Kleine Arkana. Die Kleinen Arkana sind wiederum in vier Sätze aufgeteilt: Stäbe, Schwerter, Kelche und Münzen. Die Großen Arkana repräsentieren die archetypischen Schritte jeder Seele, die durch einen Wachstumsprozess und eine Entwicklung auf dieser Erdebene geht. Die Kleinen Arkana stellen bildlich die Aufs und Abs, die Ereignisse und das Ringen auf diesem Pfad dar. Sie stehen in Beziehung mit den Feuerwelten (Inspiration), den Luftwelten (Intellekt), den Wasserwelten (Emotionen) und den Erdwelten (praktisches Leben).

Traditionell ist der Satz der Stäbe mit der Feuerwelt verbunden, dem Element Feuer mit seinen Qualitäten des Wärmens, der zündenden Inspiration, des Erhellens der Dinge und der schnellen Bewegung. Der Satz der Schwerter stellt die Luftwelt dar, die Welt des Verstands und des Intellekts, des Urteilsvermögens und des Unterscheidungsvermögens. Der Satz der Kelche ist mit der Wasserwelt, den Gefühlen verbunden, dem Empfänglichen, Fließenden, Zusammenhängenden. Der Satz der Münzen repräsentiert die Erdwelt, die Welt der Anwendbarkeit, des Erdens und der Manifestation.

Das Konzept, jede Equilibrium Flasche mit einer Tarotkarte zu verbinden, wurde Vicky und Mike gegeben. Jede Tarotkarte und ihre Bedeutung wirft Licht auf die Bedeutung und Aussagekraft der Farbkombination, mit der sie verknüpft ist, und umgekehrt bietet die Equilibrium Flasche zusätzliche Einsicht in die Bedeutung und die Themen einer bestimmten Tarotkarte.

Bei Aura-Soma ist jede Flasche mit den Nummern von 0 bis 99 mit jeweils einer Tarotkarte verbunden. Jede Flasche hat eine Beziehung zu der ihr zugeordneten Karte sowie einen zusätzlichen Namen, der ihr aufgrund dieser Verbindung zugewiesen wurde. Die Flaschen 0 bis 21 sind mit den Großen Arkana vom Narr bis zur Welt verbunden, während die Flaschen 23 bis 78 mit den Kleinen Arkana verknüpft sind. Aura-Soma erweitert das traditionelle Tarot, indem den zweiundzwanzig Großen Arkana zusätzlich zweiundzwanzig Equilibrium Flaschen zugeordnet werden. B22 ist mit dem Narr verbunden, die Flaschen 79 bis 99 vom Magier bis zum Universum. Bei Aura-Soma nennen wir die Flaschen 0 bis 21 die Hinreise oder die erste Ebene des Tarot. Die Flasche 22 und die Flaschen 79 bis 99 werden die Rückreise oder die zweite Ebene des Tarot genannt. Jede Große Arkana repräsentiert eine Reise von einem Ort zum anderen, eine Begegnung mit einem Aspekt von uns selbst, eine Auseinandersetzung oder Fähigkeit, die es zu entwickeln gilt. Die Hinreise führt dazu, dass wir etwas verstehen und uns selbst entwickeln und fördert auch das Wachstum unserer seelischen Ausdrucksfähigkeit. Es ist gewissermaßen eine Reise zum Selbst. Die Rückreise beschreibt, wie wir dieses Verständnis an die Welt zurückgeben können, oder wie wir zum Ausdruck bringen können, was wir mit dieser Qualität in die Welt einbringen wollen. Sie erinnert uns daran, umfassender zu verstehen, wie wir sind, wenn wir mit der Welt teilen, was wir zu geben haben. Solch ein Schritt in der Entwicklung, für den diese Innovation im Vergleich zum traditionellen Tarot bezeichnend ist, ist von beachtlicher Bedeutung.

Dennoch ist es wichtig, die Hinreise und die Rückreise im Tarot nicht als linearen Entwicklungsverlauf zu betrachten. Jede Erfahrung im Leben bietet die Gelegenheit, etwas über uns selbst zu erfahren und zu wachsen. Während wir solche Erfahrungen in uns aufnehmen, werden wir unweigerlich anders und das bedeutet, wir werden der, der wir sind: uns selbst, mit unseren Erfahrungen als Teil unseres Wesens. Teilen wir dann diese Erfahrung mit anderen, erfüllt sich oft das wirkliche oder tiefgründigere Verstehen dieses Lernvorgangs. Indem wir uns ausdrücken, entdecken wir, was wir gegenwärtig wissen, oder wer wir sind. Die Rückreise spricht dieses Verstehen an. Wie auf den individuellen Seiten der Flaschen hingewiesen, sollen die beiden Flaschen, die mit jeder der Großen Arkana in Verbindung stehen, tatsächlich als Paar betrachtet werden. Wenn wir uns zu B0 oder B22 hingezogen fühlen, zu den Flaschen, die sich auf den Narr beziehen, dann würden so, wie wir unseren Farbcode verstehen, beide Flaschen in Betracht gezogen werden. Es ist, als ob sie zwei Seiten einer Münze wären, da wir lernen, wenn wir lehren, und wir lehren, wenn wir lernen. Mit anderen Worten ist die Flasche, die am engsten mit der B0 verknüpft ist, die B22 und umgekehrt, sogar, wenn diese Beziehung durch Analyse der Farbe allein schwierig zu erkennen wäre. Das Konzept der Rückreise entspricht dem Konzept des Wassermannzeitalters, dass integratives Lernen leichter geschieht, wenn wir teilen, wer wir sind, und was wir gefunden haben, als wenn wir Informationen und Erfahrungen allein für uns selbst sammeln. Die Bedeutung der Beziehung zwischen den Equilibrium Flaschen und den Tarotkarten mit ihrer Symbolik wird sowohl auf den individuellen Flaschenseiten als auch im Abschnitt über die Matrix und das Tarot erforscht.

Verwandte Zahlen

Die Flaschen sind auch durch eine Beziehung der Zahlen bzw. der Nummern zueinander verbunden. Die Sprache der Zahlen ist ein weiterer wesentlicher Teil des Aura-Soma Systems (siehe Seite 280). Obwohl es nicht möglich ist, alle Beziehungen der Zahlen aufzulisten, gibt es doch einige, die als Schlüsselzahlen wichtig sind zu erwähnen, wie z. B. die Auswirkungen der Null. Fügen wir einer Flaschenzahl eine Null ($1 + 0 \rightarrow 10$) hinzu, erweitert dies ihre Bedeutung. Teil der Bedeutung der B50 beispielsweise würde eine Ausweitung der Lektionen der B5 sein: Gelingt es uns, mit traumatischen Erlebnissen umzugehen, können sich Vertrauen und Glauben in den größeren Willen entwickeln. Diese Art der Verbindung der Null-Erweiterung wird eingehend betrachtet, sogar, wenn es keine sichtbare Farbbeziehung zwischen den Flaschen gibt, und obwohl die B50 eigenartigerweise eine Intensivierung der blauen Farbe ist, und diese wiederum die Komplementärfarbe der zusammengeschüttelten Farbe, der B5 ist. B1 hat eine Beziehung zu B10 und zu B100. Ähnlich ist es, wenn die Summe der Ziffern der Nummer einer Flasche der Summe der Ziffern einer anderen Flasche entspricht, sagen wir B38 und B92. Diese Flaschen haben ebenfalls eine Beziehung zueinander. Zusätzlich wird das Thema der Flasche dieser Summe, hier B11 ($3 + 8 = 11$ und $9 + 2 = 11$) Teil der Geschichte dieser beiden Flaschen sein. B101 ist auch mit B11 verknüpft. Hier gibt die Null, der Narr, Raum für eine unterschiedliche Erfahrung der Themen der B11.

Der Hauptaspekt

Im Hauptaspekt werden die Interpretationen jeder Equilibrium Flasche zusammengefasst. Er bietet einen Ansatzpunkt für das Verständnis und die Gesamtheit der wichtigsten Punkte zu den Flaschen.

Verwandte Flaschen

Jede Flasche ist durch Farbe mit anderen Flaschen verwandt. Für jede Equilibrium Flasche haben wir weitere Flaschen aufgelistet, mit der sie durch den vollen Farbton, die hellere

Farbe, das heißt, den Pastellton oder durch verborgene Farben oder Farben, die sie enthält, verbunden ist. Sie sind keineswegs die einzigen verwandten Flaschen. Die verwandten Flaschen sind zur Unterstützung für jene Menschen mit aufgeführt, die die Farben erforschen, damit sie die Farbbeziehungen verstehen, und auch wie sich die Geschichte der Farbe im Aura-Soma System entfaltet. Beginnen wir sorgfältiger auf die Verflechtung der Farben einer Flasche einzugehen, werden wir herausfinden, dass andere Flaschen einbezogen oder enthalten sind, und dass der Intensitätsgrad einer Situation durch den Pastellton angedeutet wird.

Die Bedeutsamkeit der Kategorien der genauesten Pastelltöne und der genauesten Volltöne umfasst Intensivierung, Verstehen, Anwendbarkeit und Erdung. Ein Vollton ist eine mehr gesättigte, kräftige Farbe; der Pastellton ist heller und leichter. Im Allgemeinen wird der Vollton einer Farbe als mehr geerdet angesehen. Ein Pastellton ist eine Farbe, der Klar hinzugefügt wurde. Von Klar wird angenommen, dass es die Bedeutung des Volltons verstärkt, erweitert oder ätherischer macht. Die B44 beispielsweise, Flieder/Hellblau, der Schutzengel, ist die Pastellfarbe der B37, Violett/Blau, der Schutzengel kommt auf die Erde. B44 ist eine hellere, weniger geerdete Version der B37. Betrachten wir z. B. auch die B5, Gelb/Rot: Das Gelb und das Rot in dieser Flasche wird stufenweise zum Pastellton des Rots in der B22, Gelb/Rosa und dann zum Pastellton beider Farben, Rot und Gelb in der B59, Hellgelb/Hellrosa verstärkt. Die Bedeutungen der Flaschen werden auch stufenweise intensiver; das Licht der Einsicht (die erhellende Farbe) steht für ein tieferes Verstehen der Qualitäten von Gelb und Rot.

Etliche Pastelltöne und Volltöne dürften bei einigen Equilibrium Flaschen ebenfalls mit einbezogen werden. Eine Meisterflasche wird häufig als der genaueste Pastellton einer bestimmten Farbkombination angegeben. Auch hier werden aus Platzgründen wiederum nur einige Flaschen aufgeführt; andere sind genauso geeignet und wichtig. Sowie Klar alle Farben enthält, wird auch weißes Licht in alle Farben zerlegt. B54, Klar/Klar ist nicht immer aufgeführt, außer wenn es besonders dienlich ist; es wäre aber auch möglich, alle anderen Flaschen mit B54 anzugeben.

Eine verwandte Flasche kann in sich eine andere Flasche „enthalten" oder „verbergen". Auf diese Weise betrachten wir die Farben, die kombiniert werden, um die Farben in der jeweiligen Flasche zu bilden. Die B16 hat beispielsweise zwei violette Hälften. Violett ist eine Sekundärfarbe, die aus Blau und Rot gebildet wird. Deshalb ist die B30, Blau/Rot oder die B29, Rot/Blau in der B16 verborgen oder enthalten. Es ist hilfreich, die Farbrose auf Seite 2 hinzuzuziehen.

Am Anfang des Buches merkten wir an (siehe Seite 14), dass Blau und Gelb die ersten zwei Primärfarben sind. Deshalb enthalten die B2, Blau/Blau und die B42, Gelb/Gelb einige Flaschen und sind auch selbst in einigen Flaschen enthalten oder sind die Komponenten vieler Equilibrium. Da es im Wesentlichen nur zwei Primärfarben gibt, Blau und Gelb (Rot wird aus diesen beiden Farben erzeugt, so, wie die Sonne am Morgen am blauen Himmel aufgeht und am Abend untergeht) entwickeln sich alle Farben aus einer Kombination dieser zwei Farben. Allerdings ist dies ein komplexes Konzept, und im Moment werden wir nicht die Aufmerksamkeit auf das Gelb oder Blau in jeder Farbkombination richten, damit die Beschreibungen gut verständlich und aufschlussreich bleiben. Nur die wichtigsten oder eindeutig verwandten Farbkombinationen werden für jede bestimmte Flasche aufgeführt.

Die zusammengeschüttelte Farbe bezieht sich auf die Farbe, die sichtbar wird, wenn der obere und der untere Teil zu einer vorübergehenden Emulsion vermischt sind. Eine Equilibrium Flasche, deren Farbe sehr nahe an diese temporäre Farbe herankommt, erhielt den Vermerk „Verschüttelt". Die Bedeutsamkeit dieser Farbe ist Teil der Wahrnehmung der Bedeutung der Equilibriumflasche, mit der wir uns jeweils befassen.

Die Idee ist, wenn die zwei Hälften zusammengeschüttelt werden, dass das, was im unteren Teil ist und das Unterbewusste oder weniger Sichtbare darstellt, ins Bewusstsein gebracht und in der äußeren Realität zum Ausdruck gebracht wird. Bewusstsein wird dann auf das gerichtet, was vorher weniger bewusst, mehr im Verborgenen war. Gleichzeitig wird das Bewusste dem Unterbewussten angeboten. Licht und Aufmerksamkeit werden in die innersten Erfahrungen gebracht, in das Unterbewusste. So entwickelt sich ein größeres Maß an Selbst-Gewahrwerdung und Integration. Betrachten wir nun die B26, Orange/Orange gemeinsam mit der B5: Werden das Gelb und das Rot der B5 zusammengeschüttelt, werden sie vorübergehend zu Orange. B5 ist in B26 enthalten und verborgen. Arbeiten wir uns durch unsere Ängste und Überlebensthemen hindurch, gleichen wir damit unsere Zeitlinie aus. Die Rubrik "umgekehrt" führt Flaschen auf, die genau oder fast genau auf den Kopf gestellte Versionen der Flasche sind, mit der wir uns befassen. Diese umgekehrte Darstellung hat Auswirkungen auf die Interpretation. Der untere Teil kann die Qualitäten der Seele repräsentieren und der obere die Tendenzen unsere Persönlichkeit - wie wir uns selbst zeigen. Wenn die Farben in umgekehrter Weise dargestellt werden, während wir in beiden, der oberen und der unteren Farbe, die unserem Farbcode entsprechende gleiche Qualität haben, ist es möglich, dass das, was uns bewusst ist, und das, womit wir uns befassen, voneinander abweicht. Wir könnten unterschiedliche innere Ressourcen haben oder sind mit äußeren Belangen befasst, die mit dem gleichen Kerngehalt zu tun haben.

Die verwandten Flaschen müssen als Momentaufnahme in der Zeit betrachtet werden. Es sind jene, die uns als besonders wichtig erscheinen, während wir dies schreiben. Mit wachsendem Verständnis, mit Ereignissen in der Welt, mit der Entwicklung der Menschheit, und wenn neue Flaschen geboren werden, werden vielleicht andere Flaschen wichtiger. Die einander verwandten Flaschen sind nicht unbedingt die wichtigsten oder solche, die vorgezogen werden sollen, aber in unserem Verständnis sind sie im Moment ein Schlüssel für das Studium der Farben.

Die Bilder

Die Bilder auf den folgenden Seiten wurden aufgrund ihrer Bedeutung, Schönheit, Synchronizität und ihrem Humor ausgewählt und auch um eine weltweite Präsenz und Sicht der Dinge zu bieten. Einige sind symbolhaft, manche sind eine genaue Wiedergabe. In einigen Fällen haben sie eine Farbbeziehung zu der Flasche, mit der sie gezeigt werden. Manchmal wurden sie wegen ihrer Bedeutsamkeit in Bezug zum Namen der Flasche oder aufgrund einer esoterischen oder einem Wortspiel ähnlichen Beziehung gewählt. Natürlich wurden sie zu verschiedenen Zeiten in jeweils anderen Gegenden aufgenommen und sind von unterschiedlicher fotografischer Qualität. Betrachten Sie bitte die Farben mit Vergnügen und als Tor zu einem größeren Verständnis der Flaschen, denn die Equilibrium Flaschen sind ein Tor zu einem größeren Verstehen von uns selbst. Diese Bilder sind dafür gedacht, dem Leser als Sprungbrett zu dienen, um durch ihre Betrachtung seine eigene Kreativität und Freude anzuregen. Wir hoffen, dass Sie mit diesen Gedanken den Text lesen und die Bilder ansehen, und dass Sie sich selbst inspiriert fühlen. Wir hoffen auch, dass die Informationen, die Weisheit und die Fürsorge, die hier geteilt werden, den Test der Zeit bestehen werden. Ebenso hoffen wir, dass die folgenden Seiten uns allen helfen, die Welt anders zu betrachten und die Welt der Farben und des Lichts freudig zu betreten.

In den Anfangsjahren von Aura-Soma kam einmal eine Studentin während des Unterrichts in den Raum und bemerkte, dass sie auf der Bundesstraße niemals das Gelb der Linien in der Mitte so deutlich gesehen hätte, wie dann, nachdem sie den Unterricht am Nachmittag zuvor verlassen hatte. Zweifellos machen wir alle solche Erfahrungen, wenn wir damit beginnen, uns der Welt der Farben und des Lichts zuzuwenden. Farben nehmen an Bedeutung zu, als ob die ganze Welt zu uns in einem Tanz von Farben und Bildern sprechen würde.

Die Suche nach Bildern für dieses Buch war eine äußerst freudvolle und spaßige Erfahrung, und diese wurde allein dadurch gemindert, dass nur wenig Raum auf den letzten Seiten zur Verfügung stand. Jedes hier gezeigte Bild war ein Geschenk, das mit einem Geist der Großzügigkeit und Freundlichkeit angeboten wurde. Wir möchten uns gerne bedanken und für den enormen Energie- und Zeitaufwand, der uns bei diesem anstrengenden Unterfangen des Sammelns von Fotografien gespendet wurde, unseren Respekt aussprechen. Zuerst haben wir in unseren eigenen Archiven nach Fotografien gesucht und Fotos ausgewählt, die für uns bedeutsam waren. Allmählich begannen dann willige Freunde und die Familie ihre eigenen Fotoalben zu durchstöbern und suchten nach der blühenden Sterngucker Lilie oder der letzten Reise nach Athen. Wie dies so geht, begannen Freunde uns deren Freunde und Familien vorzustellen, die fotografische Quellen haben könnten.

Durch diesen Prozess traten einige wunderbare Menschen hervor, um Bilder anzubieten und bei diesem Buch zu helfen. Drei "Zufalls"-Bekanntschaften im Flugzeug brachten weitere Bilder für diese Seiten. Die Erfahrung, die Bilder zu sammeln und mit ihnen zu arbeiten, um sie hier anzubieten, war ein Ausdruck von Ko-Kreativität, Synchronizität und Sorgsamkeit, die Inbegriffe des Wassermannzeitalters und dessen Vision. Durch die Gnade dieses Geistes der Zusammenarbeit erhielten wir solch einen Überfluss und eine solche Auswahl an Bildern.

Reihenfolgen und Sets

Es ist nicht nur so, dass die Farben in jeder Equilibrium Flasche ihre größte energetische Bedeutung im Verhältnis zueinander haben, sondern auch, dass die Flaschen selbst in Beziehung mit anderen Flaschen sind. In einigen Fällen haben wir erkannt, dass eine bestimmte Reihenfolge der Flaschen eine besondere Bedeutung hat; in anderen Fällen wissen wir, dass einzelne Flaschen für bestimmte Zwecke oder für ein besonderes Verständnis zu einem Set zusammengestellt werden können. Oft erkannte Reihenfolgen und Sets in der Aura-Soma Reihe beschreiben wir unten. Andere werden auftauchen, wenn das System sich uns allen selbst weiter offenbart.

Das „Erste Hilfe"-Set

Das „Erste Hilfe"-Set umfasst alle Flaschen mit Tiefmagenta in der Basis wie B0, B1, B78, B89, B90, B100, B102, B103 aber auch B3, B4, B11, B20, B26 und B87. Tiefmagenta drückt in seinem Wesen Liebe aus, und diese Liebe kommt in allen Dingen zum Ausdruck. Es ist die Quelle. Das „Erste Hilfe"-Set stellt die Möglichkeit dar, sich mit dem integrierten Anteil des vorherrschenden Ziels der Existenz zu verbinden. Vickys Vorstellung von dem Wort rescue (Hilfe, Rettung) als eine Gelegenheit, uns selbst „wiederherzustellen" oder wieder in unsere Mitte zu kommen, ist ebenfalls eine Möglichkeit, das „Erste Hilfe"- Set umfassender zu verstehen. Die Flaschen in diesem Set sind hilfreich, gleich, in welcher Lage oder Situation wir uns befinden mögen.

Das Chakra-Set

Das Chakra-Set schließt die Equilibrium Kombinationen ein, die sich am genauesten mit jedem Chakra decken: B1 entspricht der Stirn, B2 dem Hals; B3 dem Herz; B4 dem Solarplexus, B5 der Wurzel, B20 der Krone und B26 dem Sakralchakra.

Manche überrascht es vielleicht, dass B5, Gelb/Rot, die vorgesehene Flasche für das Wurzelchakra (Rot) ist. Man könnte meinen, B6, Rot/Rot sei die wichtigste Flasche für das Wurzelchakra. Stattdessen ist sie Teil des erweiterten Chakra-Sets. Die Chakra Flasche passt farblich deshalb nicht genau, da sich das Chakra zuweilen unterhalb öffnen kann, wenn das Chakra oberhalb geöffnet ist, repräsentiert vom Gelb in der oberen Hälfte oder Orange in der zusammengeschüttelten Farbe. Deshalb ist für das Wurzelchakra die Gelb/Rot mit den Energien des Sakralchakras und auch den zur Verfügung stehenden Energien des Solarplexus Chakras am hilfreichsten.

Das erweiterte Chakra-Set

Das erweiterte Chakra-Set schließt die Flaschen des Chakra-Sets zusätzlich zu jenen Flaschen ein, die nicht Teil des ursprünglichen Chakra-Sets waren, aber die Lücken in der Reihe der Farben füllen: B6, B10, B16, B41, B42, B43, B67, B87, B91 und B96. Mit B96, einer erst kürzlich angekommenen Erzengelflasche, ist es das erste Mal, dass Königsblau im unteren Teil einer Flasche aufgetaucht ist. Sein Auftreten fügt dem Chakra-Set eine weitere Komponente hinzu. Das erweiterte Chakra-Set hilft uns, die Komplexität zu sehen, die das System der Chakras untereinander verbindet.

Das Tantrische Illuminations-Set

Dieses Set umfasst B6, B11, B23, B52, B55, B67, B69, B71, B77, B80, B91, B84, B89, B100 und B104. Diese Equilibrium Flaschen haben alle Rosa, Rot oder Magenta in ihrer unteren Hälfte. Sie spiegeln die Chance, eine Verbindung der männlichen und weiblichen Aspekte in uns selbst gerade zu einer Zeit zu finden, in der die Gelegenheit günstig ist. Unsere Fähigkeit, uns selbst so anzunehmen, wie wir sind, ist die Voraussetzung für die Erfahrung einer solch' inneren Harmonie und Verbindung. Jede dieser Flaschen bezieht sich auf verschiedene Ebenen der Selbstakzeptanz. Als Ganzes steht das Set in Zusammenhang mit der Vorstellung, wie eine „Zweiheit" zu einer „Einheit" werden kann, und wie die Flaschen helfen, dieses verschmelzende und vereinende System zu verstehen. Selbstannahme, Harmonie und Verschmelzung als innere Erfahrung spiegeln sich in einem äußeren Ausdruck. Dieses Set lenkt die Aufmerksamkeit auf die Möglichkeit des Tantra und das vereinte Energiefeld – woraus Erleuchtung hervorgehen kann.

Das Kinder-Set für das Neue Zeitalter

Dieses Set umfasst B11, B12, B13, B14, B15 und B20 und wird in Vicky Walls Buch, Aura-Soma, näher beschrieben. Dieses Set ist für Kinder passend, wie sein Name schon sagt. Es ist aber auch für das Kind in jedem von uns geeignet.

B11 öffnet die Tür zu dem tieferen Verstehen, dass wir durch Selbstannahme mit unserem inneren Kind in Kontakt kommen können. Wenn wir unser eigentliches Wesen begreifen und Verantwortung für unsere Gedanken und Gefühle übernehmen, erfahren wir die Leichtigkeit unseres Wesens.

Mit B12 beginnt das Kind oder das innere Kind in die Situation eines tieferen Verstehens einzutauchen. Im Wesentlichen beginnen wir unsere Persönlichkeit zu verdauen. Durch diesen anfänglichen Prozess entfaltet sich unsere Entwicklung zur Individuation. Wir integrieren Aspekte unserer Persönlichkeit, unseres Wesens und machen beim Heranreifen unserer Essenz Gebrauch davon. Wenn wir innerlich friedlicher mit uns selbst werden, werden wir in diesem Prozess stärker ermutigt, und wir gewinnen Glauben und Vertrauen darin, wie er sich entfalten wird.

B13 unterstützt das Loslassen der Identitäten in unserer Persönlichkeit, auf dass etwas auf einer tieferen Ebene geboren werden kann. Dieses Loslassen von Identifikation mit der Vergangenheit ist eine Weiterführung dessen, was anfänglich bei der B12 stattfindet.

Mit der B14 kommen wir mit dem eigentlichen Plan, der hinter der derzeitigen Inkarnation steht, in Kontakt. Im Klar/Gold der B14 zeigt sich die Möglichkeit einer beginnenden Wiedergeburt, wo mehr Bewusstsein verfügbar ist, uns selbst und die Bestimmung unserer Seele zu verstehen und auch zu verstehen, warum wir hier sind, wofür wir hier sind, und wie es ist, das tun zu müssen, was wir hier tun sollen. Das Gold in der unteren Hälfte hilft, uns mit dem Inkarnationsstern im goldenen Bereich des Körpers zu verbinden. B14 ruft uns in Erinnerung, nach dem Loslassen in B13 bei uns selbst zu sein.

B15 zeigt den Anfang eines in Kontaktkommens damit, wie wir unsere Energien und Handlungsziele umgesetzt haben. Diese Handlung, manchmal Dienst genannt, ist ein tiefer Umwandlungsprozess im Hinblick auf das Licht des Bewusstseins. B15 weist auch auf die Bereitschaft hin, den Schatten anzusehen, aber auch das Licht, um es auf das in uns zu richten, was schwer anzunehmen war.

B20 zeigt sich als Vierwege-Energie-Verbindung. Das Kind kommt mit dem Engel zusammen, der wir gleichzeitig sind, wenn der Mann und die Frau in uns zusammenkommen. Die gemeinsamen Abstammungen, die durch die Abstammung von Mutter und Vater zusammenkommen, die linke und rechte Hirnhälfte und die linke und rechte Seite des Körpers, sind das Männliche und Weibliche im Inneren. Nach dem Loslassen in B13 wird der Entfaltungsprozess in B14 verwirklicht. Das Kind ist zusammen mit dem Stern wiedergeboren. Die Vierwege-Energie-Verbindung der B20 geschieht, wenn wir herbeiführen, was in der B15 enthalten ist. Sobald wir bereit sind, in den Schatten unseres Selbst zu schauen, auf das, was wir verleugnet haben, dann hat der Engel, der wir sind, eine größere Chance, sich mit unserem Selbst zu verbinden.

Das erweiterte Kinder-Set des Neuen Zeitalters

Dieses Set umfasst alle Flaschen des Kindersets des Neuen Zeitalters, plus B55, B77, B86 sowie B100. Diese zusätzlichen Flaschen tauchten erst später in der Sequenz der Equilibriumreihe auf, schließen jene mit tertiären Farben in der Basis und Klar in der oberen Hälfte ein und stellen eine weitere Verfeinerung des Kindersets des Neuen Zeitalters dar. Das erweiterte Set umfasst auch die Flaschenpaare für die Hin- und Rückreise im Set. Es sind die B89, B90, B91, B93, B98 und die B8. Die Beziehungen werden sichtbarer, wenn wir die Beschreibungen für diese individuellen Flaschen lesen.

Das Meister-Set

Bei Aura-Soma werden die von B50 bis B64 enthüllten Flaschen als Meister-Set bezeichnet. Das Konzept der Meister ist bei vielen spirituellen Traditionen verbreitet. Es würdigt eine Kultur von Wesen, die bereit sind, mit uns zu kommunizieren, während wir in der körperlichen Gestalt sind. Die Ordnung, in der die Reihenfolge der Meister auftauchte und die Farben, mit denen jeder Meister verbunden ist, bietet Einsicht in die Farben und auch ein Verstehen der Wesensart jedes individuellen Meisters.

Jeder Meisterflasche ist jeweils eine Quintessenz zugeordnet, und diese drückt die Energien und Qualitäten aus, die mit jenen der Meisterflasche in Beziehung sind. Die Aufgabe der Quintessenzen, wie im Abschnitt ab Seite 38 beschrieben, soll die einer Anrufung sein. Sie sollen uns helfen, die Qualitäten, Unterweisungen und Schwingungen eines bestimmten Meisters in unsere aurische Sphäre einzuladen. Die Flaschen bestätigen die Beziehung innerhalb der feinstofflichen Felder dieses Farbstrahls und machen wach für eine zelluläre Erinnerung an die Meisterschwingung. Über den Inkarnationsstern, den Kommunikationspunkt mit unserem inneren Lehrer, empfangen wir Wissen und Energie. Dem inneren Lehrer ist es möglich, mit dem Meister in uns selbst in Berührung zu sein, der wiederum mit etwas in Berührung ist, das über unser Selbst hinausgeht und eine Kultur von spirituellen Wesen und Weisheit ist.

Jede Meisterflasche hat das Potenzial, uns mit unserem inneren Meister in Kontakt zu bringen. Das traditionelle Bild eines Pferds und einer Kutsche lässt uns den inneren Meister und seine Position in Beziehung zu uns selbst verstehen. Es wird wie folgt beschrieben:

Die Kutsche hat zwei Türen, vier Räder und einen Kutscher. Der Kutscher sitzt oben auf der Kutsche. Innen befindet sich eine Person, die von einem Ort zum anderen gebracht wird. Das Pferd zieht die Kutsche und hat eine direkte mechanische Verbindung zur Kutsche. Die Zügel verbinden das Pferd mit dem Kutscher, und der benutzt sie, um das Pferd zu lenken.

Das Pferd steht für unseren Emotionalkörper. Gegenwärtig wird in der westlichen Kultur der Emotionalkörper über die frühe Kindheit hinaus nicht besonders erzogen. Selbst in diesen Jahren sind viele Vorbilder, die zur emotionalen Erziehung dienen sollen, selbst nicht gut geschult. Daher ist das Pferd erziehungsmäßig ziemlich verarmt. Das emotionale Futter für das Pferd ist nicht von besonders positiver Qualität. Die höheren Emotionen, wie Mitgefühl z. B. sind Qualitäten, die nicht viele von uns in ihrer frühen Kindheit wirklich erfahren haben. Deshalb werden die meisten von uns im Leben von einem unreifen, zu wenig erzogenen Pferd gezogen, dem es an angemessener innerer Disziplin mangelt.

In diesem Bild steht der Kutscher für den Intellekt. In der westlichen Gesellschaft, und eigentlich fast überall auf der Welt, ist der Kutscher, der Intellekt, allzu sehr gebildet. Der Schwerpunkt liegt oberhalb der Schultern. Wir neigen dazu zu meinen, hier befinde sich der Geist und betrachten normalerweise unser Gehirn als Quelle unseres Denkens und Seins. Der größte Teil der Behandlung und Erziehung, die wir von unseren ersten Schulungen bis zur höheren Bildungsstufe erhalten, pflegt auf unser Gehirn und das intellektuelle Wissen ausgerichtet zu sein. Der Kutscher ist übermäßig gebildet. Oft weiß er mit einem großen Teil seiner Informationen nichts anzufangen. Er besitzt Informationen, aber er hat sie möglicherweise nicht mit dem Rest seines Wesens verbunden; er ist besonders von der Kutsche getrennt, die symbolisch für den physischen Körper steht.

Obgleich der Kutscher auf der Kutsche sitzt, ist die Beziehung zwischen den beiden doch eher getrennter Art. Die hauptsächlichen Reaktionen des Kutschers auf die Welt, auf Phänomene sowohl innerer als auch äußerer Natur, sind auf solche begrenzt, die sich aus einem rein mentalen Verständnis ergeben.

Das zu wenig erzogene Pferd und der übermäßig gebildete Kutscher sind miteinander durch die Zügel verbunden. Wenn der Kutscher nicht weiß, wo er hinfährt und das Pferd zu wenig erzogen ist, wird er Schwierigkeiten haben, das Pferd unter Kontrolle zu halten. Das Pferd versteht nicht intuitiv, was der Kutscher wirklich will. Ebenso ist es dem Kutscher nicht möglich, deutlich seine Wünsche auszudrücken, weil er nicht ganz in Kontakt mit seinen Emotionen ist. Obwohl der Kutscher und das Pferd sogar durch die Zügel miteinander verbunden sind, mag diese Verbindung nicht greifen: Vielleicht sind die Zügel zu locker oder zu straff. Unsere denkenden und fühlenden Aspekte sind nicht gut aufeinander abgestimmt.

Wie erwähnt, hat das Pferd eine mechanische Verbindung zur Kutsche. Diese stellt eine direkte Verbindung zwischen dem Pferd oder dem fühlenden und emotionalen Körper her und zeigt auf, wie wir in unserem physischen Körper verankert sind. Die vier Räder repräsentieren die vier Elemente der körperlichen Basis, die Elemente des Feuers, der Luft, des Wassers und der Erde, die wir durch unsere fünf physischen Sinne erfahren. Der Zustand der Kutsche drückt aus, wie wir mit unserem Körper umgehen. Manche Kutschen haben ein bemaltes Äußeres, andere sind ein bisschen verwahrlost, einige sind in einem unterschiedlich schlechten Zustand, und manche sind ordentlich und gut gepflegt. Es gibt viele Disziplinen, wie Übungen und Atmen, die wir praktizieren können, und die sich auf unseren Körper auswirken und ihn in den Zustand bringen, in dem wir ihn gerne hätten. Unsere Konditionierungen beeinflussen mehr, wie viel Aufmerksamkeit wir der Kutsche und ihrem Allgemeinzustand schenken, als die Integration des Kutschers, des Pferdes und der Kutsche.

In dieser Metapher wird die Möglichkeit aufgezeigt, dass die drei Aspekte zusammenwirken können. Der Kutscher beginnt vielleicht mehr in Kontakt mit dem Pferd zu sein und sich weniger auf den Bereich oberhalb der Schultern zu konzentrieren. So wird das Pferd erzogen und reagiert nun besser auf die Anweisungen, die von einem anderen Ort im Inneren der Kutsche kommen. Die Kutsche beginnt zu verstehen: Der physische Körper erwacht, wird regsamer und beginnt in jedem seiner sieben Hauptenergiezentren besser zu funktionieren.

Die ganze Zeit über saß jemand in der Kutsche und fuhr mit. Es ist unser innerer Meister. Der Meister ist immer da, ob wir dies erkennen oder nicht. Der Meister sitzt in der Kutsche und wartet darauf, dass wir ihm oder ihr ein wenig Aufmerksamkeit schenken. Bis dahin beobachtet er oder sie still, was in unserem Leben geschieht. Er oder sie ist nicht in der Rolle eines Richters; er oder sie tut nicht viel mehr als ruhig dazusitzen und zu beobachten, was auch immer geschieht. Allerdings entsteht eine beachtliche Verlagerung, wenn wir beginnen, dem Kutscher oder dem Pferd Aufmerksamkeit zu schenken oder einiges von dem, was die Kutsche tut, an den inneren Meister zu richten. Bis dann sitzt dieses Wesen still im Inneren, wartet auf Liebe und

Die Farbstrahlen.

Aufmerksamkeit, auf Fürsorge und Resonanz. Beginnen wir den Meister zu umsorgen, entsteht eine erste heilsame Resonanz in verschiedenen Aspekten von uns: in unserem physischen Körper, im Kutscher und im Pferd. Sobald wir mit dem Meister in Kontakt sind, entwickelt sich ein harmonisches Verhältnis zwischen allen drei Aspekten.

Unsere Aufgabe ist es, mit diesem Ort im Inneren, wo sich der innere Meister befindet, in Berührung zu kommen, um herauszufinden, in welche Richtung er oder sie geht, und wo auch die Kutsche hin sollte. Der innere Meister führt die Anweisungen für die Fahrtrichtung der Kutsche mit sich: die Entfaltung unserer Bestimmung und den Verlauf unserer Entwicklung auf der Zeitlinie. Er weiß, wie sich unser Potenzial, das wir mit in die Inkarnation brachten, wirklich in der Welt Ausdruck verleihen kann. Während der Kutscher, das Pferd und die Kutsche - zusammen das Vehikel, durch das sich unsere Seele offenbaren kann - alle ein wesentlicher Teil dessen sind, was der innere Meister in der Welt werden könnte, wissen sie allein nicht, in welche Richtung sie gehen sollen.

Mithilfe des Aura-Soma-Systems tun wir uns leichter, eine Beziehung zu dem Meister im Inneren zu entwickeln. Jeder innere Meister darf so betrachtet werden, als trage er einen Mantel einer bestimmten Farbe. Jeder von uns zeigt wiederum eine andere Facette eines Diamanten, eine andere Facette des Lichts, das unsere Bestimmung und unsere Aufgabe widerspiegelt, warum wir in diese Inkarnation kamen, und was wir hier zu tun haben. Diese unterschiedlichen Facetten des Lichts werden als Farben oder Strahlen gesehen und sind alle eine Spiegelung des einen reinen Lichts. In jedem von uns befindet sich tief im Inneren ein Meister, der eine bestimmte Facette oder Farbe hat. Das Aura-Soma System und besonders die Quintessenzen und die Equilibrium Flaschen, die die Meisterwesen repräsentieren, weisen auf den horizontalen Aspekt der vertikalen Übermittlung hin, den die Schwingungen der Meister mit sich führen. Mit anderen Worten weiten sie den Raum und somit die Möglichkeit, die wir alle haben, um die zart leise Stimme des Meisters im Innern zu hören. Ist unser Geist ruhiger, und erlauben wir uns die Qualität der Stille in unserem Wesen, wird es uns möglich, diese Stimme besser zu hören. Auf diese Weise ist Geist unsere umfängliche Geist- und Körpererfahrung. Indem wir hören, sind wir imstande, die Qualitäten der Meister anzurufen, sodass sie sich in unserem Leben zeigen.

Die Aufgabe des Equilibrium Meister-Sets und der Quintessenzen ist es, uns zu helfen, mit der Aufgabe dieses Meisters in Kontakt zu kommen, der ruhig in unserem Inneren sitzt. Indem wir Farben betrachten, indem wir das Licht betrachten, das sich uns spiegelt, erkennen wir die Farben seiner oder ihrer Kleider: Wir erkennen, was sich in unseren eigenen tieferen Schichten befindet. Die Düfte und Energien der Quintessenzen und Meisterflaschen fördern diesen Erkennungsprozess.

Es ist eine weitere Möglichkeit, die Vorstellung zu verstehen, dass die Farben, die wir wählen, die Bedürfnisse unseres Wesens spiegeln. Unsere Bedürfnisse bestehen im Wesentlichen darin, zu verstehen, warum wir uns inkarnieren, und welche Aufgabe wir hier haben. Diese Erkenntnis und der Ausdruck unseres Karmas machen zu einem großen Teil unser Leben aus. Die karmische Saat, die wir in der Vergangenheit gelegt haben, wirkt sich in unserem gegenwärtigen Leben aus, bis wir zu dem Punkt herangereift sind, an dem wir fähig werden, mit der Schwingung unseres inneren Meisters in Kontakt zu kommen. Dann dürfen wir unseren karmischen Pfad verlassen, wo wir die Saat der Vergangenheit im Sinne von gut oder schlecht, richtig oder falsch gelegt haben und unseren Pfad des Dharma betreten, um zu entfalten, wofür wir hier sind.

Dharma ist der Weg, die Entfaltung unserer Zielsetzung. Wenn wir den dharmischen Pfad betreten, beginnt sich der innere Meister in unserem Leben zu manifestieren. Es ist der Vorgang des Zeuge Seins, der Fähigkeit eines jeden von uns, sich selbst mit liebendem Mitgefühl und Fürsorge zu betrachten, und dies mehr mit Wärme als mit Bewertung. Uns selbst so zu begegnen, wie ein Elternteil liebevoll auf sein Kind aufpasst, ist ein Ausdruck der Energie des inneren Meisters. Wir entwickeln allmählich eine geeignete aufmerksame Wachsamkeit, die es uns möglich macht, zu sehen, was wir tun, und wie wir es tun. Wir sind in der Lage, die Art und Weise zu beobachten, in der wir uns an etwas annähern; besonders, wenn es sich dabei um etwas handelt, das mit den Wurzel-, den Sakral- und den Solarplexus-Chakras zu tun hat. Es ist schwierig, sich diese Aktivitäten zu vergegenwärtigen, da sie mit starken Überlebensthemen, Abhängigkeit, Furcht und Macht einhergehen. Wir mögen dazu neigen, vollständig mit solchen Themen identifiziert zu sein, die mit den Wurzel-, den Sakral- und den Solarplexuschakras verbunden sind. Bewegen wir uns allmählich zum vierten Chakra, zum Herzen hin, wird es uns leichter fallen, mit demjenigen in Kontakt zu sein, der in der Kutsche sitzt. Bringen wir dem, was sich auf unserer eigenen Bühne abspielt, Fürsorge und Mitgefühl entgegen, tun wir uns leichter damit, uns zu dem hinzubegeben, was in der Kutsche vor sich geht. Dann wird es uns möglich, die Ereignisse und Muster wahrzunehmen, die mit uns selbst zu tun haben.

Im Meister-Set entfaltet sich eine bestimmte Farbordnung, die mit der Reihenfolge der primären und sekundären Farben beginnt. Die erste Meisterflasche ist Hellblau, das Himmel-Hellblau, das auftaucht, um diesen Planeten zu umgeben und der Erde und auch uns selbst einen umhüllenden Schutz gibt. Der nächste Meister repräsentiert die zweite Primärfarbe, Gelb (B51). Dann verbinden sich diese zwei Primären durch Licht, um Rosa (B52) und dann unter Beigabe des Volltons auch Grün (B53) hervorzubringen. Alle Farben vereinen sich als weißes Licht der B54, gefolgt von der Verantwortung, dieses Licht in der B55 auf die Erde zu bringen. Und so geht es in der Reihenfolge weiter.

Das Erzengel-Set

Mit Beginn des Neuen Zeitalters sind in der Equilibrium Reihe die Erzengel aufgetaucht. Diese Gruppe umfasst zu dem Zeitpunkt, als das Buch geschrieben wird, die Flaschen B94 bis B104. Die Flaschen des Erzengel-Sets sind ein Geschenk aus der Zukunft, um uns jetzt für die Entwicklungsmöglichkeit der gegenwärtigen Zeit zu inspirieren. Sie helfen, uns im Bewusstsein mit unserem größeren Ziel und unserer persönlichen Zielsetzung zu verbinden, was uns wiederum mit anderen Erzengeln und den ArchAngeloi in Verbindung bringt, die mit unserem persönlichen und größeren Ziel in Einklang sind. Erzengel haben die Gabe zu erkennen, was richtig ist, anstatt zu sehen, was falsch ist. Sie erhalten die Struktur des Potenzials, mit der sie entschieden, stark und eindeutig befasst sind. Dies ist die eine Möglichkeit, ihr feuriges Wesen zu verstehen - dass sie kontinuierlich die Schöpfung dessen inspirieren, das sie mit ihrem Licht überstrahlen. Erzengel geben kein Werturteil über die Menschen aufgrund deren Handlungen ab. Stattdessen geben sie uns ständig Energie, um uns dabei zu helfen, Harmonisches zu schaffen.

Engel und Erzengel dürfen auch als unterschiedliche Aspekte unseres Wesens verstanden werden, als Teil der Vielfalt der Natur des Wesens, das unser Selbst ist. Vermutlich sind wir mit einem kleinen Wirkungsbereich innerhalb des größeren Zusammenhangs der Existenz in Kontakt. Für uns Menschen ist vorgesehen, unserem inneren Engel näher zu kommen. Es gibt eine Schöpfungsordnung, und in dieser Ordnung existieren wir mit bestimmten Möglichkeiten. Da wir uns als Menschen inkarniert haben, haben wir die Gelegenheit, mehr zu dem Engel zu werden, der wir sind, und das Wesen zu verfeinern, das in uns ist. Gehen wir mit Farbe eine Verbindung ein, erkennen wir die Feinheiten unseres Wesens, und wie es sich in Farbe und Licht zeigt.

Der Engel, der wir sind, ist in Kontakt mit einem größeren Wesen, das mit dem größeren Ziel unseres Daseins befasst ist. Erzengel ist ein anderer Begriff für dieses größere Wesen. Im Erzengel kommen Unterteilungen von Engelswesen und auch von menschlichen Wesen als Gruppe zusammen. Die Gruppen sind begründet auf gemeinsamen Zielen oder Qualitäten, die mit der Funktion des Erzengels in Einklang sind. Erzengel helfen uns, die Feinheiten unseres Wesens zu verstehen, das Potenzial, das sich innerhalb der groben Materie unserer existenziellen Form befindet, in der wir zu leben gewohnt sind. Sie sind uns behilflich, zu verstehen, warum wir in dieser bestimmten Form hier sind.

Die bewussten Möglichkeiten, die für uns als Menschen vorhanden sind, sind ein Ausdruck des Engels oder Erzengels, in dem wir unser Wesen wiederfinden. Dies wird deutlich, wenn wir betrachten, wie wichtig es ist, eine Equilibrium Flasche zu wählen, durch die uns ein Engel am meisten anspricht. Etwas in uns selbst spricht uns an. Die Flasche wählt vielmehr uns, als dass wir sie auswählen. Von innen her gerufen zu werden, entspricht dem Konzept der Engel und Erzengel.

Zum Schluss … und zum Einstieg

Wir hoffen, dass sich Ihr Verständnis, was die Welt der Farben für Sie bedeutet, durch das vertieft hat, was Sie bis jetzt gelesen haben. Sobald Sie beginnen, mit den Flaschenbeschreibungen zu arbeiten und die Reihenfolgen der Flaschen erkunden, erhalten Sie von vielen Ebenen Inspiration - von der spirituellen Welt, den Devas aus Farbe und Licht sowie von den Pflanzen- und Mineralreichen. Die Unterstützung für Ihre Reise zu sich selbst ist gegeben. Begegnen wir unserem Schicksal, unserer Aufgabe und unserem Ziel mit einem Gefühl der Freude und Liebe, fördern wir uns gegenseitig bei unserer Entwicklung und gleichsam auch die Entwicklung der Erde, des Planeten, der uns nährt und uns solch einen perfekten Übungsboden für unsere seelische Entwicklung bietet. Im Geist des Neuen Christus Bewusstseins werden unser gemeinsames Wachstum und das Wachstum der Gemeinschaft von den co-kreativen, kooperativen Qualitäten der Koralle und von unserem individuellen Wachstum gefördert. Wir können zu dem leuchtenden Juwel erwachen, das wir als Teil unseres universellen Bewusstseins sind, indem wir die abgelegten Abhängigkeitsmuster als Kompost für unsere nächste Stufe der Entwicklung verwenden. Das Herz des Selbst wird im Herzen und dem Potenzial des Ganzen widergespiegelt.

Wir hoffen, das hier Angebotene bringt Vergnügen, Neugier, Weisheit und vielleicht sogar Erheiterung. Wir wünschen Ihnen viel Freude bei der Durchsicht dieses Teiles. Bitte erlauben Sie sich die Möglichkeit zu einer Reise der Selbstentdeckung in die Welt der Farben.

B0 Königsblau/ Tiefmagenta

Name: Spirituelle „Erste Hilfe“

Zusammengeschüttelt: Tiefmagenta

Tarotkarte: Der Narr

Hauptaspekt: Bringt Klarheit in die Gefühle für das eigene Leben. Den eigenen Anteil am kreativen Prozess erkennen können.

Seite 59: Fuchsschwanzkiefer in Sierra Nevada. Diese Bäume erreichen ein hohes Alter mit über 1500 Jahren, und sie stehen noch weitere Jahrhunderte nach ihrem Tod. Dieser Baum starb vor fast 1000 Jahren, das Holz wurde vom Wind geformt. Das Geheimnis für die Langlebigkeit dieser alten Wesen sind wahrscheinlich das Klima und Harze im Holz.
Unten, links: Marokko. „Narren gehen dahin, wo Engel sich nicht hinwagen.“
Unten, rechts: Vulkan Arenal, Costa Rica.

Diese Farbkombination ist Teil des „Erste Hilfe“-Sets und kann bei spirituellen Krisen hilfreich sein. Vicky Wall liebte es, mit Worten zu spielen, und sie empfahl, das Wort *rescue* in den beiden Anteilen *re* und *cue zu betrachten*. Mit einem Billardstock (Queue - cue), wird beim Billardspiel ein Ball in eines der Löcher im Billardtisch gelenkt. Vicky sagte, „re-cue“ bedeute „wieder-zentrieren“, etwas wieder in die Mitte bringen. Daher ist für die erste Equilibrium Flasche wesentlich, ins Zentrum der spirituellen Ebene zurückzufinden.

Die Nummer der Flasche, die Null, symbolisiert den vollständigen Kreis, aus dem alles hervorgeht, das Dasein an sich, die gesamte Existenz. Somit ist das Konzept - alles und nichts – in der Spirituellen „Erste Hilfe“ enthalten.

Eine Dimension der B0 erreicht die Menschen, die nachts „Erste Hilfe Arbeit“ leisten. Dies kann auch Menschen betreffen, die ihren physischen Körper im Schlaf entweder bewusst oder unbewusst verlassen und auf die “andere Seite“ reisen, um anderen, in Not geratenen Menschen zu helfen. B0 ist für jene „Retter“ nützlich, die aufgrund all ihrer nächtlichen Anstrengungen morgens müde aufwachen.

Im Leben müssen wir ständig mit dem klar kommen, was wir für „außerhalb“ von uns selbst halten. Die spirituelle „Erste Hilfe“ hilft uns, daran zu denken, die

Verwandte Flaschen

Verwandte Farben

B1

B2

B89

Ähnlichste Pastelltöne

B57

B58

Rückreise

B22

erforderlichen Schritte im Inneren zu tun, um unseren Geist zu „retten" oder wieder zu zentrieren. Auf diese Weise gelangen wir zu intuitiven Einsichten in die Dinge, mit denen wir im Alltäglichen befasst sind und kann sogar auch ein Gefühl tiefen Friedens mit sich bringen, wenn unsere Ressourcen aufgebraucht sind.

Die Spirituelle „Erste Hilfe" hilft, zwischen Spiritualität und psychischen Phänomenen unterscheiden zu können. Mit Unterstützung des Königsblaus und seiner Qualität einer höheren Geistesfunktion und Klarheit können auch plötzlich auftretende Schwierigkeiten mit den Sinnen gelöst werden. Es sind die geistig-seelischen Gaben, die wir mit dem Königsblau assoziieren. Im Sinne einer erweiterten Wahrnehmung erweisen sie sich als Hellsichtigkeit, Hellhörigkeit und weitere Erfahrungen mit dem sechsten Sinn. Diese Gaben können als die Früchte an den äußeren Zweigen am Baum unseres spirituellen Wesens betrachtet werden. Manchmal sind wir mehr an den Früchten an den Zweigen als am Baum selbst interessiert. Die spirituelle „Erste Hilfe" kann helfen, sich eher darauf zu konzentrieren, wer wir sind, als nach den Früchten an den Spitzen der Zweige zu langen. Es ist wichtig zu begreifen, dass es ein Bestreben sein sollte, einfach normal zu sein und sich an seine Ganzheit zu erinnern oder analog betrachtet, den ganzen Baum zu sehen: seine Wurzeln, den Stamm, die Zweige und die Blätter, ebenso wie seine Früchte. Normal zu sein bedeutet, sich nicht auf das spirituelle Ego einzulassen, wo es mehr Fallen gibt als im gewöhnlichen Leben.

Das Tiefmagenta sieht beinahe wie Schwarz aus; es enthält alle Farben und weist auf die verflochtenen Muster des Unterbewussten/Unbewussten hin. Das Potenzial der Klarheit im Königsblau hilft, diese Muster in unserem Schatten (Tiefmagenta) mit innerem Abstand wahrzunehmen und dadurch Veränderung zu bewirken. Abstand zu halten bzw. ein Nicht-Verhaftetsein ist eine Fähigkeit, die sich innerhalb der roten Energie entwickelt hat. Mit dieser Farbkombination haben wir den Glauben gefunden, dass wir alle Hindernisse überwinden können; die Energie aus dem Rot der oberen und unteren Teile der Flaschen, um erfolgreich zu sein; und das Vertrauen, sich selbst nicht im Weg zu stehen, damit sich Wärme und Fürsorge in den kleinen Dingen des Lebens zeigen können. Das ist eine Gabe des Magenta.

Diese Flasche zu wählen kann Illusionen, Täuschungen oder Apathie bedeuten, was daher rühren mag, sich im Königsblau verloren zu haben; Schwierigkeiten, die eigene Richtung zu finden; oder Mangel an Willen, erfolgreich zu sein. Das Rot im unteren Teil kann ein Hinweis sein, dass wir an Ärger aus der Vergangenheit festhalten, der uns immer noch in den Weg kommt. Möglicherweise wollen wir den Schatten im Inneren nicht ansehen und nicht einmal glauben, es gäbe da einen. Die spirituelle „Erste Hilfe" bringt tiefen Frieden, sogar, wenn unsere Ressourcen erschöpft sind.

Dieses Öl um den gesamten Haaransatz und um die Ohren herum auftragen. In akuten Fällen kann B0 überall auf dem Körper aufgetragen werden.

B1 Blau/ Tiefmagenta

Name: Körperliche „Erste Hilfe"
Zusammengeschüttelt: Tiefmagenta
Tarotkarte: Der Magier
Hauptaspekt: Friedvolle Kommunikation mit dem, was in uns liegt. Hilfreiche Kommunikation.

In der Anfangszeit von Aura-Soma wurde aufmerksam beobachtet, wie eine Flasche auf der körperlichen Ebene helfen könnte. Sowohl Vicky Wall als auch Margaret Cockbain, Vickys ständige Begleiterin und Freundin, waren praktische Therapeutinnen. Sie waren es gewohnt, die Wirksamkeit von Produkten entsprechend zu beurteilen, wie sie sich für den physischen Körper eigneten. Bei diesen Einschätzungen von damals wurde die Blau/ Tiefmagenta für viele Situationen als hilfreich empfunden und diente Menschen, die sie verwendeten, bei einer Vielzahl von Symptomen als „Erste Hilfe". Deshalb erhielt die B1 den Namen Körperliche „Erste Hilfe" und wurde Teil des „Erste Hilfe"-Sets. Sie ist auch Teil des

Verwandte Flaschen

Verwandte Farben
B2

B100

Ähnlichste Pastelltöne
B103

B58

Rückreise
B79

Chakra-Sets und wird mit dem Kronenchakra und dem Dritten Auge in Beziehung gebracht.

Die Körperliche „Erste Hilfe" hilft, natürlicher und leichter in Kontakt mit unserer Körperlichkeit zu kommen. Dies bedeutet, es wird uns möglich, Spannungen loszulassen oder abzubauen und uns selbst gegenüber ehrlich zu werden. Geschieht dies, werden wir friedlicher (blau) und können besser mit dem umgehen, was das Leben und unser Körper uns anbieten.

Wenn wir gelassener (*at ease*) sind, werden wir wahrscheinlich eher frei von Un-Behagen (*dis-ease*) sein. Tiefmagenta enthält alle Farben und steht für den gesamten physischen Körper. Finden wir Frieden, Leichtigkeit oder Ruhe im Bewussten (das Blau im Bewussten), entspannt sich der ganze Körper. Es ist eine Vorstufe zur Konzentration oder Meditation. Wirkliche körperliche Entspannung, Frieden und Ruhe zu finden, erfordert Vertrauen oder Glauben, und dies ist ein weiterer wichtiger Impuls, der mit Blau assoziiert wird. Mit Vertrauen kann Frieden und Wohlergehen auf körperlicher Ebene erreicht werden.

B0 und B1 sind sich farblich ähnlich. Sie unterscheiden sich einzig durch den kleinen Rot-Anteil im oberen Teil der B0. Beachten wir, wie diese Flaschen auf uns wirken, lohnt es sich, daran zu denken, dass Spiritualität von unserer körperlichen Verfassung abhängt. Solange wir eine menschliche Gestalt haben, ist Bewusstsein eng mit unserer Körperlichkeit verknüpft. Vielleicht kann uns die Körperliche „Erste Hilfe" auf die gleiche Weise unterstützen, wieder an unseren physischen Körper zu denken, wie die Spirituelle „Erste Hilfe" uns dient, uns wieder an unsere Spiritualität zu erinnern.

Wählen wir diese Flasche aus, signalisiert das Blau oben, dass wir in Frieden sind und Vertrauen haben. Als Farbe des Halschakras (siehe B2) weist Blau auf die Fähigkeit hin, zu hören und klar zu kommunizieren. Das Tiefmagenta göttlicher Liebe zeigt unser Bemühen, in alles, was wir tun, Fürsorge und Wärme einzubringen; es ist einfach für andere Menschen, sich genährt zu fühlen, wenn sie mit uns zusammen sind.

Blau in den oberen und unteren Teilen der Flaschen könnte also eine Tendenz zur Anhaftung aufzeigen, was darauf hindeutet, dass wir an Schwierigkeiten aus der Vergangenheit festhalten und sie nur zögernd loslassen. Wir sehnen uns nach dem Frieden des Blaus, denken aber, er sei für andere und nicht für uns selbst da. Dies könnte eine Widerspiegelung von Schuld oder Wertlosigkeit sein, die wir im eigenen inneren Schatten fühlen und ist darauf zurückzuführen, dass wir nicht an uns selbst glauben und den eigenen Wert nicht beachten.

B1 wird normalerweise um den ganzen Haaransatz, den Hals, einschließlich den Nacken und die Ohren herum aufgetragen. Es ist allerdings auch eines von wenigen Equilibrium Ölen, das auf allen schmerzenden Körperstellen aufgetragen werden kann.

Oben: Fjord in Norwegen.
Links: Quetzalcoatl, die gefiederte Schlange in Teotihuacán, Mexiko, in Stein gemeißelt.
Seite 60: Morpho Schmetterling, wie er häufig in Südamerika gefunden wird. Morpho, ein Beiwort für Aphrodite und Venus, bezieht sich auf die schillernde Schönheit der Flügel. Sowohl der Magier, als auch die Schmetterlinge, sind zum Gestaltwandel fähig.

B2 Blau/Blau

Name: Friedensflasche
Zusammengeschüttelt: Blau
Tarotkarte: Die Hohepriesterin
Hauptaspekt: Friedvolle Kommunikation, die vielmehr durch uns hindurch, als von uns selbst kommt. Eine nährende Energie. Eine natürliche Autorität.

Blau steht für den Ausdruck des Friedens. Der wolkenlose blaue Himmel gleicht einem friedlichen Geist, der weder Gedanken noch Zerstreuungen nachhängt. Blau ist der Frieden der Ruhe, der Stille, eines Zustands des Geistes jenseits des Denkens. Es ist „der Frieden, der über alles Verstehen hinausgeht", eine elementare Energie, die jenseits all unserer Sinneserfahrungen und Gedanken tief in jedem von uns vorhanden ist. Für uns ist es entscheidend, mit diesem Frieden in Berührung zu kommen.

Wir haben immer eine Gelegenheit, unsere eigene Spiegelung zu erkennen, besonders dann, wenn wir im Inneren ruhig sind, um diese Spiegelung im Spiegel zu sehen. Frieden und Blau bieten uns diese Gelegenheit. Werden wir friedvoll und ruhig, ist es so, als hätten wir keine Identität mehr. Sind wir von allen Spannungen befreit, bleibt eine Qualität der Aufmerksamkeit zurück, die nicht vom Denken oder Fühlen abhängt, sondern einfach Friedlichkeit ist, fast als ob „niemand da" wäre. Die Hilfe, die uns durch Blau/Blau zuteil wird, schließt auch ein Loslassen von Identität mit ein. Hier finden wir die Möglichkeit, Spannungen und Muster loszulassen, mit denen wir uns identifizieren, und die uns vom Frieden wegleiten.

Die Friedensflasche vermag jenen Menschen zu helfen, die sich in einer Übergangssituation befinden. Obwohl das Wort *Übergang* gerne für den letzten Übergang zwischen Leben und Tod verwendet wird, bezieht es sich auch auf die vielen kleinen Übergänge, durch die wir im Leben gehen: Von der Kindheit bis zur Jugend und weiter bis zum Erwachsenenalter; von einem Job zum anderen; von einer Beziehung zur anderen. Jede dieser Veränderungen ist ein Übergang zwischen Rollen, in denen wir ein wenig Identität haben. Ein Wechsel der Identität ist lediglich eine Veränderung des Bewusstseins; dies trifft immer zu, gleich, ob wir uns im Körper oder außerhalb von ihm befinden, von einem Leben in ein anderes übergehen oder durch verschiedene Identitäten gehen und dabei in der gleichen physischen Gestalt leben. Für jeden dieser Übergänge ist der „Frieden, der über alles Verstehen hinausgeht", der notwendige Wegbegleiter und bringt den Frieden in die Situation ein. Frieden und Vertrauen im Bewussten können helfen, dem Unterbewussten/Unbewussten die gleichen Qualitäten zu geben. Wenn wir Spannungen abbauen, wird Frieden möglich.

Mit den blauen Qualitäten des Nährens und des Vertrauens in den oberen und auch in den unteren Teilen weist diese Flasche auf unsere Fähigkeit hin, andere zu nähren, als auch auf einen starken Glauben, der anderen leicht vermittelt werden kann. Den Höheren Willen zu uns oder durch uns kommen zu lassen, ist eine kommunikative Gabe des Blaus. So können wir erkennen, dass wir von oben genährt werden. (Bitte schauen Sie sich noch einmal die Unterschiede zwischen den Farben Türkis, Königsblau und Blau auf den Seiten 19 - 21 an.)

Verwandte Flaschen

Verwandte Farben

B12

B60

Ähnlichster Pastellton

B50

Rückreise

B80

Andererseits kann es Herausforderungen mit der Mutter oder dem Vater geben, da Blau das Nähren des Weiblichen und auch des Männlichen in sich trägt. Diese Herausforderungen können in unserem Unbehagen mit den weiblichen und männlichen Rollenmodellen in uns widergespiegelt werden und dazu führen, dass wir in uns selbst keinen Frieden haben und an unseren Problemen festhalten. Aufgrund der Verbindung des Blaus zum Halschakra wird diese Flasche zu einem Teil des Chakra-Sets. Wir haben Schwierigkeiten mit der Kommunikation oder verpassen es, ihr mehr Aufmerksamkeit zu schenken.

Beim Erkunden anderer Flaschen wird sichtbar, dass B2 in vielen der Flaschen verborgen ist, da Blau eine Primärfarbe ist.

B2 um den Haaransatz, auf dem Nacken, dem Unterkiefer und um den gesamten Hals/Nackenbereich herum auftragen. Der untere Rand des blauen Farbbands grenzt an das Schlüsselbein. Es mag befremdlich erscheinen, aber B2 kann helfen, Dehnungsstreifen vorzubeugen, wenn es auf den betroffenen Stellen aufgetragen wird. Bei zahnenden Säuglingen kann diese Kombination äußerlich rings um den Kieferbereich angewandt werden. Der Frieden des Blaus macht diese Flasche besonders für die Schlafenszeit geeignet.

Links: Stehendes Kreuz auf Iona, Schottland, wo der Heilige Columbus (Columcille) als erstes das Christentum hinbrachte, nachdem er sich von seinem geliebten Irland verabschiedet hatte.
Rechts: St. Clair See in Tasmanien, benannt nach einem Verwandten der Sinclair Familie von Schottland.

B3 Blau/Grün

Name: Herzflasche/Atlanterflasche

Tarotkarte: Die Herrscherin

Zusammengeschüttelt: Türkis

Hauptaspekt: Kreative Kommunikation mit besonderem Bezug zur Erde, dem Gitternetz und dem magnetischen Feld der Erde.

Es wird allgemein angenommen, dass es sich beim atlantischen Mythos um eine Kultur handelt, die vor der ägyptischen Zivilisation existierte, und die auf hoch entwickelte Technologien zurückblicken lässt, deren überaus reichliche Kraftquellen auf Silizium und Kristallen beruhten.[3-a] Für viele war die atlantische Epoche eine wichtige Zeit, in der die menschliche Entwicklung gefördert wurde, besonders auf den Gebieten der heilenden Kräfte, der Meditation und der Entwicklung des Bewusstseins. Farbe, Licht und Kristalle spielten eine große Rolle bei der Entwicklung dieser Prozesse. Auch ist Atlantis symbolhaft für eine Zivilisation, in der die Menschen in Harmonie miteinander lebten. Diese Zivilisation zerstörte sich jedoch selbst, indem sie ihre Technologien für unheilsame Ziele einsetzte.[3-b]

Das Blau und Grün der B3 verbinden sich beim Verschütteln und werden zu Türkis, einer Farbe, die mit Atlantis assoziiert wird. Es ist das Türkis des Ozeans des kollektiven Bewusstseins bzw. des Unterbewussten oder Unbewussten. Diese Flasche steht für eine grüne Landmasse, die vom Meer umgeben ist, aus dem nach der Mythologie Atlantis auftauchte, und in das es wieder versank.

Das vom Blau und Grün kreierte Türkis weist auf Kreativität hin. Kreativität kann als Auslöser dienen, ans Licht zu bringen, was in uns angelegt ist. B3 ist mit dem Herzchakra bzw. mit dem vierten Chakra verbunden. Über das Herz kann Kreativität ihren Ausdruck in der Welt finden. Der Kreativität Raum zu geben, bedeutet, im Herzen Raum zu bilden.

Kreativität wird in gewissem Sinne von einem Gefühl des Friedens gefördert. Friede im Bewussten bringt die Gelegenheit, den Raum in den eigenen Tiefen offen zu legen. Wenn wir in den eigenen Tiefen Raum geschaffen haben, ist es uns eher möglich, Frieden bewusst zu verwirklichen und unsere Kreativität zu entfalten. Diese Flasche bietet uns die Möglichkeit, friedvoller damit umzugehen, dass wir auf der Erde und in einem Körper sind. Und gerade durch diese Möglichkeit bietet sich uns die Gelegenheit, uns mehr zu individualisieren (ein Leitgedanke des Türkis) und geerdeter zu werden, so wie das Grün aus dem Ozean des Friedens emporsteigt.

Die Flasche steht auch für den Übergang in die vierte Dimension, und dies betrifft unsere Beziehung zur Zeit. Gemeint ist nicht die lineare Zeit, sondern vielmehr die Fähigkeit, im Selbst präsent zu sein oder bewusster sein zu können. Wenn wir die Vergangenheit loslassen und in die Gegenwart kommen, empfinden wir tiefer, mehr wie ein Atlanter. Unsere verborgenen Ängste - das im Grün verborgene Gelb - könnten Teil der negativen Altlast des untergegangenen Atlantis sein. Diese Ängste müssen überwunden werden, sodass die Menschheit sich auf dem Planeten in der Zeit entwickeln kann, vor der wir jetzt stehen. Ist es uns möglich, diese Ängste loszulassen, so empfinden wir mehr Verantwortungsbewusstsein für die Wesen der Erde. Weiterhin kann uns diese

Verwandte Flaschen

Umgekehrt
B88

Ähnlichster Pastellton
B101

Verschüttelt
B43

Rückreise
B81

Flasche helfen, Kontakt mit atlantischen Inkarnationserfahrungen aufzunehmen.

B3 kann auch zur Unterstützung von Tieren eingesetzt werden. Sie ist von besonderem Nutzen für die Menschen, die sich regelmäßig mit Tieren befassen. Für diejenigen, die diese Flasche an erster, dritter oder vierter Position wählen, ist körperliche, praktische Arbeit ein Gewinn.

Die Flasche kann darauf hinweisen, dass wir unsere Gefühle (Grün) zum Ausdruck bringen und sie friedlich (Blau) mitteilen, dass wir Entscheidungen mit Liebe zur Natur treffen oder in der Lage sind, anderen Menschen neue Möglichkeiten zu bieten. Wird sie benutzt, um bestimmte Themen aufzudecken, weist das Grün im Basisteil darauf hin, dass wir mit der Gefühlsseite des Lebens nicht recht klar kommen oder unsere Gefühle häufig verleugnen, und es uns nich leicht fällt, Gefühle mitzuteilen. Weitere Herausforderungen handeln davon, den Raum zu bilden, um das tun zu können, was wir tun müssen und um Entscheidungen treffen zu können. Möglicherweise müssen wir mit Schwierigkeiten umgehen, die eine Folge des mangelnden Genährtseins vonseiten unserer Eltern (siehe auch B2) sind.

B3 ist Teil des Chakra-Sets und des „Erste Hilfe"-Sets. Sie sollte in einem breiten Band, das am Schlüsselbein beginnt und sich bis zur untersten Rippe erstreckt, über den ganzen Brustbereich aufgetragen werden, einschließlich der Wirbelsäule am Rücken.

Oben: Drei "Standing Stones" des Steinkreises von Callanish, Insel Lewis, Schottland.
Links: In Island treffen zwei Erdplatten dort aufeinander, wo sich das Gebäude des ersten Parlaments befindet.
Seite 64: Steinskulptur am Meer auf der Insel Niku Hiva bei den Marquesa Inseln, Französisch-Polynesien.

B4 Gelb/Gold

Name: Sonnenlichtflasche
Tarotkarte: Der Herrscher
Zusammengeschüttelt: Goldgelb
Hauptaspekt: Wissen können wir erwerben, Weisheit ist bereits in uns angelegt.

B4, bekannt als Sonnenlicht, bezieht sich auf das Solarplexus-Chakra, die Lichtquelle unseres Wesens. Vom Solarplexus aus kann das Licht leuchten. Wenn wir uns von Sorgen, Spannungen und Ängsten frei machen, wenn wir die Vergangenheit und die Zukunft loslassen und uns erlauben, in die Gegenwart zu kommen, dann wird es möglich, die Feier des Augenblicks, des „Hier und Jetzt" zu genießen.

Das alte Ägypten von 10 000 bis 3 500 v. Chr. [4-a] war die nächste Hochkultur auf dem Planeten nach dem Untergang von Atlantis. Die alte ägyptische Zivilisation ist bekannt für ihre Verehrung der Sonne und des solaren Bewusstseins. Gelb, das im grünen Basisteil der B3 verborgen war und nun im oberen, bewussten Teil der B4 zutage tritt, ist der Faden, der Atlantis mit Ägypten verbindet. Aus der Geschichte wissen wir, dass in Ägypten die Macht in den Händen weniger benutzt wurde, Angst zu schüren als Mittel zur Kontrolle über viele Menschen; und so war es möglicherweise auch in Atlantis. Dieses Thema zeigt uns den Pfad des Gelbs, der Furcht und Selbsterkenntnis verbindet, das Vorenthalten und das Strahlen unseres Lichts. Wie es B3 für die atlantischen Inkarnationen ist, so kann B4 uns helfen, Kontakt zu Inkarnationen im alten Ägypten aufzunehmen.

Bei der Sonnenlichtflasche geht es um die Möglichkeit, die goldene Weisheit im Inneren, im goldenen Bereich des Körpers, dem Solarplexus oder Hara, zu verfeinern, sodass wir unsere Weisheit zu erkennen und einzusetzen vermögen. Wird sie in der ersten, dritten oder vierten Position gewählt, weist sie häufig darauf hin, dass wir große Kraft und Wissen im Bewussten (Gelb) und sehr große Weisheit (Gold) in unseren Tiefen

Oben: Christus, der Erlöser, auf dem Berg Corcovado in Rio de Janeiro, Brasilien.
Rechts: Sonnenpyramide in Teotihuacán, Mexiko.
Seite 67: Ruhender Buddha, Wat Yai Chai Mongkhon in Ayutthaya, Thailand. Der Tempel selbst wurde 1357 von König Ramathibodi errichtet. Er war als Meditationsstätte für Mönche gedacht, die von Pilgerreisen nach Sri Lanka zurückkehrten. Jede Position eines Buddhas hat eine andere Bedeutung und spiegelt jeweils einen anderen Augenblick in Buddhas Leben wider. Dieser lehnende Buddha mit seinem nach Norden hin ausgerichteten Kopf, gestützt von seiner rechten Hand, symbolisiert das Hinübergehen des Buddhas ins Nirvana.

Verwandte Flaschen

Verwandte Farben
B14

B42

B70

Ähnlichster Pastellton
B51

Rückreise
B82

haben. Sinn für Humor und die Fähigkeit, unserem Leben Sonnenschein und Glück zu geben, zeichnen uns aus. Häufig sind wir in einer Machtposition. Im Gegensatz dazu können nichtige Dinge im Leben Angst bei uns auslösen. Dies zeigt die Flasche in der zweiten Position. Möglicherweise sehen wir unser eigenes Licht nicht so leicht, sondern sehen es eher bei anderen.

Thema der Sonnenlichtflasche ist Bewusstsein. Es ist die Selbstgewahrwerdung, die sich manchmal negativ als Gehemmtheit oder als verkrampfter Knoten im Solarplexus zeigt. Beginnt sich der Knoten zu lockern, und lassen wir dann Angst los, vermögen wir den Knoten, der uns so einschnürt, vollständig zu lösen. Dann kann das Licht zu leuchten beginnen. Mehr Vertrauen entsteht, wenn sich Befangenheit löst und Wissen langsam verständlicher wird. Sich nicht mehr an das Wissen (Gelb) zu binden, ist der erste Schritt hin zur Verfeinerung unserer Weisheit (Gold). Die Trennung von Gelb und Gold der Sonnenlichtflasche deutet symbolisch darauf hin, dass es notwendig ist, zwischen Wissen und Weisheit zu unterscheiden. Wissen wird erworben, Weisheit ist in uns angelegt.

B4 ist Teil des Chakra-Sets und des „Erste Hilfe“-Sets. Es sollte in einem breiten Band um den ganzen Körper herum auf der Ebene des Solarplexus aufgetragen werden.

B5 Gelb/Rot

Name: Sonnenaufgang/Sonnenuntergang

Zusammengeschüttelt: Orange

Tarotkarte: Der Hierophant

Hauptaspekt: Die Gelegenheit, mit Weisheit im Verhältnis zu den mitgebrachten Energien weise umzugehen.

Die „Sonnenaufgang und Sonnenuntergang" ist die Flasche, von der sich Vicky am meisten angesprochen fühlte. Sie bezeichnete sie als ihre „Auraflasche". Denken wir über den Namen dieser Flasche nach, verstehen wir einige Dinge besser, mit denen sie sich auseinandersetzen musste. Vicky ertrug viele Situationen von Missbrauch in ihrem Leben, die wiederum emotionale Schocks bei ihr auslösten. Dies führte bei ihr zu Stress im Solarplexus, verschlimmerte ihre genetische Veranlagung und wirkte sich auf ihre Bauchspeicheldrüse und die Nieren aus; mit Mitte dreißig wurde sie Diabetikerin. Sonnenaufgang und Sonnenuntergang umfassen den Anfang und das Ende eines jeden Tages. An jedem Tag haben wir die Gelegenheit, mit den Dingen auf neue Weise umzugehen. Am Ende des Tages wissen wir nicht eben wirklich, wie gut wir die Möglichkeiten genutzt haben, die uns im Laufe dieser vierundzwanzig Stunden dargeboten wurden. Auf gewisse Weise ist jeder Augenblick in unserem Leben so, und auch jedes Leben ist so. B5 ist Symbol dafür, das Meiste und das Beste aus dem zu machen, was wir für diese Inkarnation auswählen.

Wie bei allen Farbkombinationen ist die „verschüttelte" Farbe - die Farbe, die gebildet wird, wenn die oberen und unteren Teile der Flasche sich verbinden - maßgebend, um die Bedeutung dieser Flasche zu verstehen. Gelb/Rot verschüttelt sich zu Orange. Deshalb sind es die Themen der Orange-Symbolik, die auch für die B5 zutreffen (siehe „Ein Beispiel: B5 und Aura-Soma", Seite 282).

B5 ist mit dem Basischakra und Orange mit den Fortpflanzungsorganen verbunden. Das Basis- oder Wurzelchakra ist die Quelle unseres Potenzials für die Fortpflanzung.

Oben: Natürlich vorkommende Steine mit fünf Seiten am Giant's Causeway in Irland.
Rechts: Auf einem Tisch fünf Früchte, die die fünf Elemente in der traditionellen chinesischen Medizin repräsentieren. Orangeville, Ontario, Kanada.
Seite 69: „Perückenmänner" im Hochland von Papua-Neuguinea.

Verwandte Flaschen

Verwandte Farbe
B22

Verwandt und
Umgekehrt
B40

Ähnlichster
Pastellton
B59

Umgekehrter
Pastellton
B61

Verschüttelt
B26

Rückreise
B83

Im Basischakra liegt die Möglichkeit des Erwachens im Zusammenhang mit der Kundalinikraft. Diese Kraft wird gelegentlich als Lichtquelle im Körper bezeichnet. Das Licht beginnt von der an der Wurzel zusammengerollten Schlange auszustrahlen. Dieses Potenzial ruht solange, bis die Schlange sich aufrollt, und das aufsteigende Licht sich mit allen Chakras verbindet. Der „Sonnenaufgang" im Namen dieser Flasche weist auf den Beginn eines Prozesses hin, bei dem Licht in der Wurzel erwacht, oder die kreativen Kräfte ihren Weg zur Krone aufnehmen.

Wählen wir diese Flasche aus, bedeutet dies, dass wir die Freude und das Wissen (Gelb) haben, wie wir unsere Energie (Rot) weise in der Welt zum Ausdruck zu bringen vermögen: Wir sind Menschen, die andere Menschen führen können; unser Weg ist mit Freude erfüllt, aber es ist möglicherweise nicht leicht, unsere Aufgabe und unser Ziel zu erfüllen; unsere Seele ist großzügig und bietet anderen unsere Qualitäten frei an. Frühzeitig in unserem Leben haben wir schwierige Situationen auf uns gezogen oder sind ihnen unterworfen. B5 könnte sich auch auf emotionale Schocks beziehen, da es sich zu Orange verschüttelt. Sind wir übermäßig dominierend, sogar jenen gegenüber, um die wir uns am meisten sorgen?

Insgesamt hat B5 eine ähnliche Wirkung wie die ätherische „Erste Hilfe"-Flasche (B26). Sie ist hilfreich, um Kontakt zu alten tibetischen und chinesischen Inkarnationen (siehe B40) aufzunehmen. Wird sie in der zweiten oder ersten Position gewählt, weist sie möglicherweise auf Missbrauch hin. Allerdings müssen wir sehr sorgfältig mit solchen Einschätzungen umgehen. Das Ziel bei der Bearbeitung von Missbrauchsthemen sollte niemals auf Rache oder Schuldzuweisung hinauslaufen. Wir empfehlen, dass jeder, der mit diesen Themen arbeitet, einen erfahrenen Therapeuten aufsuchen sollte. Die Möglichkeit ist gegeben, mit einem neuen Blickwinkel „wiedergeboren" zu werden (siehe B22).

Diejenigen, die die B5 als ihre Seelenflasche wählen, entdecken möglicherweise Parallelen zu Vickys eigener Lebensgeschichte. B59 ist der feinstofflichste Pastellton der B5 und auch der B22. Die Wahl der B22 deutet an, dass wir eine spirituelle Wiedergeburt erfahren haben, um ein Leben zu beginnen, in dem wir unsere Lebensaufgabe erfüllen. Die Wahl der B59 würde bedeuten, dass wir bei der Erfüllung unserer Lebensaufgabe, und wie wir uns beurteilen, zunehmend mit uns selbst ringen.

B5 ist Teil des Chakra-Sets. Es ist angebracht, sie so tief um den Rumpf herum wie möglich, um den ganzen Unterbauch und auf die Füße und Beine aufzutragen.

B6 Rot/Rot

Name: Energieflasche
Zusammengeschüttelt: Rot
Tarotkarte: Die Liebenden
Hauptaspekt: Begeisterung und Liebe zum Leben.

Bei Aura-Soma ist die Farbe Rot Symbol für Energie. Rot/Rot ist Energie in reiner kraftvoller Form und symbolisiert den vollen Antrieb im Leben. Somit werden Rot und B6 mit Themen assoziiert, bei denen es um unsere Existenz geht und mit unserem individuellen und auf unsere Abstammung bezogenen Grundtrieb in Verbindung gebracht, der auch unsere Sexualität und unseren Fortpflanzungsdrang beeinflusst. Unsere Lebenskraft und unsere kreativen Energien vermögen uns über die Überlebensthemen hinaus zum Erwachen führen. Deshalb repräsentiert Rot auch die Kundalini oder das Potenzial, zu unserer körperlichen Gesamtheit zu erwachen.

Rot wirkt sich in zwei Richtungen aus: Einerseits ermutigt es zu innerem Abstand, andererseits stößt es weg, weist ab und sagt nein zu Dingen. Innerer Abstand hilft uns, die Fähigkeit zu entwickeln, uns weniger mit etwas zu identifizieren. Indem wir den Impuls erfahren, abweisen oder wegstoßen zu wollen, können wir diesen Abstand entwickeln und lernen, nicht zu reagieren. Innerer Abstand bzw. Nicht-Verhaftetsein befreit Energien, die wiederum als Hilfe verfügbar werden, wenn es darum geht, uns weniger zu identifizieren.

Rot/Rot bedeutet, wie bei den Liebenden im Tarot, Vereinigung oder das Zusammenkommen der männlichen und weiblichen Prinzipien. Diese Einheit auf vielen Ebenen der Existenz zeigt uns, warum Rot als fundamentale Lebensenergie betrachtet werden kann. Rot bedeutet Boden zu gewinnen, ist erdend und bringt uns in unseren

Verwandte Flaschen

Verwandte Farben
B55

B71

Ähnlichste
Pastelltöne
B23

B52

B81

Rückreise
B84

physischen Körper, wo das Bewusstsein sitzt, wenn wir uns in der Körperlichkeit befinden.

Die B6 weist darauf hin, dass wir eine enorme Energie und Lebensfreude haben, oder es Zeit für einen Neubeginn ist. Sie ist eine sehr kraftvolle Flasche. Sie trägt die Energie zum Erwachen und die Fähigkeit zur vollkommenen inneren Losgelöstheit in sich. Dies ermöglicht eine klare Sichtweise von uns selbst und anderen. Woanders weist sie auf Groll, Frustration und sogar Wut oder Mangel an Vitalität und einen Energiebedarf hin. Wir fühlen, dass unsere Lebensenergie an Dinge wegfließt, die nicht hilfreich oder nützlich sind und meinen doch, dass wir diesen Fluss nicht zu kontrollieren oder aufzuhalten vermögen.

B6 ist Teil des erweiterten Chakra-Sets, und wie B5, wo Rot sich zum ersten Mal in der Reihenfolge zeigt, ist diese Kombination mit dem Basis- bzw. Wurzelchakra verbunden. Sie kann überall unterhalb des Hüftbereichs angewandt werden und ist speziell für die Fußsohlen geeignet. Sie kann aufgetragen werden, wann immer es uns an Energie fehlt und besonders zu Zeiten extremer Erschöpfung hilfreich sein oder in der Regenerationsphase, nachdem wir viel durchgemacht haben. Wenn sie zu spät am Nachmittag oder am Abend verwendet wird, könnte sie sehr energetisierend wirken und zu Schlafstörungen führen.

Oben: liebevolles Sprechen, nebeneinander stehende Telefonzellen in Edinburgh, Schottland.
Seite 70, links: sechsseitiges Bienenstockmodell.
Seite 70, rechts: rote, biologisch angebaute sonnengereifte Tomaten auf Long Island, New York.

B7 Gelb/Grün

Name: Garten von Gethsemane
Zusammengeschüttelt: Olivgrün
Tarotkarte: Der Wagen
Hauptaspekt: Vertrauen in den Prozess des Lebens, Zuversicht in die Entfaltung der Dinge.

Ihren Namen erhielt die B7 durch John Walker, der in den 80er Jahren des 19. Jahrhunderts als Leiter der Radionic Association (Radionische Gesellschaft) im Vereinigten Königreich tätig war und zu dieser Zeit mit Vickys Arbeit Verbindung aufgenommen hatte. Bei einer Konsultation wählte John die B7, und er erklärte Vicky, die Flasche erinnere ihn an den Garten von Gethsemane. Vickys spontane Antwort war, diese Flasche stehe für den Garten selbst und sei nicht nur eine Erinnerung an diesen. Seither gehört der Name zu dieser Farbkombination. Im Garten von Gethsemane geht es um die letzte Prüfung des Glaubens. Nach der christlichen Lehre begann Jesus sich im Garten von Gethsemane zu fürchten. Zu dieser Zeit war er bereits als Lehrer anerkannt. Obwohl er das Wissen und das Bewusstsein hatte, dass er und der Vater Eins wären, hinterfragte er immer noch, ob er in seiner misslichen Lage allein wäre, oder ob sein Vater bis zum Ende bei ihm sein würde.[7-a] Auf eher prosaische Weise ist die letzte Prüfung des Glaubens im Hinblick auf die Begebenheiten in unserem Leben bedeutsam und dabei wesentlich ist auch, ob wir dem vertrauen, was in unseren eigenen Tiefen liegt.

Je mehr wir im Inneren Raum bilden, desto mehr Freude an Wissen und Gewissheit vermag im Bewussten zu entstehen. Vertrauen in die eigenen Tiefen und Wissen im bewussten Denken bringen ein Gefühl der Zuversicht zu den Schwierigkeiten und Hindernissen, denen wir bei den Dingen begegnen, die wir im Leben erfahren und lassen sie uns wieder wertschätzen, wenn es um einen Neubeginn oder eine neue Möglichkeit geht, die das Leben bereithalten mag.

Oben: Römischer Postwagen, herausgemeißelt aus der Wand einer mittelalterlichen Kirche, die zur Zeit der Pest im späten 14. Jahrhundert in Österreich errichtet wurde.
Rechts: Wagen auf der Straße in der Nähe von Spitz an der Donau, Österreich.
Seite 73: Schloss von Montségur in Ariège, Midi-Pyrénées, Frankreich. Letzter Ort des Widerstands der häretischen Sekte, den Katharern.
Im März 1244 übergaben sich schließlich die 205 Verteidiger der Katharer und wurden lieber alle zusammen verbrannt, bevor sie ihren Glauben widerrufen hätten.

Verwandte Flaschen

Verwandte Farben

B13

B42

B70

Ähnlichster Pastellton

B74

Verschüttelt

B91

Rückreise

B85

Gleichwohl kann auch Zweifel ein guter Begleiter sein. Nicht zu zweifeln und sich unklug in Situationen hineinzubegeben, kann sich später als ärgerlich erweisen. Wenn jedoch in entsprechenden Situationen Zweifel bestehen, kann uns bewusster werden, dass es diese Umstände gibt und wir können uns auf die Situationen, die vor uns liegen, besser vorbereiten. Das Gelb deutet in gewissem Sinne auf die Erkenntnis hin, was sich in der Situation abspielte, in der sich Christus damals befand; es könnte aber auch darauf hinweisen, dass eine gewisse Angst hinsichtlich des vor uns liegenden Weges besteht. Wir neigen dazu, „negative Gefühle" eher von einem negativen Blickwinkel aus zu betrachten, als dass wir die Energien sehen, die in diesen Gefühlen enthalten sind. Setzen wir uns aber mit der Angst auseinander, und heben wir das Element des Urteilens auf, dann haben die Energien, wenn sie verstanden werden, selbst eine Bestimmung über die eher einfache Zuordnung hinaus. Grün ist der Weg, die Wahrheit und die Möglichkeit, die richtige Entscheidung zu treffen, indem wir uns auf die richtige Richtung einstellen.

Als der Dalai Lama zum letzten Mal Lhasa verließ, sagte er, er habe eine Mischung aus Sorge und absoluter Vorfreude auf die Freiheit empfunden, der er entgegenblickte.[7-b] Seine Worte deuteten an, dass es innerhalb der eigenen Sorgen und Vorahnungen für jeden von uns Hilfe geben kann. B7, Gelb/Grün spricht diese Situation an.

B7 befasst sich auch mit der Möglichkeit des Verrats. Eigentlich sind wir selbst die einzigen Personen, die uns betrügen können. Solch ein Selbstbetrug hängt damit zusammen, dem Prozess des Lebens nicht zu vertrauen. Je mehr Vertrauen wir in diesen Prozess haben, desto wahrscheinlicher wird sich unser Schicksal entfalten. Manchmal ist es die Angst, die uns als Energie über die vor uns liegenden Schwierigkeiten hinweghilft. Diese Flasche zu wählen, mag bedeuten, dass wir von Ängsten und Sorgen geplagt werden, und es uns nicht möglich ist, richtige Entscheidungen zu treffen oder unsere Richtung im Leben zu finden. Bei B7 geht es fast immer um eine Prüfung des Glaubens.

Sowohl B7 als auch B74 sind hilfreich, um mit Inkarnationserfahrungen in Kontakt zu kommen, die mit den Katharern in Zusammenhang stehen. Die Katharer, auch bekannt als Albigenser, erlebten im 12. und 13. Jahrhundert ihre Blütezeit in der Languedoc in Frankreich.[7-c]

Teil des Erwachungsprozesses ist es, wie wir uns im eigenen Inneren zuhause fühlen, unabhängig von äußeren Bedingungen und Umständen. Dieses Gefühl, zuhause zu sein, könnten wir immer haben, gleich, wo wir sind. Diese Flasche deutet an, dass wir das Wissen (Gelb) haben, wie wir uns selbst Raum (Grün) geben können und fähig sind, unser Wissen zu teilen und uns selbst auf freundliche und sanfte Weise auszudrücken. Es ist eine Leistung, ein Gefühl des Zuhauseseins hervorzubringen, selbst wenn wir ständig auf Achse sind.

Diese Kombination sollte um den gesamten Körperbereich aufgetragen werden, der die Herzgegend und den Solarplexus umfasst.

B8 Gelb/Blau

Name: Anubis

Zusammengeschüttelt: Grün

Tarotkarte: Die Gerechtigkeit

Hauptaspekt: Die Kommunikation des Wissens, die Freude durch Frieden.

Diese Flasche ist für Aura-Soma sehr bedeutungsvoll. Der ägyptische Gott Anubis hütet die Schwelle zur „anderen Welt".[8-a] Dem ägyptischen Glauben nach wachte Anubis nicht nur über die Schwelle, sondern maß auch das Gewicht der Herzen jener, die hinübergehen wollten. Er wog die Herzen mit Federn auf, um entscheiden zu können, wie viel Verdienst eine Person erworben hatte. Richtung und Weg für die nächste Welt wurden dann entsprechend dem Verdienst zugeteilt. Je weniger Federn gebraucht werden, um unser Herz aufzuwiegen, desto mehr können wir für unsere Flügel bewahren. Die Flügel stellen metaphorisch die Leichtigkeit unseres Wesens dar.

Der Bezug zur Farbkombination Gelb/Blau zeigt sich, wenn wir unseren inneren Frieden (Blau) stören und dann über uns selbst urteilen. Fangen wir an zu urteilen (Gelb), kann uns schnell jeglicher Frieden abhanden kommen. Da diese Kombination zusammengeschüttelt Grün ergibt, können wir sehen, dass die Urteile, die wir über uns selbst und andere fällen, sich leicht im Herzen (Grün) festsetzen. B8 ist hilfreich, Gefühle der Schuld aus früheren

Verwandte Flaschen

Umgekehrter Pastellton
B94

Verschüttelt
B10

Rückreise
B86

Oben: Waage der Gerechtigkeit. Ein Relief an der äußeren Wand des Venezianischen Hotels in Las Vegas, Nevada.
Oben rechts: Achtarmiger Tintenfisch späht freundlich durch die blauen Gewässer des Pazifik.
Links: Fischerboot vor der Küste Brasiliens in Salvador, Bahia.

Leben aufzulösen, besonders aus jenen Leben, die sich im Mittleren Osten abspielten.

Die mit B8 verbundene Tarotkarte heißt die Gerechtigkeit. In diesem Fall ist es eine Gerechtigkeit, die als wesentlich erachtet, die Wurzel mit dem Herzen zu verbinden. Das Gleichgewicht zwischen diesen beiden Zentren finden wir, indem wir das Schwert der Unterscheidung geschickt einsetzen. Urteilen und das, was beurteilt wird, ist Thema von Anubis. Indem wir in uns selbst Frieden (Blau) finden, überwinden wir unsere Gewohnheit zu urteilen und ebenso unsere Ängste (Gelb).

Anubis steht in Verbindung mit dem Hund. Im Englischen wird *dog* (Hund) rückwärts buchstabiert zu *god* (Gott). In die eine Richtung gelesen, stehen die Buchstaben für das zerstörende, erhaltende und Erneuerung bringende Prinzip, und in die andere gelesen, stehen sie entsprechend für das Erneuerung bringende, erhaltende und zerstörende Prinzip. Wie geschickt wir Urteilsvermögen einsetzen, ist entscheidend dafür, wie wir diese Kräfte erleben.

Ängste und Sorgen kommen auf, wenn wir uns nicht genährt fühlen. Diese Flasche auszuwählen, deutet an, dass es für uns schwierig ist, über tiefere Probleme zu sprechen, und es uns folglich an Freude mangelt, sogar, wenn die Dinge gut laufen. Diese Flasche kann auf Lebensfreude, großes Wissen (Gelb) und ein Gefühl des inneren Friedens (Blau) hinweisen. Wir suchen nach der passenden Richtung (Grün), und indem wir auf den Frieden im Inneren vertrauen, ist es uns möglich, diese Richtung zu finden und sie anderen klar und freudig mitzuteilen (Blau). Je mehr wir lernen, dem aus den eigenen Tiefen kommenden Informationsfluss zu vertrauen, desto mehr Freude und Wissen kehrt ein.

B8 sollte um den Herz- und Wurzelbereich unter Einbeziehung des ganzen Rumpfes und der Beckengegend aufgetragen werden.

B9 Türkis/Grün

Name: Herz im Herzen/Kristallhöhle
Zusammengeschüttelt: Tiefes Türkis
Tarotkarte: Der Eremit
Hauptaspekt: Der Anfang der Reise. Der Prozess der Individuation.

Der ursprüngliche Name der B9 ergab sich durch eine Therapeutin, von der Vicky häufig zu Beratungen aufgesucht wurde. Jahre zuvor ging die Ehe dieser Therapeutin in die Brüche, aber sie hatte ihren Mann noch nicht völlig losgelassen. Inzwischen hatte sie jedoch begonnen, die Reise in ihrem eigenen Herzen anders zu gestalten und war nun bereit loszulassen. Sie empfand kein Bedürfnis, sich nach einer Beziehung umzuschauen, die die alte ersetzen sollte oder die vorherige Beziehung wieder aufleben zu lassen. B9 wurde in Synchronizität mit ihrem Prozess geboren, und Vicky sagte, diese Farbkombination repräsentiere das Herz im Herzen. Anstelle eines möglichen Zusammenkommens zweier miteinander verschüttelter Farben (B3) taucht hier zum ersten Mal in der Flaschenreihe Türkis auf. In B9 wird Türkis, das in B3 verborgen war, vom Grün des Herzzentrums angemessen unterstützt. Wie B3 kann diese Flasche helfen, in Kontakt mit atlantischen Inkarnationen zu kommen.

B3 ist die dem Herzchakra zugehörige Kombination, während B9 eine andere Ebene des Herzchakras und den Entfaltungsprozess des Ananda Khanda repräsentiert. Das Ananda Khanda ist das Energiezentrum auf der rechten Seite der Brust. Mit ihm kommen wir in Kontakt, wenn wir uns mit der Magenta-Energie verbinden, die von unserem Seelenstern bzw. dem achten Chakra von oben herabkommt. Dieser Prozess ist wiederum von einer Verbindung mit dem Erdstern und einer soliden Erdung abhängig, die es der rosafarbenen Energie ermöglicht, von unten aufzusteigen, sich zur goldenen Energie im Hara (Bauch) zu begeben und mit ihr in Kontakt zu kommen. Ausschließlich durch diesen Zwei-Wege-Prozess wird das Türkis erweckt. Das Ananda Khanda leitet den Prozess der Individuation ein, der Reise im Inneren, die uns die Möglichkeit bietet, unseren Schatten anzusehen und unsere innere Welt auf neue Weise zu betrachten.

B9 ist auch als Kristallhöhle bekannt. Wenn wir uns im Inneren zum Ananda Khanda begeben, treffen wir auf die Kristallhöhle. Hier befinden sich alle kristallinen Muster, die in ihrer Art unsere Identitäten fixieren. Hauptsächlich aufgrund dieser vorgegebenen Muster sprechen wir auf etwas in einer gewissen Weise an bzw. reagieren so, wie wir reagieren. Der Kristallisierung solcher festgelegten Muster begegnen wir in der Kristallhöhle. Teil der Reise zur Individuation ist die Integration unserer unterschiedlichen Aspekte, und deshalb ist es erforderlich, dass wir das in uns aufnehmen und uns zueigen machen, was wir in der Kristallhöhle vorfinden. Jeder Aspekt der persönlichen Entwicklung, der von vorgegebenen Mustern beeinflusst wurde, sei es in diesem Leben oder in einem anderen (von Lehrern, Freunden, Familie, Eltern, Autoritätspersonen, anderen Rollenmodellen) und zu dem Bild geführt hat, das wir von uns selbst haben, findet sich in der Kristallhöhle wieder. Kommen wir zu dem Punkt in der Entwicklung, wo wir anfangen, die Kristallhöhle zu erforschen, beginnen wir mit der Verarbeitung einiger solcher vorgegebenen Muster, auf die wir uns ausgerichtet haben, um dann zu definieren, wer wir wirklich sind. Dies nennen wir den Prozess der Individuation.

Individuation ermöglicht die Entfaltung echter Kreativität. Es ist offenbar, dass Kreativität nach dem Aufbrechen der kristallisierten Muster unserer Konditionierungen zum

Verwandte Flaschen

Verwandte Farben
B10

B42

B88

Ähnlichster Pastellton
B101

Verschüttelt
B43

Rückreise
B87

Vorschein kommt. Dies führt uns wiederum zu einem neuen Erkennen, wer und was wir sind. Für diesen Prozess ist innerer Frieden erforderlich, wie vom Blau deutlich gemacht, das sowohl im oberen als auch im unteren Teil dieser Kombination verborgen ist. Daher kann B9 auf eine starke Kreativität hindeuten und auf die Fähigkeit, sich seinen eigenen Raum zu schaffen, um diese Kreativität (Türkis) zum Ausdruck bringen zu können und auch für sich selbst und für andere das tun zu können, was erforderlich ist. Unsere Gefühle (Grün) haben wir entwickelt, und wir können klar und leicht äußern, was uns am Herzen liegt. Bei anderen Interpretationen kann B9 andeuten, dass wir Unterdrückung und Schuld erfahren. Dies macht es schwierig für uns zu wissen (Gelb), was wir tun müssen; vielleicht, weil unsere Prioritäten nicht geregelt sind. B9 kann auch andeuten, dass wir Eifersucht und Neid zu spüren bekommen oder selbst fühlen.

Der Inhalt dieser Flasche wird über die ganze Brust und auf dem Rücken aufgetragen, einschließlich der Wirbelsäule.

Oben: Mike Booth auf der Isla de la Luna (Mondinsel), Titicacasee, Bolivien.
Links: Höhle Dictaean, der Geburtsort von Zeus auf Kreta, Griechenland.

B10 Grün/Grün

Name: Geh, umarme einen Baum
Zusammengeschüttelt: Grün
Tarotkarte: Das Rad des Schicksals
Hauptaspekt: Was wir säen, werden wir ernten.

In den sieben Jahren, die Vicky Wall und Mike Booth zusammen verbrachten, machten sie jeden Morgen einen Spaziergang, der Vicky helfen sollte, ihre geschwächten Herzmuskelfunktionen zu erhalten. Während ihrer Spaziergänge bat sie Mike stets, ihr dabei zu helfen, einen Baum zu finden, dem sie sich öffnen und mit dem sie in eine Art Verbindung treten konnte. Einem Baum „näher zu kommen" war für Vicky eine Möglichkeit, sich schnell in einen anderen Bewusstseinszustand zu begeben, und dies genoss sie tagtäglich.[10-a]

Vicky hatte Freude an dieser Übung, um einerseits mit der Natur, der Kraft der Existenz an sich, die sich hinter unserem geschäftigen Leben verbirgt, in Berührung zu sein und andererseits, um durch den Baum eine Stille zu erleben, die im menschlichen Leben weniger wahrnehmbar ist. Ein Baum betrachtet das Sein und seine Lebenssituation immer vom gleichen Blickwinkel aus, unabhängig von seinem Alter, da er sich nicht wie wir auf dem Planeten umher bewegt. Stimmen wir uns auf einen Baum ein, haben wir die Möglichkeit,

Verwandte Flaschen

Verwandte Farben

B2

B3

B42

B63

Ähnlichster Pastellton

B53

Rückreise

B88

uns der Regenwälder bewusst zu werden, die der Zerstörung preisgegeben sind, wie auch eines einzelnen Baumes, der irgendwo auf der Erde gepflanzt wird. Mit einem Baum in Berührung zu kommen, bedeutet, sich mit dem Bewusstsein der Bäume zu verbinden.

Der Baum ist ein Symbol für die Zeitspirale. Wenn wir uns auf einen Baum einstimmen, nehmen wir diesen Spiraleffekt auf; tatsächlich sind in den Ringen und den Räumen zwischen den Ringen Informationen über den Lauf eines jeden Jahres gespeichert.

Für B10 wesentlich sind die Spiralen; Wahrheit, Richtung und Raum sind alles Schlüsselbegriffe für diese Farbkombination. Die Verbindung zu Spiralen erinnert uns daran, dass der Name dieser Flasche im Tarot - das Rad des Schicksals - sich auf Zeitzyklen und die Muster von Ursache und Wirkung bezieht.

‚Geh, umarme einen Baum' ist Teil des erweiterten Chakra-Sets. Diese Flasche wird oft von Ökologen, Naturforschern und Naturliebhabern ausgewählt. Sie wurde früher als die Flasche bezeichnet, mit deren Hilfe „Entscheidungen gefällt" werden, und ihre Wahl weist tatsächlich darauf hin, dass wir zu jenen gehören, die Entscheidungen aus einem Verständnis und Mitgefühl heraus für andere treffen. Wir haben die Fähigkeit, eine Situation von verschiedenen Blickwinkeln aus zu betrachten, andere Perspektiven zu begreifen, die uns aufgezeigt werden und eine klare Richtung zu wählen. Allerdings kann B10 auch andeuten, dass wir gegenüber Veränderungen Widerstand verspüren, möglicherweise Ängste loslassen müssen und lernen zu geben, bevor wir erwarten können, etwas zu erhalten.

Der Inhalt dieser Flasche wird um den ganzen Brustbereich aufgetragen, um ein Band zu bilden, welches die Wirbelsäule einschließt.

Oben: Baum des Lebens. Dieses Wandgemälde befindet sich am Eingang zu Christianias Künstlerkommune in Kopenhagen, Dänemark, wo Künstler, Aktivisten und Intellektuelle auf ca. 330 ha Land leben und sich seit 1970 per Konsensus selbst regieren.

Links: grosse gehörnte Eule in Milton, Massachusetts; kann ihren Kopf um 270 Grad drehen und gut in der Dunkelheit sehen.

B11 Klar/Rosa

Name: Essener Flasche 1
Zusammengeschüttelt: Hellrosa
Tarotkarte: Die Kraft
Hauptaspekt: Verantwortung für die eigenen Gedanken und Gefühle übernehmen.

B11 enthält Klar über Rosa. Es ist das erste Mal, dass diese Farben im Equilibrium System auftauchen. Von daher steht diese Flasche am Anfang einer neuen Sequenz, die Geburt des Kinder-Sets des Neuen Zeitalters. Sie gehört auch zum „Erste Hilfe"-Set, und wir kennen sie als die „Erste Hilfe"-Flasche für Liebe.

Die Essener waren eine der letzten Gemeinschaften (vor unserer Zeit), die mit Farbe arbeiteten. Sie verwendeten Farben für das Wachstum und die Erweiterung von Bewusstsein sowie zur Heilung. Von allen anderen religiösen Gruppen ihrer Zeit wurden die Essener verfolgt und geächtet.[11-a] Maria, die Mutter von Jesus und auch Elisabeth, seine Tante, waren Essener, und Jesus selbst wurde möglicherweise in eine Gemeinschaft der Essener hineingeboren.[11-b] Die Lehren der Essener spiegeln sich im Lebensbaum, der Gemeinschaft mit Engeln, dem Siebenfachen Frieden und den Schriftrollen vom Toten Meer.[11-c]

B11, Klar/Rosa ist eine intensivere Version der B55, Klar/Rot, die als die Christusflasche bekannt ist. Rosa ist die Erhellung des Rots und bringt Licht in die roten Themen des Überlebens und des Daseins. Die Essener glaubten, das Reich der Engel müsse in jeden Aspekt des Lebens mit eingebracht werden – in die Ernährung, die Meditation, den Unterricht, die Gartenarbeit. B11 steht sowohl für Leiden, Verfolgung und die Quelle ungeweinter Tränen als auch für die Verbindung zu den Engeln in jedem Aspekt des Lebens.

Indem wir Selbstannahme entwickeln, wird die Möglichkeit zur Klarheit im Bewussten gefördert. Rosa ermutigt uns, Wärme, Zärtlichkeit und Mitgefühl in unsere größten Tiefen einzubringen. Akzeptieren wir, was wir im eigenen Schatten vorfinden, gelingt es uns leichter, unserem bewussten Denken mehr Licht zuzuführen. Diese Essenerflasche beschreibt, wie man Licht auf den Aspekt des Annehmens richten kann, insbesondere des Annehmens von sich selbst.

Die ‚Blumenkette' symbolisiert die Erhellung der blütenähnlichen Chakras. Licht, das vom Klar im oberen Teil der Flasche repräsentiert wird, wird zu den Energiezentren gebracht. Durch das Verstehen von Leiden gelangen wir zu einem Punkt, wo wir uns akzeptieren. Wenn diese Qualitäten in die Tiefen des Selbst eingebracht werden, wird unser Wesen erhellt: Die Blumen werden lichterfüllter und blühen und werden dann zu einer Kette aus Blumen.

Die ‚Blumenkette' kann aber auch eine Kette sein, die zu Begierden führt, an die wir gebunden oder angekettet sind. Es ist eine Sache, einen Laden voller Kuchen zu sehen und Geschmack daran zu finden; es ist aber eine andere Sache, würden wir alle diese Kuchen essen, da wir dann unweigerlich an den Folgen zu leiden hätten. Wir alle müssen mit diesem wesentlichen Gedanken arbeiten und uns damit befassen, wie die Kette aus Blumen zum eigenen Leben gehört.

Bei B11 geht es um das Lösen von spirituellem Stolz und dem Aufruf zu bedingungsloser Liebe. Sie dient auch Frauen zur Unterstützung, die gerne schwanger werden möchten. Diese Flasche auszuwählen, weist darauf hin, dass wir einen klaren

Verwandte Flaschen

Verwandte Farbe
B54

Umgekehrt
B71

Ähnlichster Pastellton
B52

Ähnlichster Vollton
B55

Verschüttelt
B52

Rückreise
B89

Verstand haben und fähig sind, anderen Liebe, Wärme und Fürsorge zu geben, und dass wir das Licht auf die Liebe in unserem Inneren richten. Wir dienen als Mittler. B11 kann auch auf die Gabe bedingungsloser Selbstannahme hindeuten. Durch sie nehmen wir deutlich wahr, dass wir lernen müssen, Liebe zu empfangen sowie auch unsere angeborene Fähigkeit, Liebe zu geben und Mittler zu sein und uns in Demut selbst anzunehmen und Selbstzweifel zu überwinden. B11 klärt den Weg, wenn andere Aura-Soma Substanzen noch nicht wirksam sind. Sie erleichtert auch den Kontakt zu Inkarnationen der Essener.

Der Inhalt dieser Flasche wird um den Hals und den ganzen Rumpf herum aufgetragen, einschließlich um die Hüften, den unteren Bauch, den unteren Rücken und die untere Wirbelsäule.

Oben: Licht fängt das rote Netz eines Mannes auf einem Shikara Floß auf dem Dalsee, Kaschmir, ein. Fischen ist eine Quelle des Lebensunterhalts für viele Menschen rund um die Seen von Srinagar.
Unten: Clematis in Ripton, Vermont.
Links: Plaza del Bargello in Florenz, Italien.
Zu beachten: Auch das Bild auf Seite 287 ist ein visueller Ausdruck dieser Flasche.

B12 Klar/Blau

Name: Friede in der Neuen Zeit
Zusammengeschüttelt: Hellblau
Tarotkarte: Der Hängende
Hauptaspekt: Eine Einweihung; das Licht auf nährende Qualitäten sowie auf Glauben und Frieden richten.

Bei Aura-Soma bedeutet die blaue Energie Frieden. Deshalb weist das Blau im unteren Teil dieser Farbkombination auf einen möglichen Frieden in den eigenen Tiefen hin, mit Klarheit im Bewussten.

Wird eine Farbe in ihrem helleren Aspekt repräsentiert, sind die Qualitäten dieser Farbe verstärkt. Wird B12 verschüttelt, entspricht das sich bildende helle Blau dem Hellblau in B50, El Morya, mit dem Kernsatz: „Dein Wille, nicht mein Wille geschehe." Folgen wir wirklich dem göttlichen Willen, haben wir wahrscheinlich unabhängig von den Umständen, in denen wir uns gerade befinden, in uns selbst Frieden gefunden und sind so eher fähig, ein höheres Ziel zu erfüllen.

B12 wurde auch die Flasche der Einweihung genannt. Dies ist interessant, wenn wir ihre Bezeichnung - der Hängende – im Tarot betrachten. Der Hängende steht für eine Person, die durch einen Einweihungsprozess gegangen ist, jedoch die Erfahrung nicht völlig integriert hat und sich deshalb in der Welt „auf den Kopf gestellt" fühlt. Durch die Integration des Lichts wird der Hängende möglicherweise als der Erlöser bekannt. Integrieren wir das, was aus dem Einweihungsprozess hervorgeht, hilft es uns, zu einem größeren Gefühl von Frieden oder zur Möglichkeit des „Friedens im Neuen Zeitalter" zu gelangen.

Verwandte Flaschen

Verwandte Farben
B2

B50

B54

Umgekehrt
B60

Ähnlichster Pastellton und verschüttelt
B50

Rückreise
B90

Im Rahmen einer Beratung weist diese Flasche, die Teil des Sets des Neuen Zeitalters ist, auf Kreativität und Klarheit im Denken hin, auf nährende Qualitäten (Blau) und auf unsere Fähigkeit, anderen in einer Atmosphäre des Vertrauens unsere Gefühle mitzuteilen. Wir fühlen uns inspiriert und sind in der Lage, über unsere Inspirationen und intuitiven Einsichten zu sprechen, auf unsere Gefühle zu hören und Frieden zu finden. Andererseits kann die Flasche auf einen Mangel an Frieden hinweisen und dass wir unsere Tränen (klar) nicht fließen lassen. Möglicherweise haben wir Schwierigkeiten mit der männlichen Seite unseres inneren Selbst und sprechen deshalb nicht gut auf Autorität an.

Der Inhalt wird um den ganzen Hals herum aufgetragen.

Oben: Tür in der Nähe von Minerva, einer Festung der Katharer in den Mittleren Pyrenäen, Frankreich.

Seite 82, links: ein Mann im Handstand; eine Übung in der Brasilianischen Kampfkunst von Capoeira, einer Fußkampftechnik, als Gymnastik getarnt. So bereiteten sich früher die Sklaven für die Rebellion gegen die Sklaverei vor, Salvador, Bahia, Brasilien.

Seite 82, rechts: Dreifarbenreiher im J.N. „Ding“ Darling National Wildlife Refuge, einem Naturschutzgebiet auf Sanibel Island, Florida.

B13 Klar/Grün

Name: Veränderung in der Neuen Zeit
Zusammengeschüttelt: Hellgrün
Tarotkarte: Der Tod
Hauptaspekt: Die emotionale Seite des Lebens beleuchten.

Grün steht in Verbindung mit Richtung, dem Treffen von Entscheidungen, dem Schaffen von Raum zur Selbstfindung und dem Verstehen von Zeit und Raum. Wählt jemand eine Flasche aus, in der Grün im unteren Teil der Flasche auftaucht, bedeutet dies, dass die damit verbundenen Qualitäten das wirkliche Wesen einer Person zeigen. Eine solche Erkenntnis deutet die Möglichkeit an, im „Hier und Jetzt" zu sein, von wo aus sich Veränderung und eine neue Richtung ergeben.

In B13, einem weiteren Teil des Kindersets für das Neue Zeitalter, scheint Licht auf das Grün. Verschütteln wir B13, ergibt sich daraus das helle Grün der B53, Hilarion, mit dem Kernsatz: „Der Weg, die Wahrheit und das Leben". Wird Licht ins Herz gebracht, geschieht eine Wandlung; wir erleben, dass sich Situationen verändern. Indem wir Raum für uns selbst schaffen, kann Licht in unser Herz scheinen.

Damit Veränderung geschehen und etwas Neues entstehen kann, muss zuerst das in uns sterben, was vorher war. Im Tarot wird die B13 mit dem Tod assoziiert, und deshalb halten wir diese Flasche manchmal für schwierig. In Wirklichkeit deutet die B13 einen Neubeginn an, wie die Tarotkarte selbst. Diese Flasche fördert eine Wandlung; die transformierende Kraft des Klar und Grün hilft „spirituellen Materialismus" zu überwinden. Dieses Öl unterstützt den Prozess des Verstehens, obwohl Fortschritt bei diesen Dingen immer von der Gnade von oben abhängt. Es kann beruhigend sein, daran zu denken, dass in jedem Ende ein neuer Anfang liegt.

Der Tod ist ein mächtiges Symbol für Veränderung, ein offensichtlicher Wechsel von einem Zustand in den anderen. In diesem neuen Jahrtausend wird Veränderung der Weg des Herzens sein. In der Vergangenheit schien die Menschheit Themen überbetont zu haben, die mit den ersten drei Energiezentren - dem Wurzel-, dem Sakral- und dem Solarplexuschakra - zusammenhängen. Die Energie von Grün, verbunden mit dem vierten Energiezentrum, dem Herzchakra, bietet die Gelegenheit, Energie ins Herz einfließen zu lassen, wo sich der fühlende, emotionale Teil unseres Wesens befindet.

Mithilfe der B13 klären wir, richten Licht - den klaren Teil - auf jenen grünen Aspekt und lassen sterben, was im Herzen ist, sodass neues Licht darauf zu scheinen vermag. Veränderung kann geschehen. Das Grün deutet an, dass wir Hoffnung haben sollten im Hinblick auf die Veränderungen, die sich vollziehen können, wenn wir sterben lassen, der, oder was wir in der Vergangenheit gewesen sind. Diese Flasche kann beim Rebirthing hilfreich sein. Sie kann symbolisieren, dass wir an einer Wegkreuzung im Leben stehen, und uns so die Gelegenheit geboten wird, Dinge auf ausgeglichene (Grün) und harmonische Weise klar zu sehen. In dieser Flasche sind Blau und Gelb verborgen, und die Farben helfen dabei, Freude und Wissen mitzuteilen.

Verwandte Flaschen

Verwandte Farbe
B54

Umgekehrt
B64

Verschüttelt
B53

Rückreise
B91

Paradoxerweise ist Veränderung die einzige Konstante. Es ist an der Zeit, unsere Lebensumstände zu betrachten, eine Entscheidung zu treffen, in welche Richtung wir gehen wollen, die Vergangenheit loszulassen, neue Ziele zu setzen und die rechte Zeit für ihre Umsetzung zu planen.

Der Inhalt dieser Flasche wird um den ganzen Herzbereich in einem Band aufgetragen, das sich über den Rücken ausdehnt und die Wirbelsäule einschließt.

Oben: isländisches weißes Pferd, Island
Oben rechts: weißes Tor in Ripton, Vermont
Seite 84: die Wässerfälle von Lana über dem Dunmore See in Salisbury, Vermont.

B14 Klar/Gold

Name: Weisheit in der Neuen Zeit

Zusammengeschüttelt: Klare Bläschen mit Gold

Tarotkarte: Die Mäßigkeit

Hauptaspekt: Mit der Weisheit in Verbindung treten, sodass sich Klarheit entfalten kann.

Die Farben dieser Flasche repräsentieren das Richten von Licht auf den goldenen Bereich im Selbst. Der goldene Bereich bewahrt das, was bei Aura-Soma die „Wahre Aura" genannt wird, die Erinnerung an die erste Zelle und den Inkarnationsstern (siehe „Feinstoffliche Anatomie", Seite 23). Hier können wir mit unserer wahren Essenz in Berührung kommen.

Je mehr wir mit dem Gold in uns selbst in Kontakt kommen, desto wahrscheinlicher ist es, dass wir die Klarheit zu finden vermögen, die wir in unserem bewussten Denken benötigen, um uns von Leiden zu verabschieden und unser inneres Licht zu finden. Allerdings müssen wir zunächst die Ängste und Schwierigkeiten loslassen, mit denen unsere Identität und unsere Persönlichkeit befasst sind, bevor wir fähig werden, mit dem Gold Kontakt aufzunehmen. Die innere Weisheit kann im Prozess des Loslassens eine Quelle von Stärke und Ermutigung sein. Finden wir eine Möglichkeit, uns auf diese innere Weisheit zu verlassen oder von ihr ermutigt zu werden, dann erfahren wir mehr über uns selbst und können unsere Weisheit in der Welt kundtun. B14 hilft, innere Wunden und Narben aus früheren Inkarnationen zu lindern. Bei Kindern kann sie hilfreich sein, Angst und Sorgen wegen einem Schulbeginn oder Prüfungen zu verringern. B14 zeigt uns die

Verwandte Flaschen

Verwandte Farben
B41

B54

Umgekehrt
B73

Rückreise
B92

Links: Bojen am Bootsdock auf der Phi Insel, in der Nähe von Bangkok, Thailand. Das Dock grenzt an die Wikinger Höhle Tham Phraya Nak an, einer Quelle von Nestern der Mauersegler, die für Vogelnestsuppe verwendet werden – die Suppe für langes Leben, die eines Kaisers würdig ist.
Rechts: Inkateiche zur Salztrocknung, Maras Salzminen, Machu Picchu, Peru.

Weisheit (Gold) und die Klarheit (Klar), die wir benötigen, um unser „inneres Selbst" - wer wir wirklich sind - zu entdecken und hilft uns, Freiheit zu finden, indem wir die innere Weisheit anerkennen. An uns selbst zu glauben, bringt tiefe Glückseligkeit mit sich.

Wissen und Weisheit unterscheiden sich voneinander. Wissen ist, was wir aus Büchern, von Lehrern, Medien usw. aufnehmen. Weisheit kommt aus dem Inneren und ist bereits in uns vorhanden. Normalerweise suchen wir nach Wissen außerhalb von uns selbst, denn wir sind uns nicht über den Reichtum der Weisheit bewusst, die darauf wartet, dass wir uns mit ihr im Inneren in Verbindung setzen. In B14 befindet sich die Weisheit unterhalb des Lichts und wartet auf die Gelegenheit, sich selbst in der Welt zum Ausdruck zu bringen.

Vielleicht gibt es in der Neuen Zeit weitere Möglichkeiten, um Weisheit anders als durch Leiden zu erlangen. Klar/Gold, ein Teil des Kindersets des Neuen Zeitalters, erinnert uns an die enge Verbindung zwischen Leiden, dem Verstehen von Leiden (Klar) und der Entdeckung der Weisheit, die sich im Inneren befindet (Gold). B14 bietet die Gelegenheit, Selbstzweifel zu überwinden und sich allen Sorgen, Ängsten oder Frustrationen zu stellen. Sie legt nahe, dass wir uns von schmerzlichen Erinnerungen und alten Wunden lösen müssen, damit ein Heilungsprozess beginnen kann.

B14 soll in einem breiten Band um den Körper herum im Gesamtbereich des Solarplexus aufgetragen werden.

B15 Klar/Violett

Name: Dienen in der Neuen Zeit
Zusammengeschüttelt: Hellviolett/Lila
Tarotkarte: Der Teufel
Hauptaspekt: Erhebung des Selbst durch Reinigung und Läuterung.

Wenn wir tief nach innen gehen und dann immer besser unseren eigenen Schatten erkennen, finden wir Klarheit in unserer inneren Spiritualität. Wir können uns der Transformation öffnen, die geschieht, wenn wir uns des Dienstes bewusst werden, den wir in dieser Welt auszuüben haben. B15 unterstützt diesen Prozess. So wie Jung den Begriff „Schatten" verstand, ist es Teil des Selbsthilfeprozesses, das zu befreien, was im Unterbewusstsein liegt. Gelegentlich bezeichnete Vicky diese Flasche als „Heilung im Neuen Zeitalter". B15 ist Teil des Kindersets des Neuen Zeitalters.

Im Tarot wird der Teufel traditionell als Biest dargestellt. Das Biest zeigt uns, was wir möglicherweise erleben, wenn wir das Biest in uns weder anerkennen, noch uns von ihm frei machen. Zweifellos neigte man in den vergangenen zweitausend Jahren dazu, das Biest im Inneren zu verleugnen, es nach außen zu projizieren und es im „Anderen" zu sehen; dies kann zu inneren und äußeren Spannungen führen. Es ist Teil eines Problems: Könnten wir das „Biest" integrieren und akzeptieren, würden die Probleme nicht auftauchen, für die das Biest steht. Wir würden dann nicht so leicht den Ketten dieser Projektionen und Dämonen der Psyche zum Opfer fallen. Ein positiver Prozess entsteht aus der Akzeptanz und der Integration dieser Seite in uns selbst.

Leider ist diese garstige Seite, die wir in uns selbst verleugnen, am schwierigsten zu heilen. Um uns selbst klar zu sehen, müssen wir uns von Verleugnung distanzieren.

In den von Menschenhand geschaffenen Steinwäldern der gotischen Kathedralen ist der Grüne Mann eingepfercht, die alte heidnische Wildheit in festem Stein gezähmt … Der Grüne Mann stammt teilweise vom gehörnten Gott der Kelten ab, gab dann aber wohl Anlass zu höchster Zufriedenheit der Kirchenväter, als sie das Bild sahen, das sie für „teuflisch" hielten, gefangen und befestigt an den Dachsockeln ihrer eigenen Steinwälder.[15-a]

Verwandte Flaschen

Verwandte Farben
B12

B54

Umgekehrt
B48

Verschüttelt
B56

Rückreise
B93

Dies ist Teil des Heilungsprozesses. Loslassen des Leidens, das dem klaren Teil der Flasche entspricht, bringt die Möglichkeit, die Verleugnung zu klären; dies wiederum macht es uns möglich, das Biest in uns selbst anzuerkennen. Lassen wir das Licht unser bewusstes Denken überströmen, unterstützt das Licht des Verstehens die Heilung in den eigenen Tiefen.

B15 kann gebärenden Frauen dienlich sein, mit den Wehen leichter umzugehen und der angehenden Mutter helfen, den Geburtsvorgang bewusster zu erleben.

B15 auszuwählen, deutet darauf hin, dass wir einen klaren Blick haben, zu sehen, wer wir wirklich sind. Diese Flasche kann uns mit unserem Auftrag verbinden und für Menschen, die mit geistigem Heilen befasst sind (Violett), hilfreich sein, einen klaren Verstand zu erlangen, sodass sich ihre Gaben enthüllen können. Klarheit erhellt die Schatten im Inneren. Andererseits deutet diese Wahl an, dass wir Hilfe benötigen und auch, dass wir die Kontrolle über uns selbst und über unsere Lebensumstände haben wollen. B15 teilt uns mit, dass wir aufhören sollen, Situationen von einer rein materialistischen Perspektive aus zu betrachten.

Der Inhalt dieser Flasche sollte entlang des Haaransatzes um den ganzen Kopf herum aufgetragen werden.

Oben: gotische Kathedrale in Othery, England.
Seite 88, links: Grüner Mann mit Blattwerk in Stein gemeißelt, Rosslyn Kapelle in Schottland.
Seite 88, rechts: Tonskulptur von Pan mit Efeu in Ripton, Vermont.

B16 Violett/ Violett

Name: Das Violette Gewand

Zusammengeschüttelt: Violett

Tarotkarte: Der Turm

Hauptaspekt: Zu unserem wahren Selbst und zum Dienst erwachen. Eine völlige Neu-Bewertung.

Rechts: Segeln auf dem Champlain-See. Oft ist der Sonnenuntergang die beste Zeit, um durch die Wolken zu sehen. Trotz des tristen wolkigen Tages brach die Sonne durch die wenigen Zwischenräume in den Wolken, genug, um allen zu beweisen, dass sie noch da ist.

Unten: Die Magere Brug Zugbrücke in Amsterdam, wo seit 1672 eine Zugbrücke den Fluss Amstel überspannt. Sie wird in der Nacht von Tausenden von Lichtern beleuchtet und war ursprünglich als die Dünne Brücke bekannt, weil sie gerade breit genug war, sodass zwei Menschen aneinander vorbeigehen konnten.

Vicky nahm immer viele Dinge an jenen Menschen wahr, die sich zur Arbeit mit Farbe hingezogen fühlten, auch, dass einige von ihnen blaue oder violette Gewänder „trugen“. Das Anlegen einer Robe hat eine lange Tradition und Geschichte. Die violette Robe kennt man als Initiationsgewand. Es ist Symbol und Vorbereitung für eine noch bevorstehende Transformation.

B16 ist mit dem Turm im Tarot verbunden. Der Pfad des Turms fügt zwei Säulen des Lebensbaums zusammen,[16-a] das Licht und die Dunkelheit, Gnade und Strenge. Violett/Violett kennzeichnet eine Metanoia, das heißt eine vollständige Umwandlung, eine Transformation, die zu einer Wandlung des Wesens führt. Diese Veränderung geschieht nicht nur in der Art, wie wir über Dinge denken, sondern in jedem Aspekt unseres Verstandes. Alles, was wir glaubten, dachten und fühlten, ist transformiert. Auf ähnliche Weise repräsentiert das Tragen eines violetten Gewands eine neue Ebene der Spiritualität und zeigt an, dass die frühere Form der spirituellen Existenz abgefallen und ein neues Wesen hervorgetreten ist. Violett deutet auf eine tiefe transformative Erfahrung hin.

Eine Redewendung aus dem Zen umschreibt dies so: „Am Anfang sind die Bäume Bäume, die Flüsse Flüsse und die Berge Berge. Gehen wir auf dem Pfad weiter, sind die Berge nicht länger Berge, die Bäume nicht länger Bäume und die Flüsse nicht länger

Verwandte Flaschen

Verwandte Farben

B2

B6

B19

B65

Ähnlichster Pastellton

B56

Rückreise

B94

Flüsse. Dann gehen wir auf dem Pfad noch ein wenig weiter, und die Bäume sind wieder Bäume, die Berge wieder Berge, die Flüsse wieder Flüsse. Der Unterschied ist einfach der, dass wir es nicht länger glauben."

Das Violette Gewand handelt von der Entwicklung von spirituellem Verstehen, die durch psychologische Transformation eingeleitet wird. B16 weist darauf hin, dass wir eine Veränderung erleben, die in eine neue Richtung führt: das Suchen nach wahrem Frieden. Diese Flasche hilft uns, uns bewusst zu werden, wer wir wirklich sind, warum und wofür wir hier sind. Sie kann auf selbstzerstörerische Neigungen hinweisen oder diese abschwächen. Sie kann aufzeigen, dass wir mit Schmerz zurechtkommen müssen, sei es, dass es uns selbst betrifft oder sich um den Verlust eines geliebten Wesens handelt, besonders auch, wenn wir aufgrund von verborgener Wut dazu neigen, Konfrontation oder Streit zu suchen. B16 fördert den Antrieb und die Entschlusskraft, die wir brauchen, wenn Dinge in die Binsen gehen.

B16 ist Teil des erweiterten Chakra-Sets und mit dem Kronenchakra verbunden. Den Inhalt der Flasche um den gesamten Haaransatz herum auftragen.

B17 Grün/Violett

Name: Troubadour 1/Die Flasche der Hoffnung

Zusammengeschüttelt: Dunkelgrün

Tarotkarte: Der Stern

Hauptaspekt: Ein Neuanfang für Spiritualität. Verbindung mit dem Stern aufnehmen.

Ich will treu bleiben, Ihre Ehre bewahren
Nach Frieden streben, gehorchen
Sie fürchten, Ihnen zu Diensten sein und Sie ehren,
Bis zum Tod,
Unnahbare Dame.[17-a]

Die Troubadoure waren vortragende Künstler, die zwischen dem 12. und 14. Jahrhundert durch weite Teile Europas zogen. Ihr Glauben an die christliche Mystik stand oft im Gegensatz zu dem, was die Kirche lehrte. Der Vierte Kreuzzug, der uns als Albigenser-Waldenser Kreuzzug (1208-1213) bekannt ist, war gegen die Verbreitung der „Irrlehre" in Südfrankreich gerichtet, einschließlich die der Troubadoure.[17-b] Die Troubadoure versuchten trotz der Verfolgung vonseiten der Kirche ihre Botschaft mittels kreativer Möglichkeiten wie Gesang, Tanz, mystischen Theaterstücken und Dramen zu verbreiten. Ihrer Wahrheit (Grün) verliehen sie Ausdruck im Dienst (Violett) an anderen. Die Verfolgung, die sie durch die Kirche erfuhren, ist ein inbegriffener Teil der B17. Die Flasche hilft uns, mit Inkarnationen zwischen dem 12. und 16. Jahrhundert Kontakt aufzunehmen, wie mit jenen der Katharer und der Tempelritter.[17-c]

B17 wird als eine „auf dem Kopf stehende" Flasche betrachtet, denn hier ist das Herz (Grün) über dem Kopf (Violett), und dies ist bei einem menschlichen Körper nicht möglich.

Ein anderer Name für B17 ist Hoffnung, und ihr Symbol im Tarot ist der Stern. Das Sterneprinzip und die drei Sterne - der Erdstern, der Inkarnationsstern und der Seelenstern - sind bei Aura-Soma sehr wichtig (siehe „Die Feinstoffliche Anatomie", Seite 23). Diese Flasche bietet uns ein Lichtsignal auf Hoffnung für die Zukunft und ein Hinweis auf den Transformationsprozess des Herzens: Die Hoffnung steht für das anbrechende Wassermannzeitalter, die Transformation des Herzens ist spiritueller Art. Seit

Verwandte Flaschen

Verwandte Farben
B2

B5

B30

Umgekehrt
B38

Ähnlichster Pastellton
B58

Rückreise
B95

zweitausend Jahren bewegen wir uns durch das Fischezeitalter.[17-d] Wir, die Menschheit, sind nun in einem Prozess der Veränderung, während wir uns auf den Beginn des Wassermannzeitalters zubewegen. B17 deutet an, dass wir den Raum (Grün) gefunden haben, in dem wir unsere Gefühle zeigen und uns selbst auszudrücken vermögen oder dass wir eine inspirierte Kreativität leben und unsere weibliche Intuition mit unserer Spiritualität verbinden. Diese Flasche gibt jenen Menschen Hoffnung, die Ängste und Sorgen loslassen müssen und weist auf ein Bedürfnis nach Harmonie hin, besonders nach emotionaler Erschütterung oder Enttäuschung in Herzensangelegenheiten; sie hebt auch unsere Herausforderungen hervor, in Zusammenhang mit Selbstzweifeln und Sturheit und der Unfähigkeit zu vertrauen bzw. der Angst, uns selbst oder anderen zu vertrauen.

Zahlreiche Flaschen stehen in Bezug zu B17, B24, B38 und B49, was andeutet, dass diese Flaschen viele Bedeutungsebenen haben.

Diese Kombination rund um den ganzen Brustbereich in einem weiten Band auftragen und den Rücken und die Wirbelsäule mit einschließen. Bei Problemen spiritueller oder mentaler Art wird sie auch um den Haaransatz herum aufgetragen.

Oben: Veilchen in Ripton, Vermont.
Links: ein schüchternes Stiefmütterchen in einer Felsspalte in Ripton, Vermont.
Seite 92: Feld mit süßem Lavendel in voller Blüte im Juni schenkt das wunderbare Aroma der Provence, Frankreich, das wir niemals vergessen können. Es ist das Gebiet, in der die Troubadourbewegung entstand und blühte. Hier komponierten die Troubadoure und Minnesänger Lieder und lyrische Gedichte über die Liebe und die Hingabe und trugen sie vor.

B18 Gelb/Violett

Name: Ägypterflasche 1/Ge-zeitenwechsel
Zusammengeschüttelt: Tiefgold
Tarotkarte: Der Mond
Hauptaspekt: Das Wissen so verfeinern, dass wir in Verbindung kommen können mit dem Grund, warum und wozu wir hier sind.

Seite 95, oben: Sonnenuntergang durch ein Weizenfeld erblickt, an der Grenze zwischen Minnesota und dem Süden Dakotas. Eine Stunde später entwickelte ein heftiger Sturm sich vermehrende Tornados und starke Blitze.
Seite 95, unten: Wildschwein auf Felsen im Fluss in Pittsfield, Vermont.
Unten: Vollmond im späten September mit Blick über die Frenchman Bay im Acadia Nationalpark, Maine.

Im Fischezeitalter glaubte man, die Priesterschaft halte die Schlüssel zur Pforte unseres inneren Wesens in der Hand. Mit Ankunft des Wassermannzeitalters geschieht eine Veränderung, und der Schwerpunkt liegt mehr auf dem Aspekt des Teilens, bei dem wir alle selbst die Schlüssel in Händen halten. Diejenigen, die sich dem Teilen verpflichtet haben, unterstützen es, die Schlüssel allen Menschen anzubieten, denen es möglich ist, und die sie in ihren Händen halten wollen, sodass jeder seine oder ihre eigene Tür aufschließen kann. Dies ist eine völlig andere Überzeugung und beruht auf Gelassenheit, Gleichheit und menschlicher Unabhängigkeit.

Gelb und Violett sind komplementäre Farbgegensätze und repräsentieren mentale und spirituelle Eigenschaften. Wenn wir unserem Lebensweg folgen, haben wir die Möglichkeit, uns selbst besser kennenzulernen. Wir werden vollständiger und verstehen den Sinn unseres Daseins besser.

B18 ist Teil des Heilungsgeschehens für die Muster, die von der ägyptischen Epoche (ca. 3500 bis 500 AD[18-a]; siehe B39) übrig geblieben sind und für Themen, die mit dem Solarplexus zusammenhängen. Die ägyptische Epoche entwickelte sich im Fischezeitalter, und die Farbkombination ist sehr mit dieser Energie verbunden.

Verwandte Flaschen

Verwandte Farben
B5

B8

Verwandt und umgekehrt
B39

Ähnlichster Pastellton
B59

Rückreise
B96

Erstaunlicherweise steht B17, die Flasche des Wassermannzeitalters, neben der B18 in der sich entfaltenden Ordnung der Equilibrium. Diese Anordnung hat eine größere Bedeutung, wenn wir den anderen Namen der Flasche, Ge-zeitenwechsel, betrachten. B18 kennzeichnet die gegenwärtige Zeit, während der die Menschheit sich zwischen zwei Zeitaltern bewegt. Das Fischezeitalter ist noch nicht ganz zu Ende, und das Wassermannzeitalter ist noch nicht ganz da. Deshalb stehen wir gewissermaßen am Punkt eines Gezeitenwechsels.

Die Tarotkarte ‚Der Mond' wird der B18 zugeordnet, und dies zeigt eine weitere Assoziation mit Gezeiten. Der Mond beeinflusst die Gezeiten auf der Erde. Als Wesen auf Wasserbasis unterliegen wir der Kraft des Mondes und dem Wechsel der Gezeiten. Diese Vorstellung kann helfen, die eigenen emotionalen Zyklen zu verstehen, und ob wir uns mit diesen identifizieren oder mehr in unserer Mitte bleiben. Gelb bezieht sich auf den Solarplexus und Violett auf den Kopf. Wenn wir über unser bisheriges Denken hinauswachsen und das Gefühl großer Freude erleben, werden sich auch unsere eigenen Gezeiten wenden.

B18 kann uns helfen, mit Inkarnationserfahrungen Kontakt aufzunehmen, die mit der Verehrung des Mondes und mit Leben im alten Ägypten zu tun haben. Sie passt zu jenen Menschen, die über ein breit gefächertes Wissen verfügen und sowohl über spirituelle Fähigkeiten als auch über Fähigkeiten im Bereich des energetisch-geistigen Heilens verfügen. Sie zeigt auch an, wie wir den Selbstheilungsprozess anderer unterstützen. Andererseits wird sie auch von jenen Menschen ausgewählt, denen verborgene Ängste und Sorgen zu schaffen machen und die ihren Fantasien dabei freien Lauf lassen. Durch solch eine gedankliche Verinnerlichung werden Ängste kreiert, und klares Denken ist nicht mehr möglich.

Diese Kombination wird um den Haaransatz und in einem Band um den ganzen Körper herum im Bereich des Solarplexus aufgetragen.

B19 Rot/ Rotviolett

Name: In der materiellen Welt leben

Zusammengeschüttelt: Magenta

Tarotkarte: Die Sonne

Hauptaspekt: Die Regeneration unseres Körpers erfolgt, wenn wir unser Denken verändern und zum Aufbau neuer Energien einsetzen.

B19, Leben in der materiellen Welt, handelt davon, mit dem Leben im materiellen Sinne zurechtzukommen; möglicherweise nach einem Leben in einer spirituellen Gemeinschaft oder nach einer spirituellen Übung. Sehr ausgeglichene Menschen, mit viel Energie und einem spirituellen Empfinden fühlen sich von dieser Flasche angezogen. Sie können dienen, indem sie zum Wohlergehen anderer beitragen.

Die Rot/Rotviolett ist beim Umgang mit Missbrauchssituationen, Poltergeistphänomenen oder mit anderen unerwünschten Einflüssen oder Wesenheiten aus der Gegenwart oder der Vergangenheit nützlich. Wenn sie zu spät am Tag aufgetragen wird, kann sie zuviel Energie entfachen; andererseits ist sie bei extremer Müdigkeit hilfreich.

Rot über Rotviolett weist auf eine „auf den Kopf gestellte" Situation hin. Wenn wir „auf dem Kopf stehen" und noch dazu in der materiellen Welt leben, laufen wir Gefahr, die gesamte materielle Seite des Lebens über die spirituelle Seite zu stellen, oder wir sind geneigt, die materiellen Werte der Spiritualität vorzuziehen. Daher zeigt uns die B19, dass wir Frustration, Bitterkeit und Wut loslassen müssen, um frei zu sein. Die Leidenschaft im Inneren könnten wir stattdessen für das Gute ins uns verwenden. Da wir alle gewählt haben, in die Inkarnation zu kommen, haben wir zugestimmt, uns mit der materiellen Welt zu arrangieren.

Verwandte Flaschen

Verwandte Farben
B6

B29

Umgekehrt
B65

Ähnlichster Pastellton
B57

Verschüttelt
B67

Rückreise
B97

Somit wurde uns auch die Gelegenheit gegeben, den Prozess des Lebens in der Welt mit Spiritualität zu erfüllen. Unsere innere Einstellung ist der Schlüssel dafür. Häufig leben wir ein Leben, das von Ängsten und Sorgen geprägt ist; wir werden auf uns selbst fixiert und darauf, eher unbedingt Erfolg zu haben, als an der Erfahrung des Lebens auf eine möglichst sinnvolle Weise teilzuhaben. B19 erinnert uns an die Gelegenheit, zur Spiritualität zu erwachen, die im Inneren liegt, um mit unseren Überlebensthemen zurechtzukommen, sodass wir fähig werden, in der materiellen Welt auf eine Weise zu leben, die mehr auf Spiritualität basiert. Rot/Rotviolett bedeutet auch, im Geistigen zu erwachen. Sich zu konzentrieren und die Disziplin aufzubringen, die im Bewusstsein notwendig sind, um das zu klären, was in der eigenen Tiefe gereinigt werden muss, öffnet die Tür, unseren Dienst in der Welt fortzusetzen und in Harmonie mit der materiellen Welt zu leben.

Bei mentalen oder spirituellen Angelegenheiten wird der Inhalt dieser Flasche um den Haaransatz herum aufgetragen. B19 kann auch um den gesamten unteren Bauch und den unteren Rücken aufgegeben werden.

Oben: die Botschaft des Hl. Paulus von Tarsus, an der Saint Bartholomew (Hl. Bartholomäus) Kirche in New York City, einer Kirche, die sich dem bedingungslosen Willkommen für alle Suchenden verpflichtet hat.
Links: Hl. Denis, seinen Kopf haltend, Nôtre Dame in Paris, Frankreich
Seite 96, links: Friedhof der Dreieinigkeitskirche, die Stätte einer der ältesten Kirchen in Amerika, mit der New Yorker Börse im Hintergrund in New York City. Acht Monate lang war die Dreieinigkeitskirche ein Zentrum für freiwillige Unterstützungsarbeiten nach dem Angriff auf die Zwillingstürme am 11.09.
Seite 96, rechts: Sonnenuntergang auf Wasser, Long Island. Sound.

B20 Blau/Rosa

Name: Sternenkind
Zusammengeschüttelt: Lichtes Violett
Tarotkarte: Das Gericht
Hauptaspekt: Kommunikation bedingungsloser Liebe. Frieden im bewussten Denken, Selbstannahme in den Tiefen unseres Selbst.

Anmerkung: Die Flasche kommt ebenfalls auf der Seite mit der Danksagung am Anfang des Buches visuell zum Ausdruck.

B20, Blau/Rosa ist die Sternenkind Flasche. Diese und die B11, Klar/Rosa, die „Erste Hilfe"- Flasche für die Liebe, sind die beiden Flaschen im „Erste Hilfe"-Set, die in der Basis kein Tiefmagenta haben. Das Sternenkind, so meinte Vicky, sei besser als „Erste Hilfe"-Flasche für Kinder geeignet als die Körperliche „Erste Hilfe" (B1), da Kinder ihre körperliche Reife noch nicht entwickelt haben. B20 ist für Kinder entsprechend hilfreich, wie es die Körperliche „Erste Hilfe"-Flasche für Erwachsene ist. Aber sogar als Erwachsene haben wir das Bedürfnis, das Kind in uns zu heilen und zu „retten". Diese Farbkombination ermöglicht ein sanftes, inneres Gleichgewicht zwischen vier Richtungen - dem Männlichen (Blau) und dem Weiblichen (Rosa) und dem, das oberhalb und dem, das unterhalb von uns ist. Sie steht für die Wärme und Liebe eines Kindes mit dem Potenzial eines Kindes für Vergebung. Sie ist hilfreich, wenn wir uns mit Themen befassen, die von unserer Kindheit und dem eigenen inneren Kind handeln. Sie

Verwandte Flaschen

Ähnlichster Pastellton
B58

Ähnlichster Vollton
B30

Umgekehrter Pastellton
B57

Umgekehrter Vollton
B29

Verschüttelt
B56

Rückreise
B98

ist auch Teil des Kindersets des Neuen Zeitalters und Teil des Chakra-Sets und wird mit dem Kronenchakra assoziiert.

Blau/Rosa bietet uns an, Negativität umzuwandeln und die im Rosa und im Blau vorhandenen Paradoxa zu versöhnen sowie innerlich die männlichen und weiblichen Energien auszugleichen. Vicky sagte dazu, das einzige Recht, das wir als Menschen haben, bestehe darin, nicht negativ zu sein. Wir haben die Wahl, ob wir durch Tratsch, Handlung oder was auch immer, zu negativen Energien beitragen.[20-a] Die Farbe Lila, die entsteht, wenn Blau und Rot miteinander verschüttelt werden, weist auf eine mögliche Umwandlung negativer Energie hin. Lila deutet auf eine alchemistische Umwandlung im Selbst. Die Flasche ist besonders bei der Anwendung der Polarity-Therapie von Vorteil.

Das Sternenkind weist auf die Möglichkeit hin, dass wir als menschliche Wesen teilweise von den Sternen kommen. Wenn wir den irdischen Teil (Rosa, das Rot mit Licht ist) mit dem himmlischen Teil (Blau) zusammenbringen wollen, müssen wir unser Schicksal anerkennen und erfüllen.

Im Rahmen einer Beratung kann B20 sich auf jene Menschen beziehen, die den Frieden (Blau) haben, sich selbst und auch anderen Fürsorge und Liebe (Rosa) zu geben. Es können mitfühlende kommunikative Menschen sein, die wissen, dass Liebe ein großartiger Transformator ist - das helle Violett, zu dem sich B20 verschüttelt - und bedingungslose Selbstannahme in sich trägt und nährende Liebe zeigt. Es kann sich auch um Menschen handeln, für die es notwendig ist, Schwierigkeiten aus ihrer Kindheit zu lösen, sich selbst zu vergeben und anzunehmen oder sich besser durchzusetzen.

Diese Flasche kann überall auf dem Körper aufgetragen werden. Bei zahnenden Säuglingen wird sie im Kieferbereich und um den ganzen Hals herum aufgetragen (vergewissern Sie sich bitte, dass sie ausschließlich äußerlich angewandt wird).

Oben: Geöffnete Fensterläden im Département Vaucluse, Frankreich.
Links: Urkräfte in der Antarktis. Winderosion auf dem Bullpass, wo Felsen von Fallwinden geformt werden, die sich vom atmosphärischen Hochdruckgebiet über dem Polarplateau zum Tiefdruckgebiet in den Dry Valleys bewegen.

B21 Grün/Rosa

Name: Neubeginn für die Liebe
Zusammengeschüttelt: Grün
Tarotkarte: Das Universum
Hauptaspekt: Freiheit entsteht aus Selbstakzeptanz.

Bei der B21, Neubeginn für die Liebe, sehen wir das Grün des Herzzentrums und das Rosa von Fürsorge und Wärme. Rosa kann sich allein durch den grünen Herzbereich offenbaren. Die in dieser Farbkombination angebotene Energie ist wie ein Frühlingsanfang, wenn die ersten neuen grünen Triebe hervorkommen und uns neues Leben und die Freigebigkeit der Erde vermitteln. Hier ist das Rot der Erde zum Rosa erhellt. Wir beginnen von neuem, wieder für uns selbst zu sorgen, sodass neue Liebe durch unsere Herzen fließen kann; und so, wie wir uns neu lieben, erfahren wir auf neue Art, Liebe zu geben und Liebe zu empfangen. Wenn wir uns selbst besser akzeptieren (Rosa), gelangen wir leichter zum Herzen. Dies bedeutet, Raum zu schaffen für das, was wir für uns selbst tun müssen. Tun wir dies inmitten der Eile und Geschäftigkeit des Lebens, vermögen wir hinsichtlich der ganzen Art und Weise, wie wir unser Leben führen, einen großen Unterschied zu bewirken.

B21 ist eine Variation der B20 unter Zugabe von Gelb im oberen Teil der Flasche und schließt das Wissen (Gelb) des inneren Kindes (B20) ein. Verborgen in B21 ist Blau/Rosa (B20, Sternenkind) und Gelb/Rosa (B22, Wiedergeburt). Grün/Rosa ist von

Verwandte Flaschen

Ähnlichster Pastellton
B99

Ähnlichster Vollton
B28

Rückreise
B99

zentraler Bedeutung in der Reihe und deutet an, dass die Wiedergeburt des inneren Kindes in Zusammenhang mit einem „Neubeginn für die Liebe“ geschieht. Gleichzeitig sind diese Farbkombinationen sehr erdend, verstärken im Rosa die rote Basis und helfen uns, mit unserer Wurzel in Verbindung zu kommen. Erlauben wir uns zu vertrauen, werden wir die Liebe in uns finden, die wir bereits haben.

Die B21 zeigt uns, dass wir den Raum (Grün) haben, um anderen Liebe und Wärme zu geben, und dass wir viele Seiten einer Situation sehen. Sie weist auch auf unsere Liebe zur Natur hin. Alternativ zeigt sie manchmal an, dass es notwendig ist, Stolz und Eitelkeit loszulassen, um voran zu kommen. Dann ist es leichter, die Lektionen zu lernen, die das Leben uns bietet. Wir müssen uns selbst annehmen und einer Veränderung weniger Widerstand entgegenbringen. Wenn wir uns selbst annehmen, finden wir eine neue, vom Herzen ausgehende Richtung.

B21 wird um den gesamten Herzbereich herum aufgetragen.

Oben rechts: Rose in Ripton, Vermont.
Rechts: Geburt eines Sternennebels.
Links: Haus in New Orleans, Louisiana.

B22 Gelb/Rosa

Name: Die Rebirther-Flasche/Erwachen

Zusammengeschüttelt: Hellkoralle

Tarotkarte: Rückreise des Narren – Der erwachte Narr, die Meisterschaft des Narren

Hauptaspekt: Ein Neubeginn für Freude und Selbstannahme.

In den Anfangsjahren von Aura-Soma waren viele Menschen, die zu einer Beratung kamen, Rebirthing Practitioner. Rebirthing verwendet Atemtechniken, die Menschen helfen sollen, sich an ihre Geburtserfahrung zu erinnern. Vicky bemerkte, wie häufig jene Practitioner gerade diese Farbkombination wählten, und so wurde sie als die Rebirther-Flasche bekannt.

Beim Tarot wird B22 die Meisterschaft des Narren genannt. Hier erlangt der Narr das Verständnis, das er benötigt, um bewusster und wacher zu werden. Dies ist an sich schon eine Wiedergeburt. Jesus sagte, wir würden im Physischen nicht wiedergeboren, ohne dass wir im Geiste neu geboren werden.[22-a] B22 erzählt über viele Aspekte der Wiedergeburt und des Erwachens.

Der Narr beginnt seine Reise mit B0, der Reise zu sich selbst. Da er sich selbst

Rechts: englische Gänseblümchen und Sonnenhut in Ripton, Vermont.

Unten: Entstehung: ein Monarchenschmetterling in Massachusetts.

Verwandte Flaschen

Ähnlichster Pastellton
B59

Ähnlichster Vollton
B5

Umgekehrter Pastellton
B61

Verschüttelt
B87

Rückreise
B0

entwickelt, indem er anbietet, was er gelernt hat – sein Wissen – wird er wiedergeboren, erweckt, B22. Der Narr der B0 reist durch die Pfade des kabbalistischen Lebensbaumes und entwickelt sich selbst, indem er die Herausforderungen antrifft, die von der großen Arkana symbolisiert werden, bis er bei B22 ankommt. Hier sehen wir, dass die Wiedergeburt im Geiste und das Erwachen des Narren - um mit seiner eigenen Ganzheit in Verbindung zu sein - die Möglichkeiten und das Potenzial ahnen lassen, die in B0 enthalten sind. Daher kann die B22 bei der Rebirthing-Arbeit für den Klienten und auch für den Therapeuten hilfreich sein, sich auf den Prozess einzustimmen. (B59 zeigt ähnliche Themen noch intensiver auf.)

Gelb/Rosa wird beim Verschütteln zu Koralle. Bei Aura-Soma wird diese Farbe mit dem „Neuen Menschen" assoziiert und dem Potenzial zum Erwachen für alle. Diese Flasche zu wählen setzt voraus, dass wir das Wissen haben, ohne Bedingungen anzunehmen, wer wir sind und fähig sind, uns selbst bedingungslos zu lieben. Um das zu erreichen, müssen wir Freude finden und Ängste und Sorgen loslassen. Dieser Prozess ermöglicht es der Liebe durchzukommen. B22 weist auch darauf hin, dass wir uns selbst genau kennen müssen, um für wahre Liebe offen zu werden.

B22 wird in einem breiten Band in Höhe des Solarplexus um den ganzen Körper herum aufgetragen.

B23 Rosenrosa/ Rosa

Name: Liebe und Licht

Zusammengeschüttelt: Rosa

Tarotkarte: Der König der Stäbe

Hauptaspekt: Mitgefühl und Selbstannahme. Je mehr Mitgefühl wir im Prozess unserer Selbsterkenntnis entwickeln, um so mehr vermögen wir uns selbst anzunehmen.

Rechts: Rosalöffler, ein großer Watvogel, im Flachwasser auf Futtersuche (J.N. „Ding" Darling National Wildlife Refuge, ein Naturschutzgebiet auf Sanibel Island, Florida).

Unten: Führen einer Shikara zum und vom Markt auf den Wasserwegen des Dal-Sees, die reich an Lotusgärten sind. Der Dal-See befindet sich im Kaschmirtal. Das Gebiet ist bekannt als das Land, wo Milch und Honig fließen.

Beachte: Auch das Bild auf Seite 23 ist ein bildlicher Ausdruck dieser Flasche.

Bei Aura-Soma weist Rosa auf die Energie der Liebe hin. Rosa ist eine intensive Form von Rot; Licht, das ins Rot kommt, verstärkt dieses, sodass alle Themen, die mit Rot verbunden sind, im Rosa noch intensiviert werden. In gewissser Hinsicht ist die Sonne die Lichtquelle für die Welt und erhält das organische Leben auf der Erde. So wie die Sonne jeden Tag auf- und untergeht, so steigt die rot/rosa Energie auf und fällt ab. B23, Liebe und Licht, zeigt uns, dass Licht durch Fürsorge, Wärme, Konzentration und eine vollkommene Selbstannahme entsteht.

B23 kennzeichnet eine Schwelle im System: Im Tarot zeigt sie den Anfang der kleinen Arkana und das Ende der großen Arkana an. B23 ist der König der Stäbe; die Stäbe stellen das Feuerelement dar, und der König ist der Vertreter dieses Elements. Die Liebe, die sowohl in Hellrosa als auch in Rosenrosa gezeigt wird, ist das Feuerelement in seinem positiven Ausdruck. Hier spiegelt Feuer die zweifachen Aspekte der B23 wider, Liebe und Licht. Seit Menschengedenken diente es als Mittel zur Beleuchtung.

Bis zur Geburt von B104 war B23 die einzige Equilibrium Flasche, die Rosenrosa enthält. Rosenrosa und Rosa verbinden Leidenschaft und Mitgefühl. Mitgefühl könnte als ein echtes Fühlen beschrieben werden; als ein Fühlen jenseits des Denkens.

Verwandte Flaschen

Verwandte Farben

B80

B84

B104

Ähnlichste Pastelltöne

B52

B81

Ähnlichster Vollton

B6

Rosenrosa/Rosa hilft uns, mit unseren wirklichen Gefühlen in Kontakt zu kommen. Wir sind fähig, die Schichten unserer Reaktionsmuster zu durchdringen, um unsere wahren Gefühle zu verstehen. B23 steht in Verbindung mit dem menschlichen Ausdruck der Liebe: wie wir für uns selbst und füreinander Fürsorge, Freundlichkeit, Mitgefühl und Wärme empfinden. Wenn wir diese Qualitäten pflegen, erweitert sich die Möglichkeit zur Selbstannahme, und dies bringt dann mehr Leichtigkeit in unser Wesen. Manchmal halten wir es für einfacher, Gründe zu finden, lieber für jemand anderen zu sorgen als für uns selbst. Selbst unsere Motivation für Mitgefühl ist häufig auf etwas im Außen gerichtet. Um die Geschenke der Liebe und des Lichts voll zu entwickeln, müssen wir auch uns selbst mitfühlend einschließen.

B23 zu wählen, weist darauf hin, dass wir Liebe, Wärme und Mitgefühl geben. Sie fordert uns auch auf, mit Liebe anzunehmen, wer wir sind und so Inspiration und unendliche Weisheit im Inneren zu finden. Diese Farben sind eine erweckende Kombination, die selbst die dunkelsten Ecken des Verstands mit Liebe und Licht erhellt.

Die Flasche deutet auch an, dass wir aus Angst, Argwohn und den Frustrationen unerfüllter Liebe das Gefühl haben, nicht geliebt zu werden. Wir neigen zu Intoleranz und wollen alles beherrschen und bestimmen.

B23 um den gesamten unteren Bauch und den unteren Rücken herum auftragen, einschließlich der Wirbelsäule. In schwierigen emotionalen Situationen im gesamten Herzbereich, bei spirituellen und mentalen Schwierigkeiten um den Haaransatz herum auftragen.

B24 Violett/ Türkis

Name: Neue Botschaft

Zusammengeschüttelt: Blau-Violett

Tarotkarte: Die Königin der Stäbe

Hauptaspekt: Kommunikation von der Gefühlsseite des Wesens. Geistig inspirierte Kommunikation. Transformative Kommunikation aus dem Herzen.

Seite 107, oben: Fingals Höhle auf den westlichen Inseln von Schottland. Diese natürliche Kathedrale inspirierte John Keats, Jules Verne, Mendelsohns Ouvertüre „Die Hebriden" und viele andere.

Seite 107, unten: geflüsterte Botschaften: Statue im Museum von Orsay, Paris.

Unten: das Goetheanum, ein Zentrum für wissenschaftliche Studien über die spirituelle Natur der Menschheit und des Universums, inspiriert von Rudolf Steiner, Dornach, Schweiz.

Früher hieß die B24 „Der Bote". Die violette Energie im oberen Teil steht im Dienst der Kommunikation, die wir im Türkis finden. Es ist die kreative, innige Kommunikation. Wenn wir die Beziehung zwischen diesen beiden Farben verstehen, bekommen wir ein Gefühl für die Bedeutung des Namens Neue Botschaft.

Die türkise Energie ist verbunden mit dem, was Carl Jung als das kollektive Unbewusste beschrieb; jenem Strom des Bewusstseins, der allen zur Verfügung steht und wichtige Informationen für jeden bereithält. Das kollektive Unbewusste ist auf gewisse Art synonym oder parallel zum Prozess der Individuation, der Reise nach innen. Auf dieser inneren Reise verbinden wir uns auch mit etwas, das größer ist als unser individuelles Selbst, mit etwas aus dem kollektiven, dem universellen Bewusstsein. Jung erkannte, dass die Zeichnungen seiner Klienten synchron zu ihrem Individuationsprozess immer mehr universelle Symbole enthielten. Die persönliche Reise ist eine Reise von einer Entfremdung bis hin zu mehr Integration durch innere Einkehr und Selbstentwicklung.

Den Inhalt der B24 können wir in Zusammenhang mit den Energien des Planeten Venus sehen und daher mit Themen, die unser emotionales Leben betreffen. Die Neue

Verwandte Flaschen

Verwandte Farben
B37

B38

Umgekehrt
B49

Ähnlichster Pastellton
B44

Botschaft der B24 kommt aus diesem universellen/kollektiven Bewusstsein und kann auch durch dieses empfangen werden. Gelingt es uns, eine Verbindung mit der türkisen Energie aufzunehmen und sie im Dienst (Violett) für die Welt anzubieten, wird das leichter verfügbar, was das Türkis in sich trägt und repräsentiert. Die Spiritualisierung des Kollektiven kann sich vollziehen. Dies ist die Neue Botschaft, der Bote für eine neue Zeit. Solch ein Bote trägt Wärme und Fürsorge in seinem oder ihrem Herzen, vermag dies an andere weiterzugeben, ist in Harmonie und in Frieden, und indem er sich einsetzt, trägt er zu Ausgleich und Wohlergehen bei. Dieser spirituelle Mensch hat das Potenzial, andere zu erwecken, sodass sie sich darauf besinnen, sich selbst Liebe zu geben.

Die Neue Botschaft erhebt sich in der Antwort auf die Frage „Wer bin ich?“ – eine Frage, die sich im Ananda Khanda stellt. Die Neue Botschaft fordert uns auf, mit der kreativen Kommunikation unserer Herzen durch die Gefühlsseite unseres Wesens in Kontakt zu sein und diese Energie in den eigenen Tiefen zu nutzen, um unser Denken zu transformieren. Im Türkis/Violett wird die Kreativität des Türkis durch unseren Einsatz angeboten, um die Neue Botschaft, den neuen Gesichtspunkt, kreativ in die Welt zu bringen. Diese Flasche ist für jene Menschen geeignet, denen es nicht leicht fällt zu kommunizieren oder ihre Gefühle zum Ausdruck zu bringen, die argwöhnisch sind oder es als schwierig empfinden, mit Schmerz oder schmerzhaften Prozessen zurechtzukommen.

Der Inhalt dieser Flasche wird um den Herzbereich herum und über den Rücken und die Wirbelsäule aufgetragen. Bei Problemen mit der Sprache oder mit der Kommunikation wird er um den Hals herum aufgetragen.

B25 Rotviolett/ Magenta

Name: Florence Nightingale Flasche

Zusammengeschüttelt: Rotviolett (Purpur)

Tarotkarte: Der Ritter der Stäbe

Hauptaspekt: Ein Mystiker. Jemand, der von der Inspiration von oben genährt wird. Ein Pioniergeist im Dienst am Nächsten.

Florence Nightingale (1820-1910) brachte mit ihren Kenntnissen in der Krankenpflege, ihrer Qualität im Dienst und ihrer spirituellen Sichtweise neue Impulse in die Krankenpflegepraxis vieler Länder.[25-a] Sie legte viel Wert auf Sauberkeit und erwies sich gegenüber Patienten und Kolleginnen aus der Krankenpflege als fürsorglich. So zeigte sie bedingungslose „Liebe in den kleinen Dingen". Es ist Magenta in seiner lichterfüllten Form im Vergleich zum Tiefmagenta im unteren Teil der Flaschen des „Erste Hilfe"-Sets. Violett im oberen Teil der B25 steht für Dienen und energetisch ausgleichende Energien zur Förderung der Selbstheilung. Florence Nightingale kennt man als die Dame mit der Lampe. Viele Bilder von ihr stellen sie mit einer Öl-Laterne dar, mit deren Hilfe es ihr möglich wurde, den Weg zu finden, wie sie zu den Bedürftigen gelangen konnte, die entweder in einem Krankenhaus oder auf dem Schlachtfeld lagen.

In der ersten Phase der mystischen spirituellen Entwicklung zeigt sich ein Erwachen des Selbst für das göttliche Bewusstsein, für die direkte, unmittelbare Gegenwart Gottes. Dieses Ereignis geschieht beinahe immer unerwartet und gut erkenntlich – und ist eine Erfahrung der „Straße nach Damaskus". Es löst eine vollständige Veränderung des Bewusstseins zu einer höheren Ebene aus. Florence Nightingales Erwachen in

Seite 109, oben: Sommerblüten in Middlebury, Vermont.
Seite 109, unten: Schönheit im Herbst in Manchester, Vermont.
Unten: Sonnenuntergang über dem Ozean bei den Galapagos Inseln.

Verwandte Flaschen

Verwandte Farben

B16

B65

B78

Ähnlichster Pastellton

B36

ihren späten Sechzigern war genau solch ein bemerkenswertes Ereignis. Sie erlebte ein plötzliches inneres „Wissen“, das für den Ruf der Mystik bezeichnend ist.[25-b] Häufig geht dem Moment des Erwachens eine Periode der Ruhelosigkeit und Unsicherheit voraus oder auch Aktivitäten, zu denen sich jemand hingezogen fühlt und ihn oder sie für ihre Begegnung mit dem Göttlichen vorbereiten – wie beispielsweise Florences selbstloses Vertiefen in die Krankenpflege während der Grippeepidemie von 1837.

Daher weist diese Flasche darauf hin, dass wir, wie damals Nightingale, zum Dienen aufgerufen sind und dabei eine tiefe Fürsorge zeigen sowie auch die Fähigkeit, die gesamte Situation zu erkennen. Wir verfügen über große Ausdauer und vollenden, was wir angefangen haben. Wenn wir es zulassen, vermag die Magenta-Energie durch uns zu fließen. Dies ist Liebe von oben, vom Seelenstern, dem achten Chakra, unserer Verbindung mit der „Quelle“ und zeigt sich als Liebe, die in alle Aspekte und Momente eingebracht wird, die sich im Leben ergeben. Diese Qualität der Aufmerksamkeit und Fürsorge vermag das Leiden von Menschen zu lindern, die ihre innere Ruhe verloren haben. Symbolisch repräsentiert B25 folgende Aspekte: Dienen und heilsame Liebe aus einer göttlichen Quelle in achtsame Fürsorge eingebracht.

Wird diese Flasche in der zweiten Position gewählt, sind oft schwierige Prozesse mentaler, physischer oder emotionaler Art vorausgegangen, oder wir sind in einem Regenerationsprozess und auf dem Weg der Besserung nach einer schweren Zeit. Wenn wir ein Trauma oder ernsthafte Schwierigkeiten hinter uns haben, gehen wir durch eine Regenerationsphase, in der unser Körper immer noch seine Reserven sammelt, obwohl es uns schon besser geht. B25 kann Symbol für den Prozess sein, solche Energien zu sammeln. Da unser Immunsystem anfällig ist, müssen wir weiterhin vorsichtig sein. Bei andauernder Erschöpfung[25-c] kann diese Flasche zur Unterstützung eingesetzt werden.

Rotviolett/Magenta ermutigt uns, ausreichend Fürsorge zu beanspruchen, um uns vollständig zu erholen. Pfleger, Krankenschwestern oder Mediziner, die aktiv in der Fürsorge für jemanden eingebunden sind, der sich von ernsthaften Prozessen erholt, mögen sich ebenfalls zu dieser Farbkombination hingezogen fühlen. Themen, auf die durch B25 aufmerksam gemacht wird, sind große Enttäuschungen, Rekonvaleszenz und das Bedürfnis nach Liebe. Diese Flasche kann auf Impulsivität und mangelndes Einfühlungsvermögen hinweisen und helfen, Schuldgefühle auszugleichen. B25 um den Haaransatz herum auftragen.

B26 Orange/ Orange

Name: Ätherische „Erste Hilfe"
Zusammengeschüttelt: Orange
Tarotkarte: Der Page der Stäbe
Hauptaspekt: Heilung der Zeitlinie. Hilft, Widersprüche zu vereinen, um ein Gleichgewicht und Synchronizität zu erlangen.

B26 gehört zu den beliebtesten Flaschen. Die Form des Eies ist eine der wenigen Formen, die mit dem menschlichen Bewusstsein vollkommen in Harmonie ist. Das Ei stellt das ätherische Feld dar, das Feld entwickelten Bewusstseins in Zusammenhang mit dem ätherischen Körper. Der ätherische Körper ist das orangefarbene Band, das über das bioenergetische Feld des physischen Körpers hinausgeht.

Bei unserer Geburt ähnelt die Form, die unseren physischen Körper umgibt, der Gestalt eines Pilzes oder eines Baumes. Wenn unser Körper dann wächst und unser Bewusstsein sich entfaltet, bietet sich uns die Gelegenheit zur Entwicklung unserer feinstofflichen Körper, den physischen Körper umgebend. Aus dieser baum- oder pilzähnlichen Form entfaltet sich der leuchtende eiförmige ätherische Körper und wird noch leuchtender.

Der Humpty Dumpty des traditionellen Kindergartenreims hat die Körperform eines Eies. Die bekannteste Version des Reims beginnt so:

Humpty Dumpty saß auf dem Wall.
Humpty Dumpty tat einen tiefen Fall.
Alle Pferde des Königs und all seine Mannen
brachten den Humpty nicht mehr wieder zusammen.

Die Pferde sind Symbol für den emotionalen Körper.[26-a] Die Emotionen und jemand mit Autorität, wie beispielsweise der König, müssen einen wesentlichen Anteil bei der Wiederherstellung im Hinblick auf das Bewusstsein des Eies beisteuern. Jedoch weder durch Autorität noch durch Emotionen kann Humpty Dumpty wieder zusammengebracht werden. Einzig mithilfe anderer Kräfte kann das Ei seine ursprüngliche Unversehrtheit, sein „Ganzsein" wiedererlangen.

Verwandte Flaschen

Verwandte Farben

B5

B6

B40

Ähnlichster Pastellton

B87

Rechts: Humpty Dumpty

Seite 110, oben: Tore im Zentralpark, geschaffen von Christo und Jeanne-Claude als öffentliches Kunstwerk in New York City. Es gab 7500 Tore, die entlang der Spazierwege im Park im Februar 2004 für zwei Wochen aufgestellt wurden. Die zeitgenössische Art des Projekts verleiht ihrer Arbeit ein starkes Verlangen, es zu sehen.

Seite 110, unten: Zelte auf der Kamelmesse von Pushkar in Indien. Jeden November bei Vollmond wird die kleine Stadt Pushkar von vielen Tausend Menschen und Kamelen zum Leben erweckt. Ursprünglich war die Messe ein spirituelles Ereignis und gleicht nun einem Zirkus mit Kamel- und Pferderennen, Kamelschönheitswettbewerben und tanzenden Frauen mit prächtigen farbigen Saris. Menschen, die mit ihren Kamelen kommen, bleiben bei ihnen und schlafen auf dem Boden oder in Wagen. In der Vollmondnacht ist die Luft mit Stimmen von Hunderten singender und betender Frauen erfüllt.

Zu beachten: Auch das Bild auf Seite 270 ist ein visueller Ausdruck dieser Flasche.

Bei Aura-Soma hat die Humpty Dumpty Flasche, wie Vicky sie nannte, eine Bedeutung im Zusammenhang mit der gesamten menschlichen Bewusstseinsentwicklung. Dies gilt im Hinblick auf das Verständnis der feinstofflichen Felder, und wie die Entwicklung dieser Felder sich als Ei offenbart.

Als Ätherische „Erste Hilfe" hat die Flasche ähnliche Auswirkungen. Nach Überwindung eines Traumas ist die Ätherische „Erste Hilfe" hilfreich, die „Teile" wieder zusammenzubringen. Bei einem traumatischen Erlebnis bewegt sich die „Wahre Aura", die üblicherweise im goldenen Bereich ist, im Zentrum des Selbst, zum ätherischen Spalt hin. Dieser befindet sich auf der linken Seite des Körpers zwischen dem unteren linken Rippenbogen und dem Beckenrand. Die Anwendung der B26 kann uns unterstützen, die „Wahre Aura" zum goldenen Bereich zurückzubringen.

Im Leben jeder Seele gibt es viele Erinnerungen, bei denen es um Todeserfahrungen geht. Einige dieser Tode waren traumatischer Art oder standen in Zusammenhang mit Schocks. Traumatische Erfahrungen können uns aus der Ausrichtung mit unserer Zeitlinie bringen, und dies wiederum verringert unser Potenzial von allem, was wir sein können und führt dazu, dass wir nicht in Synchronizität sind. Diese Flasche auszuwählen weist darauf hin, dass das Bedürfnis da ist, die Vergangenheit loszulassen. Ungelöste Schocks führen zu Unschlüssigkeit und Schwierigkeiten mit Beziehungen und laufen darauf hinaus, von Angstgefühlen geplagt zu sein oder außer sich vor Wut zu geraten. B26 hilft, die Zeitlinie zu klären und nach traumatischen Erfahrungen der Vergangenheit wieder in Synchronizität zu kommen. Dabei spielt es keine Rolle, ob die Erfahrungen in diesem Leben oder in früheren Inkarnationen gemacht wurden. Sie bringt unsere Aufmerksamkeit auf die Gegenwart und auf die Zukunft.

B26 ist Teil des Chakra-Sets und bezieht sich auf das zweite Chakra, das Sakralzentrum. Sie wird auf eine ganz bestimmte Weise aufgetragen: zuerst um den ganzen Unterbauch herum und dann vom linken Ohrläppchen bis zur linken Schulter in einem schmalen Band abwärts. Anschließend, unter dem linken Arm beginnend, in einem breiteren Band die ganze linke Seite des Körpers hinab bis zum Fußknöchel. Bei Schwierigkeiten mit der Schilddrüse kann sie um den Hals herum aufgetragen werden. Bei Muskelanspannungen wird sie auf die betroffenen Stellen einmassiert. In Situationen extremen Festhaltens – unter allen Umständen, von der Verstopfung bis hin zum Festhalten an alten Beziehungen, Angst oder Eifersucht – um den Unterbauch herum auftragen. Bei Tieren wird sie nur um den Bauch herum aufgeben.

B27 Rot/Grün

Name: Robin Hood

Zusammengeschüttelt: Rot

Tarotkarte: Die Zehn der Stäbe

Hauptaspekt: Gleichgewicht zwischen Kopf und Herz und zwischen Wurzel und Herz, wo wir die Beziehung von innerem Mann und innerer Frau finden.

Die ursprünglichen Farben des Tao, Rot und Grün, sind die Farben, aus denen sich die Anteile der B27 und B28 zusammenfügen. Die alten Chinesen, Anhänger des Tao, wählten Rot und Grün, anstelle von Blau und Gelb, welche auf den ersten Blick die Primärfarben sind, um die polarisierte Welt durch Farbe zu unterscheiden. Im „ku Symbol", dem traditionellen Symbol des Tao, haben Licht und Dunkelheit die Form von Kaulquappen in der Gestalt einer 69. Immer erscheint das Licht als Kreis innerhalb der dunklen Kaulquappe, und die Dunkelheit erscheint als Kreis innerhalb der lichten Kaulquappe. So wird das Yin im Yang und das Yang im Yin als Teil dessen bestätigt, wie wir im Wesentlichen das Tao verstehen. Licht und Dunkelheit, wie von Rot und Grün dargestellt, werden beide durch die Kombination von Blau und Gelb gebildet. Das Hinzufügen von Licht in der geeigneten Dichte kann sie als Rot zusammenbringen; die Addition der Pigmente bringt sie als Grün zusammen. Von der Idee her kann sich ein sehr aufschlussreiches Verständnis durch das Nachsinnen über dieses Thema entwickeln.

Rot über Grün weist auch auf die Verbindungen zur materiellen Seite des Lebens hin. Nach der Legende kam Robin Hood als Robin von Loxley auf die Welt. Er war ein Edelmann des 12. Jahrhunderts.[27-a] Als er von den Kreuzzügen, dem „Heiligen Krieg" zurückkehrte, sah er, dass in seiner Abwesenheit neue Herrscher sein Land beschlagnahmt und neue Gesetze eingeführt hatten. Die reichen Edelleute und andere Personen in Machtpositionen, nahmen den Menschen ihr Land weg und fügten ihnen Schaden zu. Als er diese schwierigen Bedingungen sah, brach Robin Hood auf, um die Dinge wieder in Ordnung zu bringen. Damit wurde er zum Geächteten und lebte von da

Verwandte Flaschen

Verwandte Farbe

B29

Umgekehrt

B28

Ähnlichster Pastellton

B57

Oben: Metrosideros, ein Baum aus einer Reihe von Pflanzensorten, die Neuseeland ungefähr vor 200 Millionen Jahren von Gondwana erbte.

Seite 113, oben: ein seltenes magisches Geschenk der Sonne. Diese atemberaubend schöne Darstellung von Nordlichtern mit großen Flecken von Rot wird von Sonnenaktivität und Sonnenwind verursacht; fotografiert auf dem Cleary Gipfel (Höhe 1260 m), 32 km außerhalb von Fairbanks, Alaska.

Seite 112, links: Liebesskulptur beim College von Middlebury in Middlebury, Vermont.

Seite 112, rechts: Protest für Freiheit und Gerechtigkeit am 5. Juni 2004 in Rom, Italien.

an mit seinen Sympathisanten in den Wäldern. Robins Gruppe wurde manchmal als „die Männer in Grün" bezeichnet. Rot/Grün erzählt die Geschichte der Verbindung mit der materiellen Seite des Lebens: Überleben durch Rot und die Suche nach Wahrheit und Gerechtigkeit im Grün.

Robin Hood hatte alles verloren. Doch durch diesen materiellen Verlust fand er zu einer neuen Lebensweise. Daher weist diese Flasche auf Durchhaltevermögen, Entschlusskraft, Energie und eine Begeisterung fürs Leben hin. Wir sind ehrlich und fähig, die richtigen Entscheidungen zu treffen und verfügen über die Energie, das, was wir fühlen, in die Tat umzusetzen.

Aufgrund von Robins Erfahrung von Verlust wurde alles auf den Kopf gestellt. Wie wir anhand der Farben in dieser Flasche erkennen können, werden die umgekehrten Qualitäten der Flasche in der umgedrehten Position des Rots (das Wurzelchakra) über dem Grün (dem Herzchakra) widergespiegelt. Die Gegenüberstellung dieser zwei Teile in den Flaschen gibt uns auch einen Einblick in die Bedeutung der Flasche: Die materiellen Hinweise im oberen Teil (Rot) stehen über dem Festhalten an der Wahrheit (Grün).

Bei Frauen weist diese Flasche auf Schwierigkeiten mit Männern oder auf eine Trennung bzw. Scheidung hin. B27 kann Männern oder Frauen helfen, mit Transsexualität umzugehen, der Erfahrung, sich wie eine Frau in einem Männerkörper zu fühlen oder umgekehrt. B27 zeigt Themen auf, die mit dem Erleben von Verantwortung als Last einhergehen und infolgedessen mit Gefühlen der Bitterkeit und Frustration oder dem Wunsch, den Platz eines anderen einnehmen zu wollen. Diese Flasche legt nahe, dass wir uns unsere Gefühle nicht erlauben, tatsächlich aber im Herzen sehr wütend sind und uns dies nicht einmal selbst eingestehen.

Der Inhalt dieser Flasche wird um den ganzen Leib herum aufgetragen.

Es ist sinnvoll, auch die Erklärungen zu B28, Maid Marion zu lesen, da der Sinngehalt der B27 und B28 auch jeweils für die andere Flasche gilt.

B28 Grün/Rot

Name: Maid Marion

Zusammengeschüttelt: Rot

Tarotkarte: Die Neun der Stäbe

Hauptaspekt: Erwachen des Herzens. Ein Gleichgewicht zwischen dem Weiblichen und Männlichen, dem Intuitiven und Analytischen.

Maid Marion war Robin Hoods Gefährtin und Geliebte. B28, Grün/Rot, Maid Marion, wird manchmal von Frauen gewählt, die als „Fußabtreter" stereotypisiert werden. Wenn eine Frau erkennt, auf diese Weise benutzt worden zu sein, entscheidet sie sich, sich von dieser Situation zu verabschieden. Auf psychologischer Ebene erkennt sie, dass ihre Situation mit Abhängigkeitsfaktoren der männlich/weiblichen Beziehung in ihr selbst verbunden ist. Mit anderen Worten, wenn ihre Mutter sich immer so benahm, dass sie in einer Position war, für ihren Ehemann die Schuhe zu putzen, was bedeutet, dass er ständig die dominierende Rolle einnahm, dann war der Vater der Frau in keiner empfangsfähigen Position. Im Hinblick auf Abhängigkeiten ist es wahrscheinlich, dass die Frau als Kind Erfahrungen machte, bei denen die linke Seite des Gehirns und die rechte Seite des Körpers übermäßig beansprucht wurden. Daraus entwickelte sich eine dominante männliche Seite, die die weibliche intuitive Seite auf beherrschende Art und Weise benutzt. Daher

Verwandte Flaschen

Verwandte Farbe

B30

Umgekehrt

B27

Ähnlichste Pastelltöne

B21

B99

zeigt der „Fußabtreter“ sowohl eine innere als auch eine äußere Situation auf. Das ist ein unglücklich machendes Konzept, aber eines, das zu einer Haltung passt, die einige Männer und Frauen gegenüber bestimmten Frauen haben. Wenn ein Mann diese Flasche auswählt, kann dies auf Schwierigkeiten mit Frauen hinweisen.

In der Geschichte von Robin Hood und Maid Marion wusste der Sheriff von Nottingham (der Verwalter dieser Region), dass Marion mit Robin liiert war und ihn liebte; angeblich behandelte der Sheriff Marion deshalb schlecht und versuchte sie dafür zu benutzen, zu bekommen, was er wollte. Robin Hood hatte seinen Titel, sein Heim und sein Land abgegeben, um mit einer Gruppe von Menschen im Wald zu leben, die seine Arbeit gegen die neuen Landgesetze unterstützten. Auch Maid Marion erkannte den Irrtum der neuen Gesetze, empfand es aber als zu schwierig, ein Leben in einem prächtigen Haus mit Bediensteten aufzugeben, um in den Wäldern mit Robin das Leben einer ärmlichen Bäuerin zu führen. Deshalb blieb sie in ihrer Position und verbrachte ihr Leben damit, ständig falsche Tatsachen vorzuspiegeln. So gelang es ihr, Robin über die Strategien des Sheriffs von Nottingham und König Johns zu informieren.

Obgleich Rot/Grün und Grün/Rot Kombinationen auf Verwirrung und Schwierigkeiten hinweisen, erkennt man bei beiden auch ein Ganzsein und ein vollkommenes Gleichgewicht.

Sowohl bei B27, als auch bei B28 geht es um geschlechtsspezifische Anliegen und möglicher Verwirrung in diesem Bereich. Ein entsprechendes Thema bezieht sich auf das Gleichgewicht oder Ungleichgewicht der männlichen und weiblichen Energien. Die Tendenz besteht, eine Vorliebe für Rot/Grün oder Grün/Rot zu haben, wenn wir eine Scheidung oder eine Trennung durchmachen und die männlich/weibliche Beziehung in unserem Inneren neu einschätzen.

Ein Mann, der B28 auswählt, denkt darüber nach, wie er die Geltung und Kraft seines inneren weiblichen Selbst erlebt. Eine Frau, die erkennt, dass sie auf die falsche Weise gebraucht wurde und nun entscheidet, dass sie nicht länger gewillt ist, als Fußabtreter zu dienen, wählt häufig B28 aus. Diese Flasche spiegelt ihre Gefühle hinsichtlich ihrer ganzen Situation wider.

B28 zu wählen zeigt auf, dass wir den Raum gefunden haben, unsere Energien zu lenken und unserer Intuition zu vertrauen. Diese Flasche deutet an, dass wir ehrlich mit uns selbst und mit anderen werden, was mehr Freude und Glück bringt. Andererseits kann sie aufzeigen, dass wir dem eigenen Urteilsvermögen nicht trauen, was auf das falsch angebrachte Vertrauen in andere zurückzuführen ist oder auf mangelndes Vertrauen als Ergebnis dessen, dass wir nicht Raum geschaffen haben zu erkennen, was für uns selbst wahr ist.

Der Inhalt dieser Flasche wird um den ganzen Leib herum aufgetragen.

Oben: rote und grüne Blätter.

Links: Sommerpalast, ein Ruhesitz in der Nähe von Peking, China.

Rechts: Wilder Wein, der am Gemäuer der Dartington Halle in Totness, Devon, England wächst.

B29 Rot/Blau

Name: Steh' auf und wandle
Zusammengeschüttelt: Violett
Tarotkarte: Die Acht der Stäbe
Hauptaspekt: Leben in der materiellen Welt. Ausbalancieren der Extreme im Solarplexus.

Die umgedrehte B29 ist die B30, Blau/Rot, mit den gleichen Farben im umgekehrten Verhältnis. Beide verschütteln sich zu Violett, der Farbe, die für Heilung durch Dienen steht. B29 und B30 könnten einerseits als Gegensätze betrachtet werden, anderseits enthalten sie ähnliche Energien, mit denen jedoch anders umzugehen ist, und die auch auf andere Art spürbar werden.

Bei der „Steh' auf und wandle" ist die rote Energie im oberen Teil und Blau unten. Sie zeigt uns die Verfügbarkeit der Energie, die benötigt wird, um loszugehen und etwas zu tun, um wirklich voranzugehen und etwas aus der Inspiration heraus zu verwirklichen. Wesentlich für die B30, mit dem Blau oben und dem Rot unten, ist, abzuwarten, darüber nachzudenken und im Frieden mit unserer Inspiration zu sein, bevor wir etwas unternehmen.

Rechts: Brücke in Concord, Massachusetts, wo der erste Schuss der Amerikanischen Revolution abgefeuert wurde, im Gedenken an das Gedicht „Concord Hymn" von Ralph Waldo Emerson. „Bei der einfachen Brücke, die die Flut überspannt/Entfaltete sich ihre Flagge in der Aprilbrise/ Hier standen einst die Farmer aufgereiht/Und feuerten den Schuss, der um die ganze Welt gehört wurde."

Seite 117, oben: ein Ladengeschäft am Dalsee in Kaschmir, wo Shakara einkaufte.

Seite 117, unten: Herstellen von Tonziegeln auf der Insel Flores in der Nähe von Tengaara, Indonesien.

Verwandte Flaschen

Umgekehrt
B30

Ähnlichster
Pastellton
B57

Verschüttelt
B16

Die Wahl dieser Farbkombination legt nahe, dass wir sehr leistungsorientiert sind, energetisch zum Dienen motiviert, erfolgreich, sogar materialistisch und dass wir viel Lebensenergie haben und diese in die Welt einbringen. Die Überlebensthemen sind aufgrund eines Gefühls von innerem Frieden nicht mehr das Kernthema. Die andere Seite ist die, dass wir laufend auf Kosten des inneren Friedens einem materiellen Gewinn nachjagen. In diesem Fall weist B29 auf die Notwendigkeit hin, inneren Frieden zu fühlen, der nicht länger von Wut, Frustration, Bitterkeit und der materiellen Seite des Lebens überschattet ist.

B29 ist hilfreich, wenn wir über wenig Energie verfügen. Sie wird um den ganzen Leib herum aufgetragen.

B30 Blau/Rot

Name: Den Himmel auf die Erde bringen

Zusammengeschüttelt: Violett

Tarotkarte: Die Sieben der Stäbe

Hauptaspekt: Kopf im Himmel, Füße auf der Erde. Erwachen für die Kommunikation des Friedens.

B30 und B29 verschütteln sich beide zu Violett, der Farbe, die Heilung durch Dienen repräsentiert. In B30, Blau/Rot, ist mit dem blauen Anteil das Blau des Himmels gemeint, während das Rot mit der Erde assoziiert wird. Einer von Vickys Lieblingssprüchen war: „Den Kopf im Himmel, die Füße auf der Erde, das Zentrum frei im Fluss" (siehe B65). Der goldene Bereich des Körpers zwischen Rot und Blau ist in unserer Mitte, mit der Erinnerung an die erste Zelle, der „Wahren Aura", dem Inkarnationsstern. Dieser goldene Bereich liegt innerhalb des physischen Körpers zwischen Himmel und Erde. Je mehr Aufmerksamkeit wir diesem Ort schenken, desto größer ist die Möglichkeit, den Himmel auf die Erde zu bringen. Wenn das goldene Zentrum in Harmonie und entspannt ist, fügt sich all das zusammen, was das Zentrum umgibt.

Verwandte Flaschen

Ähnlichste

Pastelltöne

B20

B58

Verschüttelt

B16

Das Blau im oberen Teil der B30 zeigt den klaren Verstand oder den Frieden im bewussten Denken; das Rot repräsentiert Erdung und die Kraft, zu der wir gelangen, wenn wir die Füße auf der Erde haben. Wenn das Blau im Bewussten sich mit dem Rot im Unterbewussten verbindet, um Violett zu erzeugen, wird Wandlung als Voraussetzung zur Heilung möglich. Himmlische Möglichkeiten werden auf die Erde gebracht. Daher trägt diese Flasche die Energie, uns wach werden zu lassen für das Wissen, wer wir sind und für die Fähigkeit, dies zu zeigen. Sie weist auf Frieden hin, auf Betrachtung der Überlebensthemen und auf ein Potenzial zum Dienst an anderen. Ein Hinweis auf die innere Stärke, eine Sache durchziehen zu können.

B20, Sternenkind, ist in dieser Flasche „verborgen" und bedeutet, dass wir unser inneres Kind heilen möchten und das Bedürfnis haben, Wut und Frustration loszulassen. Es könnte uns missglücken, leidenschaftliche Gefühle auf freundlich angenehme Weise mitzuteilen.

B30 wird um den ganzen Leib herum aufgetragen. Bei Kopfschmerzen und spirituellen Problemen kann sie auch um den Haaransatz herum aufgegeben werden.

Oben: Licht scheint durch ein Buntglasfenster in der Lincoln-Kathedrale in Lincoln, England.

Links: Schrein am Straßenrand in Österreich.

Seite 118: Haus in Røst, Norwegen, ein Land, das erstmalig von den Hyperboräern besiedelt wurde. Røst, eine kleine Insel am äußeren Ende der Lofoten, ist ca. 190 km nördlich des Polarkreises. Die milden Winter, kühlen Sommer und unerbittlichen Winde sind ideal für den Fischexport als Lebensunterhalt der Inselbewohner. Die Kulisse der Insel ist eindrucksvoll – tischebenes Sumpfland vor steil aufragenden Felswänden, in denen die größte Nistvogelkolonie Norwegens beheimatet ist.

B31 Grün/Gold

Name: Die Fontäne

Zusammengeschüttelt: Olivgrün

Tarotkarte: Die Sechs der Stäbe

Hauptaspekt: Die Weisheit des Herzens. Den Raum geben, sodass intensivste Freude aus den Tiefen unseres Selbst emporsteigen kann.

Diese Farbkombination spricht die drei Ebenen oder Aspekte unseres Wesens an. Um dies verständlich zu machen, wollen wir eine Metapher über die drei Hirne betrachten: das intellektuelle Hirn, das emotionale Hirn und das instinktive Hirn, das für automatische Bewegungsvorgänge zuständig ist. Das intellektuelle Hirn befindet sich über dem Nacken, an der Stelle, wo wir Gedanken aufnehmen. Das emotionale Hirn befindet sich im Bereich des Zwerchfells, dort, wo wir das Gefühl für etwas bekommen. Das instinktive Hirn befindet sich in der Beckengegend und ist der Bereich, in den das Gefühl für etwas „zugeführt" wird. Sobald dies geschieht, müssen wir nicht länger darüber nachdenken oder fühlen, wie wir etwas tun sollen; es geht einfach von selbst. Dies ist in etwa so, wie der Vorgang des Fahrrad fahren Lernens. Irgendwann einmal können wir es und reagieren automatisch. Wenn wir uns die Hirne als Schalen an ihren jeweiligen Stellen vorstellen, ist es leicht, sich die Energiebewegung zwischen den Gedanken, Gefühlen und Bewegungen vorzustellen, wie sie einer Fontäne gleich, von einer Schale zur nächsten hinabfließt.

Jeder Mensch hat ein angeborenes und ein entwickeltes Bild von Energiestrukturen, die von einer höheren Warte aus feststellbar sind. Die Seele und unser ganzes Wesen sind für diese Strukturen empfänglich. Stellen wir uns eine Fontäne vor, steigt die Energie anfänglich in den Kopf und fließt dann in den fühlenden Bereich über. Von dort fließt die Energie in den instinktiven Bereich unseres Wesens. Damit eine Fontäne effektiv arbeiten kann, muss sie eine Kraftquelle haben, die die Energie nach oben treibt, sodass sie anschließend abfallen kann. Dies hat eine Parallele zum Verständnis der menschlichen feinstofflichen Anatomie und den drei Sternen. Die Energiequelle bei einem Menschen ist die goldene Energie des Inkarnationssterns. Die Reise dieser Energie beginnt mit dem Erdstern, wenn die rote Energie an der Wurzel zu Rosa wird und ihren Weg zum Inkarnationsstern dieses Menschen einschlägt. Sobald die Reise des Rosa losgeht, beginnt eine ähnliche energetische Bewegung im Seelenstern und reist abwärts zum Smaragd des Herzens (siehe das Schaubild der feinstofflichen Anatomie, Seite 24).

Zusammen kreieren der Fluss zwischen den drei Schalen und die energetische Bewegung, welche die drei Sterne in einem Menschen verbindet, das Bild einer Grün/Goldenen Fontäne. Der goldene Bereich kommuniziert mit dem Smaragd des Herzens im Selbst. Hat die Weisheit (Gold) im Inneren den Raum gefunden, sich durch das Herz (Grün) auszudrücken, empfinden wir Freude und Harmonie. Unter diesem Gesichtspunkt kann B31 uns helfen, einen persönlichen Kraftplatz, einen Ort in der Natur zu finden, wo wir uns wohl und besonders „angeschlossen" fühlen.

Grün und Gold reichen auch zurück bis zum Grünen Mann mit seiner Verbindung zu Vegetationsmythen und überaus großen Opfern - die Jugend, die stirbt und wiedergeboren

Verwandte Flaschen

Verwandte Farbe
B4

Verwandt und umgekehrt
B7

Verschüttelt
B91

Links: Schamanin mit einem heilenden Trank, in der Nähe der Kilembe Minen in Uganda.
Rechts: Fontäne im islamischen Stil in Spanien.

wird. Das Grün des Grünen Mannes weicht dem Gold der Wandlung und der Wiedergeburt.

B31 wirkt unterstützend und schenkt uns Ruhe, wenn wir vor Prüfungen stehen. Sobald wir das Gleichgewicht zwischen der Wahrheit unseres Herzens und der Weisheit des Bauches gefunden haben, sind wir wahrscheinlich ehrlich und integer. B31 kann auch darauf hinweisen, dass wir es aufgrund von Ängsten, die wir nicht auszudrücken vermögen, schwierig finden, Entscheidungen zu treffen. Eifersucht, Sorge und Neid halten uns davon ab, Energie und positive Emotionen zu fühlen.

Der Inhalt dieser Flasche wird in einem Band um den Körper zwischen dem Herzen und dem Bereich unterhalb des Nabels aufgetragen.

B32 Königsblau/ Gold

Name: Sophia

Zusammengeschüttelt: Smaragdgrün

Tarotkarte: Die Fünf der Stäbe

Hauptaspekt: Klarheit über die uns innewohnende Weisheit. Eine Botschaft von den Sternen.

Bei den traditionellen Tarotbildern, wie z. B. dem Rider-Waite Tarot, zeigt die Fünf der Stäbe eine Gruppe von Menschen, die anscheinend aneinander geraten sind. Bei näherer Betrachtung jedoch streiten diese Menschen nicht miteinander, sondern bilden vielmehr einen fünfzackigen Stern. Königsblau und Gold sind komplementäre Gegensätze. Wie die Fünf der Stäbe integrieren sie sich zu einem Ausdruck innerer Wahrheit, und wenn sie sich verbinden, bilden sie ein wunderschönes Grün, obwohl es so aussieht, als seien sie sich nicht einig.

Sophia ist die Göttin der Sterne; Rudolf Steiner spricht in seinen Theorien über Sophia von kosmischer Intelligenz.[32-a] Wenn wir die Aufmerksamkeit in unseren Bauch bringen, zum inneren goldenen Bereich, begeben wir uns in den dunklen Nachthimmel. In dieser Dunkelheit sehen wir alle Sterne, die es gibt. Das Sternensystem, das wir bei Nacht sehen, ist nur eine Widerspiegelung dessen, was innen ist und umgekehrt. In jedem von uns gibt es eine Sternennacht, wie am Himmel oben.

Bei dieser Farbkombination verbindet sich Königsblau, die höhere Intuition, mit dem goldenen Bereich im Selbst. Zusammengeschüttelt vermischen sich die Farben zu Smaragdgrün, das die Gefühlsseite des Lebens aufzeigt, ein Aspekt, mit dem die smaragdgrünen Themen eng verwoben sind. B32 weist auf unsere Schöpferkraft hin, die möglicherweise von Schwierigkeiten verschleiert ist, oder sie legt nahe, dass wir eine Quelle innerer Weisheit (Gold) in uns haben, die wir zum Wohle anderer (Königsblau) jenen Menschen mitteilen sollten, welche von dieser Weisheit profitieren könnten.

Um den Smaragd in seinem Bildungsprozess zu fördern, ziehen wir den Atem in den Bauch, den goldenen Bereich. Wenn Aufmerksamkeit und Atem in diesen Bereich gelenkt worden sind, sind wir in der Lage, mehr Klarheit zu den Sinnestoren (dem Königsblau) zu bringen und die Weisheit der Wahren Aura im goldenen Bereich mit Klarheit zu unterstützen. Königsblau hilft uns, unsere klare Herzenswahrheit (Smaragd) zum Ausdruck zu bringen.

Sophia bezieht sich auf die tieferen Aspekte des weiblich Intuitiven. Die Fähigkeit, zu beobachten und intuitiv wahrzunehmen, hilft, darunterliegende Muster zu enthüllen. Gewisse Muster im Königsblau handeln von Autorität, Einschüchterung und Manipulation und können zu Ängsten im bewussten oder unbewussten Denken beitragen. Emotionale Strukturen und Antworten auf diese Themen werden ans Licht gebracht, wenn sich Königsblau und Gold vereinen und Smaragdgrün hervorbringen. Alle Funktionen des höheren Verstands werden dem sechsten Chakra, dem Königsblau, zugeordnet. Die Kombination tief gehender Einsichten des Königsblaus und der Weisheit des Goldes unterstützt uns, der eigenen Wahrheit gewahr zu werden.

B32 hilft, alte Erinnerungen auszulösen und fördert die Verbindung zu Inkarnationen bei den Azteken, Mayas oder Tolteken. Möglicherweise wurden manche, die diese Flasche

Verwandte Flaschen

Verwandte Farben
B47

B72

Umgekehrt
B97

Ähnlichster
Pastellton
B94

Verschüttelt
B10

an erster Stelle wählen, mit der Nabelschnur um den Hals herum geboren. Dies ist eine Erfahrung, die Themen aus einem vergangenen Leben widerspiegeln könnte. Angst und Sorgen, die im Inneren gehalten werden, führen zu Schwierigkeiten in der Kommunikation. B32 kann auch auf jemanden hinweisen, der an Bitterkeit, Desillusionierung und intensiver Eifersucht leidet.

Diese Kombination um den ganzen Körper herum irgendwo zwischen Kopf und Nabel auftragen.

Links: *Mutter und Kind* von Alma Midgehope. Inspiriert von der Schwarzen Madonna in Südfrankreich.
Oben: gefangener Rotschwanzfalke im Blue Hill Trailside Museum in Milton, Massachusetts. Falken haben drei Sehgruben mit einer unglaublichen Zahl von Stäbchenzellen für scharfes Sehen.
Unten: Utah Redlands über dem Colorado Fluss.

B33 Königsblau/ Türkis

Name: Delfinflasche/Frieden mit einer Zielsetzung

Zusammengeschüttelt: Blau

Tarotkarte: Die Vier der Stäbe

Hauptaspekt: Klarheit und Verspieltheit. Spontaneität und Freude. Klar geäußerte Herzenskommunikation.

Seite 125, oben: Auge einer Pfauenfeder, symbolhaft für eine himmlische Vision und klare Wahrnehmung.
Seite 125, unten: Delfinfresko in einem minoischen Tempel in Knossos auf Kreta.
Unten: Delfin, der im offenen Meer schwimmt, Florida.

Buddha sagte einmal, es gäbe auf diesem Planeten drei Arten von Wesen, die Erleuchtung erlangen können: Delfine, Wale und Menschen. Die Reihenfolge dieser Aufzählung weist möglicherweise darauf hin, dass Delfine und Wale mehr Aussicht zur Erleuchtung haben als wir Menschen. Vielleicht sorgen sich Delfine und Wale nicht auf die gleiche Weise wie die Menschen ums Überleben, um Nahrung und Obdach. Anscheinend können Delfine ihre Zeit mit Spielen verbringen und erschaffen so in ihrem Gehirn mehr neuronale Verbindungen. Die Überlebensthemen, mit denen wir menschliche Wesen uns abmühen, scheinen die neuronalen Verbindungen auf ein Minimum zu beschränken, da wir in sich wiederholenden Denkmustern gefangen sind. Müssten wir uns weniger sorgen, wie wir zu Nahrung und Obdach kommen, müssten wir weniger Zeit damit verbringen, uns mit unseren Überlebensthemen zu befassen. Diese Sicht der Dinge hat damit zu tun, wie diese Kombination zu dem Namen „Delfinflasche" kam.

Königsblau und Türkis zeigen eine Verbindung zwischen dem sechsten Chakra (höhere Intuition) und dem Ananda Khanda (dem Individuationsprozess). Diese Beziehung setzt innere Kreativität frei und lässt die Ethik des Spiels sich entwickeln. Kreativ zu sein bedeutet verspielt, nicht ernsthaft zu sein. Verspieltheit ermutigt zu einem Gefühl der Friedfertigkeit in uns.

Der andere Name der B33 ist Frieden mit einer Zielsetzung. Das Blau/Blau der Friedensflasche, die B2, ist in dieser Kombination offenkundig und ist vom Frieden, der über alles Verstehen in B2 hinausgeht, zum Frieden mit einer Zielsetzung in B33 übergegangen. Frieden ist eine tragende Kraft, die auf konstruktive Weise eingesetzt werden kann. Wir alle haben die aufrichtige Absicht für Frieden und Frieden zu schaffen.

Verwandte Flaschen

Verwandte Farben

B2

B3

B47

Ähnlichster Pastellton

B50

Königsblau legt die Möglichkeit nahe, praktisch tätig zu werden, um Frieden herbeizuführen oder eine Überzeugung in die Tat umzusetzen, die vielmehr zu Frieden als zu Konflikt ermutigt. Das Element der praktischen Aktivität, des Sicherdens, ist möglicherweise auch das Geheimnis von Gebet oder Meditation. Das Rot des Sicherdens hinzugefügt zum Blau des Friedens wird zu Königsblau.

Zeigten wir beispielsweise anderen gegenüber mehr Mitgefühl, würden wir ein gewisses Maß an innerem Frieden erfahren. Beginnt dann diese Intention (Königsblau) zu wachsen, breitet sich allmählich der Friede (Blau) im Inneren aus. Wir werden kreativer (Türkis) in unserem Mitgefühl, da es zu Veränderungen bei uns selbst beiträgt. Freude (Gelb) in genau der richtigen Menge hinzugefügt, wandelt Blau zu Türkis um.

Wählen wir Blau aus, zeigen wir damit auch, dass wir der Inspiration bedürfen oder aber Inspirationen haben (Königsblau), die wir allen Menschen mit Gefühl vermitteln (Türkis). Diese Flasche ruft uns auf, ruhig und friedvoll zu sein oder weist darauf hin, dass wir ruhige und friedvolle Seelen sind, die Spaß daran haben, kreativ zu sein. Sie deutet auf Schwierigkeiten mit dem männlichen oder väterlichen Rollenmodell und mit Autoritäten, oder dass wir immer wieder die Rolle eines Märtyrers einnehmen. Bei der Polarity-Arbeit erweist sie sich als nützlich.

Mit Türkis und den versteckten Farben der B3 hilft B33 uns, Kontakt zu Inkarnationen in Atlantis und Lemuria aufzunehmen. Lemuria ist eine Zivilisation, von der angenommen wird, sie hätte zur gleichen Zeit wie Atlantis existiert.

Der Inhalt dieser Flasche wird um den Hals, einschließlich dem Nacken und im Kieferbereich aufgetragen, um den Haaransatz herum und auf der Stirn; er wird in einem Band über den ganzen Brustbereich und den Rücken verteilt, einschließlich der Wirbelsäule. Bei Problemen mit den Augen kann er nahe um die Augenhöhlen (nur auf der Knochenstruktur um die Augen herum, nicht in den Augen selbst) aufgegeben werden.

B34 Rosa/Türkis

Name: Geburt der Venus

Zusammengeschüttelt: Violett mit rosafarbenen Fünkchen

Tarotkarte: Die Drei der Stäbe

Hauptaspekt: Mit Schönheit in Berührung kommen und die Schönheit, die darin liegt, dass wir unser Selbst aus der fühlenden Seite unseres Wesens heraus annehmen und hervorbringen.

Der Name der B34, die Geburt der Venus, bezieht sich auf Botticellis Gemälde einer schönen Frau, die aus einer Venusmuschel hervortritt. Venus wurde zwischen den Wellen und dem Himmel geboren. Möglicherweise ergab sich die Geburt der Venus, als Wasser und Luft zusammenkamen. B34 zeigt uns die weibliche rosafarbene Energie, die aus dem türkisfarbenen Ozean auftaucht. Venusische Energie ist die Energie der Liebe, Harmonie, Fürsorglichkeit und Wärme und wurde aus dem Ozean geboren. Die Venus wird, wenn sie sichtbar ist, immer in der Nähe der Sonne gesehen. Sie umkreist sie, indem sie ihr als Morgenstern vorangeht und ihr als Abendstern folgt. Dieser Kreis steht für die Beständigkeit von Schönheit, die sich mit dem Enden der Nacht und der Geburt eines neuen Tages zeigt. Venus erinnert uns daran, dass es immer noch ein Licht gibt, das uns führt, selbst wenn Situationen ein wenig schwierig oder ungewiss werden, und wir sogar das Gefühl haben, es gäbe keinen Ausweg mehr.

Mitgefühl (Rosa) und die Kommunikation des Herzens (Türkis) kommen in dieser Flasche zusammen. Rot, besonders in seiner intensiven Form als Rosa, weist auf Erwachen hin. Die Botticelli Frau feiert das Leben. Sie befindet sich im Ozean des Lebens, dem türkisfarbenen kreativen Aspekt, der kreativen Kommunikation des Herzens durch

Verwandte Flaschen

Verwandte Farbe
B75

Ähnlichster Pastellton
B57

die Gefühlsseite unseres Wesens. Das Erwachen zum Moment wird gefeiert, in dem sie sich selbst wiederfindet, eingetaucht in die Wasser des kollektiven Bewusstseins. B34 legt nahe, dass wir unsere Lebensbedingungen verbessern wollen: Geben und Annehmen von Liebe bewirkt Veränderung. Uns selbst zu lieben, hilft uns mitzuteilen, was im Herzen verborgen liegt. Dieser Aspekt macht B34 für Kinder geeignet, die sich bedroht fühlen; sie ist auch bei der Arbeit mit Träumen hilfreich. Themen, die diese Flasche besonders hervorhebt, sind beispielsweise, von Schmeichelei beeinflusst und manipuliert zu werden sowie die Notwendigkeit, mit Enttäuschungen umzugehen, damit Verstand und Körper sich regenerieren können. Schwierigkeiten aus der Vergangenheit loszulassen, bringt Freude.

Venus ist Liebe, die in den Wassern des Kollektivs geboren ist. In der Verbindung der rosafarbenen Energie mit Türkis liegt die Möglichkeit, dass etwas Neues und sehr Schönes daraus hervorgeht. In dieser Liebe ist eine unschuldige Qualität, auf die im Gemälde durch die Nacktheit der Frau hingewiesen wird. Kreative Liebe bringt die Liebe der Venus hervor.

Diese Kombination wird um den Herzbereich herum und über den Rücken aufgetragen, einschließlich der Wirbelsäule. Während der Menstruation kann sie um den unteren Bauch und den unteren Rücken aufgegeben werden. Zur Traumarbeit wird sie um den ganzen Haaransatz herum aufgetragen.

Oben: rosafarbene Stühle, in Wartestellung und aufnahmebereit, am Strand in Captiva, Florida.
Links: Bemalte Tür in Burlington, Vermont, inspiriert von Botticellis *Geburt der Venus*.
Seite 126: Flamingos auf Santa Maria auf den Galapagos Inseln. Flamingos werden aufgrund ihrer Ernährungsweise rosa, so wie wir Liebe ausstrahlen, wenn wir uns selbst mit Gedanken der Liebe nähren.

B35 Rosa/Violett

Name: Liebevolle Freundlichkeit

Zusammengeschüttelt: Lila

Tarotkarte: Die Zwei der Stäbe

Hauptaspekt: Transformativ. Nicht-Verhaftetsein. Bedingungslose Liebe im Dienst am Nächsten. Liebe von Oben.

In dieser Flasche bezieht sich die Fürsorge und Wärme des Rosa auf das Violett. Die traditionellen buddhistischen Meditationen, die Meditationen „liebevoller Freundlichkeit" genannt werden, sind dafür bestimmt, uns zu helfen, die Flamme der liebevollen Freundlichkeit ohne jegliche Unterschiede gleichermaßen zu entwickeln, und zwar sowohl, was die Dinge anbelangt, mit denen wir Schwierigkeiten haben, als auch solche, die wir mögen. Diese Praxis hilft, unsere Innenwelt zu reinigen. B35 ist ein Ausdruck dafür, wie wir Wärme und Fürsorge (Rosa) zur Bereicherung des Spirituellen im Rahmen eines einfühlsamen Dienstes einbringen sollen.

Rechts: Innenbereich im Goetheanum, dem Zentrum für anthroposophische Studien in Dornach, Schweiz.

Seite 129, oben: rosafarbenes Licht, das hinter der Basilika „Our Lady of Pilar" in La Recoleta in Buenos Aires, Argentinien, ausstrahlt. Ursprünglich ein Zufluchtsort vor einer Gelbfieberepidemie, ist das Recoletagebiet nun eines der reichsten Viertel in Buenos Aires. Auf dem Friedhof gibt es großartige und aufwendig gestaltete Mausoleen und Gräber der einflussreichsten Menschen in der Geschichte von Argentinien, einschließlich Präsidenten, Wissenschaftler, Rennfahrer sowie Eva Peron.

Seite 129, unten: Gladiolen in Ripton, Vermont.

Verwandte Flaschen

Verwandte Farbe
B84

Umgekehrt
B36

Ähnlichster Pastellton
B57

Letztendlich dient es uns selbst, wenn wir liebevolle Freundlichkeit entwickeln, aber die Intention bei der Meditation ist, das Leiden anderer auf sich zu nehmen, und dieses Leiden zum Wohle aller Wesen zu klären. Somit zeigt B35, wie unsere Spiritualität (Violett) uns Liebe (Rosa) bringt, um sie an andere weiterzugeben und auch, dass wir selbstbewusst sind und die Gabe haben, positive und stärkende Kräfte in anderen zu aktivieren. Diese Farbkombination ist ein Ausdruck für die Art der Freundlichkeit und Wärme, die aus der Entfaltung des tausendblättrigen Lotus hervorgeht, der sich unmittelbar über dem Kronenbereich (Violett) befindet. B35 legt nahe, dass eine Transformation auf tiefer Ebene möglich ist. Dies bezieht sich auf Menschen, die unter Depressionen leiden oder auf solche, die aufgrund von spirituellem Stolz von sich selbst oder anderen beherrscht werden.

Bedingungslose Liebe im Dienst am Nächsten beginnt mit ein wenig Freundlichkeit, und die Farben dieser Flasche legen dies nahe. Die Bedeutung des Namens Freundlichkeit ist tiefgründig, besonders, wenn wir beachten, dass wir durch Freundlichkeit zu tieferen Ebenen des Verstehens von Mitgefühl und Fürsorglichkeit gegenüber uns selbst und anderen kommen.

B35 und B36 sind bei Aura-Soma sowohl im Hinblick auf Ideen als auch auf Energien wichtig. Sie sind mit dem Ass der Stäbe und der Zwei der Stäbe verbunden, die im kabbalistischen Lebensbaum die Feuerwelt in den zwei höchsten Sephiroth (Sphären, die göttliche Qualitäten empfangen und ausstrahlen) symbolisieren: Kether und Chokmah. Diese zwei Flaschen zeigen das Erwachen zu unserer Lebensbestimmung durch Liebe.

B35 kann in Situationen hilfreich sein, wenn wir uns auf körperlicher Ebene nicht wohl fühlen, z. B., wenn wir Schmerzen haben, ohne dass ein bestimmter Auslöser dafür gefunden wurde. Kann überall aufgetragen werden.

B36 Violett/Rosa

Name: Nächstenliebe

Zusammengeschüttelt: Lila

Tarotkarte: Das Ass der Stäbe

Hauptaspekt: Fürsorglichkeit, Wärme und Freundlichkeit sich selbst und anderen gegenüber.

B36, Nächstenliebe, zeigt die B35 in farblich umgekehrter Darstellung. Nächstenliebe ist bedingungslose Liebe (Rosa) im Dienst (Violett) an anderen. Wenn wir uns selbst annehmen (Rosa), selbst solche Seiten an uns, die wir als äußerst unangenehm empfinden, kann sich dies auf unser bewusstes Denken und Fühlen heilsam auswirken (Violett).

Glaube, Hoffnung und Nächstenliebe sind eine Trinität an Tugenden.[36-a] Nächstenliebe ist die Empfindung, etwas von uns selbst an etwas weitergeben zu wollen, von dem wir überzeugt sind und es wertschätzen. Oft ist dies mit dem Bewusstsein für eine höhere Aufgabe verbunden. Nächstenliebe zeigt sich durch unsere Handlungen in der Fürsorge, die wir für etwas empfinden, an das wir glauben, und wenn wir etwas Kostbares, wie beispielsweise unsere Zeit oder unsere Energie geben. Nächstenliebe geht aus der Entwicklung von Selbstakzeptanz (Rosa) hervor. B36 zeigt uns Spiritualität, harmonische Weiterentwicklung und Transformation im bewussten Denken und bedingungslose Liebe und Fürsorge im Inneren. Verbinden sich diese zwei Impulse, entsteht daraus Nächstenliebe. Nächstenliebe ist nicht eine Strategie, sondern eine natürliche Folge der Hand des Mitgefühls, die in unser Leben hineinreicht. Daher weist die B36 auch auf unser Mitgefühl hin. Sie fordert uns auf,

Seite 131, oben: Granatäpfel, als wichtiges Symbol für Salomon und das Gebäude seines Tempels, sind symbolhaft für Rechtschaffenheit und Fruchtbarkeit. Granatäpfel werden auch in der Legende über Persephone hervorgehoben. Persephone, die Göttin der Unschuld, wurde von ihrem Vater Zeus mit Hades, dem Herrscher der Unterwelt verheiratet. Als ihre Mutter Demeter, die Göttin der Ernte, dies entdeckte, war sie empört und mit Trauer erfüllt und vermisste ihre Tochter. Indem sie ihren Segen der Erde vorenthielt und die Erde öde und von Dürre geplagt ließ, konnte Demeter für ihre Tochter aushandeln, dass sie wieder heimkehren konnte. Persephone aß jedoch sieben Kerne eines Granatapfels, als sie sich vorbereitete zur Erde zurückzukehren. Indem sie von der Frucht der Unterwelt aß, gab sie ihr Recht auf, für immer auf die Erde zurückzukehren. Von da an verbrachte sie einen Teil des Jahres mit ihrer Mutter auf der Erde und den Rest des Jahres in der Unterwelt.

Die griechische Mythologie besagt, dass so die verschiedenen Jahreszeiten entstanden: Wenn Persephone die Erde verlässt, beginnt Demeter sich zu grämen und bringt den kalten, trostlosen Winter, und wenn sie dann auf die Erde zurückkehrt, bringt sie das Erwachen des Frühlings mit sich.

Seite 131, unten: Clematis in Ripton, Vermont.

Rechts: Sonnenuntergang auf dem Ganges in Indien. Dieser Fluss, den Hindus heilig, stellt göttliches Bewusstsein dar, wie es auf die Erde fließt und die spirituelle Entwicklung und Unsterblichkeit möglich macht.

Verwandte Flaschen

Verwandte Farbe
B65

Umgekehrt
B35

Ähnlichste
Pastelltöne
B58

B66

die Vergangenheit loszulassen und das Potenzial für Neuanfänge auszuweiten, indem wir unsere Energie in neue Interessen, Projekte und Inspirationen einbringen.

B36 ist hilfreich, wenn wir mit unserem inneren Kind arbeiten. Dabei kann diese Flasche auf das Gefühl hinweisen, nicht geliebt zu werden oder auf übertriebene Sorgen, besonders was Überlebensbelange angeht. Wir denken sehr viel und erlauben uns nicht so einfach, unsere Empfindungen vom Herzen her mitzuteilen.

In dieser Kombination taucht Energie als Rosa auf, der intensiven Form von Rot und fließt durch zum Violett, das wir dem Bereich des Kopfes zuordnen. Dennoch kann der Inhalt dieser Flasche überall auf dem Körper aufgetragen werden, da die Farben den Körper von der Wurzel bis zur Krone hin abdecken.

B37 Violett/Blau

Name: Der Schutzengel kommt auf die Erde

Zusammengeschüttelt: Königsblau

Tarotkarte: Der König der Kelche

Hauptaspekt: Transformative Kommunikation. Eine nährende und friedvolle Kommunikation, die einem selbst und anderen zugutekommen mag.

B37 war früher unter dem Namen „Friedvoller Dienst“ bekannt. Ihr jetziger Name, „Der Schutzengel kommt auf die Erde“, ergab sich nach der Geburt der B44, dem Schutzengel, ziemlich lange, nachdem B37 bereits geboren war. Violett und Blau sind die Volltöne des Hellvioletts (Lila) und Hellblaus. Deshalb ist B37 eine kräftigere, mehr geerdete Version der B44.

Frieden in den Tiefen, im Unterbewussten/Unbewussten, kann ein Schlüssel zur Transformation im Bewussten sein. Die Möglichkeit, dass unser Schutzengel auf die Erde kommt, bringt uns zu einer anderen Seinsebene. Violett/Blau enthält B2, Blau/Blau, die Friedensflasche. Wenn der Schutzengel auf die Erde kommt, bringt er ein Gefühl eines

Verwandte Flaschen

Verwandte Farben
B2

B29

Ähnlichster Pastellton
B44

Verschüttelt
B96

Friedens mit sich, der über unser Verstehen hinausgeht. Es ist so, als ob unser Engelsaspekt einen Raum zur Integration mit unseren anderen Anteilen gefunden und dann in der Körperlichkeit geerdet hätte. Die in dieser Kombination verborgene Friedensflasche erinnert uns daran, dass Frieden (Blau) für unsere wirkliche Transformation entscheidend ist.

B37 zeigt, dass wir friedvolle, harmonierende Kommunikationsfähigkeiten (Violett) haben. Sie kann aber ebenso auf das Bedürfnis nach solchen Fähigkeiten hinweisen, und hilft uns daher, wenn wir denken, wir seien weder inspirativ noch intuitiv. Diese Flasche öffnet uns für das Unerwartete. Sie kann auch das Dritte Auge ausgleichen und anregen und helfen, übersinnliche Fähigkeiten zu entwickeln - symbolisiert vom Königsblau, zu dem sich diese Kombination verschüttelt.

B37 um den Haaransatz und um den Hals herum auftragen, einschließlich dem Nacken.

Links: eine Tänzerin, die in einem chinesischen Theater in Kissimmee, Florida performt. Die Bewegung, die Begeisterung und die reine Freude des Tanzes vermitteln ein Gefühl, wie das Leben wirklich lebenswert ist.

Oben: Blaureiher, ein einzelner Watvogel im Corksvrew Swamp Sanctuary, einem 44,5 qkm großen Naturschutzgebiet in Naples, Florida. Für die Ureinwohner Amerikas ist ein Wasservogel Symbol für die Erneuerung des Lebens, weite Reisen, Weisheit und Weitblick.

Unten: Bachelor Buttons (Kornblumen), symbolhaft für einfache Glückseligkeit, in Ripton, Vermont.

B38 Violett/Grün

Name: Troubadour 2/Scharfsinn

Zusammengeschüttelt: Tiefes Grün

Tarotkarte: Die Königin der Kelche

Hauptaspekt: Die Schwierigkeiten der Vergangenheit loslassen, auf dass das Herz seine Wahrheit frei auszudrücken vermag. Führt zur Transformation innerhalb des Selbst.

B38, Violett/Grün, ist die zweite der Troubadourflaschen. Hier spiegeln die Farben genau die Chakraordnung des menschlichen Körpers wider, bei der sich das Violett des Kronenchakras über dem Grün des Herzchakras befindet (siehe Bild der feinstofflichen Anatomie auf Seite 24). Die gleichen Farben finden sich in B17, der ersten Troubadourflasche, aber dort zeigen sie sich in umgekehrter Anordnung.

B38 kann uns helfen, uns mit Inkarnationserfahrungen aus dem Mittelalter zu verbinden. Sowohl bei B17 als auch bei B38 geht es um Verfolgung (siehe die Erklärung für B17). B38 ist Ausdruck einer Erinnerung an Verfolgungen, beispielsweise in der Zeit der Inquisition oder in Zeiten mit ähnlichen Vorzeichen. Die Flasche spiegelt oft das Bedürfnis und die Notwendigkeit, Wahrheit (Grün) im Dienst (Violett) an anderen auszusprechen und bezogen auf unsere Spiritualität zu empfinden, was der Wahrheit unseres Herzens entspricht. Dies zu tun erfordert ein Gleichgewicht zwischen unserem bewussten und unbewussten Denken und Fühlen. B38 weist darauf hin, dass wir mütterliche und nährende Qualitäten aufweisen und intuitiv und spirituell sind. Diese Flasche auszuwählen zeigt aber auch, dass wir gegebenenfalls zu viel Energie für Heilungsprozesse aufwenden.

Der Name der B38 lautet – Scharfsinn. Sind die Botschaften unseres Kopfes und unseres Herzens imstande zusammenzuwirken, manifestieren wir die Qualitäten, die zu Scharfsinn führen. Oft sagt das Herz das eine und der Kopf sagt etwas anderes. Um Scharfsinn zu entwickeln, müssen wir die Wahrheit unseres Herzens finden. Der Verstand muss auf die Gefühle achten, und die Gefühle sollten frei sein, um vom Denken nicht beeinträchtigt zu werden. Der Verstand muss das verstehen, was für das Herz gilt. Gefühle von Eifersucht, Neid und zu wenig Vertrauen können dies verhindern; B38 kann dabei unterstützen, solche Gefühle zu erkennen oder den Weg öffnen, Narben emotionaler Wunden zu klären. Die Wahl von „Scharfsinn“ zeigt, dass wir einen gewissen Grad an Erkenntnis erreicht haben.

Wie B37 hält B38 die B2, die Friedensflasche, in sich verborgen. Blau ist die erste Primärfarbe, und Frieden ist überall im Verstehen von Farbe ein grundlegendes Prinzip. Dadurch kann die B38 uns helfen, wenn wir desillusioniert sind, besonders in Beziehungen.

B38 um den Haaransatz, um das Herz und über den Rücken, einschließlich der Wirbelsäule herum auftragen. Bei Nieren- und Blasenproblemen kann sie auch um den Bauch herum aufgetragen werden und überall dort, wo es schmerzt.

Verwandte Flaschen

Verwandte Farben

B2

B3

B27

B29

Umgekehrt

B17

Oben: Haus im Salzkammergut, Österreich, einem Gebiet, das früher von den Habsburgern aufgrund der Ertragskraft der Salzproduktion geschützt wurde.

Links: *Der Denker,* von Rodin, im Museum Rodin in Paris, Frankreich.

B39 Violett/Gold

Name: Ägypter-Flasche 2/Der Puppenspieler

Zusammengeschüttelt: Rötliches Orange

Tarotkarte: Der Ritter der Kelche

Hauptaspekt: Transformative Weisheit. Eine tiefe Ebene der Freude aufgrund einer Transformationserfahrung. Weisheit und Dienst, Mitgefühl und Verständnis.

Ein Puppenspieler zieht an den Fäden einer Puppe. Jeder von uns ist wie eine Puppe hinsichtlich seiner Verhaltensmöglichkeiten. Unsere gesellschaftlichen Rollenmodelle und Autoriäten ziehen gewissermaßen an den Fäden der Person, die wir jetzt sind. Dazu gehört auch alles, was wir innerhalb der genetischen Geschichte erlebt haben, einschließlich auf der zellulären Ebene. Reaktionen – Gefühle, Gedanken und Handlungen – sind Ergebnis der Fäden, die man gerade zieht. Diese Situation wird bei der B39 angesprochen.

Der Puppenspieler steuert uns mithilfe der Fäden unserer Konditionierungen zu Verhaltensweisen und Gewohnheiten, die nicht zu unserem Besten sind. B39, der Puppenspieler, zeigt eine Situation auf, die den Kopf (Violett) bestimmen lässt, während der Bauch (Gold) abgelehnt wird. Ist dies der Fall, dann können wir uns nicht durch unsere Konditionierungen hindurcharbeiten. Kommen wir aber mit dem Gold in Berührung, und begreifen wir unsere „Wahre Aura", wird es uns möglich, unser bewusstes Denken zu befreien und auszuheilen. Dieser Prozess erlaubt uns, damit aufzuhören, eine Puppe für unsere Abhängigkeitsmuster zu sein.

Eine Transformation im Denken kann stattfinden, wenn wir im goldenen Bereich unseres Körpers zentriert sind. Unserem inneren Meister (siehe Seite 55) wird es so möglich, an den notwendigen Fäden zu ziehen, um das Selbst für den Dienst in der Welt brauchbar zu machen. Das Violett der spirituellen Energie zieht dann an den Fäden der goldenen Energie, die sich tief im Inneren befindet, um die wahre Weisheit des inneren Selbst zu offenbaren.

Rechts: von den Feuern im Jahr 1988 angekohlte Bäume in den Wäldern des Yellowstone Nationalparks als Gegensatz zum Sonnenuntergang und den sich sammelnden Sturmwolken.

Unten: Krokusse in Sturbridge, Massachusetts. Verwendet seit alten Zeiten, sind Krokusse eine hochwertige Quelle des hoch gelobten Gewürzes Safran sowie ein gelboranges Färbemittel.

Verwandte Flaschen

Verwandte Farben

B32

B40

B47

Verwandt und umgekehrt

B18

Ähnlichster Pastellton

B61

B39, bekannt als Ägypter-Flasche 2, ist hinsichtlich der Anordnung der Farben die umgekehrte B18, die Ägypter-Flasche 1. In dieser Flasche kann das Gold im Basisteil in den Tiefen des Selbst Angst aufzeigen. Möglicherweise suchen wir diese Flasche aus, weil wir gut machen möchten, wie wir Macht in der Vergangenheit gebraucht oder missbraucht haben. Daher vermag sie uns zu helfen, mit Inkarnationserfahrungen aus dem alten Ägypten in Verbindung zu kommen. Für Inkarnationen im alten Ägypten gab es zwei Möglichkeiten: sich entweder als Sklave oder als Herr, wie z. B. als Schriftgelehrter, Pharao oder Priester zu inkarnieren. Wenn wir eine bevorzugte und machtvolle Stellung einnahmen, tragen wir vielleicht Gefühle von Schuld in der Gegenwart oder neigen dazu, an Sorgen und Ängsten aus der Vergangenheit festzuhalten. Wir müssen uns von Angst in Zusammenhang mit dem Gebrauch von Macht in der Vergangenheit freimachen, damit die dem Gold innewohnende Weisheit auf hilfreiche Art kundgetan werden kann. B39 öffnet uns so für unsere innere Stärke, um in Einklang mit dem eigenen Prozess zu kommen und weist darauf hin, dass wir einen inneren Wandel erfahren.

Im Weiteren legt B39 nahe, dass unsere Selbstbeweihräucherung es schwierig machen könnte, Freundschaften zu schließen.

Diese Kombination wird um den Haaransatz und um den Unterleib und den Rücken herum aufgetragen, einschließlich der Wirbelsäule.

B40 Rot/Gold

Name: Die „Ich Bin"-Flasche

Zusammengeschüttelt: Koralle

Tarotkarte: Der Page der Kelche

Hauptaspekt: Die Energie für Weisheit. Die Kraft, die aus der Weisheit entsteht. Ein Gefühl von Ausdehnung, Begeisterung und Wachstum.

Aufgrund von Vickys Bekanntschaft mit einer Zahnärztin trägt B40, Rot/Gold, den Namen "Ich Bin". Diese Zahnärztin war eine zielstrebige Dame, die es fertigbrachte, ihren eigenen Weg in einem Beruf zu gehen, der - zu dieser Zeit - von Männern beherrscht war. Als die Zahnärztin über die Rot/Gold Kombination schrieb, bezog sie sich auf sie als die „Ich Bin."

Rot/Gold vermittelt uns ein Gefühl des „Ich bin." Diese Flasche hat eine zweifache Bedeutung. Ein Aspekt ist eine positive, tief spirituelle Ebene, die sich an dem Punkt zeigt, wenn wir uns selbst finden, die wahre Natur des „Ich Bin", die fast wie ein höherer Zustand des Seins ist. Der zweite Aspekt ist wie der eines trotzigen Kindes angesichts eines Widerstands und bezieht sich auf die Notwendigkeit, verschiedene Tendenzen im Selbst zu koordinieren, wie beispielsweise die verschiedenen „Ichs" zusammenzubringen. So wird die „Ich Bin" mehr damit verknüpft, wie wir uns nach außen zeigen, als mit dem, der wir tatsächlich sind.

Wir alle haben irgendwann im Leben einen Punkt erreicht, an dem die Umstände es verlangten, dass wir uns auf eine bestimmte Art und Weise zu verhalten haben, und

Verwandte Flaschen

Verwandt und umgekehrt
B5

Ähnlichste Pastelltöne
B61

B76

Verschüttelt
B105

äußerlich fügten wir uns. Innerlich jedoch fühlten wir das genaue Gegenteil dessen, was wir nach außen hin zeigten. Eine Konfliktsituation entsteht, wenn wir entschlossen sind, uns genau so zu verhalten und zu handeln, wie wir das für richtig empfinden, ungeachtet dessen, was andere von uns wollen. Dies zeigt sich vor allem, wenn wir furchtsam, ängstlich, wütend oder frustriert sind. Wir werden dann von der eigenen Unsicherheit beeinflusst und üben Selbstkritik. Rot steht auch für Frustration und Wut im bewussten Denken in Beziehung zum Gold im Inneren. Ebenso könnte es für einen gerechten Zorn bezeichnend sein, aber dies muss nicht unbedingt immer so sein.

Rot wird oft als Energie zum Ausdruck gebracht, Gold als Weisheit. Die „Ich Bin" zeigt die verschiedenen Ausdrucksmöglichkeiten, wenn wir mit der inneren Weisheit in Verbindung kommen und Energie freigesetzt wird. Die Flasche weist darauf hin, dass wir positive Energie haben, in unserer Mitte und mit uns selbst in Kontakt sind. Wir haben den nötigen Abstand (Rot), der uns erlaubt, innere Weisheit (Gold) zu äußern.

Diese Kombination verschüttelt sich zu dem korallenroten Vollton, der mit der Energie tiefer Einsicht verbunden wird, der erwachten Einsicht in schwierige Situationen.

B40 um den ganzen Körper herum zwischen dem Basis-Chakra und dem Solarplexus-Chakra auftragen.

Oben: ein Huli Wigman in Ruhestellung. Er muss in dieser Lage schlafen, damit er seine Perücke nicht zerdrückt.
Links: Grabgemälde der Mayas in La Tumba Huihazoo auf der Puuc Tour in Mexiko.
Rechts: roter Mantel eines britischen Soldaten. Während der amerikanischen Revolution waren die roten Mäntel in der Landschaft ins Auge springend und die Briten so leicht auszumachen.

B41 Gold/Gold

Name: Die Weisheitsflasche/El Dorado

Zusammengeschüttelt: Gold

Tarotkarte: Die Zehn der Kelche

Hauptaspekt: Wenn wir unseren inneren Kelch füllen, kann er in die Welt überfließen. Erkannte und geteilte Weisheit.

El Dorado ist ein sagenumwobener Ort, wo ein unermesslicher, nicht leicht auffindbarer Schatz darauf wartet, entdeckt zu werden. Als die Spanier um 1500 in Südamerika eindrangen, fanden sie oft menschenleere Städte ohne Schätze vor. Es war ihnen völlig unverständlich, warum weder die Schätze noch die Bevölkerung da waren. Vielleicht hatten die Menschen dieser Zeit und dieses Orts eine Weisheit, eine Vorahnung, die Unglück bannte und so verhinderte, dass die Invasion wirklich erfolgreich sein konnte.

Bei B41, Gold/Gold geht es um das Geheimnis eines im Inneren verborgenen Reichtums. Das Gold kann verfeinert sein, aber es ist nicht leicht, es zu finden. Weisheit ist schwer fassbar und kann niemals besessen werden. Es ist möglich, dass wir in den goldenen Bereich im Inneren gehen, in der Wahren Aura sind und uns mit unserem Inkarnationsstern verbinden. Aber diese Erfahrung dauert nicht an. Wir können nur ständig üben, immer wieder unseren Weg zu diesem goldenen Bereich zu finden. Es spielt jedoch keine Rolle, wie häufig wir zuvor an diesem Ort waren, an diesem Ort zu sein ist eine

Unten: Löwin mit ihren Jungen in Kenia, Afrika.

Verwandte Flaschen

Verwandte Farben
B4

B14

B42

B73

Ähnlichster
Pastellton
B51

Oben, rechts: goldener Buddha. Thais zollen ihren Respekt, indem sie drei Opfergegenstände vor Buddha hinstellen – eine Kerze, die das Licht der Erkenntnis symbolisiert; eine Lotusblume, die von Buddha geliebt und als erhaben gilt sowie Räucherstäbchen. Man glaubt, wenn jemand ein goldenes Blatt auf eine Buddhastatue legt, erhalte er oder sie gewisse Wohltaten. Wird es auf den Mund gelegt, wird der Gebende mit Redegewandtheit oder Überredungskunst gesegnet; auf den Kopf gelegt, wird er oder sie weiser und über das Herz gelegt, wird der Gebende mit einem guten Herzen bedacht im Sinne von guter Gesundheit und Güte. Gold kann auch Symbol für Großzügigkeit sein.

Erfahrung, die wir uns nicht aneignen können. Die Erfahrung liegt im transpersonalen Bereich. Sobald wir dort angelangt sind, ist da nichts, was uns gehören würde. Es ist ein erstaunliches Paradox. So, wie die Menschen, die ewiglich nach dem Goldland El Dorado suchen, ist es auch uns nicht möglich, die innere Weisheit zu besitzen.

B41 fördert ein Gefühl der Freude und der Weisheit durch positives Denken, Ausdruck und Handlung. Diese Flasche legt nahe, dass wir die Quintessenz unserer Weisheit gefunden haben, den Topf voll Gold am Ende des Regenbogens, indem wir uns mit unserem Zentrum, dem goldenen Bereich des Körpers verbunden haben. Wenn wir B41 benötigen, sind wir möglicherweise introvertiert, was zu Angst, Ängstlichkeit oder Verwirrung führen kann, oder wir atmen nicht tief genug.

Diese Flasche ist hilfreich, um Blockaden in der Körpermitte zu lösen und fördert die Verarbeitung des Prozesses. Der Inhalt wird über den Solarplexus-Bereich und um den Rücken herum aufgetragen, einschließlich der Wirbelsäule.

B42 Gelb/Gelb

Name: Ernte
Zusammengeschüttelt: Gelb
Tarotkarte: Die Neun der Kelche
Hauptaspekt: Selbstbewusstsein, Freude, Glück, geistige Klarheit. Ein Verständnis für das eigene Selbst haben.

B42, die Gelb/Gelb, heißt Ernte. Sie erinnert an die Jahreszeit, wenn die reifen Früchte uns ihre Fülle zeigen. Hier ist das Gelb der Freude und des Sonnenscheins, das Gelb des voll ausgereiften Korns. Eine Ernte bringt gute Erträge, vorausgesetzt, dass die Saat richtig ausgebracht wurde, und das Wetter und alle äußeren Bedingungen für das Wachstum der Saat optimal sind. Im übertragenen Sinne bedeutet dies, wenn wir die richtige und hilfreiche Saat in uns selbst anlegen, und diese Saat Früchte trägt, ist es Zeit zu feiern, und wir erleben eine große Freude. Die B42 spricht uns auch an, wenn wir emotionales Glück, Freude und Erfüllung bereits gefunden haben. Wir sind selbstbewusst und haben ein Wissen entdeckt, das unser Denken anregt, oder wir sind intellektuell motiviert und strahlen Zufriedenheit aus.

Verwandte Flaschen

Verwandte Farbe
B70

Ähnlichster
Pastellton
B51

Rechts: Garen von Mais auf einem Markt in Oaxaca, Mexiko.
Demeter (Ceres), die Göttin der Ernte, ist auch bekannt als die Göttin des Mais und der Fruchtbarkeit der Erde. Sie wird häufig mit Zöpfen aus Mais dargestellt.
Seite 142, oben: Getreideernte in Peru.
Seite 142, unten: Heuhaufen auf Iona, Schottland.

Zur Erntezeit werden wir das ernten, was wir gesät haben. Pflanzen wir zum Beispiel Kohl an, können wir nichts anderes erwarten, als dass Kohl wächst und geerntet werden wird; pflanzen wir Rosen, so ernten wir Rosen. Die Ernte geht immer aus der Saat hervor: „Wie ihr sät, so werdet ihr ernten". In diesem Licht gesehen weist die B42 auf Menschen hin, die gehemmt sind oder negative Gefühle haben. Sie sind besorgt, weil sie übermäßig essen, oder sie sind verwirrt, versuchen aber eine glückliche Miene zu zeigen. Die Flasche kann vor Prüfungen nützlich sein; sie beeinflusst auch den Astralkörper und hilft uns, uns von unseren Illusionen zu befreien.

B42 wird um den Bereich des Solarplexus aufgetragen, besonders bei Depressionen im Winter oder jahreszeitlich bedingten Depressionen.

B43 Türkis/ Türkis

Name: Kreativität

Zusammengeschüttelt: Türkis

Tarotkarte: Die Acht der Kelche

Hauptaspekt: Kreative Kommunikation durch die Gefühlsseite des Wesens. Der Individuationsprozess entfaltet sich.

Bei Aura-Soma hängt Türkis mit der kreativen Kommunikation des Herzens durch die Gefühlsseite des Wesens zusammen. Es ist die Farbe des Ananda Khanda, „des Leuchtenden", des kleinen Zentrums auf der rechten Seite der Brust, knapp über der rechten Brustwarze (siehe die Illustration der feinstofflichen Anatomie auf Seite 24) und ist bezeichnend für den Individuationsprozess, das kollektive Unbewusste und den Selbstausdruck.

Vicky sagte, beginnend im Jahr 1966 würden die Farben Türkis und Magenta im Regenbogen sichtbarer werden. Sie verstand dies als Zeichen für den Beginn des Ausklingens des alten Fischezeitalters und den Anfang des neuen Wassermannzeitalters. Dass diese beiden Farben sich stärker zeigen, ist eine Bestätigung des Bundes zwischen damals und heute. (Siehe auch die Beschreibungen der B45 und B75). Türkis ist eine der Farben des Wassermannzeitalters. Eines der wesentlichen Wassermannideale ist die menschliche Unabhängigkeit, zu der der Individuationsprozess führen kann. Das Wesen der Kreativität ist, dass wir mit zunehmender Individualität beginnen, unserer Kreativität Ausdruck zu verleihen, sei es in kleinen oder in großen Dingen.

Verwandte Flaschen

Verwandte Farben

B2

B10

Ähnlichster Pastellton

B62

Kreativität wertzuschätzen, die sich in kleinen und in großen Dingen gleichermaßen zeigt, ist das Geheimnis für ein erfülltes Leben. Daher kann B43 vom Bedürfnis erzählen, innere Ängste oder ein Verwirrtsein anzuerkennen, die den Fluss der Kreativität aufhalten oder uns davon abhalten zu wissen, was wir tun wollen, um unsere Aufgabe zu erfüllen.

Die Wirkung der Kreativität im Akt des Malens oder eines Gemäldes kann sehr subjektiv sein. Es ist jedoch möglich, dass ein Gemälde das gleiche Gefühl in jedem Betrachter auslöst. Um eine objektive Form der Kunst zu erreichen, müssten die Künstler eine spezifische eigene Persönlichkeitsstruktur entwickelt haben und somit in Berührung mit der kollektiven Stimme in ihrem Inneren sein. Türkis und der Kreativitätsprozess umfassen dieses Konzept. Das von der Anregung des Ananda Khanda ausgehende Erwachen ist bezeichnend für die Bewegung jener Weisheit in unser Herz hinein, die aus der mystischen Suche in den ewigen Geheimnissen hervorgeht.

B43 um den Brustkorb herum und über den Rücken auftragen, einschließlich der Wirbelsäule.

Links: Fischerboot vor der Küste von Salvador, Bahia, in Brasilien.
Oben: Schildkröte und Korallenbank in den Palancar Gärten in Cozumel, Mexiko. Schildkröten, als Vishnus zweite Inkarnation betrachtet, gelten als Symbol der Unsterblichkeit. Sie repräsentieren die Urmutter und die Fähigkeit, Himmel und Erde zu vereinen.
Unten: zwei Delfine in der Nähe der Bimini Insel bei den Bahamas. Delfine sind ein Symbol für die Musik und die neun Musen und sind für ihre Intelligenz und ihre Schnelligkeit bekannt. Poseidon (Neptun), der Meeresgott und Aphrodite (Venus), die Frau aus dem Meer, werden beide von einem Delfin repräsentiert.

B44 Lila/ Hellblau

Name: Der Schutzengel

Zusammengeschüttelt: Lila

Tarotkarte: Die Sieben der Kelche

Hauptaspekt: Wahrnehmung einer Präsenz. Ganz im Moment zu sein, lässt Klarheit in der Kommunikation entstehen.

Diese Flasche war die erste, die Mike Booth und seine Frau Claudia auf Vickys Bitte hin „gebaren“. Zuvor hatte Mike nicht wirklich erfasst, wie es zum Vorgang des „Gebärens einer Flasche“ kam, obwohl er viele Male miterlebte, wie Vicky neue Flaschen erschuf. Bis heute ist es immer noch unglaublich schwierig in Worte zu fassen, was tatsächlich geschieht, damit eine Flasche zu einer bestimmten Zeit „geboren“ werden kann. Die Geburt umfasst viele innere und äußere Bedingungen, die zusammenkommen, bis die Zeit da ist, wenn die Farben in die Flasche gefüllt werden müssen, die sie bereits erwartet, und ein weiteres Mitglied/Wesen der Aura-Soma Equilibriumreihe geboren ist.

Vor ihrer Arbeit mit Aura-Soma waren Claudia und Mike in Arbeiten eingebunden, die mit den Reichen der Engel zusammenhing. Insbesondere visualisierten sie eine hellblaue Sphäre mit lilafarbenen Flammen, die diese Sphäre umgaben. B44 ist Ausdruck dieser Arbeit, und deshalb wird die Kombination „Der Schutzengel“ genannt.

Ein Schutzengel ist ein Engel, der Schutz gibt, ein Wesen, das uns behütet und uns davor bewahrt, dass ungewollte Dinge in uns eindringen. Es ist eine andere Ebene des Seins, die immer bei uns ist und die ständig versucht, uns zu inspirieren, unser Bestes zu tun. B44 deutet deshalb auf eine Inspiration im Herzen und das Vertrauen, diese Inspiration umzusetzen. Die Flasche hilft uns, die eigene Göttlichkeit zu entdecken, den Engel, der wir sind.

Die am häufigsten auf Aura-Soma Seminaren ausgeübte Meditation umfasst auch die Visualisierung einer den physischen Körper umgebende hellblaue Sphäre. Die Farbe der

Seite 147, oben: Wolken in Sydney, Australien.

Seite 147, unten: *Cupido und Psyche* von Antonio Canova im Louvre in Paris, Cupido erinnert Psyche, dass Liebe nicht ohne Vertrauen leben kann. Schließlich erweckt Cupidos Kuss Psyche aus einem tiefen Schlaf.

Unten: Region der Marmolada in Südtirol, Italien; eine Gegend, um die während des 1. Weltkriegs gekämpft wurde. Engel lieben hoch gelegene Orte.

Verwandte Flaschen

Ähnlichste Pastelltöne
B50

B57

Ähnlichster Vollton
B37

Sphäre ist das gleiche Hellblau, das im Basisteil der B44 ist. Der obere Teil ist die Farbe der lilafarbenen oder violetten Flamme, die die hellblaue Sphäre umgibt. Das Hellblau bietet vollkommenen Schutz, während die lilafarbene Flamme andauernd Negativität verbrennt und umwandelt.[44-a] Negativität kann eine Folge der Identifizierung mit negativen Gefühlen sein oder mit dem, das weniger als das Beste in uns ist. Wir wollen Dinge auf eine ganz bestimmte Art und Weise haben, wissen jedoch nicht, wie dies zu bewerkstelligen ist. Wir leiden an Illusion oder Selbstbetrug, weil wir zu sehr in der Vergangenheit leben. Es ist auch schwierig für uns, unsere Gedanken in Gefühlen kundzutun.

Die beiden Farben zusammen erschaffen den Schutzengel (siehe auch B37). Indem wir den Schutzengel näher bringen, sind der Schutzengel und wir selbst mehr im Einklang. Diese Kombination gibt jenen Menschen Kraft, die mit UFOS, Außerirdischen oder Engeln Begegnungen hatten und sich deshalb bedroht, verwirrt oder verunsichert fühlen.

B44 um den Hals und um den Haaransatz herum auftragen.

B45 Türkis/ Magenta

Name: Atem der Liebe

Zusammengeschüttelt: Violett

Tarotkarte: Die Sechs der Kelche

Hauptaspekt: Das Bedürfnis, die Liebe von oben durch die Gefühlsseite des Wesens offen zu legen. Das Geschenk des Kommens und Gehens des Atems, von Moment zu Moment.

Seite 149, oben: sich öffnende Blume auf Barbados.
Seite 149, unten: Blumen entlang einer Steinmauer in Koh Samui, Thailand.
Unten: Hütte im Derwent Tal, Tasmanien, in einem Moment der Ruhe.

Als B45 geboren war, hieß sie anfangs ‚Dotties'-Flasche. Dies war deshalb so, weil Dottie Hook, eine Frau, die seit langem mit Aura-Soma verbunden ist, gerade dann eintraf, als diese Flasche geboren wurde. Außerdem hatte Dottie ein Geschenk für Vicky und Margaret gebracht, ein Mobile, das genau die gleichen Farben wie die neue Flasche hatte. Mobile dienen zur Dekoration und werden im Feng Shui zum Energieausgleich verwendet. Sie hängen von der Decke herab und werden von der Luft bewegt. Es trifft zusammen, dass diese Flasche durch den „Atem der Liebe" eine Verbindung zur Luft hat.

Zu einem späteren Zeitpunkt, bei einem Workshop in Frankreich, war Mike zugegen, als ein tibetischer Mönch, der sich im gleichen Zentrum aufhielt, wo der Workshop abgehalten wurde, eine Heilung vornahm. Der Mönch hatte gezeigt, wie heilende Energie durch den Atem übertragen werden kann, und er verwendete, um Menschen zu helfen, eine Technik, die Atem der Liebe hieß. Aufgrund dieser Erfahrung erhielt die Flasche den Namen, den sie jetzt hat: „Atem der Liebe". Liebe zu den kleinen Dingen (Magenta) und der freie Fluss des Türkis sind hilfreich, die bewusste

Verwandte Flaschen

Verwandte Farben
B20

B30

B46

Umgekehrt
B75

Ähnlichster Pastellton
B58

Aufmerksamkeit auf den Atem zu bringen und ihn in den Körper zu leiten. B45 weist daher darauf hin, dass wir die Qualitäten der liebevollen Freundlichkeit und des Mitgefühls mit anderen teilen müssen. Kreativer Ausdruck – so wie Musik, Tanz und Dichtung – helfen bei dem weltweiten Heilungsprozess.

In B45 haben wir die intensive Form der Magentaenergie (im Vergleich zum Tiefmagenta) – fähig sein, durch Aufmerksamkeit auf die kleinen Dinge, Liebe zu haben und Liebe zu geben – zusammen mit der Individuation und Kreativität des Türkis. Der türkise Bereich des Körpers befindet sich im Bereich der Lungen, wo der Atem natürlich fließt. Atmen wir Liebe von Oben ein, ist die Liebe auf das Ananda Khanda, das türkise Zentrum auf der rechten Seite der Brust gerichtet und stellt ihren ersten Kontakt mit diesem Zentrum her. Dieser Prozess öffnet das Ananda Khanda und der Atem fließt dann bei seiner Reise über den Smaragd des Herzens zum goldenen Bereich im Selbst. Wesentlich bei „Atem der Liebe" ist der Öffnungsvorgang des Ananda Khanda, des viereinhalbten Chakras (siehe „Die Feinstoffliche Anatomie", ab Seite 23).

B45 hilft uns bei der Überwindung unserer Enttäuschungen in der Liebe und beim Wiederherstellen unseres kreativen Flusses. Das ist notwendig, wenn wir dazu neigen, die Probleme anderer Menschen auf uns zu nehmen oder Stolz überwinden müssen. B45 weist auf das Bedürfnis hin, neue Liebe hereinzulassen und vergangene Erinnerungen loszulassen, die Glück ersticken.

Der Inhalt dieser Flasche kann überall aufgetragen werden. Bei starkem Stress wird er um das Herz herum aufgegeben.

B46 Grün/ Magenta

Name: Der Wanderer

Zusammengeschüttelt: Tiefes Jadegrün

Tarotkarte: Die Fünf der Kelche

Hauptaspekt: Aufmerksamkeit gegenüber den kleinen Dingen enthüllt die Wahrheit in der Einfachheit. Der Fürsorglichkeit wird Raum gegeben, sich zu entfalten.

B46 verbindet das Grün des Herzens mit der Magentaenergie. Grün ist im Bewussten, dem oberen Teil. Die Liebe von oben (Magenta) gelangt in unsere Tiefen (den Basisteil der Flasche), wenn wir den eigenen Raum bzw. die eigene Richtung finden. Magenta bewegt sich dann unterhalb des Smaragds des Herzens zum goldenen Bereich hin und verbindet sich mit diesem (siehe „Die Feinstoffliche Anatomie“, ab Seite 23).

Viele, die sich von Aura-Soma angezogen fühlen, sind Wanderer. Wir wandern um die Erde und tun das, wozu wir aufgerufen werden. Wanderer fühlen sich zuhause, wo auch immer sie sind. Dieses Wohlgefühl kann eine Art Freiheit geben. Wenn wir die Wahrheit mit Liebe in den eigenen Tiefen suchen, sind wir überall zuhause. Nicht verhaftet zu sein mit den Gefühlen (Grün) bringt eine gewisse Freiheit mit sich, die hier mit Weisheit in Zusammenhang steht, da das Magenta begonnen hat, sich mit dem Gold zu verbinden.

Verwandte Flaschen

Verwandte Farben

B5

B8

B28

B30

Ähnlichste Pastelltöne

B21

B99

Daher weist B46 darauf hin, dass wir Glauben und Vertrauen und die Qualitäten göttlicher Liebe sowie kreative Kraft haben.

Wir wandern manchmal ziellos umher, erfahren tiefe Ängste, und es mangelt uns an jeglichem Gefühl für eine Richtung. Wenn wir eifersüchtig oder neidisch sind, werden wir desillusioniert und schauen nur widerwillig an, was unser Leben beherrscht. Wir stärken noch einmal die nutzlosen Muster. Diese Farbkombination könnte uns helfen, uns von solchen Beherrschungen, Gefühlen und Mustern zu befreien.

B46 rund um das Herz und auf den Rücken auftragen, einschließlich der Wirbelsäule. Bei Menstruationsproblemen kann sie um den Unterbauch herum aufgetragen werden.

Oben: Henro Pilger auf dem Pilgerweg der achtundachtzig Tempel, der von Kobo Daishi Kukai in Shikoku, Japan festgelegt wurde.

Seite 150, links: Lotusblume im Teich. Die Lotusblume hat ihre Wurzeln im Schlamm und ihre Blüten im Sonnenlicht. Sie ist Symbol für die Entwicklung unserer Seele vom Urschlamm durch die Wasser der emotionalen Erfahrungen bis hin zur Erleuchtung. Die rosafarbene Lotosblume symbolisiert Buddha als höchstes Wesen.

Seite 150, rechts: Kapelle am El Camino de Santiago de Compostela, einem Pilgerweg zwischen dem Heiligen Land und Compostela in Spanien, einer heiligen Stätte, die seit mehreren tausend Jahren besteht und die auch als Sternenfeld bekannt ist. Während des Mittelalters boten die Tempelritter Schutz auf diesem Weg.

B47 Königsblau/ Zitronengelb

Name: Die „Alte Seele“-Flasche

Zusammengeschüttelt: Smaragdgrün

Tarotkarte: Die Vier der Kelche

Hauptaspekt: Geistige Klarheit. Die Gabe, den Smaragd des Herzens zu verstehen.

Vicky nannte die B47 die „Alte Seele“-Flasche. Ihrer Meinung nach liebten „alte Seelen“ gerade diese Farbkombination, weil sie auf einem leuchtenden gelben Strahl inkarnieren und bemüht sind, das Geheimnis von allem, das ist, zu verstehen.

Traditionell ist im Tarot die Vier der Kelche neben den Assen die einzige Karte mit einer Hand, die etwas aus einer Wolke darbietet, etwas von einem unsichtbaren Ursprung aus einer ganz anderen Ebene. Dies deutet auf eine Person, die mit mystischem Wissen vertraut ist und für die höheren Verstandesfunktionen, für himmlischen Frieden und für inspirative Kreativität offen ist.

Im Rider-Waite Tarot wird einer Person, die unter einem Baum sitzt, ein Kelch angeboten. Drei Kelche befinden sich auf der Erde. Der Kelch symbolisiert das Wasserelement. Was hier angeboten wird, bezieht sich auf eine Veränderung im Glauben oder im Vertrauen, beides Eigenschaften des Wasserelements. Einige Dinge bleiben

Verwandte Flaschen

Umgekehrt
B8

Ähnlichster Pastellton
B94

Verschüttelt
B10

Rechts: Höhle Nr. 4 in Qumran, wo im Jahr 1947 Schriftrollen des Toten Meeres von zwei beduinischen Schäfern gefunden wurden.
Seite 152, links: Gebetsmühle im Kloster Drepung in Lhasa, Tibet.
Seite 152, rechts: Wichtel aus Schottland mit Zitronen und Lapis.

noch im Bereich des Geheimnisvollen. Wir wissen, dass wir die Möglichkeit haben, ein wenig mehr zu vertrauen. Mehr Vertrauen zu haben, bedeutet jedoch nicht unbedingt eine Veränderung in unserem Verständnis. Wir sind Teil von etwas, das sich vielmehr trotz uns, statt wegen uns entfaltet. Wir sind nicht die Schlüsselfiguren in der Szene, sondern eher Teil des größeren Ganzen, das sich entfaltet. In diesen Vorstellungen verbirgt sich ein Gefühl, das dem ähnlich ist, wie es sich bei Excalibur zeigt, als es auf geheimnisvolle Weise aus der See vor Arthur auftaucht, der König werden würde.

B47 ist die einzige Flasche in der Equilibrium Reihe, die in ihrem Basisteil Zitronengelb hat. Zitronengelb zeigt einen scharfen Intellekt, der bittersüß sein kann. Es führt zur höheren Intuition (Königsblau im oberen Teil) und zur Klarheit an den Sinnestoren, was dann dazu beiträgt, Klarheit im Intellekt zu finden. Das Königsblau und das Zitronengelb verschütteln sich zu Smaragdgrün. Die smaragdgrünen Qualitäten finden als neue Möglichkeit für die Menschheit ihren Ausdruck.

Diese Flasche kann bei Langeweile dienlich sein, wenn intellektualisiert wird und bei verborgenen Ängsten oder Depressionen, weil zu viel verinnerlicht wird.

B47 um den Körper über den Bereich des Solarplexus und das Herz und auch um den Haaransatz herum anwenden.

B48 Violett/Klar

Name: Flügel der Veränderung
Zusammengeschüttelt: Lila
Tarotkarte: Die Drei der Kelche
Hauptaspekt: Verständnis für das Licht in den Tiefen des Selbst. Transformation im Bewussten.

Bei B48, „Flügel der Veränderung", leuchtet das Klar im Basisteil wie das Licht von Engelsflügeln. Die Flügel sind so hell, dass wir sie nicht so leicht wahrnehmen können. Die Spiritualität und Aussöhnungskraft des Violett sehen wir im oberen Teil, im Bewussten. Die Flügel falten sich um das Leiden (Klar) im Inneren und bilden einen sicheren Ort für die Transformation (Violett) im Bewussten und für das Licht im Inneren, damit es sich entwickeln kann. Wenn das Licht im Inneren leuchtet, begegnen wir dem Potenzial, die eigene Spiritualität zu finden.

Violett und Klar werden zu Lila, wenn sie zusammengeschüttelt werden. Diese Farbe der Transmutation ist die Alchemie, die einen vollkommen veränderten Zustand mit sich bringt. Ein Alchemist macht unedles Metall zu Gold. Im Wesentlichen zeigt uns die B48, wie wir die eigenen negativen Aspekte in positive Aspekte umwandeln können. Um Frieden und Ruhe im bewussten Denken zu finden, müssen wir klarer werden und zurückgehaltene Tränen vergießen. „Flügel der Veränderung" trägt uns von einem Zustand zu einem anderen. Häufig wählen jene Menschen diese Flasche, die viel Kummer und Leid oder sogar Schock erfahren haben, oftmals in Verbindung mit einem Tod. Die Möglichkeit der Loslösung von diesen Erfahrungen ist gegeben. Eine Transformation im bewussten Denken und die Befreiung von dem Leiden, das wir in uns tragen, stellen sich ein.

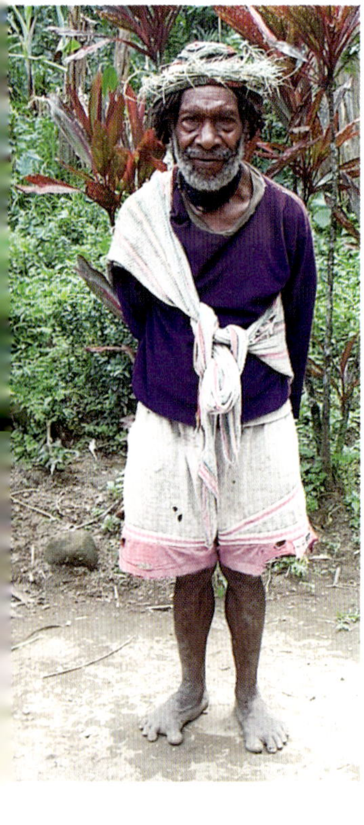

Verwandte Flaschen

Verwandte Farben
B60

B69

Umgekehrt
B15

Verschüttelt
B56

Rechts: Hazienda aus dem Jahr 1613, einer Zeit großer Kämpfe um die Zuckerrohrproduktion, nun ein Hotel in Morelos, Mexiko.
Seite 154, links: Farmer aus dem Hochland von Papua-Neuguinea.
Seite 154, rechts: Iris „singend im Regen“ in Bondville, Vermont.

Wir alle haben Flügel. Wenn wir in hohem Maße leiden, sind unsere Flügel nicht in bestem Zustand. „Flügel der Veränderung“ unterstützt die Vorstellung, dass sich unsere Flügel durch die Befreiung von Leiden wieder vollkommen erholen können. B48 trägt uns voran zur Erfüllung unseres Dienstes (Violett) am Licht. Jemand, der durch Sprache den Menschen heilsam dient, fühlt sich von B48 angezogen.

Die Violett/Klar um den Haaransatz herum auftragen; bei hormonell bedingten Rückenbeschwerden kann sie um den Unterbauch herum aufgegeben werden. Auch nach einer Craniosacral-Sitzung ist diese Flasche nützlich, um die Energiefelder zu stabilisieren.

B49 Türkis/ Violett

Name: Der Neue Bote

Zusammengeschüttelt: Tiefes Violett, gefleckt mit Türkis

Tarotkarte: Die Zwei der Kelche

Hauptaspekt: Kreative Kommunikation des Herzens im Dienst am Nächsten.

B49 ist ein weiterer Bote: „Der Neue Bote". Er ist verwandt mit B24, Violett/Türkis, die Neue Botschaft. Den Menschen, die von B49 angesprochen werden, offenbart sich ihr Potenzial, anderen Freude und Glück zu schenken, indem sie Frieden, Harmonie und Sensitivität in die Kommunikation einbringen. Im Hinblick auf die Chakra-Zentren des Körpers sind die Farben in B49 aber umgekehrt (siehe „Die Feinstoffliche Anatomie", Seite 23). Deshalb könnte es sein, daß diesen Menschen ihre Fähigkeit verborgen ist, bei anderen mit liebendem Herzen Heilungsprozesse anregen zu können.

Seite 157: Hof von König Arthur, Chalice Well Gardens, Glastonbury, England. Arthur mit seinem Schwert Excalibur ist bekannt als der einstige und künftige König.
Rechts: Polarlicht außerhalb von Fairbanks, Alaska.
Unten: geflügelter Bote im Museum von Orsay in Paris, Frankreich.

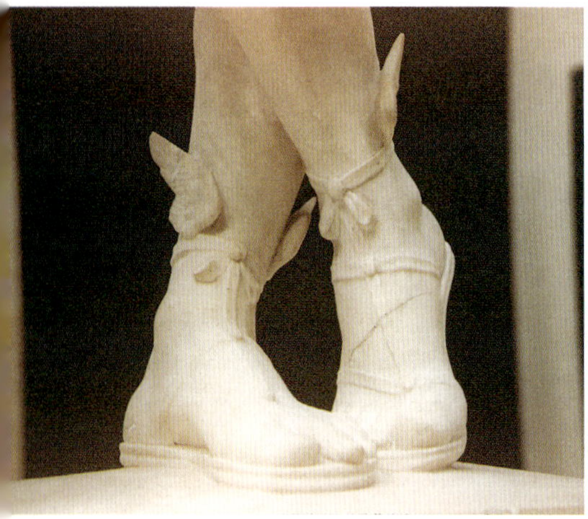

Verwandte Flaschen

Verwandte Farben

B2

B5

B8

B30

Umgekehrt

B24

Ähnlichster Pastellton

B58

Die Bedeutung des Neuen Boten ist von besonderer Wichtigkeit in seiner Position unmittelbar vor der Enthüllung der Meister-Set-Sequenz, die mit B50 beginnt und sich bis zu B64 durchzieht. B49 leitet den Einstieg und die Kooperation der Meister ein (siehe die Beschreibung der Meister auf den Seiten 38-39). Die Flasche symbolisiert eine immens positive Botschaft, die uns über das Gute informiert, das kommen wird.

Der „Neue Bote" ist bezeichnend für einen bestimmten Punkt in der Entwicklung der Equilibrium. B49 zu wählen gibt uns den Hinweis, dass eine Botschaft für uns verfügbar ist. Wir hatten Schwierigkeiten mit der Kommunikation, oder unsere Kreativität wurde unterdrückt; vielleicht müssen wir unser Herz heilen und Liebe finden oder Schuld loslassen, nachdem wir unseren Weg verloren haben. In B49 ist eine Botschaft enthalten, die mit der Kommunikation aus einer tiefen Transformationsebene assoziiert wird und danach verlangt, in unsere Gefühle vorzudringen; sie ist bezeichnend für die Elastizität unseres Denkens, was darauf zurückzuführen ist, dass wir mit unserer inneren Stimme in Kontakt sind.

B49 rund um den Körper über den Brustbereich und um den Haaransatz herum aufgeben. Bei Problemen mit der Sprache kann sie auf dem Hals, einschließlich dem Nacken aufgetragen werden.

B50 Hellblau/ Hellblau

Name: El Morya

Zusammengeschüttelt: Hellblau

Tarotkarte: Ass der Kelche

Hauptaspekt: Dein Wille, nicht mein Wille. Fähig sein, beiseite zu treten, sodass die Kommunikation eher durchfließen kann als dem Selbst zu entspringen.

Seite 159, oben: Morgennebel hängt über dem Brahmaputra Fluss in Zentraltibet, ein sehr magischer Augenblick.
Seite 159, unten: das intensive Blau des göttlichen Willens, sichtbar durch eine zarte blaue Akelei in Ripton, Vermont.
Unten: Monosee, im Osten des Yosemite Nationalparks in der Nähe der Stadt Lee Vining, Kalifornien. Ein hoch alkalischer See mit Mineralien, die im Wasser gelöst sind und „Tuff Türme" bilden. Es sind Kalzium-Karbonat-Vorsprünge, die der Landschaft ein Aussehen verleihen, als gehöre sie zu einem anderen Planeten.

El Morya ist die erste Flasche, von der wir in Zusammenhang mit dem Meister-Set sprechen (siehe Seite 55).[50-a] Als diese Flaschen (B50 bis B64) entstanden, sagte Vicky, deren Namen würden sich auf eine Art von der Benennung der vorausgehenden Flaschen unterscheiden. Die Flaschen B50 bis B64 haben gewissermaßen Namen, die es schon vor der Geburt der Flaschen gab. Es sind Namen, die untrennbar mit der Farbe jeder Flasche verbunden sind. Die Flaschen sind vollkommen mit dem Namen des Strahls geboren, auf dem sie ankamen. Bei deren Geburt kannte Vicky die Arbeit von Annie Besant, Madame Blavatsky oder den frühen Theosophen noch nicht. Vicky lernte erst von Mike, wie die Theosophen die Strahlen verstanden und die Meisterwesen, die auf eben diesen Strahlen hereinkommen.[50-b]

B50 ist die einzige Flasche in der Reihe der Meister, die zum Satz der Kelche im Tarot gehört (siehe „Die Tarotkarte", Seite 51).[50-c] Der Satz der Kelche ist mit dem Element Wasser verbunden. Alle anderen Meister haben einen Bezug zum Satz der Schwerter. Es ist passend, dass B50 das Ass der Kelche ist, weil die blaue Energie, so wie wir sie verstehen, eine Qualität von Glauben und Vertrauen ist, welche zu den Eigenschaften des Wasserelements zählen. Hellblau ist eine Intensivierung von Glauben und Vertrauen, und dies führt uns zu „Dein Wille, nicht mein Wille", der Botschaft der B50 und zu dem Namen El Morya.

Es heißt, El Morya [50-d] sei als Prinz in der indischen Provinz Rajastan inkarniert, zur Erleuchtung gelangt und als spirituelles Oberhaupt bekannt gewesen. Er verpflichtete sich, allen menschlichen Wesen zu helfen. Sowohl in dieser als auch in seiner anderen

Verwandte Flaschen

Verwandte Farben
B1

B103

Ähnlichster Pastellton
B54

Ähnlichster Vollton
B2

Inkarnation in Indien, war El Moryas Verpflichtung herausragend, sich aller Menschen anzunehmen. Infolgedessen wurde El Morya zu einem aufgestiegenen Meister der Weißen Bruderschaft. Dies ist eine Gruppe von Wesen, die auf der Erdebene zur Erleuchtung gelangten und die Verpflichtung eingegangen sind, allen menschlichen Wesen bei ihrer Bewusstseinsentwicklung zu helfen.[50-e] Die El Morya Flasche vermittelt uns, dass wir innere Ruhe und einen klaren Verstand haben, selbstlos sind und die Belange der anderen vor unsere eigenen stellen.

B50 weist auf das Bedürfnis hin, einen Ausgleich zu finden zwischen zu viel und zu wenig Liebe und ist hilfreich, wenn wir sehr niedergeschlagen sind, zurückzuführen auf Gefühle von nicht gewollt oder nicht geliebt zu sein, oder wenn wir es schwierig finden, Gefühle zu zeigen. Diese Flasche führt uns zu unseren Qualitäten der Fürsorge und des Mitgefühls.

Während einer seiner Inkarnationen war El Morya mit einer Frau aus einer früheren Lebenserfahrung verbunden. Diese Frau hieß Miriam.[50-f] Miriam wurde die archetypische große Schwester für die Menschen von Judäa. El Morya und Lady Miriam sind wie Zwillingsseelen, die zusammenarbeiten, wobei zu jeweils verschiedenen Zeiten das eine oder andere Wesen offensichtlich hilfreicher und wirkungsvoller ist. In der Gestalt von Lady Miriam hat die Energie der B50 daher auch einen Bezug zur Energie der Göttlichen Mutter.

Wie in „Der Sprache der Farbe" (Seite 13) erörtert, gilt im Hinblick auf die Auswirkungen der Volltöne und der hellen Farben alles, das auf B2, Blau/Blau zutrifft, auch für B50, Hellblau/Hellblau. Bei den zarten hellen Tönen, den Pastelltönen, sind die Themen intensiver, oder mehr Licht wurde auf sie gerichtet.

Aus numerologischer Sicht ist es interessant, dass die B50 die Intensivierung der B5 (5x10) ist, der Flasche, die Vicky am meisten ansprach.

B50 um den Hals, einschließlich den Nacken herum auftragen.

B51 Hellgelb/ Hellgelb

Name: Kuthumi

Zusammengeschüttelt: Hellgelb

Tarotkarte: König der Schwerter

Hauptaspekt: Zwei-Wege Kommunikation, durch die das, was oberhalb von uns ist, an das, was unterhalb ist, weitergereicht wird. Die Kommunikation mit den Deva-Reichen.

Für die B51, Hellgelb/Hellgelb wesentlich ist ihre Energieverbindung in zwei Richtungen. Als Menschen sind wir für die Kommunikation mit Engeln empfänglich und in der Lage, der Welt der Devas weiterzugeben, was die Engel sagen. Wir sind die Verbindung zwischen diesen beiden Erscheinungsformen des Lebens.

Kuthumi war ein indischer Schah (1628-1658), der auch als Pythagoras (ca. 575 – circa 495 AD) und als der Heilige Franz von Assisi (ca. 1182 – ca. 1226) inkarnierte.[51-a]

Wie El Morya (siehe B50) war auch Kuthumi Mitglied der Weißen Bruderschaft (beachte 50-e).

Der Name Kuthumi wird etwa wie "come to me" (kum tu mi – komm zu mir) ausgesprochen. Es ist ein Konzept, das in der Energie dieser Flasche weitergetragen wird. Der Heilige Franziskus war mit der „come to me" Energie verbunden, und er teilte sie mit Vögeln, anderen Tieren und Kindern. Auf Bildern finden wir ihn im Allgemeinen umgeben von diesen Wesen. Dieselbe Energie wird im zweifachen Energiefluss vom Engelsreich zu den Menschen und von den Menschen zu den Devas gespiegelt. So hilft die B51 bei der

Verwandte Flaschen

Verwandte Farbe
B70

Ähnlichster Vollton
B42

Wahrnehmung und Kommunikation mit Engeln und Devas. Die Flasche ermöglicht ein Gewahrsein aller Mineral- und Pflanzenreiche und der Wesen, die diese Reiche bewohnen.

B51 spricht häufig die Menschen an, die Wissen suchen und geistige Flexibilität, Unterscheidungsvermögen, Klarheit und Aufgeschlossenheit zeigen. Sie repräsentiert Menschen, die für die Rechte von anderen kämpfen und Gerechtigkeit für sie suchen. Um dies zu erreichen, müssen wir jedoch Sorgen, Ängste und Intoleranz loslassen und Auseinandersetzungen vermeiden, die aus unseren Ängsten hervorgehen.

Wie in „Die Sprache der Farben" (Seite 13) in Bezug auf Volltöne und Pastelltöne erörtert, gilt alles, das auf B42, Gelb/Gelb zutrifft, auch für B51, Hellgelb/Hellgelb, jedoch in einer intensiveren Ausprägung.

Bei B50 wird der höhere Wille (Blau) beleuchtet, bei B51 (Gelb) der kleine oder individuelle Wille des Solarplexus. Daher sollte der Inhalt dieser Flasche um den Solarplexus herum aufgetragen werden.

Oben: Pythagoras, griechischer Philosoph, Mathematiker und Lehrer des klaren intellektuellen Denkens in Stein gemeißelt, Kathedrale von Chartres, Frankreich.
Links: Esel, das Lieblingstier des Heiligen Franziskus, sanft grasend in Peru.
Rechts: Horus als Falkengott im Tempel des Horus in Edfu.
Oben rechts: Kolibri auf den Linien von Nazca in der Nazca Wüste, Peru.

B52 Hellrosa/ Hellrosa

Name: Lady Nada

Zusammengeschüttelt: Hellrosa

Tarotkarte: Königin der Schwerter

Hauptaspekt: Die Kommunikation, die zu tief gehender und tief empfundener Selbstakzeptanz führt.

Rechts: Rotes Fort in der Nähe der Taj Mahal Gärten. Ursprünglich aus Lehm und Ziegel als militärischer Stützpunkt an den Ufern des Flusses Yamuna, in Agra, Indien, 1565 AD. gebaut, als Agra die Hauptstadt war. Jetzt ist es ein Raum, in dem man die Stimme der Stille hört.

Unten: Rose, ein Symbol der Liebe, in Ripton, Vermont.

Lady Nada ist die Gefährtin des Christus. *Nada,* ein Wort aus dem Sanskrit, bedeutet „Klang". Übersetzt aus dem Pali/Sanskrit/Aramäischen Wortstamm bedeutet es "der heilige Klang", der Klang der Stille, des lautlosen Tons. [52-a] Sein Bezug zum heiligen OM erklärt die Verbindung zum sechsten Chakra. Die B52 bezieht sich auch auf das Dritte Auge und auf die Musik und vermag unser Erleben und Verstehen von Musik verstärken und erweitern.

Zwischen Farbe und der Bedeutung des Namens Lady Nada besteht eine Verbindung. Um in Berührung mit nad, *„dem inneren Klang"* zu kommen und Klarheit zu erlangen, müssen wir Abstand zu den Sinnestoren haben. Alle Sinne tragen in sich ein Geschenk, das Teil unserer inneren Essenz bildet. Zwischen den Organen des Körpers und den Sinnen besteht eine Verbindung; jedes Organ kann in seiner Funktionsfähigkeit verbessert werden, wenn wir einen inneren Abstand zu den Sinnestoren entwickeln und nicht mit ihnen verhaftet sind. Je weniger wir uns mit dem identifizieren, was wir über unsere Sinne erfahren, desto wahrscheinlicher ist es, das wir uns über die Sinne erheben und das vervollkommnen, was wir als Geschenk bei jedem der Sinnestore vorfinden. Der Körper gelangt dabei zu einem Stadium größerer Bewusstheit, wird vollständiger und fähiger, spirituell durch Liebe zu wachsen. Wenn Sie B52 repräsentieren, sind Sie scharfsinnig und intuitiv und lassen sowohl anderen als auch sich selbst Liebe zukommen.

Lady Nada bringt uns die Intensivierung der roten Qualitäten durch das hellste der Rosas. Diese Qualitäten schließen die Fähigkeit des Nicht-Verhaftetseins, Selbstannahme und die Möglichkeit des Erwachens zu bedingungsloser Liebe ein. Obwohl nicht leicht

Verwandte Flaschen

Verwandte Farben

B11

B71

Ähnlichster Vollton

B6

B81

zu verwirklichen, ist bedingungslose Liebe wahrscheinlich die stärkste Kraft und die Substanz, die hinter dem ganzen Dasein steht.

Rot ist die Farbe, der Widerwillen zugeteilt wird. Bei den buddhistischen Unterweisungen gilt Widerwillen als Gift: das, das nein sagt, wegstößt und verweigert. Das Gift kann in Losgelöstheit oder Nicht-Verhaftetsein verwandelt werden, nicht an Dingen festzuhalten und die Freiheit haben zu erkennen, wann wir loslassen müssen. Rot steht für die Möglichkeit, in einer Lage zu sein, wo wir vielmehr beobachten können, was in uns vorgeht, als uns damit zu identifizieren. Findet dieser Übergang oder diese Wandlung zum Nicht-Identifiziertsein statt, besteht für uns eine großartige Möglichkeit, uns des inneren Klangs bewusster zu werden, des Klangs, der jenseits des Körpers oder im Körper auf einer tiefen Ebene zu finden ist.

B52 weist im Hinblick auf unsere Herausforderungen auf boshafte, kritische, misstrauische oder eifersüchtige Neigungen hin. Es ist möglich, dass wir für emotionale Erpressung anfällig sind, oder weil wir an intensiver Wut und Bitterkeit festhalten, kein Raum mehr für Liebe vorhanden ist. Fehlt uns die Fähigkeit, auf Distanz zu gehen, sind wir eher reaktiv, anstatt dass wir erneut aktiv auf etwas eingehen.

Bei der Rückführungsarbeit in vergangene Leben hilft uns B52, Kontakt mit Inkarnationen der Essener aufzubauen (siehe auch B11 und B71).

Wie bei „Die Sprache der Farben" (Seite 13) in Bezug auf Volltöne und Pastelltöne besprochen, gilt alles, was auf B6, Rot/Rot zutrifft, auch für B52, Hellrosa/Hellrosa in einer intensiveren Ausprägung.

B52 um den Körper herum im Bereich des Unterbauchs anwenden. Bei mentalem Stress einen Tropfen ganz oben auf den Kopf, auf jede Schläfe und auf den Nacken auftragen; sanft einmassieren.

B53 Hellgrün/ Hellgrün

Name: Hilarion

Zusammengeschüttelt: Hellgrün

Tarotkarte: Ritter der Schwerter

Hauptaspekt: Der Weg, die Wahrheit und das Leben. Ausgleich im Herzen, entstanden durch einen Prozess der Läuterung.

Seite 165, oben: in Stein gemeißelt, im Hof der Kirche des Heiligen Bartholomäus in New York City. Unser Seelenstern erstrahlt, während wir unseren Weg finden.
Seite 165, unten: Grünes Polarlicht in Fairbanks, Alaska, erhellt unseren Pfad.
Unten: Grashüpfer auf der Mauer eines Häuschens aus der Zeit Napoleons in Ozolles im Südburgund, Frankreich. Wie die schnellen Bewegungen des Grashüpfers inspiriert Hilarion die Schnelligkeit des Verstands für wissenschaftliche Entdeckungen.

Hilarion, Hellgrün/Hellgrün steht für den Suchenden, der intensiv nach der Wahrheit sucht. Wird die Suche nach Wahrheit (Grün) verstärkt aufgenommen (Hellgrün), wird sie zum Weg, zur Wahrheit und zum Leben. Es heißt, dass Meister Hilarion das klassische theosophische Werk *„Licht auf dem Pfad"* inspirierte. Von diesem Werk lernen wir, dass „Der große und schwierige Sieg, gemeint ist das Überwinden der Begierden der individuellen Seele, eine Arbeit von Jahren ist… Wenn Ihr den Anfang des Weges gefunden habt, wird der Stern eurer Seele sein Licht zeigen".[53-a] Hilarion war ein Wissenschaftler in der Zeit der Etrusker, und er entwickelte eine Methode der Energieumwandlung zum Vorteil für alle menschlichen Wesen. Dadurch gelangte er zur Erleuchtung.[53-b]

Der Zyklus des grünen Wachstums in der Natur kann Symbol für die Zeitenfolge sein; daher wird Grün oft mit Saturn, dem Bewahrer der Zeit verbunden. Saturn ist mit der alchemistischen Aufgabe der Bleiumwandlung in Gold befasst oder anders gesagt, Grün wird zu Gold umgewandelt. Richten wir Licht auf Grün (Hellgrün), richten wir Licht auf Blei, die saturnische Energie, und dadurch wird sie lichter oder goldener. Bei der Umwandlung der Energie ist es wesentlich, die Lektionen des Saturns zu lernen, wobei es um die Zeit und ein tiefes Verständnis von Zeit und Raum geht. Hilarion gelangte zur Transzendenz, was Energie betrifft, indem er sich sehr eingehend damit befasste und einen tiefen Prozess durchmachte.

Wenn wir an riesige wogende grüne Felder denken, verstehen wir, warum Menschen, die mit Körpertherapien arbeiten, wie Rolfing, Trager, Alexandertechnik, Feldenkrais oder anderen Techniken, welche das Gefühl für Raum im Körper verstärken, häufig B53 auswählen. B53 hebt die Notwendigkeit hervor, Gefühle der Frustration, Verwirrung oder

Verwandte Flaschen

Verwandte Farben

B3

B50

B51

B101

Ähnlichster Pastellton

B94

Ähnlichster Vollton

B10

Kummer aufgrund von Trennung oder Betrug loszulassen. B53 hilft uns, in Kontakt mit lemurischen Inkarnationen zu kommen.

In einer Beratungssituation kann B53 solche Menschen repräsentieren, die gerne streiten und Konflikte mögen oder ungestüm und in einer ständigen Erwartungshaltung sind, was sie davon abhält, in der Gegenwart zu sein. Dies zeigt uns, wie wichtig es ist, Raum für sich selbst zu schaffen und seinen richtigen Platz zu finden. Sind wir wahrhaftig, können wir loslassen, die Vergangenheit hinter uns lassen, uns vorwärts bewegen und entdecken, was vor uns liegt: der Weg, die Wahrheit und das Leben.

Wie in „Die Sprache der Farben" (Seite 13) hinsichtlich der Volltöne und der Pastellfarben besprochen, trifft alles, das für B10, Grün/Grün gilt, auch auf B53, Hellgrün/Hellgrün, in einer intensiveren Ausprägung zu.

B53 sollte um den Herzbereich herum aufgetragen werden, einschließlich auf dem Rücken und der Wirbelsäule.

B54 Klar/Klar

Name: Serapis Bey
Zusammengeschüttelt: Klar
Tarotkarte: Page der Schwerter
Hauptaspekt: Das Verstehen des Leidens. Die Kraft des Lichts und der Läuterung.

Serapis Bey wurde in die Familie eines der Herrscher (Beys) geboren, die das Osmanische Reich (1290-1603) regierten. Er war ein junger Priester/König und erlangte Erleuchtung, indem er Verständnis für Leiden und die Linderung von Leiden entwickelte, beides zur Farbe Klar gehörend. B54 legt daher nahe, dass wir durch das Verstehen von Leiden wachsen.

Serapis war eine Inspiration für viele Botschaften der Sufi-Dichter, [54-a] besonders für den Gedanken, dass Hingabe vor allem anderen die Schlacken verbrennen kann, die sich in unserem Sein und Wesen zeigen. Werden mehr stoffliche Dinge verbrannt, ist es möglich, zu einer neuen Sicht des Verstehens zu gelangen. Dies ist eine reine und tiefgehende Vorgehensweise. B54 steht deshalb auch für unser Gewahrsein der Offenbarungen, die von Oben kommen.

Bei einer Beratung kann B54 bedeuten, dass wir gelitten haben und möglicherweise großen Schmerz verspüren. Sie könnte symbolisieren, dass wir herrschsüchtig sind und „weiß vor Zorn". Sie hilft uns dabei, aufzuhören zu verbergen, wer wir sind und unsere wahren Farben anzusehen und zu zeigen.

Vicky sagte bei vielen Anlässen, am kraftvollsten innerhalb der gesamten Aura-Soma Reihe seien die Flasche B54 und die Quintessenz Serapis Bey. Serapis Bey hilft uns, jene Farben zu finden, die am engsten mit unserem Seelenstrahl verwandt sind. Diese Flasche ist dienlich, wenn andere Kombinationen nicht wie beabsichtigt wirken und regt den interaktiven Aura-Soma Prozess an. B54 und auch die Quintessenz Serapis Bey dürfen nur

Verwandte Flaschen

Alle Farben kommen aus dem Licht; daher sind alle Farben Teil der B54.

Rechts: Grabmal aus Eisen in Schweden.
Seite 166, oben: Sturmwelle am Castlepoint auf der Höhe des Endes des Lighthouse Rock auf der Nordinsel von Neuseeland, einem außergewöhnlichen Ort, wo sich häufig die Kraft der Natur zeigt.
Seite 166, unten: Weiße Babyrobbe auf den Magdalen-Inseln erinnert uns an die Reinheit und Unschuld eines Neugeborenen.

vorsichtig gebraucht werden und sollen in Kombination mit Rosa, zum Beispiel mit einem rosafarbenen Pomander oder einer rosafarbenen Quintessenz zur Unterstützung benutzt werden. Klar, wenn allein verwendet, kann schwierige Dinge zu krass ans Tageslicht bringen. Wenn wir bei unserer Arbeit mit B54 Rosa mit einbeziehen, bringt dies Fürsorge, Unterstützung und die Möglichkeit der Selbstakzeptanz mit sich, sollten wir Themen und Herausforderungen begegnen, die sich bei unserem Entwicklungsprozess zeigen. Rosa hilft, wenn wir das Licht von Serapis Bey integrieren.

B54 kann überall auf dem Körper aufgetragen werden.

B55 Klar/Rot

Name: The Christ – Der Christus
Zusammengeschüttelt: Rosa
Tarotkarte: Zehn der Schwerter
Hauptaspekt: Die Energie, mit und für das Licht zu arbeiten.

Seite 169, oben: Mara Rianta Tänzer im Masai Dorf in Kenya, Afrika. Ein Nomadenstamm, bei dem die Männer die Tiere hüten, während die Frauen die einheimischen Gräser zur Herstellung ihrer Waren verwenden, deren Erlös zur Unterstützung der Familie beitragen. Durch Zusammenarbeit können sie ihre Lebensweise beibehalten.
Seite 169, unten: Frauen in Peru arbeiten mit Wolle und sorgen für ihre Kinder.
Unten: Zug in der französischen Schweiz.

Bei B55, der Christus Flasche, ist im oberen Teil Klar, Licht repräsentierend. Das Rot im unteren Teil steht für die Erde. Zusammen lassen die Farben erkennen, dass Licht auf die Erdebene kommt, gerade so, wie sich das Göttliche auf der Erde als Christus inkarnierte. Der Christus bringt die Botschaft der Vergebung auf die Erde.

Werden die Aura-Soma Flaschen der Reihenfolge nach auf den Lebensbaum gestellt, steht B55 in der Sphäre von Malkuth, dem Königreich. Malkuth repräsentiert die Erde. B55, das reine Licht (Klar), das auf die Erde (Rot) kommt, ist eine symbolische Darstellung dafür, wie das Göttliche in jeden Aspekt der Materie eingeht. Mit dem Aufstellen der Flasche auf den Lebensbaum wird die Bedeutung des göttlichen Lichts, das in die physische Welt eingeht, hervorgehoben. Der Christus ist die versöhnende Kraft. Er versöhnt die Polaritäten in uns, besonders das, was zwischen dem Licht ist, welches über uns ist und uns von der Erde wegzieht und der Erde selbst, die uns ständig an die Materie bindet. [55-a]

Werden Klar und Rot miteinander verschüttelt, entsteht ein Rosa, gleich dem von Lady Nada, B52, Hellrosa/Hellrosa, hier allerdings von zwei verschiedenen Farben gebildet. Rot drückt Liebe und die Verbindung mit dem Erdstern aus. Diese Liebe mag die Antwort darauf sein, warum wir wählen als menschliche Wesen auf die Erde zu kommen. Leben auf der Erde als Mensch zu erfahren, scheint eine großartige und ungewöhnliche Möglichkeit in der Gesamtheit der Existenz zu sein. B55 zeigt uns das Licht in Beziehung

Verwandte Flaschen

Verwandte Farben
B6

B81

Ähnlichster Pastellton
B11

Verschüttelt
B52

zur Erde. Mit dem Licht des Verstehens können wir das zusammenbringen, was uns an die Erde bindet, und warum wir auf diesen Planeten zurückkehren. Vielleicht kommen wir durch Leiden zu neuer Energie. B55 bringt unsere Energie ans Licht und hilft uns, anzunehmen, wer wir sind. Dies alles mit einer Art aufmerksamen Losgelöstheit. Deshalb kann die B55 den Prozess bei der Verarbeitung von Missbrauch unterstützen. Sie könnte auch hilfreich sein, wenn die Kundalini-Kraft erweckt werden soll.

Gleichzeitig erkennen wir in dieser Farbkombination eine entgegengesetzte Herausforderung, was bedeutet, uns nicht in unserem Verlangen zu verfangen, zum Licht zurückkehren zu wollen. Steiner [55-b] beschreibt die ahrimanischen und luziferischen Kräfte als sich entgegenwirkende Tendenzen. B55 hilft uns, diese Tendenzen zu versöhnen, um das richtige Gleichgewicht zu finden zwischen der Bindung an die Materie und dem Wunsch zum Licht zurückkehren zu wollen. In gewisser Weise gibt B55 uns ein Gefühl dafür, ob wir in der Lage sind, spirituelle Verantwortung zu übernehmen. Wir haben das Bedürfnis, Gefühle von Wut und Bitterkeit anzuerkennen, und diese Gefühle durch emotionale Befreiung loszulassen, das auch Weinen zulässt. Verstehen wir das Klar wirklich, hilft uns dieses Verständnis, von Rachegefühlen Abstand zu nehmen.

B55 auf dem Unterbauch und in diesem Bereich um den Körper herum auftragen. Da diese Flasche energetisierend wirken, und dies zu Schlafstörungen führen kann, sollte sie nicht zu spät am Abend verwendet werden.

B56 Hellviolett/ Hellviolett

Name: Saint Germain

Zusammengeschüttelt: Hellviolett

Tarotkarte: Neun der Schwerter

Hauptaspekt: Das Verlangen überwinden, unsichtbar zu sein. Als ein Katalysator in der Welt handeln.

Seite 171, oben: Lavendelfarbenes Polarlicht in Fairbanks, Alaska - mit einem Dirigenten, der hinter den Kulissen eine allumfassende Bewegung für Gleichheit und Freiheit orchestriert und inspiriert.

Seite 171, unten: Amethystkristall aus Brasilien.

Unten: Charoite, mit der chemischen Formel K(Na,Ca)11(Ba, Sr)Si18046(OH,F)-H20 ist ein seltenes und ungewöhnliches Mineral aus dem Fluss Chara in Ostsibirien. Er wurde mit hoher Temperaturveränderung des Kalksteins durch alkalische Magma-Einschlüsse gebildet..

Saint Germain gilt in vielen Inkarnationen als Meisterwesen. Im späten 16. Jahrhundert unterstützte er als Prinz Rakoczy des Königshauses von Ungarn eine Bewegung, um Gleichheit, Brüderlichkeit und Freiheit in seinem Land herbeizuführen. Durch seine Arbeit für eine höhere Sache erlangte er Erleuchtung und die Freiheit des Nirvana.[56-a] Auch spielte er eine aktive Rolle in der amerikanischen Revolution und als Graf von Saint Germain in der Zeit der Französischen Revolution (1789-1799). Es war ihm möglich, die französischen Revolutionäre mit den gleichen Idealen anzufeuern, für die er auch in Russland eingetreten war. In ehrendem Gedenken an die Präsenz von Saint Germain wurden Straßen in Paris und überall in Frankreich nach ihm benannt. Am besten bekannt wurde er durch seine Inkarnationen als Francis Bacon und William Shakespeare. Auf seine Gefährtin wird in den Informationen über Lady Portia, B59 näher eingegangen.

B56 weist darauf hin, dass wir uns auf den Prozess eingelassen haben, die Vergangenheit loszulassen, um leichter in Kontakt mit unserer wahren Spiritualität zu kommen. Uns zeichnet ein liebevolles, friedliches Wesen aus, wir sind sensitive Denker oder Lehrer, die andere Menschen begeistern können, oder wir befassen uns mit der Anwendung von energetischen Heilweisen. B56 hilft uns, unsere inneren männlichen und

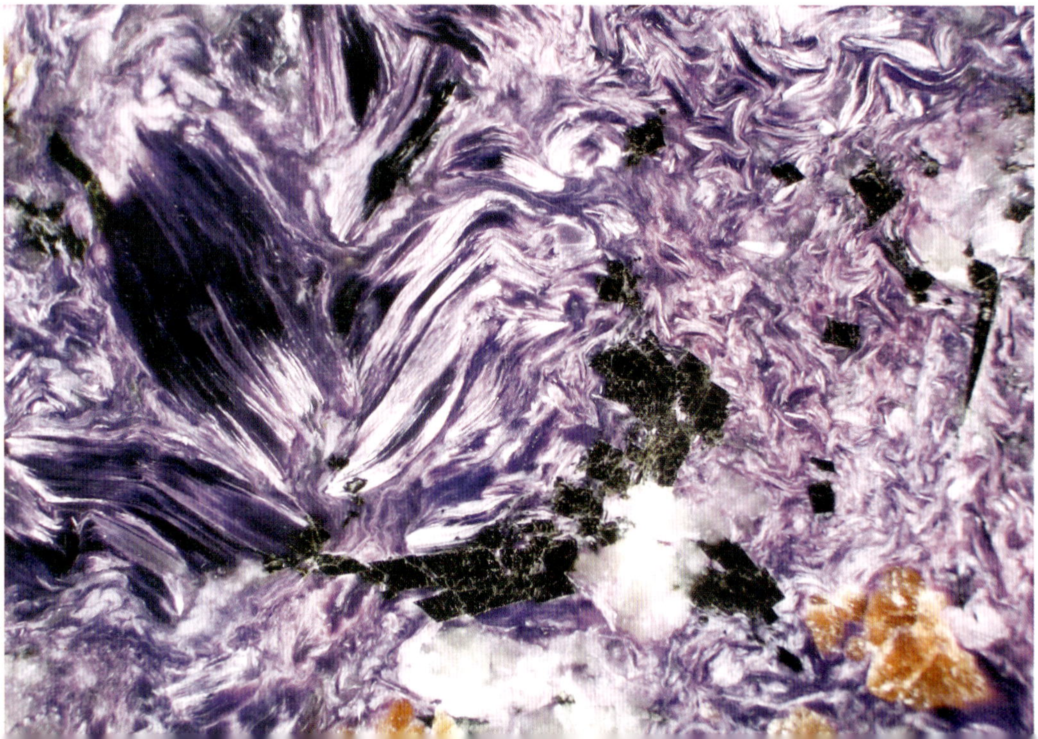

Verwandte Flaschen

Verwandte Farbe
B20

Ähnlichste
Pastelltöne
B44

B57

B58

B66

Ähnlichster Vollton
B16

weiblichen Aspekte aufzubauen. Sie kann dabei unterstützen, eine religiöse Erfahrung ins Alltägliche zu integrieren. Astrologen verbinden die Eigenart des Planeten Jupiter mit Wohlwollen, Ausdehnungsfähigkeit und einer positiven philosophischen Denkweise. Diese Flasche deutet auf ähnliche Qualitäten hin. Saint Germains Fähigkeit, an vielen Orten zur selben Zeit zu sein, seine Ausdehnung über die physische Gestalt hinaus, spiegeln die Qualitäten der Ausdehnung des Jupiter.

B56 kann die Notwendigkeit aufzeigen, sich von negativen Gedanken zu lösen. Wir müssen uns damit befassen, warum wir uns selbst nicht annehmen und bestimmen, wo wir Veränderungen vornehmen müssen.

Wie in „Der Sprache der Farbe“ (Seite 13) in Zusammenhang mit Volltönen und Pastelltönen erläutert, gilt alles, das auf B16 Violett/Violett zutrifft, auch für B56 Hellviolett/Hellviolett in einer intensiveren Ausprägung.

B56 rund um den Haaransatz herum auftragen.

B57 Hellrosa/ Hellblau

Name: Pallas Athena und Aeolus

Zusammengeschüttelt: Hellviolett/Lila

Tarotkarte: Acht der Schwerter

Hauptaspekt: Kreativität und rechte Lebensführung. Aufmerksamkeit für die kleinen Dinge.

Im alten Griechenland war Aeolus als Gott der Winde und Pallas Athena, die Tochter des Zeus, als Göttin der Weisheit bekannt. Pallas Athena wird auch als „Die, die den Speer schwingt" bezeichnet, denn man kennt sie als diejenige, die Speere aus Licht bringt, um aufzurütteln und Ignoranz in Einsicht umzuwandeln. B57 hat eine Verbindung zu diesen göttlichen Wesen, sowohl durch Farbe (das Rosa des Weiblichen und das Blau des Männlichen) als auch von der Bedeutung her.

Im alten Ägypten waren Aeolus und Athena als Paar bekannt, als Pharao Echnaton - er regierte ca. von 1350 bis ca. 1334 AD - und seine Frau Nofretete. Echnaton, bekannt als häretischer Pharao, förderte die Verehrung des alleinigen Sonnengottes Aton. Der Name Nofretete bedeutet „die schöne/perfekte Frau ist gekommen". In beiden Epochen hatten diese Wesen mit Traumleben und der Liebe zu Ästhetik und Schönheit zu tun. Träume sind nicht unbedingt ästhetisch, aber Schönheit kann sich im Traumleben entfalten, selbst wenn wir uns für nicht besonders schön halten. Die Flasche hilft dabei, Träume bewusst wieder in Erinnerung zu bringen. Sie ist Symbol für Selbstannahme, für den bewussten Umgang mit Begrenzungen sowie für das Potenzial, Hindernisse überwinden zu können

Verwandte Flaschen

Umgekehrt
B58

Ähnlichste
Pastelltöne
B50

B52

Ähnlichster Vollton
B29

Umgekehrt
Vollton
B20

Verschüttelt
B56

und ein gesundes Verständnis für die Gesetze der materiellen Seite des Lebens zu haben. B57 ist auch hilfreich, wenn jemand zu Inkarnationserfahrungen im alten Ägypten und alten Griechenland eine Verbindung finden möchte.

Der Legende nach wurde Athena spontan aus dem Kopf des Zeus geboren und umging so ihre Kindheit. B57 hat daher eine Verbindung zu Begebenheiten in der Kindheit. Darauf wird auch hingewiesen durch die Ähnlichkeit ihrer Farben mit B20, Blau/Rosa, dem Sternenkind. Sie kann in Zusammenhang mit schwierigen Situationen in der Kindheit stehen, oder wenn wir diese Erlebnisse umgehen. Wir müssen das männlich-weibliche Gleichgewicht im Inneren beachten: wie eine Seite des Körpers die andere beeinflusst. Das Rosa und Blau in B57 legen nahe, dass es notwendig ist, sich so anzunehmen, wie man ist und Gefühle der Zurückweisung sowie Wut oder Verletzungen aus der Kindheit loszulassen. Diejenigen, die sich von B57 angezogen fühlen, sind eventuell unnötigerweise mit Überlebensthemen beschäftigt oder engstirnig mit fanatischen Glaubensmustern befasst.

Athena ist auch bekannt als die Schutzpatronin der Handwerkskünste im alten Griechenland, wie z. B. Schiff- und Wagenbau, aber auch der traditionellen weiblichen häuslichen Aktivitäten wie Spinnen und Weben. Ihr wird auch die Erfindung der Töpferscheibe, der Vase und der Flöte zugeschrieben. „Ein großer Tempel, das Parthenon in Athen wurde ihr gewidmet, da sie den Griechen den Olivenbaum schenkte."[57-a] B57 zeigt uns, dass es möglich ist, ein Gleichgewicht zu finden zwischen einer Fähigkeit oder Beschäftigung, die unsere Überlebensbedürfnisse befriedigt und auch das berücksichtigt, das wir gerne tun. Dies würde uns erlauben, uns innerlich schön zu fühlen, und wir würden unser Leben für ästhetisch ansprechend halten.

B57, Hellrosa/Hellblau ist eine umgekehrte und intensivierte Version der B20, Blau/Rosa, der Sternenkindflasche. Deshalb sind die Themen, die der B20 zueigen sind, bei B57 noch verstärkt und werden auch von einer anderen Perspektive aus betrachtet.

B57 um den Körper im Bereich des Unterbauchs, um den Hals und um den Haaransatz herum anwenden.

Oben: Karyatiden an der Vorhalle des Erechtheion Tempels, der Verehrung der Athena gewidmet. Der Tempel ist in der Nähe des Parthenons auf der Akropolis in Athen, Griechenland.

Seite 172, links: Schleiereule im Blue Hills Trailside Museum in Milton, Massachusetts. Die Eule strahlt enorme Kraft aus und zeigt sich ziemlich kämpferisch, obwohl sie nur eineinhalb Pfund wiegt. Die Eule ist das Symbol für die Weisheit der Athena.

Seite 172, rechts: Frauen in Kashmir bei der Reinigung von Reis als Vorbereitung für eine Hochzeitszeremonie. Der Reis wird mit dem Gesang der Frauen erfüllt.

B58 Hellblau/ Hellrosa

Name: Orion und Angelica

Zusammengeschüttelt: Hellviolett/Lila

Tarotkarte: Sieben der Schwerter

Hauptaspekt: Allen feinstofflichen Körpern helfen zur rechten Zeit am rechten Ort zu sein. Balance innerhalb der feinstofflichen Felder.

Rechts: Angelikakraut, das im Garten von Dev Aura in England hochwächst. Angelika reinigt Unreinheiten von der Erde, indem sie sich zum Himmel reckt.
Unten: Crow Point in Manchester-by-the-Sea, Massachusetts.

Orion, der Jäger, ist ein Sternbild, das nach einem Helden aus der griechischen Mythologie benannt wurde.[58-a] Dieses Sternbild repräsentiert auch den ägyptischen Gott Osiris, den Gott des Todes und der Wiederauferstehung. Interessant ist eine Theorie, „wonach die Pyramiden der West Bank - dem Land der Toten - echte Widerspiegelungen der Sterne des Sternbilds Orion (Osiris) auf der Erde sein sollen, mit den Hauptpyramiden von Giza, die sich in einer undeutlichen Linie mit den Sternen des Oriongürtels decken und dem Nil selbst, die himmlische Milchstraße spiegelnd."[58-b] Vom Gürtel des Orion wird gesagt, er befände sich dort, wo sich die Weiße Bruderschaft aufhält, wie aus der Geometrie und Orientierung der Großen Pyramide und ihrer Platzierung und Verbindung zu den Maßen und anderen bedeutenden Landschaftsmerkmalen der Erde geschlossen werden kann.

Angelika ist der gebräuchliche Name des Krauts *Angelica archangelica*. Dieses Kraut kann bis zu ca. 2,5 Meter hoch wachsen, und es heißt, es habe die Fähigkeit, die Pest und alle Leiden abwehren zu können, die von Verzagtheit und Mutlosigkeit geprägt sind. Es ist Symbol für Inspiration und Fröhlichkeit. „Es gehört zur Sonne und sein feuriges Wesen leitet einen Strom von Lebensenergie in eure Seele."[58-c]

Bei Aura-Soma werden Orion und Angelica als Engel betrachtet. Sie sind inmitten der größten Engel, mit denen wir arbeiten. Ständig umkreisen sie die Erde, schließen den Vorhang, um jede Nacht zu bringen und ziehen den Vorhang auf, um jeden Tag zu eröffnen. Aufgrund dieses Rhythmus ist B58 beim Reisen hilfreich, besonders wenn uns Jet-Lag zu schaffen macht. Als Engel hat Angelica eine feurige Qualität. Fühlen wir uns

Verwandte Flaschen

Umgekehrt
B57

Ähnlichste Volltöne
B20

B30

Verschüttelt
B56

von B58 angezogen, sind wir feinfühlig und ausgeglichen; wir sind Katalysatoren, die zu Frieden beitragen, und unser Glaube kann Brücken bauen zwischen Geist und Materie.

Es ist wichtig, auch zu lernen, uns selbst anzunehmen und bestimmte Gedankenmuster loszulassen, die uns begrenzen oder zurückhalten. Wir haben beispielweise Schwierigkeiten in der Familie und das Bedürfnis, das Verhältnis mit den Eltern auszuheilen, oder es besteht Streit unter den Geschwistern oder sogar das Ansinnen, nicht mehr Teil der Familie sein zu wollen. Wenn wir glauben, dass uns in der Kindheit die Liebe vonseiten unserer Eltern fehlte, dann bringen die Engel uns diese Liebe. Ihr Geschenk der Liebe kann uns dabei unterstützen, überholte Abhängigkeitsmuster aus der Kindheit loszulassen.

B58 um den Körper im Bereich des Unterbauchs, um den Hals und um den Haaransatz herum auftragen.

B59 Hellgelb/ Hellrosa

Name: Lady Portia

Zusammengeschüttelt: Hellkoralle

Tarotkarte: Sechs der Schwerter

Hauptaspekt: Uns selbst nicht mehr zu verurteilen, verhilft uns zu Unterscheidungsvermögen und Ausgewogenheit.

Gnade weiß von keinem Zwang
Sie träufelt wie des Himmels milder Regen
Zur Erde unter ihr, zweifach gesegnet:
Sie segnet den, der gibt und den, der nimmt.[59-a]

Lady Portia ist die Gefährtin von Saint Germain (siehe B56). In seiner Inkarnation als William Shakespeare schrieb Saint Germain für Lady Portia einen wunderschönen Monolog, der im The Merchant of Venice – Kaufmann von Venedig, 4. Akt, 1. Szene bisweilen „The Quality of Mercy" - die Art der Gnade - genannt wurde. Wie im Monolog zum Ausdruck gebracht wird, versucht Lady Portia Gnade und Barmherzigkeit in alle Schwierigkeiten einfließen zu lassen. Ihre Botschaft lautet „Urteile nicht, damit du nicht verurteilt wirst". Sie gilt als ausgeglichene, harmonische Person, die sich selbst ohne Angst vor Verurteilung annimmt. B59 zeigt uns, dass wir zu Wissen gelangt sind, weil wir Liebe gefunden haben. Wissen und Freude kommen auf liebenswürdige Weise in der Selbstannahme zum Ausdruck. Da wir erkennen, wie wichtig wechselseitige Beziehungen (Koralle) sind, bieten wir unsere Fürsorge und Wärme an, die allen zugute kommen sollen.

Wenn wir B59, Lady Portia wählen, kann dies auch bedeuten, dass wir uns selbst hart beurteilen. Wir urteilen über uns, selbst wenn es nicht notwendig ist. Das Problem kann sich verschlimmern, weil die Energie des Urteilens überhand nehmen kann, sodass wir mit der Zeit alle anderen Menschen auch bewerten. Je mehr es uns möglich ist, uns selbst im Rahmen unserer inneren Erfahrungen (Rosa) anzunehmen und für uns zu sorgen, desto mehr gelingt es uns, das Urteilen (Gelb) im mentalen und bewussten Denken

Rechts: Rose in Ripton, Vermont.
Seite 177: Zebra-Schwalbenschwanz-Schmetterling in Westford, Massachusetts.

loszulassen. Deshalb kann B59 eine Hilfe sein, wenn wir mit gegenseitiger Abhängigkeit und Co-Abhängigkeit oder einem Mangel an Unterscheidungsvermögen hinsichtlich unserer Grenzen umgehen mussten. Zu weiteren Mustern der Unausgeglichenheit zählt auch ein sich zu starkes Beschäftigen mit Überlebensthemen. B59 erinnert uns daran, viel zu versäumen, wenn wir urteilen; es ist vorzuziehen, alle Möglichkeiten in einer Situation wahrzunehmen, was dann zu wirklichem Glück führen kann.

B59, Hellgelb/Hellrosa ist eine intensive Version der B5, Gelb/Rot und auch der B22, Gelb/Rosa, der Rebirther-Flasche. Alles, das für diese beiden Flaschen gilt, trifft auch auf B59, aber in einer intensiveren Ausprägung zu.

B59 um den Körper herum im Bereich des Unterbauchs auftragen.

Verwandte Flaschen

Umgekehrt
B61

Ähnlichste Pastelltöne
B51

B52

Ähnlichste Volltöne
B5

B22

Verschüttelt
B87

B60 Blau/Klar

Name: Lao Tsu und Kwan Yin
Zusammengeschüttelt: Hellblau
Tarotkarte: Fünf der Schwerter
Hauptaspekt: Die Klarheit in uns finden, um aus dem Licht heraus kommunizieren zu können.

Lao Tsu war ein Mystiker, der im 6. Jahrhundert AD lebte; sein Name gilt bisweilen als Pseudonym für alte Weisheit. Zu Zeiten des Konfuzius schrieb Lao Tsu den klassischen taoistischen Text *Tao Te Ching*.[60-a] Sein Leben war geprägt von „Zurückhaltung und Anonymität".[60-b] Kwan Yin ist die buddhistische Göttin der Barmherzigkeit und des Mitgefühls. „Ihre Energie wird mit Mutter Maria im Westen verglichen, der Grünen Tara in der tibetischen Kultur, der Jungfrau von Guadeloupe in Mexiko und vielen anderen alten Göttinnen, dem früheren Matriarchat."[60-c] Lao Tsu und auch Kwan Yin werden als Meisterwesen angesehen. Lao Tsu ist die dominierende Energie in B60, während in der Quintessenz Kwan Yin dominiert. Die Quintessenz erscheint als Koralle-Farbe, welche auf dem Farbrad dem Blau gegenüberliegt.

Lao Tsu war ein Meisteralchemist des Ostens. Der Jadekaiser, der Herrscher des Himmels in der chinesischen Mythologie, beauftragte ihn, Perlen für eine lange Lebensdauer herzustellen; er wollte diese Perlen zur Verfügung haben, um sie den Menschen, die ein verdienstvolles Leben führten, als Segen geben zu können.

Der klare untere Teil in dieser Flasche bezieht sich auf diese Perlen. Die teure Perle ist aus dem Austernbett des Leidens hervorgegangen, denn aus einem Sandkorn in der Auster wird schließlich eine wunderschöne Perle, die in allen Regenbogenfarben schimmert. Das Blau im oberen Teil steht für Frieden. Frieden im Bewusstsein kann Leiden lindern. Die Auster kann aufgrund eines kiesigen Sandkorns an Schmerz und Irritation leiden. Die Perle sind wir, die wir klar unsere Gefühle zu zeigen vermögen. Wir haben mit unserem Leiden Frieden geschlossen. Das Licht im Inneren, Dinge so zu sehen, wie sie sind. B60 vermittelt auch das Mitgefühl, das wir benötigen, wenn wir an für andere nicht sichtbarer Traurigkeit und weiteren Emotionen festhalten. Um Freude und Glück zu finden, ist es nötig, dass wir ehrlich mit uns selbst sind. Ein friedvoller Verstand schafft sich Erleichterung durch Tränen und die Möglichkeit, das mitzuteilen, was wir gesehen haben.

Der Jadeherrscher ersuchte die himmlische Bodhisattva und Gefährtin des Lao Tsu, Kwan Yin, die Erde mit ihrem Mitgefühl zu lenken - ihr Name wird übersetzt als „Jene, die die Schreie aller Wesen hört". Seither kümmerte sich Kwan Yin um viele Angelegenheiten auf der Erde. Das Versprechen, das sie gab, und das als Affirmation wiederholt werden kann, lautet wie folgt:

„Niemals werde ich persönliche individuelle Erlösung suchen oder empfangen; niemals werde ich allein in den endgültigen Frieden eingehen; aber für immer und überall werde ich leben und streben nach der Erlösung aller Wesen auf der ganzen Welt von den Fesseln abhängiger Existenz."

Verwandte Flaschen

Verwandte Farben

B1

B2

B54

Umgekehrt

B12

Verschüttelt

B50

Oben: Kirche in St. Ulrich, Italien. Ein Grenzgebiet, von wo ein Pilgerweg bis zum friedlichen Berg führt.

Links: Kwan Yin Statue überschaut einen spiegelnden Teich beim Taoist Tai Chi Center, einem internationalen Retreat-Zentrum in Orangeville, Ontario. Kwan Yin ist eine sanfte Beschützerin und gilt als Leuchtfeuer für Mitgefühl.

Zu beachten: Das Bild auf Seite 6 ist auch ein visueller Ausdruck dieser Flasche.

Kwan Yin ist ein Mitglied der Weißen Bruderschaft (siehe Bemerkung 50-e) in ihrem eigenen Recht und auch durch ihre Partnerschaft mit Lao Tsu.

B60 kann ähnlich wie die B11 als "überbrückende" Kombination und als Vorbereitung auf andere Equilibrium Flaschen den Weg frei machen, damit andere Substanzen wirken können.

B60 um den Hals auftragen, einschließlich den Nacken herum.

B61 Hellrosa/ Hellgelb

Name: Sanat Kumara und Lady Venus Kumara
Zusammengeschüttelt: Hellkoralle
Tarotkarte: Vier der Schwerter
Hauptaspekt: Die tiefste Ebene der Aussöhnung der Rollenmodelle innerhalb unseres Selbst. Das allumfassende Empfinden von Mutter/Vater Gott.

Seite 181, oben: Gladiole, Symbol für Charakterstärke, in Ripton, Vermont.
Seite 181, unten: Stonehenge, England.
Unten: Der Vulkan Arenal, Costa Rica.

Sanat Kumara und Lady Venus Kumara [61-a] sind die Archetypen für Mutter und Vater, den Rollenmodellen für die männlichen/weiblichen Energien im Selbst. B61 auszuwählen deutet häufig auf eine Abgrenzung von Rollenvorbildern. Möglicherweise sind wir adoptiert worden oder haben in jungen Jahren unsere Eltern verloren; wir konnten aus irgendeinem Grund zu unseren Eltern keine Beziehung knüpfen. Wir haben Gefühle des Verlassenseins, oder wir haben große Angst vor dem Alleinsein. Indem wir uns danach sehnten und von tief innen her danach ausstreckten, wurde es uns möglich, mit den Kumaras Kontakt aufzunehmen. B61 kann für irgendeine oder auch für alle Situationen stehen, besonders, wenn die Flasche während einer Beratung in der ersten oder zweiten Position auftaucht. Die Themen, die mit einer Trennungssituation unserer Eltern verbunden sind, bedürfen der näheren Betrachtung, wenn wir diese Farbkombination verstehen wollen.

Lady Venus Kumara verkörpert das starke Mutterprinzip und wacht über alle Kinder, um sicherzugehen, dass deren Lebensbedingungen nicht zu schwierig sind. Sie versucht besonders dort zu helfen, wo Hungersnot und Elend herrschen. Daher zeigt diese Flasche,

Verwandte Flaschen

Verwandte Farben
B76

B95

Umgekehrt
B59

Ähnlichster Pastellton
B51

Ähnlichster Vollton
B40

Verschüttelt
B87

dass wir große Sorgfalt, Wärme und Freude zum Ausdruck bringen. Wir erkennen unsere gegenseitige Abhängigkeit mit allen Dingen und allen Menschen.

Hellrosa und Hellgelb bilden Hellkoralle, wenn es miteinander verschüttelt wird. Deshalb deutet das energetische Bild der B61 auf mögliche Schwierigkeiten hin, die von Missbrauchssituationen (siehe B5) handeln, möglicherweise durch die Abwesenheit unterstützender Rollenvorbilder verursacht. Mit dieser Flasche wird die Formulierung „wie oben, so unten" assoziiert. Koralle legt die Möglichkeit nahe, dass eine neue Bewusstseinsebene erreicht werden kann. Diese Kombination hilft, mit den mystischen Traditionen im alten Ägypten und alten Griechenland (2000 AD bis 30 AD) und mit noch viel früheren Zeiten in Kontakt zu kommen. B61 hat Eigenschaften, die dem weiblich liebenden Wesen und dem besitzergreifenden, Lust betonten Wesen gleicht, das von Astrologen der Venus zugeschrieben wird.

B61 rund um den Körper herum im Bereich des Unterbauchs anwenden.

B62 Helltürkis/ Helltürkis

Name: Maha Chohan

Zusammengeschüttelt: Helltürkis

Tarotkarte: Drei der Schwerter

Hauptaspekt: Licht auf dem Pfad der Individuation. Die Klarheit der Herzenskommunikation.

Maha bedeutet im Sanskrit „größer" und *chohan* ist im Tibetischen der „Lehrer".[62-a] Daher bedeutet der Name der B62 "der größere Lehrer", „des Lehrers Lehrer", oder „der innere Lehrer". B62 hat die Qualitäten unerwarteter Einsichten, plötzlichen Erwachens und der Enthüllung vorher nicht gesehener Dimensionen, die Astrologen dem Uranus zuschreiben.

Maha Chohan, ein Mitglied der Weißen Bruderschaft (siehe Bemerkung 55-e), war der Herr der Zivilisation in Lemuria, ist aber niemals in körperlicher Gestalt aufgetreten. Lemuria, der Geschichte wie Atlantis beinahe entgangen, war eine alte Zivilisation, die sich unter anderem auf Kreativität durch Farbe und Klang konzentrierte. Maha Chohans Rolle als Vater-Schöpfer wird vom hellen Türkis der B62 bestätigt und vertritt große Kreativität. Es ist eine Kreativität, die aus dem Meer reinen universellen Bewusstseins aufsteigt.

Verwandte Flaschen

Ähnlichste Pastelltöne
B50

B51

Ähnlichster Vollton
B43

Links: Fischen auf einem See in Sri Lanka.
Oben: Gletscherbucht in Alaska. Im Vordergrund ist die Bucht; einen der vielen Gezeiten-Gletscher sehen wir im Hintergrund.
Unten: grüne Meeresschildkröte auf Barbados. Meeresschildkröten können erstaunlich große Entfernungen quer durch das Meer zurücklegen.

B62 weist darauf hin, dass wir herausragende kreative Fähigkeiten haben und uns die Probleme und Bedürfnisse von anderen anhören und sie auch verstehen. Wenn wir von B62 angezogen werden, empfinden wir Demut; wir sind mit Massenmedien oder Computertechnologien befasst, die häufig als Mittel dienten, die eigenen kreativen Bemühungen zu kommunizieren. Bei einer Beratung kann B62 auf Menschen hinweisen, die überempfindlich oder leicht zu schockieren sind. Wir leiden, weil wir an Verwirrung, Herzeleid und Ängsten aus der Vergangenheit festhalten.

Alles, was auf B43 zutrifft, gilt auch für B62, Helltürkis/Helltürkis, in einer intensiveren Ausprägung.

B62 um den Körper im Brustbereich und um den Hals herum auftragen, einschließlich dem Nacken.

B63 Smaragdgrün/ Hellgrün

Name: Djwal Khul und Hilarion

Zusammengeschüttelt: Grün

Tarotkarte: Zwei der Schwerter

Hauptaspekt: Wahrheit entsteht, wenn wir uns den Raum geben, damit wir uns so sehen können, wie wir sind.

B63 ist die erste Flasche in der Meisterabfolge, die zwei Meister enthält: Djwal Khul und Hilarion.[63-a] Möglicherweise erscheinen die Meister des grünen Strahls (siehe Bemerkung 50-b) zusammen, weil wir als Menschheit an einem Punkt angelangt sind, wo wir uns zwischen dem Solarplexus und dem Herzen bewegen. Wir benötigen beide Meister, die zusammenarbeiten, bewusst kooperieren und helfen, diesen Übergang zu bewältigen und einen Neuanfang mit Balance und Harmonie bringen.

Ihr gemeinsames Erscheinen bestätigt gewissermaßen die Wichtigkeit dieses Übergangs. Mit dem Verstehen und der Anwendung der Farbe wird uns die Arbeit mit der vierten Dimension erschlossen. Sowie die Erde sich in ihrem Prozess entwickelt, so bewegen sich die Menschheit und die Geschöpfe auf der Erde in ihrem Entwicklungsprozess weiter. Vicky Wall sagte: „Der Grund dafür, warum zwei Meister in dieser Kombination erscheinen, ist die Reise der Menschheit zwischen dem Solarplexus und dem Smaragd des Herzens zu diesem Zeitpunkt."

Rechts: Farne und kanadisches Blutkraut in Sturbridge, Massachusetts.
Blutkraut wird von Webern zur Rotfärbung verwendet.
Unten: Feld in Österreich, in der Nähe, wo der Film *The Sound of Music* (dt. Filmtitel „Die Trapp-Familie") gedreht wurde.
Zu beachten: Auch das Bild auf Seite 293 ist ein visueller Ausdruck dieser Flasche.

Verwandte Flaschen

Verwandte Farben
B13

B64

Ähnlichster Pastellton
B53

Ähnlichster Vollton
B10

B63 zeigt, dass wir den Mut haben, unsere Wahrheit auszusprechen. Fühlen wir uns von B63 angezogen, besitzen wir großes Durchhaltevermögen und Entschlossenheit und wissen, wohin wir gehen, und wie wir dorthin kommen. Das Grün deutet an, dass wir die Fähigkeit haben, Gefühle zu integrieren und die Emotionen anderer wahrzunehmen. B63 kann auch helfen, Kontakt zu Themen im Hinblick auf Verfolgung (z. B. zur Zeit der Inquisition) aufzunehmen und dabei unterstützen, das Trauma aufzulösen, das daraus entstand. Diese Flasche kann auch auf große Verwirrung hinweisen und dass Freude und Frieden fehlen. Wenn Entscheidungen anstehen, benötigen wir Raum und Zeit, um zu ergründen, was erforderlich ist. B63 kann der Neigung entgegenwirken, der negativen Seite von Situationen nachzuhängen, anstatt nach der positiven Seite zu suchen.

Dies ist die einzige Flasche im Meister-Set ohne direkten Bezug zu einer Quintessenz; Djwal Khul und Hilarion haben beide ihre eigene Quintessenz.

Den Inhalt dieser Flasche um den Brustbereich herum auftragen.

B64 Smaragdgrün/ Klar

Name: Djwal Khul

Zusammengeschüttelt: Hellgrün

Tarotkarte: Ass der Schwerter

Hauptaspekt: Der Meister des Suchenden. Die Suche an sich. Die Wahrheit der Suche.

Rechts: Wasser, das stufenweise fällt. Auf der Isla del Sol (Sonneninsel) im Titikakasee in Bolivien.

Unten: Schafe, angeschmiegt unter Farn auf der Insel Mull in Schottland.

Zu beachten: Auch das Bild – Licht strömt auf die Erde - bei der Widmung am Anfang dieses Buches ist ein visueller Ausdruck dieser Flasche.

Djwal Khul ist die Inspiration oder der Meister, der mit Alice Bailey eng verbunden war. Alice Bailey schrieb viele Bücher, die sie Djwal Khuls Führung zurechnete. Djwal Khul ist bekannt als der Tibeter oder der Meister des Suchenden; nach Alice Bailey lebt er immer noch im Himalaya. Im Smaragdgrün/Klar haben wir das Suchen der Wahrheit um der Wahrheit willen. In diesem Sinne weist B64 darauf hin, dass wir die Klarheit des Verstandes haben, um das wahre Selbst im Inneren zu suchen und zu erlösen, was auf unserem Herzen lag. Die Flasche ist für Menschen nützlich, die nach verborgenen Mustern im Leben suchen, wie bei der Astrologie, und wenn sie erkunden, wie Farbe zu verstehen ist.

Es gibt Zeiten, in denen wir unmittelbar die Wahrheit erkennen. Dann versuchen wir vernunftmäßig zu erklären, was es mit dieser Wahrheit auf sich hat. Während wir dies tun, verlieren wir die Essenz der Wahrheit. Wahrheit, die weniger von unserem Denken oder unserem Fühlen kommt, ist spontan und entspringt einem tiefen Ort der Unschuld in uns. Versuchen wir, diese Wahrheit störend zu beeinflussen oder sie tatsächlich zu durchkreuzen, kann sie zu etwas werden, das sogar weniger als die ursprüngliche kraftvolle Einfachheit wiedergibt.

Verwandte Flaschen

Verwandte Farben
B60

B70

Umgekehrt
B13

Ähnlichster Pastellton
B53

Ähnlichster Vollton
B10

Djwal Khul stellt den Smaragd des Herzens dar, mit Klar im unteren Teil. Berührt etwas unser Herz, sagen wir, dass dies die Wahrheit ist. Wahrheit ist mit Wasser verbunden. Wenn wir berührt sind, fließt die Wahrheit oder das Wasser manchmal nach außen in Form einer Quelle von Tränen (Klar), die vergossen werden. Sagen wir doch, Wasser ist Wahrheit, Wahrheit ist Bewusstsein und das Bewusstsein der Wahrheit ist Segen. So zeigt uns B64 das Loslassen von Ängsten aus der Vergangenheit und auch das, was nicht im Frieden war. Sie macht deutlich, dass es nötig ist, sich von Verwirrung hinsichtlich emotionaler Situationen zu befreien und klar zu sehen, warum wir gelitten haben und auch um emotionalen Enttäuschungen und Ängsten zu begegnen. Ist die Verwirrung gelöst, wird eine größere Klarheit möglich, die auf unsere Aufgabe und Zielsetzung im Leben hinweist und hilft so auch, einen klaren Kanal zwischen Denken und Handeln zu schaffen.

B64 um den Brustbereich herum auftragen.

B65 Violett/Rot

Name: Kopf im Himmel und Füße auf der Erde
Zusammengeschüttelt: Magenta
Tarotkarte: Der König der Münzen
Hauptaspekt: Ein tiefes Gefühl für Ausgewogenheit. Die Energie, seinen Dienst zu erbringen.

Rechts: Frau beim Einkaufen auf einem der Plattboote, die ursprünglich zur Reise zwischen den schwimmenden Inseln und den Wasserwegen in der Dal-See Region im Kaschmirtal dienten.
Unten: Die Kardinalshut-Vereinigung ist eine Gruppe von Frauen, deren leuchtende Kleidung symbolhaft ihre Lebensfreude und ihren unabhängigen Geist zum Ausdruck bringt.

B65 wurde mitunter die „Ich Bin kommt auf die Erde"-Flasche genannt. Violett und Rot sind die beiden Extreme des sichtbaren Farbspektrums. Am roten/infraroten Ende des Spektrums sind die Wellenlängen des Lichts, die am langsamsten schwingen, während die violetten/ultravioletten Wellenlängen am schnellsten schwingen; paradoxerweise ist Violett im sichtbaren Spektrum die Farbe, die am meisten beruhigt.

B65 gleicht B30, „Den Himmel auf die Erde bringen", außer dass im oberen Teil ein wenig Rot zum Blau hinzugefügt ist, woraus dann Violett entsteht; es überrascht nicht, dass B65 ähnliche Qualitäten wie B30 hat. In B65 sind die Farben entsprechend der Ordnung der Chakras, wie sie sich auf den menschlichen Körper beziehen, in der richtigen Position zueinander. Die Krone (Violett) befindet sich oberhalb der Füße (Rot). Für die Violett/Rot ist nicht wesentlich, Energie auf die Erde zu bringen; das Rot in beiden Teilen zeigt, dass Energie bereits zur Verfügung steht.

Der Name dieser Flasche ist Teil von Vickys Ausspruch „Kopf im Himmel, Füße auf der Erde"; meist endete der Spruch mit „das Zentrum frei im Fluss". Das Zentrum

Verwandte Flaschen

Verwandte Farben

B6

B30

Umgekehrt

B19

Ähnlichste Pastelltöne

B36

B66

Verschüttelt

B67

oder der Mittelpunkt im Körper ist der goldene Bereich. Sind wir dort zentriert, ist unser Verstand nicht allzu sehr im Denken verstrickt. Wir sind ausgeglichen, die Füße stehen fest auf der Erde, und unser Schwerpunkt ist entsprechend tief. Diese Erdhaftigkeit ist jenen Menschen zueigen, die nachdenken, bevor sie ihre Energie in Handlung einbringen. Von dieser Flasche werden wir angezogen, wenn wir intuitiv und spirituell sind und fähig, anderen zu helfen, zu ihrer eigenen Spiritualität zu finden. Das Violett im oberen Teil deutet an, dass B65 mit unserer körperlichen, emotionalen und spirituellen Wandlung zusammenhängt.

B65 weist darauf hin, dass wir in Menschen oder Situationen Energie hineingeben, die unsere Energie aufzehren, und worin wir verloren gehen oder missbraucht werden könnten. Diese Flasche ist nützlich, um häufige sexuelle Fantasien in eine Richtung zu lenken, wo die Leidenschaft darin (angemerkt bei B6, die Liebenden, die in B65 verborgen ist) konstruktiver ausgedrückt wird.

Diese Flasche kann anzeigen, dass wir uns von Autoritäten bedroht fühlen und verborgene Wut in uns tragen, die sehr schnell ausbrechen kann. Um uns wirklich weiterentwickeln zu können, müssen wir uns von Bitterkeit befreien; dann erst wird Wachsamkeit und Erwachen möglich.

Diese Flasche um den Bereich des Unterbauchs und um den Haaransatz herum auftragen.

B66 Hellviolett/ Hellrosa

Name: Die Schauspielerin/Die Victoria-Flasche

Zusammengeschüttelt: Hellviolett

Tarotkarte: Die Königin der Münzen

Hauptaspekt: Sich von Konditionierungen loslösen, um die Schauspieler auf der Bühne des Selbst sehen zu können.

Seite 191: Sonnenuntergang auf der Insel Sanibel, Florida.
Unten, rechts: eine Aufführung von Aschenputtel.
Unten, links: Sonnenuntergang in Afrika.

Die Hellviolett/Hellrosa Flasche wird vornehmlich „Die Schauspielerin" genannt, obwohl ihr ursprünglicher Name „Die Victoria-Flasche" war. Die Namen sind miteinander verflochten. Vicky und Mike gaben gelegentlich Beratungen für eine Schauspielerin mit dem Namen Victoria, die zu dieser Zeit in einer beliebten Fernsehserie im Vereinigten Königreich mitwirkte. Einmal erklärte sie Vicky, sie fühle sich zwar von der Violett/Rosa Kombination, B36 angezogen, halte diese aber nicht für hell genug. Vickys Bitte folgend schuf Mike daraufhin B66 für Victoria. Entgegen möglicher Vermutungen hatte der Name keinerlei absichtliche Assoziationen zur Königin Victoria.

Die Schauspielerin, die die Geburt dieser Flasche anregte, wollte liebevoll und einfühlsam sein und ihren Dienst tun. B66 spiegelt dieses Potenzial wider und drückt bedingungslose Liebe und Mitgefühl aus. Es besteht ein Gleichgewicht zwischen Körperlichem (Rosa) und Spirituellem (Hellviolett). Unsere Schauspielerin hatte gleichzeitig auch einige intensive Überlebensprobleme, und Vieles in ihrem Leben spiegelte dramatische und intensive Situationen wider. Im Leben vieler Menschen, seien es professionelle Schauspieler/Schauspielerinnen oder auch nicht, spielen sich viele Dramen ab. Dies hat mit den Rollen zu tun, die wir im Leben spielen, wenn wir nicht

Verwandte Flaschen

Verwandte Farben
B11

B71

Ähnlichste Pastelltöne
B52

B56

B58

Ähnlichster Vollton
B36

einfach wir selbst sind. Manchmal verbirgt das Rollenspiel unser eigentliches Selbst so sehr, dass es schwierig wird, dieses noch zu erkennen. Wie Shakespeare sagte: „Die ganze Welt ist eine Bühne, und alle Männer und Frauen sind nur Schauspieler. Sie haben ihre Auftritte und ihre Abgänge; und ein Mensch spielt viele Rollen in seiner Zeit."[66-a]

B66 weist auf extreme Schwierigkeiten hin, die wir mit unseren Eltern in der Kindheit hatten. Vielleicht lassen wir andere im Stich, indem wir unseren Pflichten nicht nachkommen und finden es schwierig, uns in einer Beziehung verpflichtend zu binden. Daher sind wir frustriert, wenn die Kontakte mit anderen Menschen oberflächlich bleiben, sogar mit jenen, die uns viel bedeuten.

B66 unterstützt es, den Schauspieler/die Schauspielerin auf der Bühne des Selbst zu erkennen und uns zu zeigen, dass es uns nicht möglich ist, zu unterscheiden, wann wir schauspielern und wann nicht. Ein Nicht-Verhaftetsein, vom Rot gegeben und zum Hellrosa verstärkt, lässt uns die Rollen sehen, die wir im Leben und an jedem Tag spielen. Dies lehrt uns, von anderen nur dann etwas zu erwarten, wenn wir bereit sind, die Folgen zu tragen. Rosafarbene Energie fördert die notwendige Selbstannahme, wenn Sie Ihre Rollen mit Mitgefühl bewerten. Diese Farbkombination ist geeignet, die Kluft an Glaubwürdigkeit zu überbrücken zwischen dem, was innen ist, und was wir nach außen zeigen. Eine Wandlung im Denken wird von Liebe gefördert. So kann sich durch Liebe, Wärme und Fürsorge im Innern Friedlichkeit entwickeln.

Diese Flasche um den Bereich des Unterleibs und um den Haaransatz herum auftragen.

B67 Magenta/ Magenta

Name: Liebe von Oben

Zusammengeschüttelt: Magenta

Tarotkarte: Der Ritter der Münzen

Hauptaspekt: Liebe zu den kleinen Dingen. Wo wir erkennen, dass Gott in den kleinen Dingen ist.

Rechts: Fensterputzer an Wolkenkratzer in Dubrovnik, Kroatien.
Unten: Blumenstrauß

„Liebe zu den kleinen Dingen" geht davon aus, Liebe und Fürsorge in die unbelebten Dinge einzubringen, mit denen wir jeden Tag in Berührung kommen. Es ist in etwa so, wie wenn wir auf einem Bankkonto Geld anlegen würden. Auch wenn wir immer nur ein klein wenig auf das Konto einzahlen, so wächst es doch allmählich, und eines Tages wird es zu einem größeren Konto mit größeren Zinsen. Magenta/Magenta weist uns darauf hin, mit allem, das wir mehr unbewusst tun, oder von dem wir denken, dass es unsere Lebensqualität nicht beeinflussen kann, sorgfältig, fürsorglich und aufmerksam umzugehen. Wenn wir den kleinen Dingen unsere Aufmerksamkeit schenken, wie Türgriffe polieren und Fenster putzen, bringen wir tatsächlich die Energie der Liebe in solche Dinge ein. Folglich haben wir dann eine größere und feinere Quelle liebender und fürsorglicher Energie für solche Aufgaben zur Verfügung, die wir bisher für ehrenswerter hielten, oder von denen wir dachten, sie verdienten eher unsere Aufmerksamkeit.

Die mit „Liebe zu den kleinen Dingen" und „Liebe von Oben" verbundenen Vorstellungen könnten sich gewissermaßen wie entgegengesetzte Enden eines Spektrums der Liebe gestalten. Tatsächlich ist es aber so, dass „Liebe zu den kleinen Dingen" zu göttlicher Liebe führt. Göttliche Liebe vermag sich zu zeigen, weil „Liebe zu den kleinen Dingen" mit keinerlei Erwartungen verbunden ist.

Verwandte Flaschen

Verwandte Farben

B2

B6

B69

B77

B104

Gnade ist eine andere Qualität des Magenta. Gnade kann nicht geschaffen werden; sie kommt direkt von oben.

B67 spricht Menschen an, die sich loyal verhalten, auf die wir uns verlassen können, und die über das hinausgehen, was die Pflicht von ihnen abverlangt. Dabei sind sie kreativ, mitfühlend und selbstlos und verfügen über viel Liebe, die sie anderen Menschen, Tieren und der Erde geben. In der zweiten Position ausgewählt, deutet B67 an, dass wir überarbeitet sind und es schwierig finden, Zeit für uns selbst zu haben und dass wir viel Fürsorge benötigen. Erwarten wir, von anderen die gleiche Qualität der Liebe zu erhalten, die wir selbst gerne geben, unterliegen wir vielen Enttäuschungen. B67 lässt uns lernen zu geben, ohne dass wir unbedingt auch etwas erhalten müssen.

B67 hilft, die Funktion der Chakras zu verbessern. Sie kann bei Rebirthing und anderen Therapien nützlich sein, wenn die Entwicklung bereits eingesetzt hat und etwas Neues gerade beginnt, oder wenn sich ein neues Kapitel im Leben auftut.

B67 überall auf dem Körper auftragen; als Körperpflegeöl bestens geeignet.

B68 Blau/Violett

Name: Gabriel

Zusammengeschüttelt: Königsblau

Tarotkarte: Der Page der Münzen

Hauptaspekt: Der Engel des Friedens und der Erfüllung. Zugang zur Unterscheidungsfähigkeit.

Seite 195, oben: die Tower-Brücke in London, England.
Seite 195, unten: Ohrschneckenmuschel auf der Sanibelinsel, Florida.
Unten: Dach einer Ruine eines Frauenklosters auf Iona, Schottland.

B68 bezieht sich auf den Engel Gabriel, B95 auf den Erzengel Gabriel.[68-a] Blau/Violett ist die umgekehrte Version von B37, Violett/Blau, der Schutzengel kommt auf die Erde. In B68 zeigt sich im oberen Teil (Blau) die Kommunikation, im unteren Teil die Spiritualität (Violett) darin. Der Engel Gabriel teilt mit, dass Spiritualität in die Welt kommt. Die Blau/Violett Kombination weist beinahe auf einen männlichen Engelsaspekt hin, während die Erzengel Gabriel Kombination, Magenta/Gold, eine mehr vereinte männlich/weibliche Energie anbietet. Da Blau im Türkis enthalten ist, hat die B68 auch die Qualitäten der B49, Türkis/Violett, der Neue Bote und bringt so die Botschaft und den Boten mit Gabriels Rolle, die Botschaft auf die Erde zu bringen, zusammen.

B68 hilft uns beim Lernprozess, Beziehungen als Möglichkeiten zum eigenen Wachstum zu betrachten. Spiritualität wird von uns kommuniziert, und wir tragen intuitiv zum Wohlergehen bei, sei es als Sozialarbeiter, Sprachtherapeuten, spirituelle Lehrer oder andere Berater. Wir sind Idealisten und bringen Ideen ans Licht. Das Rot im Basisteil deutet an, dass B68 solche Menschen anspricht, die eine Qualität des Friedens verkörpern und die Energie haben, etwas in die Wege zu leiten. Nach außen hin wirken wir tapfer, aber möglicherweise sind wir innerlich sehr verbittert und frustriert. Taucht B68 in der dritten Position auf, bedeutet dies, dass etwas Neues und Unvorhergesehenes auf uns wartet, und dass wir Dinge künftig klarer sehen. Dieses

Verwandte Flaschen

Verwandte Farben
B2

B30

Umgekehrt
B37

Umgekehrt
Pastellton
B44

Verschüttelt
B96

stärkere Unterscheidungsvermögen benötigen wir, wenn wir ohne zu denken sprechen (Blau), oder wenn wir Schwierigkeiten mit einer Vaterfigur haben oder diese Rolle zu sehr idealisieren.

B68 um den Hals, einschließlich den Nacken und den Haaransatz herum auftragen.

B69 Magenta/ Klar

Name: Die Klingende Glocke

Zusammengeschüttelt: Hellmagenta

Tarotkarte: Die Zehn der Münzen

Hauptaspekt: Läuterung als Folge der Liebe von oben. Die Läuterung entstammt der Liebe, die wir in die kleinen Dinge einfließen lassen. Ganz im Moment sein.

Im Osten und im Westen werden Menschen oft mit einer klingenden Glocke zum Gebet gerufen. Magenta/Klar ist gewissermaßen ein Aufruf, uns wieder mit unserer Spiritualität und mit dem zu verbinden, das die wahre Essenz des Geistes ist.

B69, „Die Klingende Glocke", gleicht einer Kristallschale. Wir arbeiten mit Kristallschalen, um Klänge zu erzeugen. Der Klang schwingt in Resonanz mit uns und je nachdem, wie wir unsere Fürsorge und Aufmerksamkeit eingeben, wenn wir den Klang erzeugen, schwingt er mit und erzeugt wiederum eine Resonanz in einer anderen Person. Gehen wir bewusst damit um, und achten wir mit Liebe auf Kleinigkeiten, können wir diese Resonanz sehr leicht verstärken. Es ist die Energie der Klingenden Glocke. Unsere bewusste Fürsorge und Aufmerksamkeit erzeugen ein Echo in uns selbst und in anderen.

Mit Klar in seiner unteren Hälfte deutet B69 Leiden an, die Quelle ungeweinter Tränen. Indem wir diese Tränen weinen, und wenn wir dann unser Leiden verstehen, werden unsere Erfahrungen gereinigt und geläutert. Magenta im oberen Teil weist auf Liebe und Fürsorge hin. Zusammen bieten die beiden Farben eine Möglichkeit zur Integration

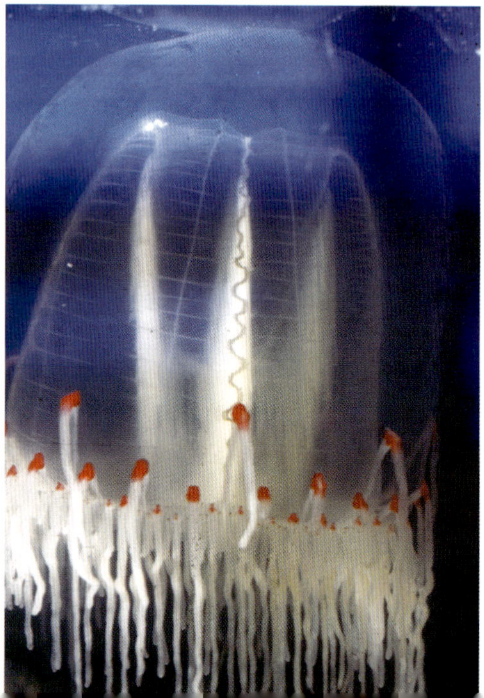

Verwandte Flaschen

Verwandte Farben
B54

B67

Umgekehrt
B77

Ähnlichster Pastellton
B71

unseres Leidens und unserer Fürsorge. Sind wir uns bewusst, dass Liebe von oben immer und in jedem Augenblick verfügbar ist, hilft uns dies, mit der Quelle ungeweinter Tränen leichter umzugehen. Manchmal erkennen wir dies nicht oder denken nicht daran. Klingende Glocke ruft uns wach und erinnert uns, dass Liebe für uns da ist, wenn wir sie brauchen, auch wenn wir dies selbst nicht zu erkennen vermögen.

Die Charismatiker unter uns, deren Licht aus dem Inneren erklingt und die Liebe und Mitgefühl wie ein Echo wiedergeben, fühlen sich wahrscheinlich von B69 angesprochen. Die Liebe, die durch uns kommt, geben wir an alles, das groß oder klein ist, und wir genießen unsere familiäre Situation.

Diese Flasche hilft, sich auf das zu konzentrieren, was direkt vor einem ist: Da wir wissen, dass wir die Unterstützung der Liebe von oben haben, ist es uns möglich, über Ideale hinaus in die Praxis überzugehen. Dies ist notwendig, wenn wir nicht in Resonanz mit Liebe sind und Tränen zurückhalten. Wir langweilen uns im Leben und gehen daher unnötige Risiken, z. B. emotionaler oder finanzieller Art ein, oder wir empfinden eine Leere und erkennen nicht, wie sehr wir leiden. Das Potenzial der Menschheit schließt auch ein, die Liebe der Magenta-Energie zum Ausdruck zu bringen, und dies hilft, unser Leiden zu lindern.

B69 überall auf dem Körper auftragen. Es ist ein ausgezeichnetes Körperpflegeöl.

Rechts: Mönch läutet die Glocke, um die anderen herbeizurufen, Thailand.
Seite 196, links: Maisgott im Regionalmuseum auf der Puuc-Route in Mexiko.
Seite 196, rechts: Qualle

B70 Gelb/Klar

Name: Vision der Pracht

Zusammengeschüttelt: Hellgelb

Tarotkarte: Die Neun der Münzen

Hauptaspekt: Die Klarheit, das größere Bild offensichtlicher erkennen zu können. An Wissen gewinnen in Bezug auf die Schwingungen des Lichts.

Eine „Vision der Pracht" ist es, wenn wir etwas Wunderschönes sehen, sei es ein Feld mit Heu oder das goldene Licht der Sonne über dem Meer. B70 hilft, Leiden in uns loszulassen (Klar) und die Freude zu finden (Gelb), über die wir in jedem Augenblick verfügen können und darüber hinaus trotz des Leidens den Moment zu feiern und offen zu sein für den Anblick der Schönheit.

B70 bietet uns die Gelegenheit, uns mit unserer Verwirrung anzufreunden (siehe die Beschreibung über Gelb, Seite 18). Wenn wir dies wirklich tun, vermögen wir einen kurzen Blick auf etwas weitaus Größeres zu werfen, als wir uns jemals hätten vorstellen können. Wir können sogar sagen, dass Verwirrung teilweise die Ursache für unser Leiden ist. Wenn wir diese Verwirrung loslassen, kommen wir zu Klarheit. Auch das könnte eine Vision der Pracht sein. Unser Wissen erhellt sich, und wir gewinnen ein größeres Vertrauen in dieses Wissen.

Seite 199, oben: unendlich und darüber hinaus; klarer Himmel, kein Nebel, doppelte gelbe Linien in Vermont. Unten: Spiegeleier.

Verwandte Flaschen

Verwandte Farben

B14

B42

Verschüttelt

B51

Für Gelb/Klar ist auch wichtig, Licht auf den astralen Nebel zu richten. Dies weist auf eine bestimmte Erfahrung hin, wenn wir uns in die Astralebene begeben. Auf die Astralebene gelangen wir über bewusstes Träumen, in der Meditation oder manchmal auch spontan. Gleich, wie wir uns auf die Astralebene begeben, wir nehmen immer einen gelblichen Nebel, einen gelblichen Dunst wahr. Auf der Astralebene gibt es mehr Illusionen als hier.[70-a] Das Licht auf den Nebel zu richten, hilft mit, unsere Erfahrungen zu klären und die inneliegende Verwirrung zu überwinden; die Fähigkeit, Klarheit im Verstand als Reflexion zu entdecken, löst Verwirrung auf. B70 ermutigt, auch solche Phänomene mit einzubeziehen, die wir nur schwer verstehen.

Ängste und Sorgen halten uns davon ab, all das zu genießen, was das Leben lebenswert macht. Wir gestehen anderen nicht zu, ihre Gaben und Geschenke wahrzunehmen. Für unser Leiden sind am meisten unsere Ängste verantwortlich. B70 klärt den Weg für Freude, die dem Außergewöhnlichen entstammt; auf diese Weise kann die Flasche manchmal „automatisches Schreiben" erleichtern. Das bedeutet, einen leeren Raum zu schaffen, wo wir empfänglich werden für Worte, die durch uns kommen, ohne dass wir bewusst eingreifen.

B70 um den Körper herum im Solarplexusbereich auftragen.

Oben: Buddha auf Elefant. Ganesha, der Gott mit dem Elefantenkopf, wird weithin bei Hindus und Buddhisten als der Gott verehrt, der Hindernisse beseitigt und demzufolge als derjenige, der zu Erfolg verhilft. Buddha wurde empfangen, als seine Mutter Maya von seinem Herabkommen vom Himmel in ihren Bauch in Gestalt eines weißen Elefanten träumte. Der weiße Elefant ist Symbol für Seelenstärke sowie Ruhe und Stille, jenen zueigen, die auf dem Weg der Erleuchtung sind.

B71 Rosa/Klar

Name: 2. Essener Flasche/Das Juwel im Lotus
Zusammengeschüttelt: Hellrosa
Tarotkarte: Die Acht der Münzen
Hauptaspekt: Die Verantwortung für Gedanken und Gefühle zu übernehmen, öffnet der Kraft der Liebe die Tür.

Rechts: Ein Aura-Soma Lehrerausbildungskurs wurde in diesem rosa-weißen Zelt abgehalten, das früher eine Tuberkulose-Klinik in der Nähe von Lincoln, England, war. Das Bild steht für die reinigende Kraft der Liebe.

Unten: Lotustempel. Das Bahai Gebetshaus in New Delhi, Indien.

Farblich der Flasche ähnlich, hat der tausendblättrige Lotus cremefarbene Blätter mit rosafarbenen Spitzen. Obwohl es so aussieht, als wachse er auf der Oberfläche eines Teiches, wächst der Lotus in Wirklichkeit im Schlamm. Metaphorisch ausgedrückt bedeutet dies, dass der Schlamm in uns selbst ist, und doch ist es gerade aufgrund dieses Schlammes möglich, zu einer schönen Blume heranzuwachsen.

Die Lotusblüte setzt das Blütenthema fort, das in B11, der Essener Flasche 1, der „Blütenkette", eröffnet wurde. Wie B11 unterstützt uns B71, mit Inkarnationen der Essener Kontakt aufzunehmen.

Das Juwel im Lotus ist Teil des Vorgangs des Erblühens und hilft, mit dem schlammigen Wasser in uns klarzukommen. Dieses schlammige Wasser hat das Potenzial, klarer zu werden, da rosafarbene Energie in die Situation eingebracht wurde. Die Selbstannahme, Wärme, Fürsorge und Freundlichkeit des Rosa, den schlammigen Wassern in uns angeboten, bringt die Möglichkeit zur Klarheit. Diese Klarheit gleicht dann einem wunderschön leuchtenden Juwel in einer Lotusblüte.

Das Juwel im Lotus ist sogar wertvoller als die Lotusblüte selbst. Es ist schwierig, dennoch möglich, dies zu vollbringen. Zuerst einmal müssen wir Akzeptanz entwickeln und den Schlamm sich setzen lassen, sodass das Wasser klarer werden kann. Beginnt

Verwandte Flaschen

Umgekehrt
B11

Ähnlichster Pastellton
B52

Ähnlichste Volltöne
B6

B81

Verschüttelt
B52

der Lotus sich zu öffnen, offenbart er das Juwel. Gelingt es uns, uns selbst anzunehmen und erlauben wir dem, das in uns leidet, einfach da zu sein, dann erschließt sich das, wonach wir suchten.

B71 weist auf die Qualitäten von Liebe und Wärme hin, die wir uns selbst und anderen geben sowie auf die klare innere Einsicht, dies zu verstehen und auch auf die Erfahrung wirklicher Selbstakzeptanz. Daher deutet die Flasche auf die Fähigkeit hin, mit Mitgefühl zu beobachten.

Sie ist nützlich, wenn wir Trauer zurückhalten und unsere eigenen Bedürfnisse hinten an stellen, oder wenn wir nicht erkennen, dass Wut und Verbitterung Leiden verursachen. Wir fühlen uns möglicherweise nicht anerkannt. Haben wir die Liebe verleugnet, von der wir wissen, dass wir sie haben? Somit haben wir verleugnet, was tief in uns ist. Und doch kann die grenzenlose Kraft der Liebe unser Bewusstsein anheben.

In der Symbolik der Chakras bezieht sich der Lotus auf die Krone des Kopfes. Die Flasche kann daher bei der Craniosacral-Therapie unterstützend sein, bei der die Knochenplatten des Schädels entlastet werden.

B71 um den Körper herum im Bereich des Unterbauchs auftragen. Zusätzlich kann ein Tropfen oben auf dem Kopf aufgegeben werden.

B72 Blau/Orange

Name: Der Clown/Pagliacci
Zusammengeschüttelt: Smaragdgrün
Tarotkarte: Die Sieben der Münzen
Hauptaspekt: Freudvolle Einsicht aus dem tiefsten Inneren zum Ausdruck bringen.

In der Tradition der Clowns hält die Pagliacci-Tradition daran fest, dass gleich, was der Darsteller im Innern fühlt, er oder sie nach außen den Clown spielen müssen.[72-a] Es ist die Kunst, einen inneren Raum zu bewahren, sodass wir unabhängig davon, was in unserem Inneren vor sich geht, nach außen eine andere Seite zeigen können. Bei B72 geht es um diese inneren und äußeren Kräftespiele. Positiv gesehen weist dies darauf hin, dass wir innere Einsicht und Verstehen anzubieten haben, die auf eigener Erfahrung beruhen und dabei fähig sind, anderen die Essenz der Glückseligkeit zu übermitteln.

Unser inneres Ziel ist es, gut, ehrlich und von Wert in dieser Welt zu sein, und doch ist es etwas ganz anderes, dieses Bestreben oder Ideal in der Welt umzusetzen. B72 ermutigt uns, eine Brücke zu schlagen zwischen dem, was innen und dem, was außen ist. Im Blau/Orange sehen wir Schock (Orange) im Inneren und Frieden (Blau) im Äußeren. Um Frieden zu finden, ist es nötig, Abhängigkeit und co-abhängige Muster zu überwinden und uns von Ängsten aus der Vergangenheit frei zu machen. Diese Flasche weist darauf hin und ist nützlich, wenn es uns nach einem tiefen Schock schwer fällt zu kommunizieren. Über sich selbst oder über die Umstände lachen zu können, die das Leben uns bietet, ist ein großes Geschenk. Die B72 teilt uns mit, auszuharren, denn die Anstrengungen

Verwandte Flaschen

Verwandte Farbe
B30

Ähnlichster
Pastellton
B94

Verschüttelt
B10

unserer Arbeit werden eines Tages Früchte tragen. Sie hilft, in Harmonie (Blau) mit unseren Instinkten (Orange) zu kommen, da Blau und Orange komplementäre Gegensätze sind.

Über die Blau/Orange sagt man, sie könne die Zellstruktur verändern und deshalb möglicherweise bei Mustern hilfreich sein, die auch vererbte oder genetisch bedingte Leiden mit einschließen. Eine Therapeutin aus der Nähe von Kopenhagen, die auch Lehrerin und Tänzerin war, arbeitete mit dem Klang der Equilibrium Flaschen und machte Musik mit den Flaschen, indem sie Stimmgabeln oben auf die Flaschenhälse legte. Sie fühlte, dass die B72 eine unmittelbare Wirkung auf die DNA hatte. Als sie sich dann in Diskussionen mit Forschern der Universität Kopenhagen auseinandersetzte, die die Wirkungen von Klang und Farbe untersuchten, erhielt sie von einem Professor für Genetik die Ermutigung, sich auf Forschungen hinsichtlich der Auswirkungen einzulassen, die diese Flasche auf die DNA haben könnte.

B72 kann um den ganzen Leib herum aufgetragen werden.

Oben: Kürbisse in New Haven, Vermont.
Links: Medizinbuddha Felsmalerei mit Blick auf das Drepung Kloster in Lhasa, Tibet, wo der Dalai Lama ausgebildet wurde.
Rechts: Percula Clownfisch. Der Clownfisch und die Anemone haben eine sich gegenseitig unterstützende und schützende Beziehung.

B73 Gold/Klar

Name: Chang Tsu

Zusammengeschüttelt: Hellgold

Tarotkarte: Die Sechs der Münzen

Hauptaspekt: Die Verbindung mit dem Inkarnationsstern bringt Klarheit über unsere Aufgabe und ein Verstehen der unserem Wesen innewohnenden Gaben und Geschenke.

Chang Tsu galt in der Antike als weiser Mann (399-295 AD). In einer Geschichte wird erzählt, wie er einmal träumte, ein Schmetterling zu sein. Als er dann später mit einem Schüler an einem Kanal spazieren ging, berichtete er diesem von seinem Traum und sagte, dass er nun nicht wisse, ob er ein Mann sei, der träumte, er sei ein Schmetterling oder ein Schmetterling, der träumte, er sei ein Mann.

Thema der Gold/Klar ist, unsere Identifikation mit der Psyche zu verstehen. Lassen wir allmählich zu, dass unsere goldene Energie mehr an Bewusstsein gewinnt, wenden wir unsere Aufmerksamkeit dem Bereich der Wahren Aura zu. So wird es dem Hologramm in unserem Zentrum möglich, sich zu entfalten. Wenn wir das Licht des Verstehens auf die Erfahrung richten, nicht zu sehr identifiziert zu sein mit dem, der wir sind, haben wir die Möglichkeit zu größerer Freiheit und zur Desidentifikation. Sind wir uns unserer inneren Weisheit bewusst, und haben wir die innere Klarheit, sie sinnvoll einzusetzen, werden wir von der B73 angesprochen. B73 hilft, Informationen, Eindrücke und Nahrungsmittel zu verdauen und unsere Erfahrungen zu integrieren, und dies öffnet uns für eine Entlastung und Reinigung im Inneren, für eine Läuterung.

Verwandte Flaschen

Verwandte Farbe
B70

Umgekehrt
B14

Ähnlichster Pastellton
B59

Chang Tsu war ein Meister der Weisheit (Gold). Die vielen Beispiele seiner Arbeit spiegeln die Klarheit seiner Weisheit wieder. Um Weisheit im Bewussten (Gold im oberen Teil) für uns selbst zu gewinnen, müssen wir einen Teil unseres Leidens (Klar im Basisteil) loslassen. Wir neigen zu Egoismus, Wichtigtuerei und Selbstverherrlichung. B73 spricht uns an, wenn unser Denken zu materialistisch geprägt ist, wir die in unserem Inneren vergrabenen Schätze vergessen haben und sogar eifersüchtig oder neidisch auf andere sind.

B73 über den Bauch rund um den Körper auftragen.

Oben: Dom der Basilika des Heiligen Petrus, Vatikan, Rom. Gianlorenzo Bernini (1598-1680) kreierte 1660 *die Taube des Heiligen Geists* in einem Buntglasfenster über dem Thron des Heiligen Petrus. Große Buntglasfenster waren Symbol für göttliche Gnade. Durch das Verstehen von Leiden werden wir mit Licht erfüllt. Der Skorpion verwandelt sich und wird zum Phönix, der wiederum zur Taube, dem Heiligen Geist wird.

Links: Feuerläufer in Pushkar, Indien. Für viele Kulturen sind Feuerläufe Mittel zur Reinigung und Läuterung des Körpers. Für den Feuerlauf muss Angst in positive Energie umgewandelt werden. Die Feuerläufer singen, beten und rennen in einer Art Trance viele Male um das Feuer herum, bevor sie dann auf brennenden Kohlen durch das Feuer laufen. Die geistige Einstellung des Feuerläufers lässt ihn unverletzt über brennende Kohle laufen. Die ganze Szene versetzt die Zuschauer in hypnotische Stimmung.

Seite 204: in einem japanischen Tempel entlang der Pilgerroute des Kobo Daishi Kukai mit den achtundachtzig Tempeln.

B74 Hellgelb/ Hellgrün

Name: Triumph

Zusammengeschüttelt: Hellolivgrün

Tarotkarte: Die Fünf der Münzen

Hauptaspekt: Eine intensive Prüfung. Durch Einsicht und Urteilskraft zu einer tieferen Balance und Ausgewogenheit gelangen.

Seite 207, oben: Mais in Ripton, Vermont.
Seite 207, unten: wachsame und sensitive Antilopen entlang der Straße nach Kasese in West- Uganda in der Nähe der Twenzori Berge.
Unten: Kampfboote aus Schilf in Peru.

Ursprünglich hieß die B74 die Ureinwohner-Krampfadern-Flasche. Ein paar Leute aus Queensland/Australien, Nachfahren der Ureinwohner, arbeiteten mit der Gelb/Grün Flasche (B7). Dabei stellten sie wiederholt fest, dass die Farben der B7 verblassten. Sie entdeckten auch, dass sie mit ihrem Verblassen bei der Behandlung von Krampfadern wirksamer wurde, und so wurde die Flasche als die Ureinwohner-Krampfadern-Flasche bekannt.

Bei B7, der Garten von Gethsemane, geht es um die letzte Glaubensprüfung. Als hellere Version der B7 handelt es sich bei B74 um das gleiche Thema, nur dass in B74 diese Erfahrung noch verstärkt wird. Wir haben jetzt die Möglichkeit, uns mit unseren Emotionen, Zweifeln und Ängsten zu befassen, selbst wenn wir uns davor fürchten, gar keine Gefühle zu haben. Sorgen, tiefe Ängste oder ein Mangel an Vertrauen in unsere Gefühle erschweren es Dingen, so zu fließen, wie sie eigentlich könnten. Ängste weichen nicht unbedingt, aber wir vermögen Stressfaktoren zu bewältigen, indem wir lernen, sie als das zu akzeptieren, das sie sind und damit leben. Doch der Geist siegt über die Materie. Auch ein offenes Herz zu

Verwandte Flaschen

Verwandte Farbe
B91

Ähnlichste Pastelltöne
B51

B53

Ähnlichster Vollton
B7

haben für Themen, die mit B7 verbunden sind, heißt, einen Sieg zu erringen. Dieser Erfolg oder Triumph bringt Harmonie, Gleichgewicht und Freude in unsere Herzen.

B74 spricht uns an, wenn wir ehrlich mit uns selbst sind und unsere tief empfundenen Gefühle zum Ausdruck bringen. Um im Hinblick auf unseren Intellekt klar zu werden, haben wir für uns selbst Raum geschaffen. Zu Beginn einer neuen Beziehung ist diese Flasche hilfreich, damit wir uns klar über unsere Gefühle werden.

Sie wird rund um den Körper im Bereich des Herzens und des Solarplexus aufgetragen.

B75 Magenta/ Türkis

Name: Mit dem Fluss gehen

Zusammengeschüttelt: Magenta

Tarotkarte: Die Vier der Münzen

Hauptaspekt: Ein tieferes Verständnis, besonders eine Neu-Orientierung in Bezug auf das Familienbild.

Seite 209, links: fließendes Wasser. Hochwasser strömt aus auf einem Fluss in Elvington in der Nähe von York, England.
Seite 209, rechts: wehendes Tuch am Rhein.
Unten: Sonnenuhr im Ropes-Garten in Salem, Massachusetts.

Vicky nannte diese Kombination die Zwillingsseelen-Flasche. Sie glaubte, mit Magenta/Türkis zu arbeiten sei hilfreich, um sich auf seine Zwillingsseele einzustimmen oder seiner Zwillingsseele näher zu kommen. Eine Zwillingsseele kann ein Aspekt des Selbst oder auch etwas im Außen sein. Die Zwillingsseele ermutigt uns, Dinge von einem anderen Blickwinkel aus zu betrachten oder mit Dingen mit einer neuen Sichtweise umzugehen.

B75 hilft, gestaute oder blockierte Energie im System zu befreien und fördert deshalb die Fähigkeit, „mit dem Fluss zu gehen“. Was ihre Position betrifft, sind die Farben in B75 in der richtigen Beziehung zueinander: Das Magenta des Seelensterns ist über dem Türkis des Ananda Khanda. Der Name „Mit dem Fluss gehen“ erinnert uns daran, dass Synchronizität oder ein Fluss entsteht, wenn sich Magenta mit der türkisen Energie verbindet. Anstatt den Fluss zu stauen oder zu versuchen, ihn schneller fließen zu lassen, als er natürlicherweise fließen würde, lassen wir die Dinge mit einer Geschwindigkeit fließen, mit der sie fließen sollen. „Liebe zu den kleinen Dingen“ (Magenta) und Kreativität (Türkis) kommen in der Flasche zusammen, um angemessen „Mit dem Fluss zu gehen“.

Verwandte Flaschen

Verwandte Farbe
B34

Umgekehrt
B45

Ähnlichster Pastellton
B57

Diese Einflüsse richten sich an unser Bedürfnis zu lieben und ermutigen uns, aufzuhören negativ zu denken und vergangene Verletzungen loszulassen. Zurückblicken können wir einzig von dort, wo wir gerade sind. Wären wir an einem anderen Punkt angekommen, würde die Vergangenheit nach genauerer Betrachtung ebenfalls anders aussehen. Im Prozess der Individuation müssen Wut und verborgene Ängste mit innerer Disziplin erkannt und in einen neuen warmen und liebenden Fluss umgewandelt werden.

Diese Kombination überall auf dem Körper auftragen.

B76 Rosa/Gold

Name: Vertrauen

Zusammengeschüttelt: Gold

Tarotkarte: Die Drei der Münzen

Hauptaspekt: Selbstakzeptanz führt zum goldenen Bereich in uns. Wir erkennen unsere Aufgabe und die Art und Weise, wie sie in der Welt umzusetzen ist.

Auf den Inkarnationsstern und die „Wahre Aura" zu vertrauen sowie die nötige Fürsorge und Aufmerksamkeit, um im Gold zentriert zu bleiben, stärkt unser Vertrauen in die Welt. Das Vertrauen in sich selbst ist die Voraussetzung dafür, auch anderen leichter zu vertrauen. Vertrauen wir uns selbst nicht, so vertrauen wir wahrscheinlich niemandem.

Vertrauen ist etwas nicht Fassbares und die Herausforderung, die sich durch das Gold im unteren Teil der Flasche zeigt, bedeutet, sich den größten Ängsten zu stellen. Rosa zeigt uns den Weg, mit der Energie der Liebe solchen Ängsten zu begegnen. Mit anderen Worten ausgedrückt ist Liebe das Loslassen von Angst. B76 ermutigt, sich von Verwirrung, Ängsten und Sorgen frei zu machen und Fürsorge und Aufmerksamkeit zu erhalten. Es mag uns nicht leicht fallen, andere unsere Gaben und Talente sehen zu lassen. Intensive Frustrationen halten uns davon ab, mit unserer Weisheit in Berührung zu kommen. Wir empfinden es als schwierig, uns der Vergangenheit zu entsinnen, weil dies zu schmerzhaft wäre; aber wenn wir uns wirklich der Liebe bewusst sind, können

Seite 211, oben: Häuser in Burano, Italien, leuchtend bemalt, sodass die zurückkehrenden Fischer leichter ihren Weg nach Hause finden können.

Seite 211, unten: Gänseblümchen im Nationalpark Zion in Utah.

Unten: ruhender Buddha in einem Höhlenheiligtum auf Sri Lanka.

Verwandte Flaschen

Verwandte Farbe
B95

Verwandt und umgekehrt
B22

Ähnlichster Pastellton
B61

Ähnlichster Vollton
B40

wir uns erlauben, Ängste loszulassen, in vieler Hinsicht Fortschritte machen und so auf vielen Ebenen Vertrauen zeigen. Dann offenbaren wir auch unsere Weisheit durch bedingungslose Liebe.

Rosa ist Konzentration, Fokus und Liebe im Bewussten. Der Inkarnationsstern befindet sich im goldenen Bereich des Bauches. Auf den Bauch zu vertrauen, bedeutet, sich selbst zu vertrauen. Es ist die sichere Grundlage, aus der andere Dinge sich entwickeln können. So wird es uns möglich, anderen eher auf vertrauensvolle Weise zu begegnen. Wenn wir uns selbst bewusst annehmen, verfeinern wir das Gold in unserem Inneren, und somit wächst das Vertrauen in uns. Das Vertrauen, das sich durch die B76 entwickelt, dient uns, zu früheren Leben einen leichteren Zugang zu finden. Auch bei der Rebirthing-Arbeit kann die B76 hilfreich sein.

Sie zu wählen kann andeuten, dass wir einer Gruppe angehören, die mit der Entwicklung der Menschheit befasst ist. Wir vertrauen, sind innerlich losgelöst und doch in unserer Mitte. Alle fühlen sich wohl in unserer Gesellschaft, und wir sind sehr fröhlich. Wir sind fähig, an unsere innere Weisheit heranzukommen.

B76 rund um den Bauch auftragen.

B77 Klar/ Magenta

Name: Der Kelch

Zusammengeschüttelt: Hellmagenta

Tarotkarte: Die Zwei der Münzen

Hauptaspekt: Vieles wird im Dienst am Licht zusammengeführt. Je mehr wir uns dem Empfangen öffnen, umso mehr kann von oben in uns einfließen.

B77, der Kelch, ist die umgekehrte Darstellung der B69, Magenta/Klar, die Klingende Glocke. Eine umgedrehte Glocke gleicht einem Kelch. Diese beiden Flaschen sind den Essener Flaschen ähnlich und unterstützen uns, mit Inkarnationen bei den Essenern Verbindungen zu knüpfen. (Siehe B11 und B71).

Was im Kelch enthalten ist oder auch nicht, ist Thema dieser Flasche. Füllen wir unseren Kelch, kann er in die Welt überfließen. Wenn wir den eigenen Kelch nicht füllen, kommt es letztendlich so, dass wir ausschließlich auf die Teeblätter am Grunde des Kelches blicken. Wie aber füllen wir unseren Kelch? Denken wir daran, Liebe in die kleinen Dinge (Magenta) zu geben, steuern wir laufend dazu bei, dass sich etwas ansammeln kann. Indem wir die Aufmerksamkeit auf unbeseelte Objekte richten, und indem wir Dinge mit Sorgfalt tun, bauen wir eine Energiereserve auf. Dies geschieht langsam und liebevoll und hält den Kelch bis zum Überfließen voll. Geben wir keine Liebe in die kleinen Dinge ein, und befassen wir uns dann irgendwann einmal mit dem Kelch und gehen davon aus, dort etwas vorzufinden, werden wir stattdessen bemerken, dass nichts mehr da ist.

Als Menschen mit vollem Kelch haben wir einen klaren Verstand und wissen, dass wir tiefe Liebe in alles einbringen müssen. Wir sind ein Kanal für die Liebe von oben, an der wir selbst Freude finden, und die wir auch an andere weitergeben.

Doch ist es auch eine Herausforderung, immer einen vollen Kelch zu haben. Sind wir oder unser Kelch bereits gefüllt, kann es schwierig für uns werden, noch etwas aufzunehmen. Daher benötigen wir einen kleinen Raum im Inneren, um Liebe von oben zu empfangen. So besteht die Chance, dass Gnade in unser Leben einfließen kann.

Verwandte Flaschen

Verwandte Farben
B55

B100

Umgekehrt
B69

Ähnlichster Pastellton
B11

Manchmal ist es wichtig, unsere Aufmerksamkeit auf nur eine Sache zu richten, anstatt zu versuchen, mit zu viel auf einmal zurechtzukommen (sowie Klar alle Farben enthält). Gleichzeitig, wenn wir klar erkennen, wie wir gelitten haben, haben wir auch die Chance, dass Gnade zu uns kommt; es ist Zeit, dieses Leiden mit Liebe loszulassen. Liebe und Licht offenbaren sich in physischer Vollendung: Die Lichtkraft wird zur Lebenskraft.

B77 überall auf dem Körper auftragen.

Oben: Buddhistische Mönche beim Drepung-Kloster in Lhasa (bedeutet „Heiliger Ort“), Tibet.
Rechts: Drachenfrucht in Brasilien.
Links: rosafarbene Zehen auf Barbados.

B78 Violett/ Tiefmagenta

Name: Kronenchakra „Erste Hilfe"/Die Flasche für Übergänge
Zusammengeschüttelt: Tiefmagenta
Tarotkarte: Das Ass der Münzen
Hauptaspekt: In jedem Ende liegt ein neuer Anfang. Intensives Dienen kann uns den Weg zu unserem „rechten" Platz eröffnen.

Rechts: männlicher Kolibri mit schwarzem Kinn im Ramsey Canyon in Arizona. Kolibris sind Symbol für Hingabe, Ewigkeit und für Lebenszyklen.
Unten: Teepflückerin in Munnar, Kerala, Indien.

B78 kennzeichnet eine weitere Veränderung im Equilibrium System. Diese Flasche entstand in der Zeit von Vickys Übergang. Sie wurde einen Tag, nachdem sie hinüberging, geboren, und sie kam als Unterstützung für Vicky auf ihrer Reise und für all die, die zurückgelassen wurden. In einer Hinsicht gab es zur Zeit ihres Übergangs ein großes Verlangen zu feiern, und andererseits war da ein starkes Verlustgefühl. Feiern ist immer ein Teil der Todeserfahrung, besonders wenn wir dem Menschen nahe stehen, der gelitten hat und nun weitergegangen ist. Es gibt immer etwas Feierliches in seiner oder ihrer Freiheit und besonders auch, wie wir seinen oder ihren Wechsel in die Reiche des Lichts und der Liebe erleben.

B78 übermittelt uns viel von dieser Trauer und dieser Freude. Violette Energie repräsentiert die Nähe des Geistes. Tiefmagenta ist die Leere, die Leerheit, und doch enthält es alles, das ist, eine Rückkehr zur Einheit. Wenn wir auf die Linie in der Mitte zwischen Violett und Tiefmagenta schauen, sehen wir Rot. Es ist ein Hinweis auf die unterstützende Energie, um mit Trauer leichter umgehen zu können. Diese Flasche ist dafür da, etwas zu retten, das ganz fein und nur schwer fassbar ist, etwas

Verwandte Flaschen

Verwandte Farben

B0

B1

B16

B89

B103

Ähnlichster Pastellton

B56

fast jenseits unserer Körperlichkeit, und sie ermutigt uns, zu einem gegenseitigen Verständnis zurückzufinden.

In einer Hinsicht ist nichts jemals geboren, und nichts stirbt je. Violett/Tiefmagenta kann uns helfen, uns daran zu erinnern und uns beistehen, uns von Verlustgefühlen und Trauer freizumachen und Übergänge von einem Stadium in ein anderes unterstützen.

Der Name Kronenchakra „Erste Hilfe" bezieht sich auf den Vorgang des Loslassens, sei es, dass wir den letzten Übergang erleben, der das Ende des körperlichen Lebens anzeigt und den Anfang der nächsten Phase, was auch immer uns auf der anderen Seite erwartet, oder ob es sich um ein Loslassen in den vielen Momenten des Übergangs handelt, die wir während unseres Lebens erfahren. Im Rahmen einer Psychotherapie sind Violett und Tiefmagenta kombiniert hilfreich, die Vergangenheit auszuleuchten und tragen so zu Erfolg in der Gegenwart bei. Die Flasche hat einen Bezug zu den Plejaden und zu Ursa Major, dem Großen Bären.[78-a] Sie unterstützt auch jene Menschen, die mit Devas, Engeln und der unsichtbaren Welt arbeiten wollen.

Auf einer mehr irdischen Ebene deutet die Wahl der B78 an, dass wir friedliebende Menschen sind und Aufmerksamkeit in die kleinen Dinge bringen, nicht nur für uns selbst, sondern auch für den Dienst, den wir der Welt anbieten können. Wir sind spirituell und uns selbst treu. Wir sind inmitten einer psychologischen Wandlungsphase, der Spiritualisierung des Selbst. Diese Flasche hebt aber auch die Herausforderungen eines falschen Sicherheitsgefühls und von Fehlentscheidungen hervor. Wir können so besitzergreifend sein, dass wir sogar an Trauer und Schmerz festhalten, nur um die Erfahrung eines Verlusts zu vermeiden.

B78 um den Haaransatz, den Hals, einschließlich den Nacken herum, auf das Dritte Auge und den Scheitel des Kopfes auftragen.

B79 Orange/ Violett

Name: Die Vogel-Strauß-Flasche

Zusammengeschüttelt: Rötliches Orange

Tarotkarte: Die Rückreise des Magiers

Hauptaspekt: Einsicht und Transformation. Heilung der Zeitlinie. Tiefe Freude. In der Lage sein, das zu hören, was uns herausfordert.

B79 kennzeichnet den Anfang der Rückreise-Reihe der großen Arkana im Tarot - mit Ausnahme der B22, die die Rückreise der B0 ist. Während die erste Ebene, B1, uns Blau über Tiefmagenta zeigte, einen Mitschöpfer mit dem Schöpfer, ist Orange hier im Bewussten. Nun hat der Magier ein wenig Einblick (Orange) in die Natur der Dinge gewonnen. Sie/er beginnt, die vier Elemente zu verstehen und nutzt ihre/seine Fähigkeiten im Dienst für andere (Violett).

B79 heißt „Die Vogel-Strauß-Flasche". Wir wollen wie der Vogel Strauß den Kopf in den Sand stecken. Orange im oberen Teil könnte den Sand darstellen, während Violett den Kopf repräsentiert.

Strauße hören allerdings genau zu, auch wenn ihre Ohren im Sand sind. B79 deutet die Gabe von großem Einsichtsvermögen (Orange) hinsichtlich einer aktiven Spiritualität (Violett) an. Sie weist uns als spirituelle Menschen aus, die nach tiefen Einsichten verlangen und den Wunsch hegen, herauszufinden, wie wir spirituell leben und uns in der Welt einsetzen können.

Verwandte Flaschen

Verwandte Farbe
B97

Verwandt und umgekehrt
B39

Ähnlichster Pastellton
B59

Hinreise
B1

Die Auswirkungen eines Schocks verhindern jedoch, dass Heilung geschehen oder sich unsere Spiritualität entfalten kann. Wir zögern zu sehen und dem zu begegnen, was in unseren Tiefen liegt. Es ist notwendig, innere Blockaden zu lösen, um fähig zu werden, uns mit dem zu identifizieren, der wir wirklich sind. Wie der Strauß versuchen wir unserem wahren spirituellen Selbst auszuweichen. Doch wir können es nicht vor uns selbst verbergen, auch wenn wir versuchen, ihm zu entgehen.

Der Strauß legt sehr große Eier; Orange bietet die Möglichkeit, unser eigenes leuchtendes Ei zu entwickeln, das ätherische Feld, das den physischen Körper (siehe B26) umgibt. B79 zeigt die Beziehung zwischen der spirituellen Natur des Violetts und dem leuchtenden Ei des Orange.

Da es bei Orange auch um Schock geht, spricht diese Flasche jene Menschen an, die andere, die unter Schock-Situationen leiden, beim Prozess des Wiederganzwerdens unterstützen. Ebenso spricht sie Menschen an, die einen Schock erlebten, innere Einsicht entwickeln und sich dadurch verändern. Die B79 deutet an, dass wir uns mit dem eigenen Tod oder dem Tod eines Freundes bzw. eines Verwandten befassen und leitet eine Zeit intensiver Veränderung ein. Sie ist auch hilfreich, wenn wir uns von Suchtmustern freimachen wollen. Werden wir von dieser Flasche angezogen, verbergen wir uns vor dem, der wir wirklich sind und versagen uns somit selbst tiefe Freude.

Diese Farbkombination erweist sich auch als hilfreich, mit Inkarnationen im alten Ägypten in Verbindung zu kommen (siehe B18 und B39).

B79 um den Haaransatz und um den Bauch herum auftragen.

Oben: Sonnenuntergang bei der Casa Corcovado in Costa Rica.
Links: männlicher Strauß im Maasai Mara Nationalreservat in Kenia.
Seite 216: Dorfältester auf dem Korosamari Fluss in Papua-Neuguinea, kombiniert mit Szenen aus Mexiko.

B80 Rot/Rosa

Name: Artemis

Zusammengeschüttelt: Rot

Tarotkarte: Die Rückreise der Hohepriesterin

Hauptaspekt: Die Energie zu lieben, loszulassen und mit der Liebe wieder in Berührung zu kommen. Liebe, die weniger Bedingungen stellt. Das Potenzial, für die Kraft der Liebe zu erwachen.

Rechts: Unterwasser-Szene der Korallenbank in den Palancar Gärten in Cozumel, Mexiko.
Unten: Blumen in Bondville, Vermont.

Die Hinreise der Hohepriesterin im Tarot ist die Blau/Blau, B2. Bei der Rot/Rosa, der Rückreise, ist sie nun die erwachte Hohepriesterin. Indem sie sich selbst (Rosa) bis in ihre eigenen Tiefen vollständig annahm, konnte sie erwachen. Die rote Energie im oberen Teil ist die Energie des Erwachens. B80 zeigt uns, dass wir bedingungslos lieben und zu etwas erwacht sind, was wir mit anderen teilen sollten und dass wir die Fähigkeit haben, unser inneres und äußeres Selbst im Gleichgewicht zu halten.

In Zusammenhang mit Rot sind die Überlebensthemen hervorzuheben. Rot bedeutet zugleich auch Erwachen, Blut und Lebenskraft. Wird Licht ins Rot eingebracht, wird es zu Rosa; während beide Farben symbolhaft für ein Erwachen sind, ist Rosa mehr von mitfühlender (intensiverer) Qualität. Daher handelt sich bei der B80 um Themen des Lebens und des Todes, des Erwachens und der Kraft der Liebe. Rot ist die Energie, durch die wir Konzentration entwickeln; Rosa steht für intensive Konzentration. Bringen wir die notwendige Konzentration auf, können wir wie Artemis, die Jägerin und Bogenschützin, das Ziel erreichen.

Verwandte Flaschen

Umgekehrt
B84

Ähnlichste
Pastelltöne
B52

B81

Ähnlichster Vollton
B6

Hinreise
B2

Artemis war eine der wichtigsten Göttinnen im Pantheon der griechischen Mythologie. Sie war die Tochter des Zeus und der Titane Leto und die Zwillingsschwester des Apoll. Die Römer kannten sie als Diana. Sie galt als die Göttin des Mondes, der wild gewachsenen Plätze und wilden Dinge. Umgeben von wilden Geschöpfen wird Artemis normalerweise in Jägertracht abgebildet, und sie trägt Hörner in Form einer Mondsichel. Ihre Verbindung zum Mond schuf einen Ausgleich zur Verbindung ihres Zwillings Apoll zur Sonne. B80 kann daher als tantrische Flasche betrachtet werden und ist Symbol für eine kraftvolle Vereinigung der männlich/weiblichen Energien im Selbst.

Artemis hatte eine Doppelrolle als bedeutendste Jägerin wilder Tiere und als göttliche Beschützerin von jungen Geschöpfen. Sie war auch bekannt als Göttin der Geburt und der Erziehung von Kindern. In manchen Götterverehrungen wurde sie gepriesen, weil sie jungen Frauen, die bei der Geburt starben, Erleichterung brachte und ihrer Seele zu einem schnellen und leichten Übergang verhalf. Sie gab gebärenden Frauen nicht nur Schutz, sondern sie brachte ihnen auch Krankheit und Tod. Es ist interessant, jene Assoziation der Artemis mit der Geburt von Kindern zu beachten, in Verbindung mit der Wirksamkeit der B2, Blau/Blau zu Übergangszeiten, und besonders auch ihren speziellen Vorteil in der letzten Phase einer Schwangerschaft und während der Wehen.

Da der Mond das Licht der Sonne empfängt, deutet B80 die Qualitäten der Empfänglichkeit und Akzeptanz an. In Pflegeberufen tätige Menschen können bei Erschöpfung mit B80 arbeiten, um sich wieder mit der Quelle ihrer Liebe und ihrer körperlichen Kraft zu verbinden. In dieser Flasche verborgen ist B2 (Blau/Blau) und B42 (Gelb/Gelb), und es sind diese beiden Primärfarben - die gelbe Sonne, die auf die blaue Erde scheint – welche die rote Energie des Lebens hervorbringen (siehe „Die Sprache der Farben“, Seite 13). B80 wirkt dem entgegen, wenn wir uns allzu sehr auf die materielle Seite des Lebens konzentrieren. Wir sind verbittert, weil wir glauben, nicht geliebt zu werden, oder weil wir Liebe verdrängen oder zurückweisen; Artemis unterstützt uns, eine Balance zu finden, uns von der Wut freizumachen und der Liebe zum Ausdruck zu verhelfen.

B80 rund um den Unterbauch herum auftragen.

B81 Rosa/Rosa

Name: Bedingungslose Liebe
Zusammengeschüttelt: Rosa
Tarotkarte: Die Rückreise der Herrscherin
Hauptaspekt: Mitgefühl, Fürsorge und Wärme. Der Ausdruck und die Bedürfnisse bezüglich der Liebe.

Bei Aura-Soma wird Rosa mit bedingungsloser Liebe assoziiert. B81 zeigt auf, dass wir einfühlsam und fürsorglich sind und das Bedürfnis haben, anderen Liebe zu geben. Wir sind also sehr aufmerksam im Hinblick darauf, was um uns herum vorgeht und doch gleichzeitig fähig, unsere eigenen Lebensumstände bewusst wahrzunehmen.

Bei Aura-Soma wird B81 als die zweite Ebene oder die Rückkehr der B3, der Herrscherin, Blau/Grün betrachtet. B3 vertritt eine starke Verbindung zur Erde. B81, Rosa/Rosa, zeigt die weibliche Seite der Erde an, da Rosa die Intensivierung von Rot, der Farbe der Erdung ist.

Rosa selbst kann sich nur durch Grün oder Türkis ausdrücken; Liebe muss durch das Herz gezeigt werden. B3, Blau/Grün, die Herzchakra „Erste Hilfe" verschüttelt sich zu

Seite 221: ein liebliches Bild in Rosa, Mundawa, Rajasthan, Indien.
Unten, rechts: die Schönheit von Frauen in jedem Alter: Frauen, die aus der Kirche nach Hause zurückkehren. In der Nähe vom Berg Hagen im Hochland von Papua-Neuguinea.
Unten: rosafarbene Rose in Ripton, Vermont.

Verwandte Flaschen

Verwandte Farben
B11

B23

B71

Ähnlichster Pastellton
B52

Ähnlichster Vollton
B6

Hinreise
B3

Türkis. Anscheinend ist das Rosa dazu da, um bedingungslos das Öffnen der Blau/Grün zu fördern und den aktiven Ausdruck des Herzens zu unterstützen.

Rosa könnte mit einer Gebärmutter verglichen werden, erfüllt und voll des Potenzials der Lebenskraft der Erdenmutter selbst, geschaffen von Liebe und genährt von Liebe. Wir dürfen nicht vergessen, uns selbst Liebe zu geben. Möglicherweise hatten wir in der Kindheit ein Problem mit der Mutter, das nun näher betrachtet werden muss. Es ist uns ein Bedürfnis, uns angenommen zu fühlen, oder wir neigen zu übermäßigem Stolz. B81 unterstützt den Rebirther-Prozess und klärt Muster, die mit Verfolgungen aus früheren Leben verbunden sind. Sie kann hilfreich sein, Intuition zu entwickeln.

Den Inhalt dieser Flasche um den Unterleib herum auftragen.

B82 Grün/ Orange

Name: Calypso

Zusammengeschüttelt: Olivgrün

Tarotkarte: Die Rückreise des Herrschers

Hauptaspekt: Einsichten offenbaren sich, wenn wir uns selbst Raum geben. Die Enthüllung der tiefsten Freude, die aus dem Herzen kommt.

Seite 223, oben: biologisch-dynamisch angebaute Mohrrüben.
Seite 223, unten: frei, um kreativ in einem offenen Raum zu singen und zu arbeiten.
Unten: Calendula, ein Heilkraut, das seit Jahrhunderten wegen seiner mannigfachen medizinischen Eigenschaften und auch wegen dem gelb-orangefarbenen Farbstoff seiner Blütenblätter verwendet wird.

Es sieht ganz danach aus, dass Grün und Orange auf den Karibischen Inseln und besonders in Trinidad Teil der Feierlichkeit des Calypso Gesangs und des Tanzes sowie der feierlichen Stimmung sind. Grün bietet uns den Raum, im Inneren eine Feier für den Tanz und die Bewegung des Orange zu finden. B82 deutet somit unsere Offenherzigkeit an, auf dass wir frei unsere Weisheit heraustanzen und freudig die Liebe teilen, die unserem Herzen entspringt. Wir empfinden ein Gefühl der Freiheit und werden von Bewegungen aus dem Bauch heraus und tiefer innerer Einsicht unterstützt.

Der Calypso ist ein festlicher Gesang, erzählt aber auch vom Schmerz und den Schocks, den die versklavten Vorfahren dieser Menschen in ihren Herzen trugen. Für Sklaven war der Gesang eine Möglichkeit, in einer Zeit kreativ miteinander zu kommunizieren, in der jede andere Kommunikation von Autoritäten eingeschränkt wurde. Auf den Karibischen Inseln sind heute viele Menschen Anhänger der Rastafari-Bewegung[82-a], die sich auf Frieden, Zusammengehörigkeit und Familie beruft. B82 kann aufzeigen, dass wir jegliche Konflikte, Schocks und Verletzungen aus der Vergangenheit loslassen und mit den Ängsten umgehen müssen, die diesen zugrunde liegen. Von etwaigen Schwierigkeiten mit männlichen Autoritätspersonen müssen wir uns jetzt

Verwandte Flaschen

Verwandte Farben
B27

B31

B72

Verwandt und umgekehrt
B28

Hinreise
B4

freimachen. Grün/Orange hilft uns, Emotionen zurückzuverfolgen. Daraus gewinnen wir nützliche Einsichten, wie z. B. warum wir so fühlen, wie wir fühlen.

Die Hinreise des Herrschers im Tarot ist B4, Gelb/Gold. Auf der Rückreise der B82, Grün/Orange, hat der Herrscher nach dem Versuch, mit seinem Willen zu regieren, eine Entwicklung durchgemacht und trifft seine Entscheidungen jetzt aus dem Herzen heraus. Zur Versöhnung der drei Kräfte, dem „Ja“, dem „Nein“, und dem „Ich weiß nicht“, tragen vielmehr unsere Gefühle als unser Denken bei.

B82 um den ganzen Leib herum auftragen.

B83 Türkis/Gold

Name: Sesam öffne dich

Zusammengeschüttelt: Gelbliches Olivgrün

Tarotkarte: Die Rückreise des Hierophant

Hauptaspekt: Der Prozess der Individuation in Bezug zum Inkarnationsstern, wo sich die Weisheit der Vergangenheit durch die kreative Kommunikation des Herzens ausdrückt.

Im arabischen Volksmärchen „Ali Baba und die vierzig Räuber" aus dem Werk *Tausend und eine Nacht* ist das „Sesam öffne dich" eine magische „Zauberformel", die eine Tür in einer Felswand öffnen kann, um etwas zu enthüllen, das bisher unzugänglich war: eine leuchtende Höhle, angefüllt mit schönen und wertvollen Schätzen.

Im Türkis/Gold ist Gold innen verborgen (unten); es erscheint unerreichbar. Ängste und Sorgen bremsen unsere Kommunikationsfähigkeit oder den Selbstausdruck. Es fehlt uns an Vertrauen oder Selbstwertgefühl. Die kreative Kommunikation des Herzens (Türkis) von der fühlenden Seite des Wesens her erlaubt uns, uns für den Schatz in uns zu öffnen.

B5, der Hierophant auf der Hinreise, bot die Weisheit der Vergangenheit für die Zukunft an. Bei der Rückreise der B83 wird Weisheit auf kreative Weise vom Herzen her angeboten. Der zurückkehrende Hierophant öffnet die Tür für uns, tiefe Weisheit zu empfangen, die wir mit Gefühl an andere weitergeben. Wir wollen uns lieber mit einer Gruppe austauschen und nicht nur mit einer einzigen Person. Diejenigen, die von B83 angezogen werden, empfinden Liebe für das Mineralreich, kennen sich mit neuen Technologien aus und sind fähig, die Tür für eine enge Verbindung mit Kristallen zu öffnen, die viele Jahrhunderte lang abgeriegelt war. Die Verbindung der B83 zu Kristallen öffnet den Weg zu den Devas, die mit diesen Kristallen arbeiten. B83 bringt uns mit Inkarnationen

Verwandte Flaschen

Verwandte Farbe
B4

Ähnlichster
Pastellton
B94

Hinreise
B5

in Lemuria, Atlantis, dem alten Ägypten, den Azteken, Inkas und den europäischen mystischen Traditionen in Kontakt.

Für Türkis wesentlich ist der Individuationsprozess. Hier ist es direkt mit Gold verbunden. Kommen wir mit dem goldenen Bereich im Inneren in Kontakt, entfaltet sich der Individuationsprozess. Der Name „Sesam öffne dich" beschreibt das Potenzial der vielen Türen, die sich im Entfaltungsprozess öffnen.

B83 um den ganzen Leib herum auftragen.

Oben: Felsformation in Joshua Tree, Kalifornien.
Links: Mike Booth oben auf einer heiligen Stätte in Mexiko, dem Land der Maya, Azteken und Tolteken.
Seite 224, oben: in Stein gemeißelt, Teil der Signatur auf einer größeren Statue im Audubon Park, New Orleans.
Seite 224, unten: rauchende Caldera im Yellowstone Nationalpark, Wyoming.

B84 Rosa/Rot

Name: Kerze im Wind

Zusammengeschüttelt: Rot

Tarotkarte: Die Rückreise der Liebenden

Hauptaspekt: Wahrnehmung der Verwundbarkeit. Stärke hinsichtlich der höheren Bestimmung.

Rechts: Das Taj Mahal, gebaut von dem Herrscher Shah Jahan, in einer Inkarnation des Meisters Kuthumi als Zeugnis wahrer Liebe zu seiner Frau.
Unten: Gedenklichter im Jokhang Tempel in Lhasa, Tibet.

Das Lied „Kerze im Wind" von Sir Elton John in einer Ode an Marilyn Monroe[84-a] ist genau genommen eine Aussage über das Weibliche und wie die Vergötterung einer weiblichen Ikone gerade diese Ikone in eine verletzbare Situation bringt. Vor kurzem wurde das Lied umgeschrieben und bei der Beerdigung von Prinzessin Diana, einer weiteren weiblichen Ikone unserer Zeit, vorgetragen. Die Flasche „Kerze im Wind" ist Ausdruck der Verwundbarkeit des Weiblichen, ein Aspekt der Rosa/Rot Beziehung.

Zwischen der Verwundbarkeit einer weiblichen Ikone und der vollständigeren weiblich/männlichen Vereinigung, die die Rückreise der Liebenden im Tarot aufzeigt, besteht ein Zusammenhang. Wir alle tragen das Potenzial zur weiblich/männlichen Einheit in uns. Indem wir dem Weiblichen in unserem Inneren näher kommen, und indem wir intuitiv offen und empfänglicher werden, werden wir verwundbar. Verwundbarkeit kann frustrierend und erschreckend sein und zu Bitterkeit in Verbindung mit dem Weiblichen führen. Dies kann in Zusammenhang mit Schwierigkeiten sein, die wir mit unserer Mutter als Vorbild haben, wenn wir glauben, dass sie uns Liebe nicht auf die Art zurückgab, wie wir sie ihr gaben. Möglicherweise haben wir Schwierigkeiten, die Liebe zu erkennen, die wir brauchen oder geben könnten. Schließlich verstehen wir mitfühlend die verschiedenen

Verwandte Flaschen

Umgekehrt
B80

Ähnlichste
Pastelltöne
B52

B81

Ähnlichster Vollton
B6

Hinreise
B6

Arten von Liebe und Verwundbarkeit, die Kind und Mutter, du und ich und das Männliche und Weibliche im Inneren erfahren. B84 spricht uns an, wenn wir zu unserer weiblichen Intuition durch Selbstannahme erwacht sind, und wenn wir die notwendige Disziplin haben, um die Verhaltensmuster zu verändern, die der Vergangenheit angehören.

Empfänglichkeit und Offenheit schließen Verwundbarkeit mit ein; bereit für diese Verwundbarkeit zu sein, ist die Geschichte der B84. Dieses Annehmen bringt die Energie und Leidenschaft hervor, die wir benötigen, um bedingungslos zu lieben und Sorgfalt in unser Handeln einfliessen zu lassen. Eine Kerze, die eine bestimmte Menge an Luft benötigt, um zu entflammen und zu brennen, erlischt, wenn zu viel Luft da ist. Die Kerze ist eine Lichtquelle und Symbol für viele Aspekte der Fürsorglichkeit und Wärme. Wind ist ein Symbol der Veränderung. Ineinander verflochten beschreiben sie die Flasche.

Rosa/Rot unterstützt tantrisches Arbeiten, die Transformation sexueller in spirituelle Energie. Dies setzt nicht unbedingt sexuelle Praktiken voraus.

B6 um den Unterleib herum auftragen.

B85 Türkis/Klar

Name: Titania, Elfenkönigin
Zusammengeschüttelt: Helltürkis
Tarotkarte: Die Rückreise des Wagens
Hauptaspekt: Licht im Innern; der Pfad der Individuation entfaltet sich im Bewusstsein.

Titania ist die Königin der Elfen, wie in der Komödie A Midsummer Night's Dream (ein Sommernachtstraum) von Shakespeare geschildert. All das „Kleine Volk“ (die Elfen) hat eine Mutter- bzw. Königinnengestalt. Die Elfen verkörpern einen lebendigen Aspekt der Erde. Sie leben in einem Reich in der Mitte zwischen fühlbarer Realität und dem Unsichtbaren. Die Königin der Elfen behütet diese Wesen, die unbeschreiblich zart und edel sind und doch andererseits die Natur in ihrem rauesten Aspekt unterstützen. Die Natur ist eine unglaublich starke und machtvolle Kraft. Titania hat Zugang zu dieser Kraft, doch sie kann auch mit den feinstofflichen ätherischen Bereichen jenseits des Körperlichen umgehen.

Zuerst singt euer Lied frei,
zu jedem Wort ein zwitschernder Ton;
Hand in Hand, mit Elfen-Anmut,
wollen wir singen und diesen Ort segnen.
(5.Akt, 1. Szene)

Rechts: Haus für die kleinen Wesen der unsichtbaren Reiche in einem Garten in Selkirk, Schottland.
Unten: Schwefelquellen im Yellowstone Nationalpark, Wyoming.

Verwandte Flaschen

Verwandte Farben
B60

B64

B70

Umgekehrt
B86

Ähnlichster Pastellton und verschüttelt
B62

Hinreise
B7

Ein anderer Name für die B85 ist Pegasus, das geflügelte Pferd, das ein Symbol für die unsterbliche Seele und für Synchronizität ist. Pegasus war Vickys Kosename aus der Zeit, als sie im Zweiten Weltkrieg den Ambulanzwagen fuhr; sie besaß eine intuitive Gabe, die sie dort hinfahren ließ, wann und wo sie gebraucht wurde. Synchronizität geschieht durch den Individuationsprozess (Türkis); sinnvolle „Zufälle" geschehen als Folge einer Veränderung im Sein. Der Glaubenstest, der eine statische Qualität in B7 hatte, entfaltet sich in B85, da uns Pegasus auf eine Reise mitnimmt.

Kommen wir enger in Kontakt mit dem Ananda Khanda, der türkisfarbenen Energie, wird dieses lichterfüllter. Das Licht hier hängt mit dem Türkis zusammen; der Individuationsprozess führt zu einer Intensivierung der kreativen Kommunikation des Herzens. Diese Intensivierung wiederum ermöglicht ein Offenwerden für etwas Feinstofflicheres und etwas mehr Flüchtiges. B85 und auch B86 haben beide diese Qualität. Die kreative Energie bringt sich selbst mit einer Qualität zum Ausdruck, die auf einmal zarter und gleichzeitig intensiver ist. Ein stärkeres Gewahrsein der unsichtbaren Reiche wird möglich, seien es die der Devas, Elfen, Engel oder die der Gnome, oder auch eine Bewusstwerdung für die Erdenergien, die sich zurzeit auf dem Planeten entfalten. Der König und die Königin der Elfen sind Symbol für die Tiefe der feinstofflichen Bereiche und der Möglichkeit, mit jenen Reichen durch Kreativität in Berührung zu sein. Indem das Ananda Khanda lichterfüllter wird, wenn Klar zum Türkis gebracht wird, werden all diese Dinge möglich.

Alte Weisheitssysteme befassen sich mit Bewusstsein und Feinstofflichkeit und bringen ein Gewahrsein für Dinge zum Ausdruck, die es an der Grenze zwischen der natürlichen Welt und der unsichtbaren Welt gibt. Wenn wir uns zu B85 hingezogen fühlen, sind wir charismatisch, übermitteln das Licht mit Gefühl und bewegen uns in diesem Grenzbereich. Wir haben Freude an neuen Technologien und bleiben so mit anderen über das Internet oder per E-Mail in Kontakt. Wir sind fähig, linear zu denken und finden dennoch im kreativen Ausdruck Freude. Wir lernen, während wir unterrichten. Titania und König Oberon repräsentieren die Möglichkeit, mit den feinstofflichen Bereichen in Verbindung zu kommen und diese greifbarer zu machen, indem sie die Kreativität und die Energie des Kreativen verstärken.

B85 hilft uns, kreative Blockaden zu lösen und neues Licht hereinzulassen. Dennoch haben wir Schwierigkeiten mit unserer männlichen Seite, verursacht durch verborgene Ängste, an denen wir festhalten. B85 um den Brustbereich herum aufzutragen ist hilfreich, wenn unsere Gefühle im Inneren gefangen sind, und wir nicht weinen oder uns kreativ zum Ausdruck zu bringen vermögen.

B86 Klar/Türkis

Name: Oberon, Elfenkönig
Zusammengeschüttelt: Helltürkis
Tarotkarte: Die Rückreise von Anubis oder der Gerechtigkeit
Hauptaspekt: Verstehen des Lichts auf dem Pfad der Individuation.

Oberon ist der Gemahl von Titania, der Königin der Elfen. In Shakespeares Komödie *A Midsummer Night's Dream (Ein Sommernachtstraum),* erlöst Oberon, der König der Elfen, Titania vom Bann missverstandener Liebe und erinnert sie an ihre wahren Gefühle (4. Akt, 1. Szene). Titania (B85) und Oberon wecken unser Bewusstsein für die feinstofflichen Reiche, besonders für das der Devas. Sie unterstützen eine entsprechende Begabung für das Feinstoffliche und ermutigen zu einer Sensitivität für die Wesen des Naturreichs. Im Beisein von Titania wünscht Oberon:

Jeder Elfen- und Feengeist
Flattere so leicht wie ein Vogel vom Dornstrauch;
Und dieses Liedchen singt mir nach,
und tanzt trippelnd dazu ...
Jetzt streiche bis zum Tagesanbruch
Jeder Elf durch dieses Haus.
Zum besten Brautbett streben wir,
das von uns gesegnet werden soll.

(5. Akt, 1. Szene)

Seite 231, oben: Schilf, das im Titicacasee wächst. Den Titicacasee in Bolivien kennt man als den Wohnsitz der Götter und als Stätte eines Schöpfungsmythos. Er ist der höchst gelegene See der Welt.
Seite 231, unten: Yellowstone Wasserfälle, Wyoming.
Unten, links: Fontana di Trevi. Trevi Brunnen in Rom, Italien, umweht von leisen Tönen einheimischer Straßenmusikanten.
Unten, rechts: Kanal in Venedig. Als mächtiger Stadtstaat war Venedig wegen der kühnen Auffassungen und Äußerungen seiner Botschafter und aufgrund der kreativen Brillanz von Komponisten wie Gabrieli und Vivaldi und Künstlern wie Tintoretto und Carpaccio anerkannt.

Verwandte Flaschen

Verwandte Farben
B12

B13

Umgekehrt
B85

Ähnlichster Pastellton
B62

Verschüttelt
B62

Hinreise
B8

In der ägyptischen Mythologie gilt Anubis, der schakalköpfige Gott, als Gefährte von Horus und Thoth. Er behütet die innere Weisheit, indem er Ausgleich schafft; er hilft, die Seelen durch die Unterwelt zu führen, wo die Reinheit und Wahrhaftigkeit des Herzens bewertet und bewahrt wird. Das Klar über dem Türkis in B86 zeigt an, dass die Einsichten (Klar) von Anubis die kreative Kommunikation des Herzens (Türkis) kraftvoll durchdringen und einen leuchtenden Regenbogen aus dem Licht der sieben Chakras erzeugen. Die aus der B86 hervorgehenden Einsichten fördern ein klares Denken und die Fähigkeit, tief empfundene Gefühle mitzuteilen. Wir werden von B86 angezogen, wenn wir in der Lage sind, die eigenen positiven und negativen Energien im Gleichgewicht zu halten. Wir haben große kreative Tiefe, die wir auf lichtvolle Art zeigen. Licht hat all unsere Energiezentren, die Chakras durchdrungen.

Wenn es schwer fällt, aufgrund von intensivem Leiden Gefühle mitzuteilen, die B86 um den Haaransatz und um den Brustbereich herum auftragen. Dies ermöglicht uns, verborgene Ängste loszulassen und im kommunikativen Bereich bestimmter zu werden.

B87 Hellkoralle/ Hellkoralle

Name: Liebe - Weisheit

Zusammengeschüttelt: Hellkoralle

Tarotkarte: Die Rückreise des Eremiten

Hauptaspekt: Fähig sein, sich jenseits der eigenen Selbstbetrachtung zu sehen. Die Weisheit der Liebe.

Seite 233, oben: die Grosse Mauer in China, gebaut vor 2000 Jahren vom Herrscher Qin Shi Huangdi, um die Hunnen und andere Nomaden vom Norden fernzuhalten.

Seite 233, unten: der Apprentice Pillar (Lehrlingssäule) in Rosslyn Chapel, verknüpft mit den Mysterien der Gralssuche, die noch zu enthüllen sind.

Unten: Zeichen auf der Außenseite einer der ältesten Höhlen in Nordindien. Die Höhle war die Heimat eines Weisen, und später wurde sie zu einem heiligen Pilgerort.

In B87 taucht zum ersten Mal Hellkoralle auf. Zunächst nannten wir diese Kombination "Unerwiderte Liebe". Unerwiderte Liebe ist Liebe, die nicht auf die gleiche Weise erwidert wird, wie sie gegeben wurde oder überhaupt nicht erwidert wird. B87 zeigt eine Situation auf, in der aus irgendeinem Grund die Liebe, die wir geben, nicht auf die gleiche Weise erwidert wird. Daher kann B87 hilfreich sein, wenn wir mit Schock, Missbrauch oder unerwiderter Liebe in der Gegenwart und auch bei früheren Inkarnationen umgehen müssen. Die Wahl der B87 deutet an, dass wir eine Form des Missbrauchs im gegenwärtigen Leben oder in einem der früheren Leben erlitten und dass wir mit Beziehungen aus der Vergangenheit Schwierigkeiten haben.

Auf der Rückreise geht der Eremit in sich, um zu erkennen, was sich jenseits seiner eigenen Selbstbetrachtung befindet. Über seine eigene Spiegelung hinaus sieht er etwas anderes, etwas Neues. Seine Augen öffnen sich für sein inneres Sehen und seine eigene Empfindsamkeit. B87 ist ein Ausdruck der Vergegenwärtigung, eines Zeugen: ein Zeugesein, nicht von einem losgelösten Standpunkt aus, sondern aus einem aktiven Beteiligtsein. Ein Wachwerden und ein Bewusstsein für diese Art Wahrnehmung zu entwickeln, verlangt volle Teilnahme, und dies bietet uns Koralle an.

Die B87 heißt inzwischen Liebe – Weisheit. Sie zeigt unser Potenzial, der Welt Liebe und Weisheit zu geben, uns selbst zu akzeptieren und „aufzuwachen". Wir werden von dieser Flasche angesprochen, wenn wir Beziehungen in gegenseitiger Abhängigkeit, die uns tiefe Freude brachten, begreifen. Wir verspüren das Gefühl eines Entstehens, eines neuen Bewusstseins, das oft mit dem „Neuen Menschen" oder der „Neuen Christusenergie" in Verbindung gebracht wird und das Sichtbarwerden jener Christusenergie ist, von der

Verwandte Flaschen

Ähnlichster Pastellton
B59

Ähnlichster Vollton
B105

Hinreise
B9

Rudolf Steiner sprach. Steiner sagte, am Ende des zwanzigsten Jahrhunderts und zu Beginn des einundzwanzigsten Jahrhunderts würden einige Menschen eine persönliche Erfahrung mit der Christusenergie machen. Diese Erfahrungen würden eintreten, um eine neue Bewusstseinswelle einzuleiten.[87-a] Wenn dann die neue Welle der Koralle-Energie geboren ist, wird sich auch synchron dazu das Bewusstsein dieses „neuen menschlichen Wesens" zeigen.

B87 unterstützt uns, Verbindung mit vergangenen Leben in der nordamerikanischen Indianertradition aufzunehmen.

B26 wird um den Unterbauch herum und auf der linken Seite des Körpers, vom linken Ohrläppchen bis zum linken Fußknöchel hinab aufgetragen. B87 wird entsprechend auf der rechten Seite aufgetragen.

B88 Grün/Blau

Name: Der Jadeherrscher

Zusammengeschüttelt: Türkis

Tarotkarte: Die Rückreise des Rad des Schicksals

Hauptaspekt: Was wir säen, das werden wir ernten, aber es ist die Art und Weise, wie wir pflanzen, die den Unterschied macht.

Seite 235, oben: Blaureiher fischt im J.N. „Ding" Darling National Wildlife Refuge auf der Insel Sanibel in Florida. Dieser solitär lebende Watvogel findet sein Futter, indem er sich entweder anschleicht oder wild drauf stürzt.

Seite 235, unten: 88 Klaviertasten.

Unten, links: Der Jadekaiser, einer der ‚Drei Reinen' in der Triade des daoistischen Pantheons, auch bekannt als August Personage of Jade oder weniger formell als Großvater Himmel, New York City.

Unten, rechts: Frosch – Symbol des Frühlings, der Fruchtbarkeit und der Erneuerung. Küsse einen Frosch, und enthülle einen Kaiser. Gayle Meadow Teich in Winhall, Vermont.

B88 ist die zweite Ebene oder Rückreise des Rad des Schicksals, der B10, Grün/Grün. Der Unterschied zwischen diesen beiden Ebenen ist die Abwesenheit von Gelb im unteren Teil der B88. Nach der chinesischen Mythologie regiert der Jadekaiser den Himmel (siehe B60). Er suchte nach dem Geheimnis für ein langes Leben, und er hatte den Frieden im Inneren (Blau), den Himmel mit Wahrheit (Grün) zu regieren.

Aus Grün/Blau wird zusammengeschüttelt Türkis, und dies weist auf Kreativität hin. Das Gefühl, Raum zu haben, lässt uns Frieden und Harmonie finden. B88 zeigt uns den Frieden im Inneren und erlaubt uns, unsere Gefühle und unsere Kreativität zum Ausdruck zu bringen. Wenn wir uns selbst den Raum geben, mit unseren Gefühlen in Kontakt zu sein, erweitert sich unsere Kommunikationsfähigkeit.

B88, Grün/Blau, ist die umgedrehte Version der Herzflasche, B3, Blau/Grün. Die Wahl der B88 weist auf unsere Liebe zur Natur hin, dass wir uns für den Umweltschutz einsetzen oder auf andere Weise für eine Reform im Bewusstsein von Gaia arbeiten. Diese Flasche ist ebenfalls dienlich, wenn wir mit Inkarnationen in Atlantis, Lemuria und den Tempelrittern in Kontakt kommen wollen.

B88 weist auf ein Verstehen des Unterschieds zwischen Karma und Dharma hin. Wir müssen das durchleben, was in unserem gegenwärtigen Leben auftaucht. Es ist das Ergebnis der Saat, die wir in der Vergangenheit legten; wir haben jedoch in der

Verwandte Flaschen

Verwandte Farben
B2

B8

Umgekehrt
B3

Ähnlichster Pastellton
B50

Verschüttelt
B43

Hinreise
B10

Gegenwart eine andere Haltung gegenüber unserer Erfahrung oder gehen anders mit ihr um. Während eine individuelle Saat nicht unbedingt eine lange Lebensdauer hat, so kann sich Langlebigkeit im Zyklus von einer Saat über das Wachstum zu einer neuen Saat zeigen. Wenn wir die Saat des Glücks in der Gegenwart legen, finden wir wahrscheinlich Blüten der Freude, die uns in der Zukunft grüßen. Genauso verhält es sich, wenn wir die Saat des Unglücklichseins legen. Dann sprießt voraussichtlich in der Zukunft genau diese Saat. Der Jadeherrscher ist nicht etwas im Äußeren, sondern ein Aspekt, den wir in uns selbst finden können. Der Regent des Himmels in uns zeigt sich, sobald wir Ursache und Wirkung verstehen. So gesehen könnte B88 andeuten, dass wir Schwierigkeiten mit unserer männlichen Seite haben, oder dass wir Autorität fürchten. Dadurch kann es uns schwer fallen, Emotionen, Gefühle und die Wahrheit auszudrücken. Wir finden in den eigenen Tiefen Frieden, wenn wir uns mit dem befassen, was in Zeit und Raum geschieht.

Die B88 um den Brustbereich und um den Hals, einschließlich den Nacken herum auftragen. Diese Flasche ist besonders dann hilfreich, wenn wir glauben, wir gehörten nicht hierher.

B89 Rot/Tiefmagenta

Name: Energie-„Erste Hilfe"/Die Zeitenwende

Zusammengeschüttelt: Tiefmagenta

Tarotkarte: Die Rückreise der Kraft

Hauptaspekt: Ein Wendepunkt hinsichtlich der Zeit. Ein Tor zu einem neuen Verstehen und neuen Möglichkeiten hin zu enthusiastischem Wohlbefinden.

Seite 237, oben: Das Löwentor, Mykonos, circa 1250 AD. Die Löwen sind das Wahrzeichen der Königsdynastie von Mykonos, dem Hause Agamemnons, aus einer Zeit, als das göttliche Recht eines Königs, zu regieren, von den Göttern verliehen wurde. Nach José Argüelles sind wir jetzt im solaren Inhalationszyklus, der 2012 vollendet ist und das Potenzial einer großen Transformation verspricht.

Seite 237, unten: Bahnhof in einer kleinen Stadt in Norwegen. Im Norwegischen kann hell (Hölle) „Glück" oder „Felsenhöhle" bedeuten.

Rot/Tiefmagenta ist die Rückreise der B11, Klar/Rosa. B11, die Hinreise der Kraft, wird mit dem Löwen, dem stolzen König des Dschungels assoziiert. Bei einer Aufgabe, die mit B11 in Verbindung gebracht wird, gilt es, den Löwen zu zähmen oder spirituellen Stolz zu überwinden. Die Rückreise der Kraft zeigt, dass der Stolz überwunden ist; wir integrieren den Löwen und beginnen, unser Potenzial im Alltäglichen umzusetzen.

Das Rot im oberen Teil der B89 ist eine sehr starke Energie, wenn sie mit dem Tiefmagenta verbunden ist. Bei Erschöpfung oder extremer Lethargie fühlen wir uns möglicherweise zu dieser Flasche hingezogen; sie unterstützt uns, um unsere Energie und Vitalität wieder aufzubauen. Der Name Energie-„Erste Hilfe" kommt ursprünglich teilweise daher, dass kurz, nachdem diese Flasche geboren war, einige Menschen, die mit Aura-Soma in Verbindung standen, einen Stromschlag erlitten. Rot/Tiefmagenta befand man als hilfreich, wenn sie in solch einer Situation aufgetragen wurde. Sie gab Kraft, wenn Energie verbraucht war oder wenn Energieebenen „gerettet" werden mussten. In B89 ist B6, Rot/Rot enthalten. Diese Flasche kann deshalb für solche Menschen hilfreich sein und sie auch repräsentieren, die ihre Energien nicht einsetzen und sich auf die Möglichkeiten nicht einlassen, die das Leben bietet. Es fehlt an Aufmerksamkeit fürs Detail. Wir sind

Verwandte Flaschen

Verwandte Farben
B6

B19

B29

Ähnlichster Farbton
B104

Hinreise
B11

zu beschäftigt, den Schatten im Inneren anzusehen und berauben uns der Energie, die wir zur Erweckung unseres Wandlungsprozesses benötigen. Eine solche Transformation hilft uns, die Energien für unsere heilsamen Instinkte zu erwecken. B89 spricht uns an, wenn wir intuitiv und spirituell sind, eine außergewöhnliche Beziehung zur Zeit und ein besonderes Zeitverständnis haben.

Die Flasche wurde am 26. Juli 1992 geboren, als der Mayakalender das Ende eines Zyklus anzeigte. Deshalb wird sie auch die „Flasche der Zeitenwende“ genannt. Die Wende bezieht sich auf ein neues Paradigma. In den letzten zweitausend Jahren galt das kulturelle Paradigma: Zeit ist Geld. Wie in den alten Kodexen der Mayas[89-a] aufgezeigt, kommen wir jetzt zur Ära eines neuen Paradigmas: Zeit ist Kunst. Dieses neue Paradigma weist die Qualitäten von persönlicher Berührung und Fürsorge aus, die wir eher dem zuwenden, was wir tun, als dem, wie viel wir produzieren.

B89 ist bei tantrischen Übungen geeignet und kann Menschen unterstützen, die mit Erdenergien arbeiten und sie dabei vor negativer Erdenergiestrahlung schützen.

B89 um den Bereich des Unterbauchs herum auftragen.

B90 Gold/ Tiefmagenta

Name: Weisheits-„Erste Hilfe"
Zusammengeschüttelt: Tiefmagenta
Tarotkarte: Die Rückreise des Hängenden
Hauptaspekt: Der Eingeweihte findet den Weg, in der Welt aktiv zu sein.

Bitte beachten: Auch das Bild auf Seite 292 ist ein visueller Ausdruck dieser Flasche.

B90 ist die Rückreise des Hängenden, B12. Gold zeigt hier das Erwachen zu einer Weisheit, die in der Vergangenheit erkannt wurde. B12 wird mit einem Eingeweihten assoziiert, mit jemandem, der einen Einweihungsprozess vollendet hat und die Weisheit (Gold), die er bereits in der Vergangenheit in sich trug, wieder erweckte. Indem wir bewusst die Aufmerksamkeit in den Bauch lenken, in den goldenen Bereich im Bauch, beleben wir die uralte Weisheit wieder, die in unserem Inneren vorhanden ist.

Zuerst hängt der Hängende, der Eingeweihte, mit dem Kopf nach unten. Dies ist symbolhaft für die Notwendigkeit, die Dinge von einem anderen Blickwinkel aus zu betrachten und so lange nicht zu handeln, bis Klarheit herrscht. In B90 wird der Hängende zum Erlöser. Er hat die Bedeutung der Einweihungserfahrung verstanden und kann seine ihm innewohnende Weisheit im Alltäglichen einbringen. Dies gelang ihm, indem er Liebe und Mitgefühl in sich selbst fand. Nun ist er fähig, Liebe in die kleinen Dinge einfließen zu lassen. B90 auszuwählen, weist darauf hin, dass es möglich wird, eine unermessliche Freude und Weisheit dadurch zu finden, wenn wir mit anderen teilen. B90 ist für die Menschen nützlich,

Verwandte Flaschen

Verwandte Farben

B5

B18

B89

Ähnlichster Pastellton

B59

Hinreise

B12

die sich selbst zu sehr für ihre kleinen Fehler verurteilt haben und daher nicht in der Lage sind, ihre Stärken zu zeigen.

Wesentlich für die B89 wie auch für die B90 ist das Potenzial eines Paradigmenwechsels. Die Weisheits-„Erste Hilfe" wird besonders mit einer Konvergenz assoziiert, mit der Veranstaltung, die am 16. und 17. August 1987 abgehalten wurde, um diesen Wechsel astrologisch festzuhalten. Dieser Zeitpunkt fiel mit einer im Maya-Kalender angegebenen „Verschiebung" zusammen - die Mayas haben einen Kalender von beachtenswerter Genauigkeit, der seit Jahrhunderten gültig ist. Das Tiefmagenta im Basisteil der B90 legt nahe, aus einer ewigen Quelle zu schöpfen, um die angebotene Weisheit zu unterstützen. Diese Flasche hilft, mit Inkarnationen bei den Mayas, den Azteken oder Tolteken in Kontakt zu kommen.

B90 weist auch darauf hin, dass wir durcheinander und frustriert sind, weil wir die Tiefe unserer Liebe nicht würdigen. Wenn wir diese Flasche um den Unterleib herum auftragen, erhalten wir beim Loslassen tiefer Ängste und Sorgen Unterstützung und die Ermutigung, die Liebe, die wir mitbringen, anzuerkennen.

Oben: Königstiger, aus Indien stammend, verewigt im Gedicht von William Blake, das mit „Tiger, Tiger, Feuersglut, in den Dickichten der Nacht" beginnt. Der Tiger ist ein Symbol der Kraft und Stärke und der Furchtlosigkeit.

Links: Rohrkolben, die am Ufer des Champlain-Sees in Vermont wachsen.

Rechts: Carolina-Dosenschildkröte. Eine solche Schildkröte kann über 100 Jahre alt werden. Diese Art ist auch fossil belegt.

B91 Olivgrün/ Olivgrün

Name: Weibliche Führerschaft des Herzens

Zusammengeschüttelt: Olivgrün

Tarotkarte: Die Rückreise des Todes

Hauptaspekt: Das Vertrauen in den Heiligen Geist. Um der Heilung willen bringt Liebe auch all das ein, was im Widerspruch zu ihr steht. Hoffnung, nicht im Sinne von Erwartung, sondern in einer positiven Haltung hinsichtlich dessen, was kommen mag.

Seite 241, oben: Terracotta Krieger in Xian, China, geschaffen und begraben zur Begleitung und zum Schutz des Kaisers in seinem Leben nach dem Tod.

Seite 241, unten: Frau, die geschickt ein flaches Bodenboot steuert, während ihr Kind zusammengerollt hinter ihr schläft; auf dem Dal-See in Kashmir, Indien.

Unten: Auf einem Hausdach in Pittsfeld, Vermont, wächst Moos.

B91, weibliche Führerschaft, ist die Rückreise des Todes. In B13, der Tod, wartet der Sensenmann auf niemanden, aber in B91 zeigt das weiblich Intuitive eine einfühlsame Liebe für den Tod, und der Tod geht durch einen Wandlungsprozess.[91-a] Die Sichel des Todes bringt ein Erwachen und das Licht der Hoffnung und der Veränderung zu allen Chakras. B91 zeigt uns eine andere Beziehung zu unseren Emotionen, bei der unsere Fähigkeit, uns die Höhen und Tiefen des Lebens zu vergegenwärtigen, eine flexible und harmonische Resonanz auf das ermöglicht, was wir fühlen.

Die olivgrüne Energie der weiblichen Führerschaft überbrückt die Reise zwischen dem dritten und vierten Chakra. Der einzige Weg über den Solarplexus führt durch den olivgrünen Bereich, das weiblich Intuitive (siehe „Die Feinstoffliche Anatomie", Seite 23). Wenn wir über Beziehungen und Erfahrungen hinausgehen wollen, die auf Angst und Macht (Gelb) beruhen, müssen wir in unsere weibliche Intuition, in das Olivgrün, das Gelb und Grün vereint, Vertrauen entwickeln.

B91 wird oft von den Menschen gewählt, die ihrer weiblichen Intuition vertrauen. Es sind Menschen mit Führungsqualitäten, die sich leidenschaftlich vom Herzen her ausdrücken. Diese Flasche deutet auf Ehrlichkeit und Integrität. Wir haben die Fähigkeit,

Verwandte Flaschen

Verwandte Farben
B7

B10

B41

Ähnlichster Pastellton
B74

Hinreise
B13

wissenschaftliche und spirituelle Themen zu verstehen und sie anderen so erklären zu können, dass sie diese Dinge ebenfalls verstehen. B91 könnte helfen, Angst vor weiblicher Kraft, Angst vor der weiblichen Seite des Selbst und Angst vor Autorität aufzulösen. Wir werden von B91 angezogen, wenn wir in emotional ungeeigneten Beziehungen sind und immer wieder die gleichen Fehler und Muster in unseren Beziehungen erzeugen.

B91 kann uns helfen, in die richtige Beziehung mit Unbekanntem zu kommen. Sie unterstützt uns dabei, Klarheit zu finden, wenn wir glauben, von Außerirdischen heimgesucht zu werden.

B91 um die Bereiche der Brust und den Unterleib herum auftragen.

B92 Hellkoralle/ Olivgrün

Name: Gretel

Zusammengeschüttelt: Olivgrün gesprenkelt mit Hellkoralle

Tarotkarte: Die Rückreise der Mäßigkeit

Hauptaspekt: Weibliche Führerschaft, Unabhängigkeit. Zusammenarbeit statt Konkurrenz. Frieden als Priorität.

Rechts: Tor zu einer anderen Dimension, entlang der Puuc-Route in Mexiko.

Unten: Ein Wesen von nobler Zahmheit. Dieser Elefant mit Kette lebt auf einer Babystation auf Sri Lanka.

Die Aufgabe der Mäßigkeit, B14, ist es, die Kraft des Feuers, die Inspiration, mit den Qualitäten des Wassers, den Emotionen, in Balance zu bringen, während B92, Gretel, diese Gegensätzlichkeit integriert hat. Gretel verkörpert das wechselseitige Zusammenspiel der männlichen und weiblichen Rollen im Selbst (Koralle) und auch das Geschenk intuitiver weiblicher, vom Herzen kommender Führerschaft (Olivgrün).

B92, Gretel und B93, Hänsel, entstanden gleichzeitig; sie waren die einzigen zwei Flaschen in der gesamten Equilibrium Reihe, die als Paar geboren wurden. Im Märchen werden Hänsel und Gretel von einer alten Hexe in deren Häuschen gelockt. Die Hexe plant, die Kinder zu verspeisen. Sie schließt Hänsel ein, um ihn für sich als Mahl fett werden zu lassen, und Gretel muss arbeiten. Eines Tages sagt die Hexe zu Gretel, sie solle den Ofen anheizen, aber Gretel gibt vor, dies nicht zu können. Die Hexe muss es also selbst tun. Dabei stößt Gretel die Hexe in den Ofen und befreit sogleich den Hänsel. Hänsel und Gretel verlassen das Häuschen der Hexe und dürfen wieder im Wald spielen.

Verwandte Flaschen

Verwandte Farben

B42

B93

Ähnlichste Pastelltöne

B57

B61

Hinreise

B14

B92 zeigt uns, dass wir aufgrund innerer Konflikte und der eigenen Negativität in einer schwierigen Situation sind; im Märchen steht das Negative für Gier, Anfälligkeit für Versuchung und für die Kräfte des Bösen. Der weibliche Aspekt unseres inneren Kindes (Gretel) vertraut jedoch auf seine Intuition und überwindet Negativität. Weibliche Führerschaft wird im Märchen wichtig; die alte Hexe steht für das Weibliche der Vergangenheit, während Gretel Symbol ist für das neue Weibliche, das die Initiative ergreift. Somit weist B92 auf persönliche Veränderung und ein Heranreifen zu Eigenverantwortung hin, indem wir Liebe und Weisheit finden und so unsere Ängste überwinden können. Mit Mitgefühl ist es uns möglich, andere zu führen, sodass sie Vertrauen in den Prozess des Lebens und Hoffnung für die Zukunft entwickeln. Hänsel, der der jungen Frau erlaubt, die Situation unter Kontrolle zu halten und ihn schließlich zu retten, steht für den männlichen Aspekt des inneren Kindes, das sein Vertrauen in den weiblichen Aspekt legt. Dies befreit ihn, und er findet wahre Freude und echtes Glück.

B92 und B93 unterstützen uns beim Streben nach Frieden angesichts eines scheinbar unüberbrückbaren Konflikts. Das Olivgrün im Basisteil der B92 bietet Hoffnung für die Zukunft, auf dass wir unsere Kreativität (Türkis in B93) konstruktiv einsetzen. Erweckende Energie bringt ein neues Verständnis, ein neues Bewusstsein auf der Erde und die „Neue Frau/den Neuen Mann“ im Sein und Wesen der Koralle.

Bei der Energie der B92 geht es auch um die Energie des Zeus/Jupiter; entsprechend der westlichen Astrologie bietet Jupiter Gnade und Großzügigkeit.[92-a] Die Flasche unterstützt die weitere Arbeit mit dem inneren Kind. Sie ist auch hilfreich, wenn wir Schwierigkeiten haben, unseren richtigen Platz im Leben zu finden.

B92 im Bauch- und Brustbereich um den Körper herum auftragen.

B93 Hellkoralle/ Türkis

Name: Hänsel

Zusammengeschüttelt: Tiefviolett

Tarotkarte: Die Rückreise des Teufels

Hauptaspekt: Dem Schatten gegenübertreten, um die Wahrheit des Herzens zu finden, während wir weitere Aspekte von uns selbst erkennen.

Unten: Puente la Reina ("Brücke der Königin") wurde im 11. Jahrhundert von der Königin von Navarra an der Stelle gebaut, wo zwei Flüsse zusammenfließen. Die Brücke, die einst unter dem Schutz der Tempelritter stand, ist ca. 3.70 m breit, sodass zwei Reiter bequem aneinander vorbeireiten können. Es ist ein wichtiger Halt auf dem Camino de Santiago, dem Pfad, der auch als Milchstraße oder Jakobsweg bekannt ist.

B93, Hänsel und B92, Gretel wurden als Paar geboren; bitte auch B92 beachten.

Der Individuationsprozess (Türkis) bedeutet auch, die Fähigkeit zu entwickeln, Zeuge für sich selbst zu sein und sich zur gleichen Zeit der Gemeinschaft bewusst zu sein. Im Märchen vergegenwärtigt Hänsel sich vor allem den Prozess der weiblichen Entdeckung der Kraft; es ist die Liebe von Gretel für ihn - und unsere Liebe für unser inneres männliches Kind, die ihr die Kraft verleiht, ihre Führerschaft wahrzunehmen. Das Hellkoralle im oberen Teil macht es möglich, über abhängige und unerfüllte Beziehungen hinauszugehen; Koralle unterstützt wechselseitiges, geteiltes Erwachen. B93 deutet auf die Fähigkeit, eine Integration des inneren und äußeren Zeuge Seins herbeizuführen und die Dualität des Selbst hinter sich zu lassen, um ein Zusammenwirken zwischen dem inneren Männlichen und dem inneren Weiblichen zu finden. Dann ist es möglich, Dinge deutlich so zu sehen, wie sie gerade jetzt sind und nicht, wie wir sie gerne haben wollen, in gewissem Sinne hellsichtig zu sein.

Hänsel erzählt uns, dass wir uns erlauben müssen, dem gegenüberzutreten und zu

Verwandte Flaschen

Verwandte Farben

B34

B42

B92

Ähnlichster Pastellton

B57

Hinreise

B15

erfassen, wie wir von anderen abhängig sind und zu sehen, was tatsächlich da ist und nicht, was in unserer Vorstellung vorhanden ist. B93 kann bei diesem Loslassungsprozess eine Hilfe sein. Dieser Prozess der Selbstprüfung hilft uns, das Vertrauen zu finden, unsere Gefühle (Türkis) mit einzelnen und auch mit vielen Menschen auszutauschen. Diese Flasche nährt die Fähigkeit, liebende Aufmerksamkeit zu pflegen und schenkt uns die Weisheit, mit der Negatives in Positives umgewandelt werden kann.

B93 um den ganzen Körper herum auftragen.

Oben: Die Regenbogenbrücke, heilig für die nordamerikanischen Ureinwohner, ist ein natürlich entstandener Sandsteinbogen im Arches Nationalpark, Utah.

Unten: Königstiger beim Schwimmen. Wenn wir unseren Schatten integrieren und geistig verarbeiten, erlauben wir unserer Individualität sich zu entwickeln. Dies zeigt der folgende Limerick des Dichters Cosmo Monkhouse: Es war eine Dame aus Niger, die ritt lächend auf einem Tiger;/zurück kam der auch, mit der Lady im Bauch/ Und lächeln das tat jetzt der Tiger.

B94 Hellblau/ Hellgelb

Name: Erzengel Michael

Zusammengeschüttelt: Hellgrün

Tarotkarte: Die Rückreise des Turms

Hauptaspekt: Eine tiefe Wahrheit enthüllt sich in der Evolution des Bewusstseins.

Seite 247, oben: Glastonbury Tor. Der Tor und Mont-Saint-Michel sind Knotenpunkte auf der Michaelischen Linie des Erdgittersystems.

Seite 247, unten: Vergissmeinnicht, Symbol für Liebe und Loyalität, in Ripton, Vermont.

Unten: Mont-Saint-Michel an der Nordküste von Frankreich. Erzengel Michael bringt die Inspiration wahrer Freiheit des Denkens und des globalen Bewusstseins.

Der Einzug der Erzengel mit B94 kennzeichnet den Beginn eines neuen Kapitels in der Equilibrium Reihe. Es scheint verheißungsvoll, dass der Erzengel Michael gerade hier auftaucht, da er doch zum jetzigen Zeitpunkt über die Evolution der Erde und der Menschheit wacht.[94-a]

In B94 bringt der Erzengel Michael sein Schwert der klärenden Unterscheidung und der Intelligenz (hellgelb) zum Herzzentrum des Planeten. Er erdet die Michaelische Energie im Herzen, um das Neue Zeitalter einzuleiten. Das helle Blau des „Dein Wille, nicht mein Wille" (B50) mit dem hellen Gelb des kleinen oder individuellen Willens kommen im Hellgrün zusammen, der Farbe der B53, deren Hauptaspekt „Der Weg, die Wahrheit und das Leben" ist. Wenn wir uns im bewussten Denken an „Dein Wille" halten und persönliche Gedanken und Meinungen beiseite legen, kann vom hellen Blau, dem größeren Willen, etwas durch uns kommen. Wir finden Frieden, wenn wir unsere innere Verwirrung loslassen. Dann ist das helle Gelb, die Erhellung des kleinen Willens, des persönlichen Willens in Harmonie mit dem höheren Willen. Diese Absichten kommen in unserem Herzen (Grün) zusammen. Wir sind mit Autoritäten im Frieden und fürchten sie nicht länger, da jetzt die „Größere Autorität" des Friedens über allem liegt.

Verwandte Flaschen

Ähnlichste Pastelltöne
B50

B51

ähnlichster Vollton
B8

Verschüttelt
B53

Hinreise
B16

Michael ist der Repräsentant der Neuen Christusenergie in unserer Zeit und in der Zeit, die noch kommen wird. Auf einer persönlichen Ebene drängt er ins Bewusstsein, das der Art und Natur der erlösenden Kraft entspricht, die in uns vorhanden ist. Jeder, der dies versteht, wird zum Repräsentanten der Michaelischen Energie.

Michael legt symbolisch sein Schwert auf den Turm des Glastonbury Tor (ein Hügel in Glastonbury, England). B94 ist die Rückreise des Turms, B16. Der Turm symbolisiert eine Metanoia, eine Veränderung im Denken. Bei B16 scheint es so, als stürze der Turm von Babel ein; alle unsere Gedankengebäude werden in Frage gestellt. Durch das Einstürzen des Turms öffnet sich etwas für andere Welten über den Weg des Herzens im Herzen. In B94 bringt Michael vom Geist her neues Leben für eine neue Zeit, eine neue Lichtkraft in das planetarische Gittersystem und hilft dem menschlichen Bewusstsein auf eine andere Ebene des Verstehens heranzureifen. Durch die Michaelische Energie lernen wir die Christusenergie neu zu verstehen. Es ist eine Energie, die wach macht, eine Energie der Versöhnung zwischen zwei gegensätzlichen Kräften in uns selbst (siehe B55): Das, das uns an die Erde bindet und das, das versucht, uns von der Erde wegzuziehen. Michael bringt ein Element der Versöhnungsbotschaft.

Diese Flasche zeigt eine Zeit großer Veränderung an, wenn viele vertraute Dinge wegfallen, damit sich etwas Neues zu enthüllen vermag. Sie weist auf die Notwendigkeit hin, die Emotionen ins Gleichgewicht zu bringen. Es geht darum, Eifersucht, Angst und das Gefühl loszulassen, an der Stelle von jemand anderem sein zu wollen oder etwas zu wollen, was jemand anderer hat. Wenn wir wirklich loslassen, können wir die Freude verspüren, die wir in uns tragen.

B94, Hellblau/Hellgelb, ist die umgekehrte, intensivere Version der B8, Gelb/Blau. Die Eigenschaften der B8 sind als solche stark in dieser Flasche präsent, werden allerdings aus anderem Blickwinkel betrachtet.

Den Inhalt der Flasche im Herz- und Nabelbereich um den Körper und auch um den Hals herum auftragen.

B95 Magenta/ Gold

Name: Erzengel Gabriel

Zusammengeschüttelt: Gold mit Magenta gesprenkelt

Tarotkarte: Die Rückreise des Sterns

Hauptaspekt: Der Sternenbote, durch den wir mit unserer eigentlichen Aufgabe in Kontakt kommen können.

B95 ist die zweite Flasche in der Reihe der Erzengel. Bei der Rückreise der B17, des Sterns im Tarot treffen der Seelenstern (Magenta) und der Inkarnationsstern (Gold) aufeinander und verbinden sich. Das Zusammenkommen dieser beiden Sterne bringt Information und Energie aus einer göttlichen Quelle der Liebe von oben zum goldenen Bereich des Körpers. Die Magenta-Energie bewegt sich durch das Ananda Khanda und den Smaragd des Herzens, bevor sie auf den goldenen Bereich trifft. Wenn Magenta beim Inkarnationsstern im goldenen Bereich ankommt, aktiviert es das Hologramm der Wahren Aura in unserem Wesen, vorausgesetzt, dass wir die bewusste Aufmerksamkeit auf unsere Erdung lenkten (das Licht der Aufmerksamkeit auf das rote Wurzelchakra brachten). Der Erzengel Gabriel ist der Bote, der uns dabei unterstützt, unsere „Wahre Aura“ zu aktivieren. Bei der Rückreise des Sterns werden der Seelenstern und der Inkarnationsstern erhellt. Der Widerhall der Inspiration, der Phoenix, der sich aus der Asche erhebt, ruht nun im Herzen. Wir hören in uns die sanfte leise Stimme; der Heilige Geist drückt sich durch den Smaragd des Herzens aus.

Der Erzengel Gabriel war jener Erzengel, der über die Entwicklung der Menschheit wachte, bevor der Erzengel Michael diese Verantwortung übernahm. 1510-1879 AD war

Rechts: Strauß aus Lotusblüten vor einem Tempel in Bangkok, Thailand. Als Symbol für die Reinigung des Körpers, des Verstands und der Seele und der Möglichkeit zur Erleuchtung verbindet er das, was oben ist, mit dem, was unten ist.

Unten: blühende Sterne im Derwent-Tal, Tasmanien.

Verwandte Flaschen

Verwandte Farben
B23

B40

B76

Ähnlichster Pastellton
B61

Hinreise
B17

die Zeit seiner Vorherrschaft.[95-a] Aufgrund der Entwicklung der Menschheit während dieser Epoche wurde es wichtig, die Verbindung zwischen dem Inkarnationsstern und dem Seelenstern zu fördern. Jetzt sollten wir das Potenzial zur Individuation in Harmonie mit unserer göttlichen Aufgabe verwirklichen.

In mancher Hinsicht ist B95, Erzengel Gabriel, der höhere Aspekt oder das höhere Prinzip der B68, Gabriel. B95 enthält Rot/Gold, B40, die „Ich bin"- Flasche. Deshalb gilt alles, das für B40 aufgeführt wird, auch für B95.

Diese Flasche weist darauf hin, dass wir göttliche Liebe empfangen und die innere Weisheit haben, die Bedeutung solch einer Liebe zu verstehen. Wir führen alle Handlungen mit Fürsorge und Wärme aus und geben unsere Liebe in die kleinen Dinge. Vielleicht zieht uns diese Flasche gerade dann an, wenn wir an tiefen Ängsten oder Verwirrung leiden, und es nötig ist, dass wir uns selbst treu bleiben; trotz der Ängste dürfen wir nicht in alte Gewohnheiten oder Muster zurückfallen. Das Rot, das sich in beiden Teilen dieser Flasche verbirgt, könnte auf versteckte Wut und Frustration hinweisen, aber Rot ist auch die Energie, die dem Erwachen dient. Möglicherweise gehen wir durch eine große Veränderung im Leben; die Kombination von Magenta und Gold weist auf einen Neubeginn hin.

B95 um den Körper herum direkt unterhalb des Nabels auftragen, und einen Tropfen oben auf den Kopf geben.

B96 Königsblau/ Königsblau

Name: Erzengel Raphael

Zusammengeschüttelt: Königsblau

Tarotkarte: Die Rückreise des Monds

Hauptaspekt: Die kreativen Möglichkeiten eines Plans finden eine Form. Klarheit in Bezug auf die höhere Energetik des Seins.

In B96 zeigt sich in der Equilibrium Reihe Königsblau zum ersten Mal im unteren Teil einer Flasche. Der dritte Erzengel, Raphael, nimmt etwas vom spiegelnden Licht des Mondes auf und greift danach. Er bringt es herunter und integriert dabei die weibliche intuitive Energie. Das Königsblau des sechsten Chakras bringt die höhere Intuition und die höheren Funktionen des Verstandes von einem höheren Zentrum. Durch Raphael werden die ursprüngliche Kreativität und eine kreative, nährende Energie zum Ausdruck gebracht. Er ist der Engel der Heilung, aber auch der Wissenschaft und des Wissens.[96-a]

Wir haben die Chance, Zeuge zu sein für die Kommunikation, die zu uns kommt, bevor wir sie an die Welt weitergeben. Wir können selbst wählen, ob wir dafür Verantwortung übernehmen wollen oder nicht. Raphael sorgt für ein umfassendes Sehen und dass wir die Dinge von einer anderen Ebene aus wahrnehmen.

Königsblau ist die Rückreise der Tarotkarte des Mondes, B18, Gelb/Violett. B18 und auch B96 erinnern uns daran, als Menschen nach dem Höchsten zu streben und die Gipfel der Berge zu erreichen. Das Königsblau des Stirnchakras legt nahe, dass Erzengel Raphael über die gewöhnlichen Wahrnehmungen hinausgeht und ein Element der Intuition zu uns bringt, die durch dieses umfassende Sehen erlangt wird. Königsblau weist auch auf die Klarheit des Sehens, des Hörens und Fühlens hin, die mit dem Rot im Königsblau gefördert und durch ein Nicht-Verhaftetsein unterstützt wird. Das Rot hier könnte auf einen Bedarf an Disziplin hinweisen und auf eine Gelegenheit, Wut, Frustration und Bitterkeit loszulassen. Im Gelb/Violett der B18 erwarten wir empfangsbereit das Licht der Weisheit. Königsblau/Königsblau, B96 zeigt uns, wie wichtig es ist, zuzulassen, dass die Kreativität, die zu uns kommt, sich auszudrücken vermag.

Von dieser Flasche werden wir angezogen, wenn wir tiefen Frieden gefunden haben und diesen dann an andere weitergeben. Wir bleiben fokussiert und werden von Bemerkungen und Handlungen anderer nicht abgelenkt.

B96 um den Haaransatz herum, auf die Stirn und auf die Füße auftragen; ein wenig auf der Stirn verrieben, klärt es das Sehen, Hören und das Vertrauen, den Geruchs- und den Tastsinn.

Links: Vollmond überstrahlt die Frenchmen Bay im Acadia Nationalpark in Maine.

Verwandte Flaschen

Verwandte Farben

B2

B6

Hinreise

B18

Oben: Fischadler im Fluge auf Sanibel Island in Florida. Die Sicht eines Fischadlers ist besser entwickelt als die anderer Beutevögel. Fischadler können ein weites Gebiet übersehen und die Entfernung ihrer Beute unter der Wasseroberfläche einschätzen. Dann tauchen sie ins Wasser, die Füße zuerst.

Rechts: Weg mit Pflastersteinen zum Schloss in Dürnstein, Tschechische Republik, wo Richard Löwenherz bei seiner Rückkehr vom Dritten Kreuzzug gefangen gehalten wurde. Als er das Lied eines Troubadours hörte und darauf antwortete, wurde er gefunden und gerettet.

Zu beachten: Auch das Bild auf Seite 49 ist ein visueller Ausdruck dieser Flasche.

B97 Gold/ Königsblau

Name: Erzengel Uriel

Zusammengeschüttelt: Smaragdgrün

Tarotkarte: Die Rückreise der Sonne

Hauptaspekt: Klarheit in Bezug auf die eigene wahre Aufgabe und Bestimmung. Ein tieferes Verstehen des Herzens.

Seite 253, links: Sonnenuhr an der Kathedrale von Chartres in Frankreich.

Seite 253, rechts: Sonnenblume, Lancaster County, Pennsylvania, Land der Amischen. Ein Zeichen unserer Verbindung zum Göttlichen.

Unten: goldene Herbstblätter, gespiegelt im Wasser am Connor's Pond Damm in Petersham, Massachusetts.

B97, Gold/Königsblau, der Vierte in der Reihe der Erzengel, verschüttelt sich zu Smaragdgrün, der Farbe des Herzens und ist symbolhaft für die Zeit, mit unserer Aufgabe, und wie wir in der Welt dienen wollen, in Kontakt zu kommen. Die goldene Energie, die den Inkarnationsstern im Bauch umgibt, gelangt ins Bewusste; das Königsblau von Raphael, B96, ist im unteren Teil. In B19, der Hinreise der Sonne des Tarots, gleicht die Sonne dem „Kleinen Prinzen".[97-a] Es ist, als sei unser Solarplexus ähnlich stark und strahlend wie der des „Kleinen Prinzen", sodass Sonnenblumen sich mehr uns als der Sonne zuwenden. Die Sonne, sei es in B19 oder B97, kann als die Sonnenenergie ausstrahlende Lichtquelle alle Zeichen des Tierkreises umfassen und berühren. Dies weist auf unser Potenzial hin, in der Lage zu sein, unsere Gefühle, die wir für andere haben, auf vielfältige Art mitzuteilen. Die Flasche zeigt einen tiefen inneren Frieden, der sich allmählich offenbart. Wir sind in unserer Mitte, haben ein Herz aus Gold und empfinden eine große Freude und Begeisterung fürs Leben. Mit der Rückreise der B97 verbinden wir uns mit unseren Werten und unserem Lebensziel; alles, das wir sein

Verwandte Flaschen

Verwandte Farben
B8

B18

Umgekehrt
B32

Ähnlichster Pastellton
B57

Hinreise
B19

könnten, wurde in uns eingebracht. Unser wahres Potenzial wird uns durch Erfahrung bewusst und erlaubt uns, uns mit tiefem innerem Frieden zu offenbaren.

Uriel bedeutet im Hebräischen „Feuer Gottes" oder „Gott ist mein Licht". Ihn kennen wir zwar als den Erzengel, der über das Erdelement herrscht, er reicht allerdings auch bis zur Sonne hinauf und spendet der Welt Sonnenlicht. Uriel brachte die Alchemie auf die Erde, und er war es auch, der der Menschheit die Kabbalah übermittelte. Der Legende nach steht dieser Erzengel mit einem feurigen Schwert am Tor des verlorenen Garten Eden. Das verlorene Eden symbolisiert die Situation, wenn vergessen wird, Gott zu lieben. Das feurige Schwert, das „Feuer Gottes", zeigt, dass das Negative, von selbstsüchtigen unreinen Wünschen Getragene, ausgelöscht wird, wenn wir aufrichtig unsere Liebe auf Gott richten.

Uriel wird auch als Engel der Erlösung beschrieben, der Noah aufsuchte und den Weg des Herzens und den Pfad reiner Liebe lehrt. Wir müssen uns von tiefen Ängsten befreien, damit wir uns mit den inspirativen Qualitäten verbinden können, die von oben eingegeben werden. Diese Flasche bietet uns die Gelegenheit, unsere Werte zu überprüfen. Es ist wichtig, einfach bescheiden zu bleiben.

B97 um den Haaransatz herum, auf der Stirn, auf den Schläfen und um das Herz und den Solarplexus herum auftragen.

B98 Flieder/ Hellkoralle

Name: Erzengel Sandalphon/Margarets Flasche

Zusammengeschüttelt: Magenta

Tarotkarte: Die Rückreise des Gerichts

Hauptaspekt: Eine Vier-Wege-Energieverbindung: oberhalb und unterhalb, zur Linken und zur Rechten. Das innere Kind in uns wird zum Engel, der wir sind.

Margaret verbrachte viele Jahre mit Vicky als ihre Partnerin und Gefährtin. Sie und Vicky führten in Amersham in England eine Gemeinschaftspraxis. Margaret war seit der Geburt und in den frühen Jahren der Entwicklung von Aura-Soma (siehe 2. Kapitel) durchgehend mit dabei. 1992 war sie mit Mike zusammen in Südafrika. Ihr Weg führte sie auf eine nicht asphaltierte Straße mit orangefarbenem Sand. Auf beiden Seiten dieser Straße wuchsen Jakaranda Bäume mit ihren lieblichen fliederfarbenen Blüten. Während sie so spazierten, meinte Margaret, dass diese Farben eines Tages zu einer wunderschönen Flasche werden würden. Im Juni 1998 war Flieder/Hellkoralle dann geboren, ein paar Monate bevor Margaret hinübergehen sollte. B98 wird Erzengel Sandalphon genannt; sie heißt aber auch Margarets Flasche in Erinnerung an den Spaziergang unter den Jakaranda Bäumen, und weil ihre Geburt sich kurz vor Margarets Heimgang im Oktober 1998 ankündigte.

Seite 255: Ein neuer Tag dämmert: Sonnenaufgang im November am Black Duck Creek im Chincoteague National Wildlife Refuge, einem Naturschutzgebiet in Virginia. Dies ist ein schönes Gebiet mit Dünen und Marschland auf einer Barrier-Insel, wo das warme Wetter bis in den November hinein anhält.

Rechts: Gemeinschaft von Koralle und Fisch bei einer Korallenbank in den Palancar Gärten in Cozumel, Mexiko.

Verwandte Flaschen

Verwandte Farbe

B87

Ähnlichste Pastelltöne

B56

B58

B94

Hinreise

B20

Sandalphon ist der fünfte Erzengel in der Reihe der Erzengel und wird mit der Sphäre von Malkuth auf dem Lebensbaum assoziiert. Er befasst sich mit der gesamten Existenz auf der Erde, mit der Umwandlung von Negativität im bewussten Denken (Flieder) und mit dem Neuen Menschen (siehe B22 und B87) im Koralle und quer durch alle Ebenen des Seins. Sind wir achtsam genug, um Negativität bewusst umzuwandeln, werden wir fähig, den Neuen Menschen in uns zu enthüllen. Der Neue Mensch teilt Freude, Glückseligkeit und innere Einsichten, auf dass sie für andere wahrnehmbar werden. B98 zeigt uns, dass wir die Fähigkeit zur bedingungslosen Liebe haben (Rosa im oberen und im unteren Teil), die uns durch einen Wandlungsprozess hindurch hilft. Der Höhere Wille unterstützt die Kommunikation mit Devas und Engeln.

B98 ist auch die Rückreise des Gerichts. In der Hinreise der B20, dem Sternenkind, Blau/Rosa sind die weiblichen (rosa) Energien getrennt, werden jedoch durch Verschütteln verbunden und integriert, um die Geburt des Sternenkinds hervorzubringen. In dieser Flasche haben sich die männlichen und weiblichen Energien vereint (Flieder), und die Verbindung des Kindes und des Engels ist stark (Hellkoralle). Sie hilft uns, mit Missbrauch umzugehen, an dem wir in der Vergangenheit gelitten haben, und macht es möglich, das Gefühl von unerwiderter Liebe loszulassen. Es ist nicht leicht, sich selbst zu lieben, wenn man ständig ein Katalysator für Veränderung ist.

B98 oben auf dem Scheitel und auf dem Unterbauch auftragen. Die Flasche kann bei der Craniosacral-Arbeit hilfreich sein, bei der ein leichteres Fließen der Rückenmarksflüssigkeit gefördert wird. B98 kann über die ganze Länge der Wirbelsäule aufgetragen werden.

B99 Hellolivgrün/ Rosa

Name: Erzengel Tzadkiel/Kosmische Hasen

Zusammengeschüttelt: Hellviolett

Tarotkarte: Die Rückreise der Welt

Hauptaspekt: Sich neu für die Selbstliebe zu öffnen, bringt uns der eigenen Aufgabe und Bestimmung in der Welt einen Schritt näher.

Rechts: Türen und Fenster, die uns erlauben, uns für neue Möglichkeiten zu öffnen und in die Welt einzutreten.
Unten: eintauchen in das Wasser des Lebens, See auf Fiji.

In B99 zeigt sich zum ersten Mal Hellolivgrün. Die Assoziation mit etwas Fließendem im Olivgrün deutet auf einen größeren Freiraum bei dieser Flasche im Vergleich zur B21, der Hinreise des Universums. Sobald das Rosa vom Inkarnationsstern im goldenen Bereich zum Smaragd des Herzens einen weiten Bogen spannt, bewegt es sich durch die gelbe Energie ins Olivgrün. Rosa wird heller, wenn es Olivgrün erreicht, wo es an der Schwelle ist, bevor es sich in den Smaragd des Herzens hineinbegibt und es der Herzensenergie ermöglicht, sich zum Ausdruck zu bringen (siehe „die feinstoffliche Anatomie", Seite 23).

Als sechster Erzengel in der Reihe der Erzengel befasst sich Tzadkiel mit der Entwicklung der Menschen zur vierten Dimension. Er ist der Engel der Barmherzigkeit, und er war es auch, der Abraham daran hinderte, seinen Sohn zu opfern. Tzadkiel ist auch einer der beiden Fahnenträger, die dem Erzengel Michael unmittelbar nachfolgen, wenn der in den Kampf zieht. Erzengel Tzadkiels göttliche Qualitäten sind Freiheit, Barmherzigkeit und Umwandlung. Er gehört zum siebten Strahl und der violetten Flamme (siehe Anmerkung 50-b).

B99 richtet das Licht auf die weibliche Intuition. Daher ist sie nützlich, wenn wir lernen wollen, wer wir wirklich sind und um mit unserer wahren Aufgabe und Bestimmung in Kontakt zu kommen. Es ist an der Zeit, sich von Ängsten zu befreien und sich

Verwandte Flaschen

Verwandte Farbe
B46

Ähnlichste
Pastelltöne
B58

B59

Hinreise
B21

selbst zu akzeptieren. Die Energie für unser eigenes Erwachen ist da. Frustration und Verbitterung halten uns zurück. Das Weibliche in uns wird von bedingungsloser Liebe und Selbstannahme gefördert. Mit diesen Qualitäten sind wir Pioniere für Freiheit und Geheimagenten für Wahrheit, mit dem Mut, uns mit Liebe in die Welt zu begeben, unser Herz zu öffnen und in die Wasser des Lebens einzutauchen.

B99 knapp über dem Solarplexus in einem Band um den Körper, um den Beckengürtel herum und über das Ende der Wirbelsäule auftragen.

B100 Klar/ Tiefmagenta

Name: Erzengel Metatron

Zusammengeschüttelt: Tiefmagenta

Hauptaspekt: Das Licht auf den Schatten richten. Eine neue Morgendämmerung in den inneren Welten.

Der Erzengel Metatron ist dasselbe Wesen wie der Prophet Enoch im Alten Testament. Enoch war hellsichtig und hatte übersinnliche Visionen. Er sah unendlich viele Räder, die sich alle durch Zeit und Raum bewegten. Metatron ist der Herr der Zeit. Er kann in der Ewigkeit stehen und auch auf das gesamte Zeitgeschehen blicken. Wir, als Menschen, würden dies als Vergangenheit und Zukunft bezeichnen; all das erfasst Metatron von einem übergeordneten Blickwinkel aus gleichzeitig, was unser Verstehen gänzlich übersteigt. Dieser Erzengel führte die Hebräer vierzig Jahre lang durch die Wüste, und er rang mit Jakob. Man kannte ihn als Bindeglied zwischen Mensch und Gott.

Der Erzengel Sandalphon ist Metatrons Zwillingsbruder. Metatron gilt als der König der Engel und auch als der Engel des Bundes. Er bringt Himmel und Erde zusammen, das klarste Klar und das tiefste Tiefmagenta. Eine seiner Fähigkeiten ist, uns wieder in Berührung mit dem wahren Sinn unseres Wesens zu bringen.

In dieser Kombination ist Licht (Klar) im Bewussten, dem oberen Teil, und Tiefmagenta ist im Unterbewussten/Unbewussten, dem unteren Teil. Im Allgemeinen beruhen die Schwierigkeiten, die in unserem Leben auftreten, nicht auf den Problemen, die wir bewusst schaffen, sondern auf dem, bei dem es uns am schwersten fällt, es anzusehen. B100 bietet die Möglichkeit, Licht auf das zu richten, was nicht leicht zu sehen ist, auf den Schatten, auf die Dunkelheit. Metatron bringt Erkenntnis in Bezug auf

Rechts: Diese mittelalterliche Uhr in der Kathedrale von Salisbury in England wurde 1386 gebaut. Man hält sie für die älteste funktionierende Uhr in der Welt. In der Kathedrale von Salisbury ist auch die Magna Carta aufbewahrt.

Unten: weiße Berge in Zentralalaska zur Zeit der Wintersonnenwende 1991, während der Mittagssonne, wenn die Sonne bei ihrer Reise über dem Himmel den höchsten Punkt erreicht. Die Fichten im Vordergrund sind vom Schnee stark verbogen, aber sobald der Frühling kommt, richten sie sich wieder auf. Die monochromatische Natur des Lichts ist typisch für die Arktis und Subarktis im Winter.

Verwandte Flaschen

Verwandte Farbe
B0

B11

B55

B77

die Hindernisse, die unsere Eigenwahrnehmung blockieren. Die Flasche deutet an, dass wir uns tapfer zeigen, obwohl wir gelitten haben und dass wir uns der Art und Ursache für unser Leiden bewusst sind. Jetzt haben wir die Gelegenheit, Leiden von der tiefsten Ebene her loszulassen. Wenn wir die Wahrheit über uns selbst sehen, wird es uns möglich, die Kräfte in unserer eigenen Unbewusstheit zu verstehen.

Alle Flaschen des „Erste Hilfe"-Sets, die Tiefmagenta im unteren Teil haben, sind in B100 enthalten, da das Klar im oberen Teil der B100 alle Farben enthält.

Diese Flasche ist die siebte Flasche in der Reihe der Erzengel. Ihr Inhalt wird überall auf dem Körper aufgetragen, aber besonders am Hinterkopf, auf dem Nacken und an den Schläfen. Ebenfalls kann er, wie bei der Fußreflexzonenmassage, auf die Fußsohlen aufgegeben werden.

Die Kombinationen B100 bis B104 tragen die Namen von Erzengeln. Zum Zeitpunkt, als dieses Buch geschrieben wurde, war es jedoch noch nicht offenbart, wie diese Flaschen in Bezug zum Tarot bzw. zum Lebensbaum stehen, mit Ausnahme von B102, die anscheinend zum Turm, B16 einen Bezug hat.

B101 Hellblau/ Hellolivgrün

Name: Erzengel Jophiel

Zusammengeschüttelt: Helltürkis

Hauptaspekt: Der Weg zurück in den Garten des Herzens. Eine neue Ebene innerhalb unseres Wesens öffnet sich.

Rechts: ein Hochzeitsritual: aufbrechen zu einem neuen Leben auf dem Sepikfluss in Papua-Neuguinea.
Unten: ein friedvoller Ausblick von einem Hügel in Teluk Baumonan, Insel Komodo, Indonesien.
Zu beachten: Auch das Bild auf Seite 286 ist ein visueller Ausdruck dieser Flasche.

Die achte Flasche in der Reihe der Erzengel, B101, Hellblau/Hellolivgrün, ist die helle Version der B3, Blau/Grün, der Atlanter- oder Herzflasche. B101, wie auch B3 sind für den untergegangenen Kontinent Atlantis von Bedeutung. Jophiel unterstützt uns dabei, uns auf den höheren Willen einzustimmen und hilft auch, sich des inneren Friedens deutlicher bewusst zu werden.

Nach hebräischen Texten bestand Erzengel Jophiels besondere Rolle darin, Adam und Eva aus dem Garten Eden hinauszuführen.[101-a] Wenn Jophiel den Weg hinaus kannte, dann kennt er auch den Weg zurück. Er steht in Beziehung zu dem Willen Gottes (Hellblau) und den Gesetzen des Lebens (Hellgrün), die sich zusammen durch das fühlende Herz (Helltürkis) manifestieren. In Jophiel finden wir eine Verbindung zu unserer Herkunft von den Sternen; dies wiederum verbindet uns mit der Gefühlsseite unseres Wesens und bringt uns dem näher, uns selbst als Lichtwesen zu verstehen.

Das Hellblau weist auf intensive Kommunikation hin: Kommunikation, die ungefiltert und von uns vollkommen unverändert durch uns kommt. Es handelt sich um eine höhere Kommunikation, die größeren Kräften entspringt. Das Hellolivgrün bildet sich, wenn Licht an der Übergangsstelle, wo sich die Energie vom Gelb zum Grün hin bewegt, in das Olivgrün einströmt.

Verwandte Flaschen

Ähnlichste Pastelltöne

B50

B62

B94

Ähnlichste Volltöne

B3

B9

Blau und Olivgrün sind allseitig am Herz vorhanden (siehe „Die feinstoffliche Anatomie", Seite 23). In B101 sind diese Farben intensiver, also heller. Das Hellblau liegt dabei über dem Türkis, das sich auf der rechten Seite des Herzens befindet. Die Sprache der Farben weist also darauf hin, dass Jophiel uns zurück zum Garten unseres Herzens führt, wo die ursprüngliche männlich/weibliche Beziehung, Adam und Eva in uns, zu wahrem Einssein finden möge.

Diese Flasche erinnert uns auch daran, uns mit Eifersucht und Neid zu befassen, die uns entweder entgegengebracht werden oder in uns selbst aufkommen. Manchmal ist es schwierig, den eigenen Raum zu finden, wenn von außen etwas in uns eindringt. Diese Farbkombination fordert uns auf, ganz nach unserem Innersten zu streben: auf dass uns der nötige Raum in Übereinstimmung mit dem höheren Willen gegeben werde. B101 richtet sich an unsere Gefühle von Unzulänglichkeit, nicht gut genug zu sein und an ein mangelndes Selbstwertgefühl. Die Flasche bietet die wunderbare Gelegenheit, die weiblichen intuitiven Fähigkeiten zu vertiefen und ermutigt uns, unserem neuen Wachstum voller Hoffnung zu begegnen. Falls nötig, kann Erzengel Jophiel Blockaden im kreativen Ausdruck lösen, da die Farben sich als Helltürkis verschütteln.

Wie alle Flaschen, die Klar enthalten, kann die B101 überall auf dem Körper aufgetragen werden. Es ist besonders hilfreich, wenn sie über den Herzbereich, einschließlich der Seiten und dem Bereich der oberen Brustwirbelsäule als vollständiges Band um den Körper herum einmassiert wird. Sie kann auch über dem oberen Teil der Brust und um die Schultern herum angewendet werden.

Siehe „Aura-Soma und das Neue Zeitalter", im 6. Kapitel zur weiteren Information über B101.

B102 Tiefolivgrün/ Tiefmagenta

Name: Erzengel Samael
Zusammengeschüttelt: Tiefmagenta
Hauptaspekt: O-Live (O-Leben). Ein Neubeginn für die Hoffnungen in uns selbst. Worauf bauen wir die Fundamente unseres Lebens?

Samael wird als der schönste der Erzengel beschrieben. Man nannte ihn den Engel des Todes und das Gift Gottes. Wie Metatron soll Samael zwölf Flügel haben. Er steht in Verbindung mit dem Planeten Mars, den man häufig in Zusammenhang mit Krieg und Konflikt bringt. Traditionell wird Samael im Tarot dem Turm zugeordnet.[102-a] Dieser bezieht sich bei Aura-Soma für die Hinreise auf B16, Violett/Violett und für die Rückreise auf B94, Hellblau/Hellgelb. In einigen anthroposophischen Studien gilt Samael, assoziiert mit Mars und dem Turm, als derjenige, der von 1190-1510 die Entwicklung der Menschheit auf der Erde führte. Diese Zeit wurde von den Kreuzzügen geprägt.[102-b] Die Epoche von Samael kam vor der Ära des Erzengels Gabriel und ist die nachfolgende Ära des Erzengels Michael.

B102 ist die neunte Flasche in der Serie der Erzengel. Mit B102 ist im oberen Teil einer Flasche der erste Schatten in der gesamten Aura-Soma Reihe geboren: Tiefolivgrün taucht auf und zeigt einen gangbaren Weg, die weibliche Intuition zu vertiefen. Verborgen im Tiefolivgrün ist Gelb, und dies weist auf versteckte Ängste im bewussten Denken hin. Sind diese Ängste gelöst, kann sich eine unglaubliche Freude zeigen. Tiefolivgrün bietet das Leitlicht der Hoffnung für die Zukunft.

Seite 263: weiblicher Strauß mit Eiern im Maasai Mara Nationalreservat in Kenia. Der Strauß brütet über gemeinsamen Eiern. Dieser Strauß hat Eier von mehr als einem Vogel im Nest. Das Nest ist nur eine kleine Einbuchtung in der offenen Ebene auf afrikanischem Grasland. Die Eier, die nicht unter dem Vogel liegen, werden wahrscheinlich nicht ausgebrütet, da sie in der direkten afrikanischen Sonne überhitzt werden. Der Muttervogel versucht die Eier und die Jungen vor der heißen Sonne Afrikas und vor Raubtieren zu schützen, indem er seinen Hals ausstreckt. Aus diesem herausfordernden Start geht neues Leben hervor.

Rechts: tiefes Wasserbecken, abgeschirmt durch Buschwerk von der Stätte des Sonnentempels der Maya in Chichén Itzá, Mexiko.

Verwandte Flaschen

Verwandte Farben

B1

B28

B90

Ähnlichster Pastellton

B99

Hinreise

B16

Rückreise

B94

Olivgrün und Magenta sind auf dem Farbrad Farbgegensätze. Das Tiefmagenta im unteren Teil bringt Liebe von oben, von der Quelle. Für Magenta wesentlich ist, in alles, was wir tun, liebende Aufmerksamkeit zu legen; Tiefmagenta in der Basis legt nahe, in alle kleinen Dinge im Unbewussten/Unterbewussten Liebe einfließen zu lassen. Dadurch wird es uns möglich, in alles, was wir tun, Fürsorge einzubringen und allem, was in unserem Schatten liegt, Liebe zu geben, in all das, was wir gerne verleugnen.

Im Tiefmagenta ist Rot verborgen, und dieses Rot kann sich als Frustration zeigen; verborgen im Tiefolivgrün ist Blau mit seinem Frieden und seiner Ruhe. Der Friede im Bewussten kann helfen, die Energie des Rots eher zum Wachwerden zu verwenden als sie als Wut zu äußern. Grün und Rot sind enthalten im Olivgrün und Magenta der B102, und zeigen sich auf dem Farbrad ebenfalls als Gegensätze.

Samael will uns helfen, deutlich zu sehen, wo unsere falschen Werte liegen, und wie wir ihnen begegnen müssen. Mit dieser Flasche werden unsere Ängste angesprochen, seien sie irrationaler Art oder berechtigt. Verborgene Ängste sind möglicherweise plötzlich an die Oberfläche gelangt, und eine immer stärker werdende Ängstlichkeit überwältigt uns allmählich. Mit Samael besteht die Möglichkeit, diese Ängste zu lösen; es ergibt sich zum Beispiel eine neue Aufgabe. Samael hat zu tun mit Verlust durch Krieg, besonders, wenn es nicht möglich ist, Liebe zu zeigen. Wesentlich für Tiefolivgrün/Tiefmagenta ist auch, dass sich ein bestimmtes Hindernis zugunsten von etwas Neuem auflöst. B102 ist nicht unbedingt eine Flasche, die eine rasche Veränderung hervorruft oder eine andere Situation entstehen lässt. Samael bringt neue Hoffnung für eine Veränderung des Seins. Dabei gibt es viele Dinge, um die wir uns hinsichtlich unserer Entscheidungen und der Richtung, in die wir sowohl persönlich, als auch planetarisch reisen, kümmern müssen. Die Tiefe des Tiefmagenta mit dem olivgrünen Schatten zeigt den Zustand eines vollkommenen Gleichgewichts.

B102 kann über den gesamten Bereich zwischen dem unteren Brustbein und dem oberen Bauch sowie über den unteren Teil der Brust in einem vollständigen Band um den Körper herum aufgetragen werden, einschließlich der unteren Brustwirbelsäule. Diese Flasche trägt zur Erleichterung bei, wenn sie über den Hinterkopf und auf dem Scheitel aufgetragen wird, besonders, wenn emotionaler bzw. drückender Kopfschmerz lästig wird.

Siehe „Aura-Soma und das Neue Zeitalter", im 6. Kapitel zur weiteren Information über B102.

B103 Opalisierendes Hellblau/ Tiefmagenta

Name: Erzengel Haniel

Zusammengeschüttelt: Tiefviolett

Hauptaspekt: Die Unterstützung und der Höhere Wille. In der Ferne beginnt das Licht am Ende des Tunnels zu schimmern.

Erzengel Haniel, B103, ist die erste opalisierende Equilibrium Flasche. Der Effekt wird von Glimmerteilchen erzeugt, die im öligen Teil der Flasche schweben. Der Glimmer isoliert und schützt die Energien darin. In dieser Flasche sind Energien, die mit dem Höheren Willen assoziiert werden. Darauf weist das helle opalisierende Blau im oberen Teil der Flasche hin, wobei sich die größere Seinsbestimmung dadurch zeigt, dass sich der göttliche Plan auf der Erde enthüllt.

Erzengel Haniel, der Zehnte in der Reihe, bringt die Botschaft: Wir sind entweder Teil des Problems oder Teil der Lösung. Wir treffen die Wahl, wie wir uns mental und auch emotional ausrichten wollen, und wir können auch wählen, wie wir unseren persönlichen Willen entsprechend dem höheren Willen ausrichten wollen. B103 beschreibt uns als Menschen mit der Fähigkeit, aus den eigenen Tiefen mit der Qualität eines inneren Friedens zu kommunizieren und mit einer Wärme, die sich auch auf andere ausdehnt. Diese Flasche spricht uns an, wenn wir in Harmonie mit unserer Lebensaufgabe sind, Liebe in verschiedene Bereiche des Lebens einbringen und fähig sind, hinter die Oberfläche zu sehen.

Haniel gibt uns die Gelegenheit, inmitten von schwierigen Umständen und Bedingungen eine mögliche Lösung zu sehen, sogar wenn wir den Grund oder die Art dieser Schwierigkeiten nicht verstehen. Es kann sein, dass diese Schwierigkeiten uns im größeren Ganzen helfen können, das Licht am Ende des Tunnels zu erreichen. B103 spricht uns an, wenn sich Schwierigkeiten mit Eltern-Leitbildern und mit Autoritätspersonen auf unser inneres Leben auswirkten; wir müssen die eigene Autorität wiedererlangen, weil wir sie zuvor weggaben. Wir fühlen uns von der Flasche geschützt, wenn wir zum Ausdruck bringen, wofür wir da sind, und was unsere eigentliche Zielsetzung ist. Wir fühlen uns von weltlichen Betätigungen des Lebens genährt, finden Erfüllung und Glück im Gewöhnlichen und pflegen doch gleichzeitig den Glauben in unsere Ausrichtung auf einen Höheren Willen.

Links: Gebäude der Vereinten Nationen in New York City. Es gibt eine alte Prophezeiung in der Tradition der Hopis, dass sich eines Tages die Anführer der Welt in einem großen Haus aus Glimmer versammeln werden, wo sie dann mit Hilfe von Regeln und Verfügungen die Probleme der Welt ohne Krieg lösen werden. Die vielen Glasscheiben spiegeln wie Glimmer das Licht wider.

Seite 265, oben: Geröll in den Ogilvie Bergen in Alaska. Das Gefühl, vom göttlichen Willen beschützt zu sein, das im Glimmer des oberen Teils der B103 widergespiegelt wird, kann auch auf diesem Bild gesehen werden. Selbst diese raue Umgebung, eine Tundraregion größter Herausforderung, ist genügend geschützt, sodass kleine Pflanzen zwischen den Felsen wachsen können.

Seite 265, unten: reflektierender Ball vor den Vereinten Nationen.

Verwandte Flaschen

Verwandte Farben
B2

B20

Ähnlichste
Pastelltöne
B50

B58

Ähnlichster Vollton
B1

Haniel ist hier, um uns bei der Entfaltung unserer Absicht zu unterstützen. Dieser Erzengel ist von unermesslicher Schönheit. Es heißt, er regiere den Planeten Venus. Die Gestalt, in der Haniel sich zeigt, schützt diese Schönheit. Er schützt auch die Kommunikation, die zu uns und von uns kommt, während wir unsere Ausrichtung mit dem entwickeln, was über uns ist.

B103 um den Kehlbereich, einschließlich den Nacken herum und unter dem Haaransatz ganz durch bis zum Atlas in der Wirbelsäule auftragen.

B104 Irisierendes Rosa/ Magenta

Name: Erzengel Chamael

Zusammengeschüttelt: Rosenpink

Hauptaspekt: Es ist, wie es ist. Ein Neubeginn für Liebe. Eine neue Ordnung des Seins.

Seite 267: Blütenblätter, die in Elvington, England auf den Boden gefallen sind, sind in ihrer eigenen Unordnung wunderschön.

Unten, links: Morgennebel in einem Garten in Shelburne, Vermont.

Unten, rechts: Rosalöffler.

Erzengel Chamael bringt den weiblichen Aspekt in uns und im Planeten hervor. Erzengel Chamael, einer der Beschützer des Himmels, ist einer der sieben Erzengel, die nahe bei dem Thron Gottes sind. In seiner Rolle als Beschützer schützt er in Zeiten, in denen es notwendig ist, z. B. Städte, Länder, Flughäfen und heilige Räume sowie auch die Gesundheit und das Wohlergehen der Menschen.

B104 ist eine der neuesten Flaschen und ist die Elfte in der Reihe der Erzengel. Irisierendes Rosa/Magenta hilft uns, bewusster und empfänglicher für die weibliche Seite unseres Wesens, besonders für unsere Intuition zu werden und mit Vertrauen zu akzeptieren, dass alles „ist, wie es ist". Wenn wir die Fähigkeit entwickeln, uns unsere Gefühle zu vergegenwärtigen, nehmen wir bewusster wahr, dass wir uns von unseren Gefühlen nicht trennen oder Abstand nehmen müssen, wenn das Leben uns herausfordert. Chamael kann in Zeiten kritischer Bedingungen Schutz geben.

Verwandte Flaschen

Verwandte Farben

B23

B77

B84

Ähnlichster Pastellton

B52

Irisierendes Rosa ist im oberen Teil dieser Flasche, im Bewussten. Durch die Zugabe von Perlmutt entsteht ein perlmuttartiges Schillern. Perlmutt wird mit den Tränen des Leidens in Verbindung gebracht, die sich bilden, wenn wir auf irgendeiner Ebene in uns selbst getrennt sind. Erfüllen sich unsere Wünsche und Vorstellungen nicht, leiden wir ein wenig, und dies kann daher rühren, dass wir versäumt haben, uns so anzunehmen, wie wir sind. Rosa (Rot mit Licht, das durch es hindurchscheint) kann auf Losgelöstheit hinweisen, was sich sehr intensiv zeigt. Akzeptieren wir uns so, wie wir sind, werden wir weniger leiden.

Die Verbindung zum Silber und schwebendes Silber im irisierenden Rosa helfen, die weibliche Intuition bewusster zu machen. Silber unterstützt uns darin, unseren weiblichen Aspekt tief im Inneren zu heilen und ein anderes Verständnis für die tieferen Ebenen von Empfänglichkeit zu finden. B104 spricht uns an, wenn wir es schwierig finden zu entspannen und von inneren Konflikten geplagt sind. Wir bemerken unsere Liebe und unser Mitgefühl, wenn wir uns von Gefühlen des Zorns und der heftigen Wut frei machen; wir sehen uns selbst klarer. Wenn wir uns selbst ein bisschen mehr akzeptieren, sind wir innerlich weniger im Konflikt. Die Gefühle von Zorn und heftiger Wut können sich dann legen.

Dieser Prozess gibt uns im Inneren Raum für Liebe und Mitgefühl. Magenta im unteren Teil der Flasche, im Unbewussten, bringt dieses Mitgefühl und die göttliche Liebe von oben. B104 hilft, in uns selbst Mitgefühl und Liebe zu finden, um sie dann mit anderen zu teilen. Durch Selbstannahme schaffen wir eine Möglichkeit für Frieden und Harmonie. Anstatt eigene Anteile abzulehnen und wegzustoßen, finden wir Platz in unserem Herzen Platz für alles von uns. Dann haben wir die Energie, unsere Fürsorge in alle kleinen Dinge einzubringen. Das Gefühl, im Gleichgewicht zu sein, hilft uns, uns selbst zu lieben und Liebe an andere weiterzugeben. Selbstakzeptanz hilft uns, Projektionen auf andere und Urteile über andere aufzulösen. Bewerten wir uns selbst, so kommt unser wahres Wesen nicht zum Vorschein. Wenn wir andere bewerten, tun sich Gräben auf, oder es kommt zu Trennungen, die nur schwer rückgängig gemacht werden können.

Diese Farbkombination kann überall auf dem Körper aufgetragen werden, da sie das Rosa (Rot) der Wurzel und das Magenta des Seelensterns enthält. B104 ist besonders für den ganzen Unterleib und den Rücken bis über den unteren Teil der Wirbelsäule geeignet.

Mit dieser Flasche gelangt Vickys Segen zu uns, da B104 zu B14 und dann zu B5 ($1 + 0 + 4 = 5$), Gelb/Rot werden kann, welche jene Flasche ist, von der sich Vicky am meisten angesprochen fühlte (siehe B5 und Seite 282).

B105 Irisierendes Koralle/ Koralle

Name: Erzengel Azreal

Zusammengeschüttelt: Korallenrot

Hauptaspekt: Trennung überwinden. Empfänglich werden für das Weibliche und mit der Einheit in Berührung kommen.

Das satt kräftige Korallenrot, der Vollton, zeigte sich mit der Geburt der B105 am 8. März 2006. Erzengel Azreal, auch bekannt als der unbenannte Erzengel oder der Namenlose, erzeugte eine Welle zurück in der Zeit. Man könnte annehmen, dass es der *helle Farbton* der Koralle, der Pastellton ist, der bereits in B87, B92, B93 und B98 vorhanden war; aber das Hellkoralle, das früher auftauchte, weist auf die mehr ätherischen, weniger fassbaren und intensiveren Korallethemen hin.

Der rötliche Ton des Volltons der Koralle, bestärkt durch die Betonung auf real (wirklich, echt) in Azreal, erinnert uns daran, wie wichtig es ist, das Koralle-Potenzial zu erden – Zusammenarbeit, Gemeinschaft und Universalität. Koralle, eine tertiäre Farbe, zeigt uns, wie wichtig es ist, das im Orange vorhandene Potenzial des Kreativen und des Heilens der Zeitlinie (siehe B26) zu verwirklichen.

Erzengel Azreal erreichte uns, als der Saturn im Löwen stand und repräsentiert die Möglichkeit, Blei alchemistisch in Gold zu verwandeln, was vom schillernd wirkenden Gold im oberen Teil der Flasche angedeutet wird. Dieses Bewusstsein zusammen mit Akzeptanz kann eine alchemistische Umwandlung zu aktivem Mitgefühl und zur Liebe-Weisheit bewirken.

Gnade kommt mit der Geburt der B105, da Venus gerade in die ersten Aspekte des Wassermanns eingetreten ist, am gegenüberliegenden Saturn vorbeizieht und das Auftauchen des göttlich Weiblichen im Löwe/Wassermann Äon, dem Goldenen Zeitalter,

Verwandte Flaschen

Verwandte Farben

B6

B26

Ähnlichster Pastellton

B87

andeutet. Die Flasche bringt die Energie der Göttin, die weibliche Empfänglichkeit zwischen dem ersten und zweiten Chakra und gleicht das nach außen gewandte Hervortreten der Göttin sowie das innere Gewahrwerden und die Anerkennung der Göttin in uns selbst aus. Mit B105 erfahren wir eine innere Einheit, eine Integration des Männlichen und Weiblichen im Inneren.

Durch seine Verbindungen mit B15 (1 + 0 + 5 → 15 und B87 (8 + 7 = 15) richtet sich B105 an den Schatten – an das, was wir uns nicht eingestehen, unterdrücken oder verleugnen. Durch ihre Verbindung mit den Wurzel- und Sakralchakras ist B105 hilfreich bei der Überwindung von Schocks und Diskriminierung, die in unserer Art und stammesgeschichtlichen sowie genetischen Herkunft liegen sowie auch bei Unbehagen aufgrund unterdrückter Sexualität und unerwiderter Liebe. Auf der Zellebene gibt es ein zelluläres Bewusstsein von Zwischenzuständen, zwischen Leben und Sterben, zwischen Wachen und Schlafen. Indem wir Heilungsprozesse und Integration geschehen lassen – die Gelegenheit wahrnehmen, ganz zu werden – ermutigt von der B105, lernen wir die karmische Saat unserer Gene zu begreifen und erfahren neue innere Einsichten und Glückseligkeit. Wir sehen mit den Augen der anderen und verstehen ihren Standpunkt.

Die Glimmerflocken und Titan, genannt nach den griechischen Titanen, in B105, bringen einen irisierenden Widerschein, wenn sie mit Licht in Kontakt kommen. Der glänzende Schleier scheint Schutz vor äußeren Kräften, ständigen Konflikten und Uneinigkeit zu gewähren. Dieser Schutz gleicht dem, den Korallenriffe dem pulsierenden Leben im Meer und den Küsten geben.

Diese Flasche hilft uns über Dualität und unsere Angst vor Trennung hinweg. Sie lädt uns ein zum Alpha und zum Omega - dem A-Z von Azreal - zum Bewusstsein und der Universalität des Goldenen Zeitalters und zu einer Transzendenz in die fünfte Dimension jenseits des Raum-Zeit Kontinuums.

B105 kann um den ganzen Unterbauch herum aufgetragen werden.

Oben: die weibliche Energie der Orchidee in Fort Myers, Florida.

Unten: herbstliche Blaubeerfelder in Maine, welche die Schönheit der Einheit zeigen.

Seite 268, oben: eine Rose, empfänglich für das Licht, an den Ufern des Flusses Derwent in Tasmanien.

Seite 268, unten: die Kraft des Namenlosen, in der Nähe von Page, Arizona.

6
Verwandte Wahrheiten

Aura-Soma und andere Weisheitslehren

Bei einem System, das Wahrheit beschreibt, kann man vernünftigerweise erwarten, dass es Übereinstimmungen und Beziehungen zu anderen Weltenlehren gibt, die ebenfalls Wahrheit beschreiben. Dies wäre keine willkürliche Ankoppelung, die um der gegenseitigen Bekräftigung willen geschieht, sondern eine Verbindung, die für ein tieferes Verständnis wichtig ist. Die Systeme können übereinstimmen, und gerade in dieser Übereinstimmung mag sich etwas über das jeweils andere erkennen lassen. Es ist nicht notwendig, nach einer genauen Gleichwertigkeit zu suchen, obwohl dies vorkommen kann; aber wir können uns auf die miteinander in Verbindung stehenden Weltenlehren als Zugangsportal beziehen, um dieselben Phänomene zu verstehen. Da esoterische Systeme miteinander verwandt sind, erleichtern sie die Entdeckung eines umfassenderen Verständnisses der Natur der Realität. Jedes System kann im Licht seiner eigenen inneren Wahrheit und Aussagekraft gesehen werden. Übereinstimmungen und Gleichzeitigkeiten zwischen Systemen sind spannend und gelten als Anzeige für etwas mehr Objektivität.

In einigen Epochen wurde viel esoterisches Wissen unterdrückt. Menschen wurden verfolgt aufgrund einer bestimmten Philosophie oder eines Glaubens, die sie vertraten, oder wenn sie die Wahrheit aussprachen. Die ersten Christen wurden den Löwen vorgeworfen; die Albigenser durch die Inquisition gefoltert; Einzelpersonen der Hexerei bezichtigt und auf Scheiterhaufen verbrannt. Überall in der Geschichte gab es Zeiten, in denen es wichtig war, Informationen im Verborgenen zu halten oder zu codieren, um sie zu schützen und zu bewahren, bis die Zeit kam, sie ans Tageslicht zu holen. So wurden jene Personen vor Angriffen und Verfolgung geschützt, die geheime Informationen verstanden oder damit arbeiteten.

Doch war es von jeher so, dass diejenigen die Informationen wahrnehmen, die Augen haben zu sehen und Ohren haben zu hören. Zum Beispiel sind die Schriftrollen vom Toten Meer sorgfältig in den Höhlen um Qumran versteckt worden; die Freimaurer haben ein geheimes Händeschütteln als Erkennungszeichen.

Eine einfache Möglichkeit, Informationen zu verstecken, ist durch eine Wort für Wort Entsprechung gegeben; ein Beispiel ist die Verwendung der Navajo-Sprache im Zweiten Weltkrieg für die streng geheimen Mitteilungen der Alliierten. Dies erwies sich als so erfolgreich, dass es den erfahrensten Personen trotzte, die mit der Entschlüsselung des Axis Codes vertraut waren. Eigentlich ist es sehr leicht, Informationen zu verschlüsseln. Viele Kinder lernen eine verschlüsselte Sprache, ‚Schweinelatein' genannt. Ein Beispiel in Englisch: It is *othbay unfay anday easyay (es ist sowohl komisch als auch leicht)*, wobei durch Buchstabenverschiebung und Anhängung der Silbe ‚ay' eine

Oben: Mönche in Bangkok, Thailand.

Geheimsprache gebildet wird. Computer arbeiten mit codierten Informationen: Alle Bedeutungen und Anweisungen werden durch Abfolgen von „on oder off" bestimmt und die Reihenfolgen von Bits sind in Bytes zusammengebracht. Mit jenen kleinen codierten Doppelinformationsträgern werden Raumschiffe auf ihrer Reise zum Mars gelenkt.

Mit dem Eintreten in das Wassermannzeitalter scheint es an der Zeit zu sein, alte Weisheit für alle verfügbar zu machen. Wissen, das vorher für bestimmte Gruppen, esoterische Kreise oder eine Elite reserviert war, ist jetzt für uns alle verfügbar. Je mehr Wissen wir teilen, desto mehr Wissen erhalten wir. Morsecodes und Kommunikation über das Radio mit einem einfachen ···---··· – ein SOS-Notruf als Punkt-Punkt-Punkt, Strich-Strich-Strich, Punkt-Punkt-Punkt verschlüsselt – kann Menschen helfen, die in Seenot sind, Hilfe zu bekommen, die sie wieder nach Hause bringt. Ein Beispiel für eine etwas farbenfrohere Analogie ist das Winker-Alphabet. Dabei werden leuchtende bunte Flaggen in Sichtweite des Empfängers geschwenkt; dies wird für Boote und Flugzeuge eingesetzt, um sie sicher zu lenken. Werden uns Lehren von außen angeboten, helfen sie, in uns eine Resonanz zu erzeugen – eine Art Vertrautheit oder ein Wiedererkennen, das uns anregt, die eigenen Gaben und Qualitäten aufzudecken. Wenn wir uns in den Prozess begeben, den eigenen Farbcode zu wählen und mit ihm zu arbeiten, erhellen wir den Weg zurück zu uns selbst und können so unsere Absicht für diese Inkarnation zur Entfaltung bringen. Dieser Prozess des „Nach-Hause-Kommens" macht es möglich, die Wahrheit, wer wir sind, mit der Welt zu teilen und uns unser Potenzial vollständig zu eigen zu machen.

Der amerikanische Philosoph Ken Wilber wird als Schöpfer einer Weltphilosophie betrachtet, die wesentliche Wahrheiten von Ost und West umfasst. Er weist auf drei Aspekte hin, die „Großen Drei" als grundlegende Disziplinen, wodurch wir die Welt verstehen. Eine durch unsere Sinne: Wissenschaften, Technologien und objektive Natur; eine durch den Verstand oder Intellekt: Morallehren, Weltanschauungen und sprachliche Übereinkunft; und eine durch den Geist: Bewusstsein, Selbstausdruck und Wahrheitsliebe.[1]

Es gibt viele Beispiele für diese Kategorien. Jede hat ihre eigenen Disziplinen, Sprachen und Nachweise. Keine ist die ganze Wahrheit in und für sich selbst, da jede nur einen Teil der Wirklichkeit beschreibt. Jeder Ansatz ist ein Teil des Ganzen und bringt seine eigenen Informationen.

Aura-Soma bietet diese Art des integrativen Ansatzes, der charakteristisch für ein neues Paradigma ist und die „Großen Drei" miteinander verbindet. Es ist ein Geschenk des Geistes, das die Sinne anspricht und auf formalen Konzepten und intellektuellen Gedankengebäuden beruht. Während die Inhaltsstoffe der Equilibrium Flaschen geprüft werden können, kann die Bedeutung der Flaschen sowohl experimentell als auch theoretisch beobachtet werden.

Wilber führt weiterhin aus, dass wir die jeweiligen Startvoraussetzungen erfassen müssen, um Zugang zu den Informationen und dem Verständnis einer Disziplin zu erhalten. Wir würden beispielsweise *Hamlet* nicht verstehen, bis wir gelernt haben zu lesen und gut genug lesen können, um Shakespeare zu lesen und ein gewisses Verständnis für ein Drama haben. Nur dann würden wir die Bedeutung des Stücks begreifen und darüber diskutieren können.[2]

Für das Verstehen von spirituellen Wahrheiten ist beispielsweise die Meditation eine geeignete Startvoraussetzung, wenn wir einem Physiologen, Verhaltenswissenschaftler oder Physiker den Begriff der Nichtdualität (ein vielmehr integratives als polarisierendes Denken) erläutern wollen. Dies könnte uns leichter fallen, wenn wir zuerst gelernt hätten, durch tiefe Meditation Leere zu erfahren und diese Erfahrung in uns selbst aufzunehmen.[3] Aura-Soma, ursprünglich durch Intuition und Inspiration empfangen, hilft uns, unser Bewusstsein für unsere Zielsetzung zu entwickeln und für eine größere Fähigkeit, sie zu manifestieren, mit Unterstützung der Pflanzen- und Mineralreiche und des Geistes.

Wilber beschreibt vier Quadranten oder Wege der Erfahrung: unsere innere und äußere Erfahrung, den kulturellen und sozialen Zusammenhang.[4] Liebe könnte beispielsweise in der westlichen Welt im Vergleich zu einer anderen Epoche oder Region sehr unterschiedlich gefühlt oder ausgedrückt werden, da kulturelle und gesellschaftliche Zusammenhänge die Erfahrung beeinflussen. Sind wir in einem Zustand romantischer Erregung, kann die Reaktion unseres Körpers physiologisch in Bezug auf die Vorgänge in unseren Gehirnwellen und in unserem Körper gemessen werden, aber dies erklärt sicherlich nicht die ganze Erfahrung.

Messen wir Gehirnwellen dann, wenn wir über Liebe nur reden, lassen wir die innere Erfahrung und die transformative Kraft der Liebe aus. Ein integratives Verstehen, das alle Quadranten mit einschließt, ist wichtig, besonders, wenn es Probleme oder Blockierungen gibt (z. B. im Ausdrücken oder Empfangen von Liebe). Kein einziges analytisches System kann die vier Möglichkeiten der Erfahrung berücksichtigen. Vermutlich wird die spirituelle Ebene nicht ausreichend in den Begriffen, die unsere moderne Kultur versteht, geachtet und erforscht. Wilber sagt: „Ich denke nicht, dass eine teilweise Annäherung jemals ausreicht. Es sieht so aus, als ob wir stattdessen einen integralen Ansatz benötigen, der alle vier Quadranten, alle vier Seiten des Geistes, umfasst. Vielleicht ist das Geheimnis für eine höhere Transformation auf einem ausgeglicheneren, vollständigen und integralen Ansatz begründet."[5]

In der Farbsprache sind alle vier Quadranten der Erfahrung – die individuelle innere und die nach außen gezeigte Reaktion sowie der kulturelle und soziale Zusammenhang – gegeben. Farbe bietet Möglichkeiten, über die Wirklichkeit so zu sprechen, dass sie jeden Quadranten einschließt und die Integration der Wahrnehmung unterstützt.

Vicky hatte die Vision, dass Aura-Soma ab 2003 für alle, die danach verlangen, überall auf der Welt verfügbar sein würde. Durch Aura-Soma hätten die Menschen die Gelegenheit zu erkennen, wer sie sind, warum sie da sind und was sie hier in diesem Leben tun wollen. Sie könnten ihre Mission und Absichten leichter erfüllen, solange sie Freude und Liebe für das Leben empfinden. Vielleicht sind wir ein klein wenig entfernt von der Erfüllung dieser Bestrebung, aber Vickys Vision, Menschen zu helfen, durch die magischen Fenster der Farbe eine tiefere Wahrnehmung dessen zu erreichen, wer sie sind, ist ein erreichbares Ziel.

Es sieht so aus, dass in diesem Zeitalter die uralten und ewigen Wahrheiten zunehmend ins Bewusstsein rücken. Aura-Soma scheint ein entscheidendes Geschenk aus einer göttlichen Quelle zu sein, uns zu helfen, diese Wahrheiten wahrzunehmen und zu verstehen. Für Vicky war dies „alter Wein in neuen Flaschen" und in mehr als einer Hinsicht ist es das. Es ist die Sprache der Farben, die für alle verfügbar ist, unabhängig von Rasse, Glauben, Religion oder politischem Hintergrund. In dieser Sprache, in der Reihenfolge der Farben und ihrer Verknüpfung mit Zahlen, dem Tarot und den Chakras gibt es Schichten über Schichten von Wahrheiten zu enthüllen. Diese Wahrheiten sind für alle verfügbar, die neugierig sind und ihre Wahrnehmungsfähigkeit gerne schärfen wollen und für alle, die Farbe, Aroma und das innere Abenteuer lieben. Die Informationen sind in den Farben verschlüsselt und auch in den Farben innerhalb der Farben sowie in der Reihenfolge der Farben bei der Vier-Flaschen-Auswahl, den Nummern der Flaschen und auf viele andere Arten. Es ist alles da, um aufgedeckt und verstanden, offenbart und wiederhergestellt zu werden.

Es wurde dargestellt, dass das Aura-Soma System mit anderen alten Systemen übereinstimmt, die wiederum geprüft und für integer und zuverlässig befunden wurden. Vicky und Mike wurde gezeigt, dass Aura-Soma durch numerische und farbige Entsprechungen mit der Kabbalah, dem Tarot und I Ging verbunden ist. Jedes dieser Systeme bietet eine Möglichkeit, das Wesen unserer Realität zu verstehen und wahrzunehmen. Das I Ging ist auch bekannt als das chinesische Buch der Wandlungen und ist eine kontemplative Studie, die uns zur Harmonie mit den Kräften des Kosmos führt. Die Kabbalah, eine jüdische mystische Studie, ist eine lebendige Erfahrung der Beziehung der Menschheit zum Göttlichen. Das Tarot, das in Europa im Mittelalter veröffentlicht wurde, bietet eine bildhafte Beschreibung der menschlichen Evolutionsreise an. Jedes System wirft Licht auf die anderen und gibt jedem mehr Verständnis und Tiefe, wenn sie zusammengebracht werden.

Matrizen und das Tarot

Es sind die Farben der oberen und unteren Teilbereiche der Flaschen, die uns gefallen, uns stark anziehen und uns dringend rufen, wenn sie uns zum ersten Mal im Sortiment der Aura-Soma Equilibrium Flaschen präsentiert werden. Werden wir mit den Bedeutungen der Flaschen und Farben vertrauter, und erforschen wir dann auch das System tiefer, wird es offensichtlich, dass die Reihenfolge, in der diese Farbkombinationen uns gegeben wurden, ebenfalls äußerst wichtig ist. Die Reihenfolge und die Nummer jeder Flasche tragen ihre eigenen Informationen und sind auch für sich allein wichtig. Wenn wir uns mit den Matrizen befassen – den Zahlen- bzw. Nummernmustern der Flaschen in unserer Auswahl – einzeln und insgesamt, kann uns dies ermöglichen, bestimmte durchgängige Muster zu erkennen, die sich durch unser eigenes Leben ziehen.

In diesem Abschnitt konzentrieren wir uns auf jene Flaschen, die mit der großen Arkana, B0 - B22 und B79 - B99 in Verbindung gebracht werden. Die große Arkana des Tarot zeigt die archetypischen Lektionen der Seele auf, denen wir alle auf die eine oder andere Weise begegnen müssen, wenn wir durch unsere Leben reisen und uns dabei weiterentwickeln. Wir alle fühlen uns manchmal naiv oder ahnungslos – wie Narren, wenn wir uns in Situationen stürzen, die unsere Aufmerksamkeit auf sich gezogen haben; wir alle halten uns zu einem anderen Zeitpunkt für geschickt und fähig, wenn wir die Aufgaben und Anforderungen, die an uns gestellt werden, meistern. Manchmal sind wir in das Leben selbst und stark ineinander verliebt, und manchmal fühlen wir uns in die rauen Winter des Abgeschnittenseins verstoßen. Und so geht es weiter. Machen wir aber diese Erfahrungen, und finden wir die Quellen in uns selbst, um durch sie zu wachsen, erreichen wir eine Ebene der Fähigkeit und des Verstehens, die uns erlaubt, unser Wissen mit anderen zu teilen. Die einzelnen Lektionen der großen Arkana werden weiter unten und auch in den Beschreibungen der einzelnen Flaschen im 5. Kapitel erörtert.

Hinter jeder Equilibrium Flasche steht eine Geschichte der archetypischen Themen, denen die Seele über diese Flasche begegnen wird. Während dies anfangs nur in der Vorstellung geschieht, wird es dann aber verständlich, wenn wir mit unserer besonderen Farbkombination arbeiten und den Themen der Seele, denen wir begegnen, nachspüren. Jede Equilibrium Flasche gehört zu einer Matrix oder einer Zahlen- bzw. Nummernfolge und löst sich in einem der Themen der großen Arkana auf. Es gibt im Ganzen neun Matrizen, die von B9 bis B17 reichen, vom Eremit bis zum Stern, vom Weg der Meditation, um das Herz im Herzen zu finden, bis zum Stern des Wassermannzeitalters, der mit seinem Licht ein Zeichen gibt und es mit allen teilt. Die neun Matrizen schließen das Kinderset für das Neue Zeitalter (B11-B15) ein sowie jeweils zwei Flaschen an jeder Seite dieses Sets. B87 - B95 sind die Rückreiseflaschen, die den neun Matrizen entsprechen.

Drei Erzengel sind besonders präsent und überwachen die Matrizen: Erzengel Michael (B94), Erzengel Gabriel (B95) und Erzengel Raphael (B96). (Siehe die Tabelle der Nummernmuster für jede der 106 Flaschen, und es gilt zu beachten, wie häufig diese Erzengelflaschen wiederkehren). Nach Steiner war hauptsächlich Erzengel Michael, gefolgt von Erzengel Gabriel, für die menschliche Bewusstseinsentwicklung in dieser Zeit verantwortlich.

Die Tatsache, dass es neun Matrizen gibt, stellt eine interessante Übereinstimmung mit dem Enneagramm dar, das sich aus neun Aspekten in einer offenen Sternenformation zusammensetzt. So wie jede der vielen Aura-Soma Flaschen sich in nur neun Matrizen auflöst, kann eine beträchtliche Anzahl von Menschen mithilfe der neun Aspekte des Enneagramms verstanden werden. Das Enneagramm und die Matrizen haben auch den Fokus auf wesentliche Lebensthemen und Charaktertypen gemeinsam. Das Enneagramm ist ein uraltes System und ein umfangreiches Studium aus sich selbst heraus, ein wahrhafter Schlüssel zum Universum. Eine Möglichkeit, wie es verwendet werden kann, sodass wir ein Verständnis von uns selbst und von unterschiedlichen Gruppen von Menschen gewinnen, ist zu bestimmen, mit welchen der neun Persönlichkeits- und Seelentypen wir uns am meisten identifizieren. Die Auseinandersetzung mit wichtigen Abläufen und Themen in unserer Entwicklung kann uns sowohl helfen, einen Überblick über unser gegenwärtiges Leben zu gewinnen,

Die Neun Matrizen und ihre Entsprechungen im Tarot

Tarotkarte	Der Eremit	Rad des Schicksals	Kraft	Der Gehängte	Tod	Mäßigkeit	Der Teufel	Der Turm	Der Stern
Matrix	9	10	11	12	13	14	15	16	17
Inbegriffene Flaschen	3	0	5	6	7	2	15	1	17
	9	4	11	12	13	8	18	16	20
	27	10	23	24	25	14	21	19	89
	30	22	29	33	34	26	69	79	98
	36	28	32	39	43	35	78	88	
	45	31	38	42	49	44	87	97	
	54	37	41	48	52	53	96		
	63	40	47	51	58	59	99		
	72	46	50	57	61	62	105		
	81	55	56	60	67	68			
	90	64	65	66	70	71			
		73	74	75	76	77			
		82	83	84	85	80			
		91	92	93	94	86			
		100	101	102	103	95			
						104			

Die Hin- und Rückreisen der Neun Matrizen

Matrix	9	10	11	12	13	14	15	16	17

Hinreise

Rückreise

als auch unsere Zugehörigkeit zu einer größeren Familie von Menschen und Seelengruppen zu erkennen.

Die numerische Reihenfolge, die jeder der Equilibrium Flaschen zugrundeliegt, basiert auf den Gesetzen der Zahlen. Beispielsweise wird die 23 so verstanden, dass sie eine Beziehung zu 5 hat, da ja 2 + 3 = 5 ist. Bei der 23 handelt es sich um etwas, das mit der 5 zu tun hat. Ähnlich verwandt ist 14 mit 5, da 1 + 4 = 5 ist. Folglich haben 23 und 14 durch ihre gemeinsame Verbindung eine Beziehung zueinander. Die numerische Reihenfolge ist auch auf der Hin- und Rückreise des großen Tarots begründet, worauf die Aufstellung auf dem Lebensbaum hinweist und wie auf all den Seiten über die Equilibrium Flaschen, die in Verbindung mit der großen Arkana stehen, aufgeführt wird. Die Rückreise ist, mit Ausnahme der B0, die ursprüngliche Nummer der Flasche + 78, da es achtundsiebzig Tarotkarten gibt. Dies erklärt, wie wir diese Erfahrungen mit einer anderen Sichtweise wieder aufgreifen, sobald die Seele durch alle Entwicklungsstadien gereist ist, wie bei den Tarotkarten aufgezeigt. Bei diesem Wiederbesuch sind wir hoffentlich weiser und fähig zu geben oder auszudrücken, was wir gelernt oder aufgenommen und verdaut haben, seit wir zum ersten Mal mit unseren Lektionen in Kontakt kamen.

Die Flasche, die ausgewählt wird, ist entscheidend dafür, in welche der neun Matrizen und wo in der Reihe man eintritt. Abhängig davon, wo wir, vorgegeben durch die Flaschenwahl, in die Matrixreihe eintreten, werden Fokus und Schwerpunkt etwas unterschiedlich sein; die wesentlichen Lektionen aber und Möglichkeiten der Seele werden von einem archetypischen Verständnis aus gesehen gleich sein. Hier wollen wir jede der Matrizen kurz ansprechen.

Die Matrixreihung für B0 ist folgende: B0 ist die Hinreise. Die Rückreise ist B22. Dies ist die einzige Flasche im großen Tarot, deren Rückreise nicht durch die Addition von 78 – der Zahl eines vollständigen Tarot Sets – angegeben wird. Die Rückreise des Narren (B0) erfolgt am Ende der Reihe der großen Arkana 0 - 21. Zweiundzwanzig kann als 2 + 2 = 4 dargestellt werden. B4 ist die nächste Flasche in der Matrixreihung. Die Rückreise der B4 ist B82 (durch die Addition der 78 Karten des Tarots). B82 kann als 8 + 2 = 10 dargestellt werden. Der B10, der Hinreise, folgt B88, die Rückreise. B88 steht in Beziehung zu 8 + 8 = 16. B16 ist die nächste Flasche in der Reihe mit ihrer Rückreise, B94. Noch einmal, B94 ist verbunden mit 9 + 4 = 13. B13 folgt als nächste Flasche in der Matrix mit ihrer Rückreise, B91. Einundneunzig führt uns zu 9 + 1 = 10. An diesem Punkt tritt eine Zahl noch einmal auf, die schon vorher in der Reihe und den Matrixstopps aufgetaucht ist. Bei Aura-Soma beziehen wir uns auf B0 als Teil der Matrix der Zehn. Diese Matrix bringt die Null und die Eins zusammen.

Die Matrix der B0 beginnt mit einem ganz normalen Menschen, mit jedem und allen von uns, wie die Null, der Narr im Tarot, der die Fähigkeit und das Verständnis in die Möglichkeiten gewinnt, wie er seine Energien einsetzen kann. Schließlich werden wir eine Wiedergeburt im Geist erleben: B22, die Meisterschaft des Narren. An diesem Punkt sind wir in der Lage, zwischen Wissen und Weisheit zu unterscheiden und zu beurteilen, was wir gelernt haben, und was wir von diesem Wissen erfahren und verstanden haben: B4. Durch die Weisheit, die sich in B4 entwickelt hat, gewinnen wir tiefere Einsichten, die wir aus vollem Herzen weitergeben können: B82. Wir verstehen dann augenblicklich die Gesetze des Karma, die Gesetze von Ursache und Wirkung: B10. Wenn wir die Folgen von Ursache und Wirkung erfahren, erkennen wir, dass es nicht die Saat der früheren Handlungen ist, die am bedeutsamsten ist, sondern wie wir tun, was wir tun, also vielmehr unser Dharma als unser Karma: B88. Dies führt uns zu einer Erfahrung der Metanoia, einer vollständigen Veränderung unseres Seins, größer als nur eine Veränderung unseres Denkens oder unserer Gefühle: B16. Mit dieser Erfahrung und mit der Anwesenheit der Energien des Erzengels Michael, B94, entwickeln wir Einsichten in den Höheren Willen. Wir entwickeln ein Gewahrsein von der Erde als ein Wesen und eines neuen Bewusstseins, das sich auf der Erde entfaltet. Wir gehen durch einen Tod: das Sterben unserer Identifikationen und das, an das wir früher gebunden waren, B13. Dies hilft uns eine neue Qualität in unser Leben einzubringen – mit der der Tod gewissermaßen in unser Leben eingeladen wird, B91 – wenn wir an den Lektionen von Liebe und Leben teilnehmen und Veränderungen und neues Wachstum schätzen. Dies führt uns zu einer neuen Erfahrung mit dem Rad des Lebens, dem Rad der bedingten Entstehung, der B10. Gleich, an welchem Punkt wir in jene oben beschriebene Matrix eintreten, es werden immer archetypische Themen und Erfahrungen sein, auf die wir stoßen.

Die Matrix für B1 ist wie folgt: Der Magier, B1, beginnt seine Reise, indem er lernt, wie er seine Werkzeuge geschickt einsetzen kann. Bei der Rückreise, B79, lernt der Magier Verantwortung als Mitschöpfer zu übernehmen mit allem, was ist. Dieses Verständnis führt zu B16 (7 + 9 = 16), dem Turm im Tarot und zu einer Metanoia, einer vollständigen Veränderung im Sein. An diesem Punkt der Seele würde man die gleichen Lernmuster erfahren, wie in der Matrix der B0 beschrieben. Die Rückreise der B16 ist B94, Erzengel Michael, der die Einsicht erweckt, wie unser persönlicher Wille in Harmonie mit „Deinem Willen" zum Ausdruck gebracht werden kann. Dies führt zu B13 (9 + 4 = 13), dem Tod im Hinblick auf das, mit dem wir uns schon vorher identifiziert haben und einem Verständnis für die Hoffnungen, die es immer für neues Leben und neue Möglichkeiten der Liebe, B91, geben wird. Wir gelangen zu einem Verstehen der Lektionen des Karma, dem Auf und Ab des Lebens, B10 (9 + 1 = 10), dem Rad des Schicksals und den Möglichkeiten zu einer dharmischen Ausdrucksweise, B88, die es im Leben gibt. Dies bringt uns wieder zu B16 und zu einer weiteren großen Veränderung in der Erfahrung des Lebens und in unserem Sein. Hier ist die Matrix vollständig, da B16 die erste Zahl ist, die sich in dieser Matrix wiederholt.

Die Matrix für B2 ist die 14er-Matrix, da 14 die Zahl ist, die sich wiederholt und die Matrix abschließt. Diese Matrix ist die Geschichte des Sterns im Tarot, der B17, die zum ersten Mal in einer Reihe auftaucht. Symbolisch gesehen kann der Stern mit der Hohepriesterin, B2, in Verbindung gebracht werden. Die Hohepriesterin kann als die Hohepriesterin des silbernen Sterns verstanden werden. Der silberne Stern steht für das weibliche Prinzip, die Madonna, die Mutter Maria und die dreifache Göttin, als Jungfrau, als Mutter und als altes Weib. Dieser weibliche Ausdruck ist Teil unseres Verstehens, was B2 darstellt und das, was in der Seele bei B80, der Rückreise der B2 erweckt und erfahren wird. B8 folgt B80 (8 + 0 = 8). Anubis, B8, ist der

Matrix Tabelle

0/22	→ 4/82	→ 10/88	→ 16/94	→ 13/91	→ **10**
1/79	→ 16/94	→ 13/91	→ 10/88	→ **16**	
2/80	→ 8/86	→ 14/92	→ 11/89	→ 17/95	→ **14**
3/81	→ 9/87	→ 15/93	→ 12/90	→ **9**	
4/82	→ 10/88	→ 16/94	→ 13/91	→ **10**	
5/83	→ 11/89	→ 17/95	→ 14/92	→ **11**	
6/84	→ 12/90	→ 9/87	→ 15/93	→ **12**	
7/85	→ 13/91	→ 10/88	→ 16/94	→ **13**	
8/86	→ 14/92	→ 11/89	→ 17/95	→ **14**	
9/87	→ 15/93	→ 12/90	→ **9**		
10/88	→ 16/94	→ 13/91	→ **10**		
11/89	→ 17/95	→ 14/92	→ **11**		
12/90	→ 9/87	→ 15/93	→ **12**		
13/91	→ 10/88	→ 16/94	→ **13**		
14/92	→ 11/89	→ 17/95	→ **14**		
15/93	→ 12/90	→ 9/87	→ **15**		
16/94	→ 13/91	→ 10/88	→ **16**		
17/95	→ 14/92	→ 11/89	→ **17**		
18/96	→ 15/93	→ 12/90	→ 9/87	→ **15**	
19/97	→ 16/94	→ 13/91	→ 10/88	→ **16**	
20/98	→ 17/95	→ 14/92	→ 11/89	→ **17**	
21/99	→ 18/96	→ 15/93	→ 12/90	→ 9/87	→ **15**
22	→ 4/82	→ 10/88	→ 16/94	→ 13/91	→ **10**
23	→ 5/83	→ 11/89	→ 17/95	→ 14/92	→ **11**
24	→ 6/84	→ 12/90	→ 9/87	→ 15/93	→ **12**
25	→ 7/85	→ 13/91	→ 10/88	→ 16/94	→ **13**
26	→ 8/86	→ 14/92	→ 11/89	→ 17/95	→ **14**
27	→ 9/87	→ 15/93	→ 12/90	→ **9**	
28	→ 10/88	→ 16/94	→ 13/91	→ **10**	
29	→ 11/89	→ 17/95	→ 14/92	→ **11**	
30	→ 3/81	→ 9/87	→ 15/93	→ 12/90	→ **9**
31	→ 4/82	→ 10/88	→ 16/94	→ 13/91	→ **10**
32	→ 5/83	→ 11/89	→ 17/95	→ 14/92	→ **11**
33	→ 6/84	→ 12/90	→ 9/87	→ 15/93	→ **12**
34	→ 7/85	→ 13/91	→ 10/88	→ 16/94	→ **13**
35	→ 8/86	→ 14/92	→ 11/89	→ 17/95	→ **14**
36	→ 9/87	→ 15/93	→ 12/90	→ **9**	
37	→ 10/88	→ 16/94	→ 13/91	→ **10**	
38	→ 11/89	→ 17/95	→ 14/92	→ **11**	
39	→ 12/90	→ 9/87	→ 15/93	→ **12**	
40	→ 4/82	→ 10/88	→ 16/94	→ 13/91	→ **10**
41	→ 5/83	→ 11/89	→ 17/95	→ 14/92	→ **11**
42	→ 6/84	→ 12/90	→ 9/87	→ 15/93	→ **12**
43	→ 7/85	→ 13/91	→ 10/88	→ 16/94	→ **13**
44	→ 8/86	→ 14/92	→ 11/89	→ 17/95	→ **14**
45	→ 9/87	→ 15/93	→ 12/90	→ **9**	
46	→ 10/88	→ 16/94	→ 13/91	→ **10**	
47	→ 11/89	→ 17/95	→ 14/92	→ **11**	
48	→ 12/90	→ 9/87	→ 15/93	→ **12**	
49	→ 13/91	→ 10/88	→ 16/94	→ **13**	
50	→ 5/83	→ 11/89	→ 17/95	→ 14/92	→ **11**
51	→ 6/84	→ 12/90	→ 9/87	→ 15/93	→ **12**
52	→ 7/85	→ 13/91	→ 10/88	→ 16/94	→ **13**

53	→ 8/86	→ 14/92	→ 11/89	→ 17/95	→ **14**
54	→ 9/87	→ 15/93	→ 12/90	→ **9**	
55	→ 10/88	→ 16/94	→ 13/91	→ **10**	
56	→ 11/89	→ 17/95	→ 14/92	→ **11**	
57	→ 12/90	→ 9/87	→ 15/93	→ **12**	
58	→ 13/91	→ 10/88	→ 16/94	→ **13**	
59	→ 14/92	→ 11/89	→ 17/95	→ **14**	
60	→ 6/84	→ 12/90	→ 9/87	→ 15/93	→ **12**
61	→ 7/85	→ 13/91	→ 10/88	→ 16/94	→ **13**
62	→ 8/86	→ 14/92	→ 11/89	→ 17/95	→ **14**
63	→ 9/87	→ 15/93	→ 12/90	→ **9**	
64	→ 10/88	→ 16/94	→ 13/91	→ **10**	
65	→ 11/89	→ 17/95	→ 14/92	→ **11**	
66	→ 12/90	→ 9/87	→ 15/93	→ **12**	
67	→ 13/91	→ 10/88	→ 16/94	→ **13**	
68	→ 14/92	→ 11/89	→ 17/95	→ **14**	
69	→ 15/93	→ 12/90	→ 9/87	→ **15**	
70	→ 7/85	→ 13/91	→ 10/88	→ 16/94	→ **13**
71	→ 8/86	→ 14/92	→ 11/89	→ 17/95	→ **14**
72	→ 9/87	→ 15/93	→ 12/90	→ **9**	
73	→ 10/88	→ 16/94	→ 13/91	→ **10**	
74	→ 11/89	→ 17/95	→ 14/92	→ **11**	
75	→ 12/90	→ 9/87	→ 15/93	→ **12**	
76	→ 13/91	→ 10/88	→ 16/94	→ **13**	
77	→ 14/92	→ 11/89	→ 17/95	→ **14**	
78	→ 15/93	→ 12/90	→ 9/87	→ **15**	
79	→ 16/94	→ 13/91	→ 10/88	→ **16**	
80	→ 8/86	→ 14/92	→ 11/89	→ 17/95	→ **14**
81	→ 9/87	→ 15/93	→ 12/90	→ **9**	
82	→ 10/88	→ 16/94	→ 13/91	→ **10**	
83	→ 11/89	→ 17/95	→ 14/92	→ **11**	
84	→ 12/90	→ 9/87	→ 15/93	→ **12**	
85	→ 13/91	→ 10/88	→ 16/94	→ **13**	
86	→ 14/92	→ 11/89	→ 17/95	→ **14**	
87	→ 15/93	→ 12/90	→ 9/87	→ **15**	
88	→ 16/94	→ 13/91	→ 10/88	→ **16**	
89	→ 17/95	→ 14/92	→ 11/89	→ **17**	
90	→ 9/87	→ 15/93	→ 12/90	→ **9**	
91	→ 10/88	→ 16/94	→ 13/91	→ **10**	
92	→ 11/89	→ 17/95	→ 14/92	→ **11**	
93	→ 12/90	→ 9/87	→ 15/93	→ **12**	
94	→ 13/91	→ 10/88	→ 16/94	→ **13**	
95	→ 14/92	→ 11/89	→ 17/95	→ **14**	
96	→ 15/93	→ 12/90	→ 9/87	→ **15**	
97	→ 16/94	→ 13/91	→ 10/88	→ **16**	
98	→ 17/95	→ 14/92	→ 11/89	→ **17**	
99	→ 18/96	→ 15/93	→ 12/90	→ 9/87	→ **15**
100	→ 10/88	→ 16/94	→ 13/91	→ **10**	
101	→ 11/89	→ 17/95	→ 14/92	→ **11**	
102	→ 12/90	→ 9/87	→ 15/93	→ **12**	
103	→ 13/91	→ 10/88	→ 16/94	→ **13**	
104	→ 14/92	→ 11/89	→ 17/95	→ **14**	
105	→ 15/93	→ 12/90	→ 9/87	→ **15**	

Zahlenmodell der Hin- und Rückreise für jede der 106 Flaschen.

Das Wasserrad einer alten Mühle in Totness, England.

Hüter der Schwelle zwischen dieser und der nächsten Welt, der Wächter der Einweihungshallen. Anubis wiegt unser Herz auf. Er wiegt das Gewicht unseres Herzens mit Federn auf; wenn wir tun, was wir lieben, kann unser Herz leichter als eine einzelne Feder sein. Ist unser Herz schwer, wenn wir nicht tun, was wir lieben, sind viele Federn nötig, um unser Herz aufzuwiegen. Nach der Überlieferung reist Anubis in die Unterwelt, um Federn der Göttin Maat zu besorgen. Er sammelt so viele, wie nötig, um die Waagschalen im Gleichgewicht zu halten. Unser Lichtkörper wird durch unsere Flügel symbolisiert. Wenn unsere Federn nicht dafür gebraucht werden, das Gewicht unseres Herzens aufzuwiegen, bleiben unsere Flügel eher intakt, und wir können wohl leichter unseren Lichtkörper entwickeln. Die Rückreise der B8 ist B86. B86 deutet darauf hin, dass Licht auf unseren Individuationsprozess gerichtet wird. Wir fühlen jetzt, wie sich Synchronizität entfaltet. Es ist die Erfahrung, zur rechten Zeit am genau richtigen Ort zu sein und das Richtige zu tun, alles als Folge dessen, was wir gerne tun. Es ist uns möglich, die richtige Energie in das, was wir tun, einzubringen. Es ist die Energie, die in Harmonie mit unserem Dharma und mit dem größeren Wohl ist. B86 führt uns zu B14 (8 + 6 = 14). Bringen wir unsere Aufmerksamkeit bewusst auf den Bereich in uns selbst, dorthin, wo sich die „Wahre Aura“befindet, können wir beginnen, von unserem Stern und aus unserer angeborenen Weisheit heraus zu leben. Wir sind weniger gewillt, uns einzig von unserem Denken oder unseren Gefühlen, unserem Verstand oder unseren Emotionen führen zu lassen. Die Rückreise der B14 ist B92, Gretel. Vertrauen wir unserer weiblichen Intuition, werden wir fähig, den Dogmatismus der Vergangenheit zu überwinden und haben die Hoffnung, dass sich eine neue Qualität des Bewusstseins zeigt. Auf diese Weise gelangen wir zum Tor der B11 (9 + 2 = 11). B11 deutet an, größere Verantwortung für unsere Gedanken und unsere Gefühle zu übernehmen und zu erkennen, dass jeder unserer Gedanken und jedes unserer Gefühle eine Energie und etwas Wesenhaftes hervorbringt. Die Rückreise der B11 ist B89. Diese Flasche zeigt die Möglichkeit, die wir als Menschheit zu diesem Zeitpunkt haben. Es gibt ein Fenster zwischen dem, das war und dem, das neu sein kann, und dies ist eine Gelegenheit, die Möglichkeiten einer wach werdenden Menschheit zu retten. Wir erinnern uns an unser Potenzial und an unsere Bestimmung als menschliche Wesen, und wir lernen die Möglichkeiten, die uns durch die Geburt als menschliches Wesen gegeben wurden, zu schätzen und zu erfüllen. Diese Wassermannwerte werden in B17 (8 + 9 = 17), dem Stern im Tarot und der Troubadourflasche dargestellt. Die Troubadourerfahrung bedeutet, von der Verfolgung der Vergangenheit zugunsten des Bekundens der Wahrheit des Herzens befreit zu sein. Dann bietet sich die Gelegenheit, dem Boten des Sterns, Erzengel Gabriel, B95, zuzuhören, der uns mitteilt, wo wir den Stern finden, und zwar im Gold. B95 führt uns zurück zu B14 (9 + 5 = 14), wo wir dem Licht, das ins Gold scheint, unsere bewusste Aufmerksamkeit schenken können.

Die Matrix für B3 ist die 9er-Matrix und somit eine Reise der Meditation. Meditation ist ein Pfad zum Herzen. B3 wird die Herz-„Erste Hilfe“ genannt, B9 das Herz im Herzen. Wie bei den atlantischen, lemurischen und türkisen Verbindungen beider Flaschen angedeutet, ist es lange Zeit her, dass das Herz des Kollektivs geöffnet war. Die Gelegenheit ist jetzt, mit Beginn des Wassermannzeitalters, gegeben. Dies wird durch B81 symbolisiert, der Rückreise der B3, dem Erwachen des Rot, wie im Rosa gezeigt. Rosa kann nur durch Grün oder Türkis und durch das Herz gezeigt werden. Dies führt uns zu B9 (8 + 1 = 9), der Türkis/Grün-Flasche, dem transzendenten Herzen, der Kristallhöhle, in der sich viele Schätze befinden. Für Hellkoralle, B87, die Rückreise der B9, ist wesentlich, über die Faszination von uns selbst oder die Beschäftigung mit uns selbst, hinauszugehen und unsere Orientierung mehr in die Gemeinschaft, die Gruppe, den ineinander greifenden Zusammenhang, in dem wir leben, einzubringen. Um fähig zu werden, das neue Bewusstsein zu durchdringen, zu verstehen und zu integrieren, müssen wir alle das ansehen, was sich in unserem Schatten befindet, in B15 (8 + 7 = 15), dem Teufel. Wir müssen uns nun mit dem befassen, was wir sowohl individuell als auch kollektiv verleugneten und zu was wir „nein“ sagten. Somit treten wir unserem Schatten gegenüber, sehen und akzeptieren ihn. Bei der Rückreise der B15, B93, Hellkoralle/Türkis, tauchen wir in die Wasser des Kollektivs ein, während wir uns unserem Individuationsprozess vollkommen verpflichten. Wir erfahren unsere Kreativität im Licht des neuen Bewusstseins. Diese Erfahrung bringt uns zu einem Einweihungsschritt B12 (9 + 3 = 12). Hier, bei dem Hängenden, befinden wir uns in einer neuen Position; Licht hat unsere Welt auf den Kopf gestellt. Wir gehen einen Schritt über das hinaus, was als normal gilt. Unsere Welt ist nicht, wie sie zuvor war; Rettung ist möglich. Wenn wir die Aufmerksamkeit bewusst auf unseren goldenen Bereich richten, gelingt es uns, das Grundmaterial unseres Wesens zu Gold zu veredeln. B90, die Rückreise der B12, ist die Rettung der eigenen Weisheit. B90 bringt uns wieder zu B9 (9 + 0 = 9). Dadurch, dass wir das Gold in unserem

Inneren verfeinern, gelangen wir in das Herz in unserem Herzen.

Die Matrix für B4 löst sich in der Zehnermatrix auf. Die Reihenfolge ist wie folgt: Auf B4, den Herrscher, folgt die Rückreise, B82, Calypso. Dies führt uns zu B10 (8 + 2 = 10), dem Rad des Schicksals, mit der Rückreise der B88, dem Jadeherrscher. Er bringt uns zu B16, dem Turm (8 + 8 = 16), und zur Rückreise der B16, der B94, dem Erzengel Michael. Darauf folgt eine Begegnung mit dem Tod, B13 (9 + 4 = 13) und eine neue Ansicht über den Tod und die Veränderung mit der Rückreise der B91 (9 + 1), was dann zu einem weiteren Verstehen der B10, dem Rad der bedingten Entstehung führt.

B4 und B0 sind beide Teil der 10er-Matrix. Obwohl es bestimmte Themen gibt, die in jeder Matrix als Ganzes zu finden sind, ist es höchst bedeutsam, wo wir die Matrix beginnen oder in sie eintreten. Der Punkt, an dem man in die Matrix eintritt, gibt einen Hinweis auf die verschiedenen Möglichkeiten, wie man die Lebenslektionen gelernt hat. Die Vielfalt der Erfahrungen und Lebenspfade führen alle schließlich zu einer der neun archetypischen Matrizen der Reise einer Seele. Die neun universellen Matrizen deuten auf ein vereintes Feld – ein Reich, wo alles eins und harmonisch vereint ist. Wenn wir in die 10er-Matrix bei B0 (Königsblau/Tiefmagenta) eintreten, ist die Betonung auf Blau und Rot für die eigene Lebensreise wichtig. Zu den Möglichkeiten des Narren (B0), angedeutet durch die blauen und roten Farben, gehört es, glauben zu lernen und zu lernen, nicht verhaftet zu sein. B4 deutet auf Macht oder Kontrollthemen und auf das Bedürfnis, Weisheit zu entwickeln. Wenn wir beachten, wo wir in die Matrix eintreten, ist es möglich, sowohl den besonderen Ort zu sehen, an dem wir die Reise beginnen, als auch alle archetypischen Themen der Matrix – in diesem Fall, Gewicht auf die Lektionen zu legen, Glauben zu entwickeln und die Fähigkeit zu erlernen, mit Vertrauen und innerem Abstand loszulassen.

Die dazugehörigen Farben sind ein weiteres Muster, nach dem wir in jeder beliebigen Matrix suchen können. Nehmen wir B4 als Beispiel, sehen wir, dass Gelb in allen Flaschen präsent ist, außer in B16, die eine vollständige Veränderung des Seins repräsentiert. Dies weist darauf hin, dass eine Situation in Zusammenhang mit Wissen und Weisheit, Angst, Macht, Kontrolle und Freude – alles gelbe Themen – besonders bedeutsam sein könnte. Die erste Flasche in der Reihe ist Gelb/Gold, der Herrscher, und dies deutet an, dass wir unser Licht und unser Wissen, unsere Weisheit und unsere Macht gekonnt und wohltätig einsetzen. Die Begegnung mit der B16 zeigt, dass wir an diesem Punkt in der Reihe eine vollständige Veränderung der Sichtweise, des Verstehens und Erlebens im Hinblick auf unsere „gelben" Themen erfahren. Es ist möglich, jede der Matrizen auf diese Weise zu betrachten und zu sehen, welche besonderen Etappen der Reise von der ursprünglichen Flaschenauswahl und den Informationen der Farbsprache hervorgehoben werden.

Die Matrix für B5 ist wie folgt: Die Rückreise für die B5, der Hierophant, ist die B83. B5 erinnert uns daran, wie wichtig es ist, unsere Energie weise und intelligent einzusetzen. B5 wird dem Basis-Chakra zugeordnet, worin sich das Potenzial für unser Erwachen befindet, und zwar in unserer Wurzel, dem Ort, von dem aus die Kundalini-Energie aufsteigt. B83 mit ihrem Echo, wie Weisheit in der Vergangenheit eingesetzt wurde, ermutigt uns, die Weisheit zu integrieren, die wir aus den eigenen individuellen Erfahrungen und den Empfindungen des Herzens schöpfen. Dann können wir mit dem Bewusstsein, eine solche Dynamik zu verkörpern und auszugleichen, unsere Weisheit mit Gefühl mitteilen. Das Türkis/Gold der B83 zeigt den Individuationsprozess, der sich im Bewussten entfaltet, als Folge davon, dass wir unser Bewusstsein auf den goldenen Bereich unseres Wesens richten. B83 führt zu B11 (8 + 3 = 11), einem Tor. Elf ist die Geschichte des Sterns, dem Erwachen des Erdsterns und vielleicht auch des Sterns, der das Erwachen des Christusbewusstseins in der Menschheit verkündete. Ein Fokus der B11 richtet sich auf die Verantwortung, und zwar zu lernen, Verantwortung zu übernehmen für das, was wir denken, was wir fühlen sowie auch für die inneren Einstellungen, die wir haben. B11 ist die 1. Essenerflasche. In der Gemeinschaft der Essener galt es als selbstverständlich, dass jeder unserer Gedanken und unsere Gefühle ein Energiemuster erzeugen, etwas Wesenhaftes. Die Essener zeigten mit ihrer Lebensweise, wie wichtig es ist, in Harmonie mit der Engelwelt zu wirken, indem sie die Gegenwart und Inspiration der Engel vermittels einer Anrufung in jede Handlung und jeden Gedanken einluden. Mit dieser Praxis mögen alle unsere Handlungen, Gedanken und inneren Einstellungen mit der besten Absicht und Unterstützung der Engel inspiriert und informiert werden. Maria, die Mutter von Jesus und seine Tante Elisabeth erhielten in der Gemeinschaft der Essener ihre Unterweisungen in deren Lebensweise. Vielleicht bereitete das Erlernen einiger dieser Praktiken den fruchtbaren Boden, der half, Christus ins Dasein zu bringen. Die Rückreise der B11 ist B89, die Energie-„Erste Hilfe". Hier sind das Magenta und das Rot miteinander verbunden, der Seelenstern und der Erdstern. Hier beginnen die Integration, die Erdung und die Manifestation des gesamten Potenzials, das der Seelenstern in sich birgt. B17 ist die nächste Flasche in der Reihe (8 + 9 = 17), gefolgt von der Rückreise B95, der B14 mit ihrer B92 Rückreise, die schließlich zu B11 führt. Die Lektionen und Möglichkeiten in der Matrix für B5 sind denen in der Matrix der B2 ähnlich. Die B2 Matrix ist die 14er-Matrix und die B5 Matrix die 11er-Matrix, da dies die ersten Zahlen sind, die in der Reihe wiederkehren. B5 hebt hervor, wie wichtig es ist, das Licht zu erden, mit der Kraft und dem Verstehen der Liebe, die keine Bedingungen stellt.

Bei B6 löst sich die Matrix zu einer 12 auf. B6, die Liebenden, Rot/Rot, hat das Potenzial zur Initiation und das Potenzial, das Erwachen vom Rot her zu beginnen. Die Rückreise der B6 ist B84. Die männlich/weiblichen Energien in uns harmonisieren sich, und das Rosa der Selbstakzeptanz hilft uns, alles, das wir sind, anzuerkennen und zu lieben. Eine Art gegenseitiger Respekt im Inneren und auch gegenüber anderen entsteht, wenn unsere intuitiven und analytischen Fähigkeiten und unsere Erfahrungen der Glückseligkeit und Weisheit in unserem Leben Raum finden. In B84 liegt das Potenzial der Einheit, des vereinten Bewusstseins und der tantrischen Erfahrung, wenn wir für all das, was wir in uns selbst sehen, Mitgefühl empfinden. B84 führt uns zu B12 in der Reihe (8 + 4 = 12) und zeigt, dass dies die Matrix des Eingeweihten ist, besonders, weil es in B6, den Liebenden entspringt, eines in das Tantra Eingeweihten. Die Rückreise der B12 ist B90, die Weisheits-„Erste Hilfe". Ein Teil des Verständnisses, das der Eingeweihte zum Gold der B90 brachte, handelt davon, dass sich Weisheit mehr von innen heraus weiterentwickelt, als dass sie von außen gewonnen wird. Das Tiefmagenta bietet die Gelegenheit, Weisheit durch das Verstehen dessen, was Tiefmagenta in der Tiefe des Selbst bedeutet, zu verfeinern. B90 führt zu B9. Das Auftauchen der Neun in dieser Matrix spiegelt die Themen des Herzens wieder. B9 (Herz im Herzen) und B3 (Herz-„Erste Hilfe") gehören beide zur 9er-Matrix. Die 12er Matrix, mit der B6 (die Liebenden) übereinstimmt, teilt die Herzensthemen, geht aber von einer tantrischen Sichtweise aus. In dieser Matrix liegt der Fokus der B9 auf der Integration des Männlichen und Weiblichen in Beziehung zueinander. Dies ist ein weiteres Beispiel dafür, wie die gleichen Flaschen eine andere Bedeutung oder Aussagekraft haben können, abhängig davon, zu welcher Matrix sie gehören, und an welchem Punkt man eintritt. Die Rückreise der B9 ist B87. Das Hellkoralle der B87 steht für den Prozess, über den Pfad der Meditation nach innen zu gehen, und dies befähigt uns, uns dann mit Mitgefühl nach außen, in die Gemeinschaft, zu begeben. Dies führt zu B15, der Notwendigkeit, das anzusehen, was im Schatten liegt, auf dass es bei der Rückreise, der B93, zum Vorschein kommt. Dort führt die Integration der männlichen und weiblichen Energien zu einer Individuationserfahrung, die uns auch den Zugang zur Gemeinschaft erlaubt. Dies wiederum bereitet den Weg für das Entstehen eines neuen Bewusstseins im Koralle, welches eine ganz eigene Sichtweise mit sich bringt. Es ist die Erfahrung eines vereinten Felds und Raums, und dies bringt die Matrix zur Vollendung mit dem Wiederauftauchen der B12, der Erleuchtung des Eingeweihten, der eine tiefe Qualität von Frieden in sich trägt.

Die Matrix für B7 ist die 13er-Matrix. Die 7 weist auf eine Prüfung hin. B7 heißt der Garten von Gethsemane und handelt von der letzten Glaubensprüfung. Wenn unser Glauben geprüft wird, scheint unser Licht von innen auf unseren Individuationspfad, wie in B85, der Rückreise der B7. B13 (8 + 5 = 13) weist auf den Tod unserer früheren Identifikationen und erlaubt es, dass jetzt eine neue Identität geboren werden kann, eine, die den gegenwärtigen Bedingungen entspricht. Indem wir unsere derzeitigen Identitäten und die Gedanken, die wir über uns selbst und über unsere Rollen haben, loslassen, sind wir in der Lage, uns auf den Fluss des Lebens stärker einzulassen. Wir sind fähig, zur rechten Zeit am rechten Ort zu sein und „mit dem Fluss zu gehen". Ein Erwachen für die Möglichkeiten neuen Lebens und neuen Wachstums entsteht bei der Rückreise der B13, der B91. Hoffnung für die Zukunft ist aus dem Heiligen Geist durch das Vertrauen auf die einfühlsame, empfangende Führung unseres Herzens geboren. Dies führt zu B10 und den Gesetzen von Ursache und Wirkung: Wie wir säen, so werden wir ernten. B88, die Rückreise, hebt hervor, dass es wichtiger ist, wie wir pflanzen, als was wir pflanzen. Es geht um die Qualität und die innere Einstellung, die wir in jede unserer Handlungen und in jeden Gedanken einbringen. B16 (8 + 8 = 16) weist auf eine Veränderung des Seins hin, das uns mehr zum höheren Willen als zu unserem persönlichen Willen hin ausrichtet, B94. Erzengel Michael bringt sein Schwert der Einsicht, um das, was von uns als Dienst erwartet wird, ans Licht zu bringen, auf dass wir unsere Bestimmung erfüllen mögen. Es kann leichter werden, frühere Identitäten (9 + 4 = 13) loszulassen, wenn wir fähig werden, diese Verbindung zum Geist herzustellen und allmählich zum Ausdruck bringen, was in unseren Herzen ist, und was unser höheres Ziel ist.

B8 ist eine 14er-Matrix, sowie es auch B2 ist. Ähnlich stimmen B9 - B14 mit Matrizen überein, die wir bereits erläutert haben. B15 allerdings führt zu einer anderen Reihe, einer 15er-Matrix.

Die 15er-Matrix weist nachdrücklich darauf hin, wie wichtig es ist, das zu sehen, was im Schatten liegt und dahinter zu kommen, was dessen Hervortreten bedeutet. Mit dem eigenen und dem kollektiven Schatten umzugehen, gehört zu unserer Verantwortung. In den Schattenbereichen finden wir Aspekte von uns selbst, welche Potenziale und Stärken bedeuten. Indem wir uns mit diesen uneingestandenen Gaben und Geschenken in Verbindung bringen, haben wir die Möglichkeit, uns zur Erfüllung unseres Dharmas hin zu entwickeln. Ein Teil unserer individuellen Darstellung steht auch im Zusammenhang mit der Gemeinschaft (die Rückreise der B15 ist B93, Hellkoralle/Türkis). Die Herausforderung der B93 besteht darin, eine Möglichkeit zu finden, einen Ausgleich zu erreichen, damit wir ein vollständiges Einzelwesen sein und gleichzeitig harmonisch in einer Beziehung oder in einer Gemeinschaft leben können. Dies führt zu B12 (9 + 3 = 12) und zeigt das Leiden, die Trauer und das Alleinsein des Eingeweihten an, wenn er dem Schatten gegenübertritt und Angst verspürt, in die Tiefen des eigenen Schattens zu blicken. Hier ist eine Gelegenheit, aus dem Leiden zu lernen, und dies führt zu der geistigen Erleuchtung, die auf dem Pfad der Initiation möglich ist. Die Intensität des Lichts des Eingeweihten (Klar/Blau) ist grundsätzlich verwirrend. Jedoch könnte es auch entfernte Erinnerungen an das vollkommene Licht des Geistes hervorbringen, aus dem wir kommen. Je mehr Frieden wir im Inneren fühlen, desto mehr Licht entsteht: Erstrahlendes Licht ist die Folge einer größeren Ruhe und eines inneren Friedens, und dies bringt wiederum ein immer heller werdendes Licht in die mentalen und emotionalen Ebenen unseres Wesens. Wenn sich ein Bewusstsein oder Gewahrsein für Licht entwickelt, macht es sich an einem besonderen Anziehungspunkt in unserem Wesen fest, und zwar im goldenen Bereich. Finden wir den inneren Frieden und die Ruhe der B12, gewinnen wir Zugang zur Wahrheit der innewohnenden Weisheit im Gold der Rückreise, B90. Gold öffnet die Tür zur Freude, die vom Zentrum unseres Wesens ausstrahlt. Ein Gespür für unser Potenzial und unsere Weisheit tut sich auf. B9 (9 + 0 = 9) bietet die Möglichkeit, den Raum zu finden, unsere individuelle Natur zu erspüren – uns auf unsere Reise des Erwachens vorzubereiten und unseren Geist zu offenbaren. Wir mögen uns fragen, ob es einen Grund gibt, uns auf diese Reise einzuschiffen; ist es zur zeitweiligen Erfüllung oder für ein kurzfristiges Glücksgefühl? Es gibt keinen Weg zum Glück, vielmehr ist Glück ein Weg des Seins. B9 hilft uns, den Raum vielmehr zur inneren Reflexion als zur Projektion einzunehmen. B87 ist die Rückreise der B9. Wenn wir auf das schauen, was jenseits der eigenen Selbst-Betrachtungen geschieht, jenseits der Projektionen und Übertragungen, kann dies zu einem neuen Gewahrsein und einem neuen Erwachen führen, B87.

B15 (8 + 7 = 15) bietet die Gelegenheit, mehr von unseren bewussten und unterbewussten Mustern wahrzunehmen und unseren Geist zu offenbaren.

Die letzte Matrix, die wir besprechen wollen, ist die 17er-Matrix, der Stern. B17 wird mit dem Wassermann und den Troubadouren assoziiert. In der B17 ist eine Bewegung fort von den Verfolgungen der Vergangenheit, weil man die Wahrheit seines Herzens kundtat, hin zur gegenwärtigen Epoche mit der Möglichkeit, sich im Rahmen der Wahrnehmung der Gemeinschaft gesellschaftlich unabhängig und gleichzeitig individuell zu entwickeln. Die Rückreise der B17, der Stern, ist B95, Erzengel Gabriel. Die Matrix mit dieser Kombination zu beginnen, unterstreicht das Potenzial zur individuellen Entwicklung im Wassermannzeitalter und hebt auch hervor, ein Bote für das zu sein, was gelernt wurde. Wir sind fähig, etwas mitzuteilen, das wir aus den eigenen Erfahrungen und aus der Weisheit im Inneren gelernt und feiner weiterentwickelt haben. B95 (Magenta/Gold) verbindet den Seelenstern im Magenta mit dem Inkarnationsstern im Gold. Der Seelenstern stellt unser Potenzial dar, und der Inkarnationsstern zeigt unsere Lage, wie sie im Augenblick ist. Indem wir diese beiden verbinden, wird es uns möglich, mehr von unserem Potenzial zu offenbaren. In B14 (Klar/Gold) scheint Bewusstsein bzw. Licht auf das Gold und erhellt den Inkarnationsstern im goldenen Bereich unseres Wesens, bringt ihm Erkenntnis. Die Rückreise der B14 ist die B92, in der sich das kosmische Ei unseres aurischen Felds aus dem Hologramm des Inkarnationssterns heraus zu entwickeln beginnt und sich in die es umgebenden feinstofflichen Energiefelder ausdehnt. Durch Anregung dieses Hologramms beginnen wir Zugang zu allen Wesen zu haben, die wir waren und zu allen Wesen, die wir noch sein werden. Im Wesentlichen werden diese Aspekte oder das Potenzial unseres Selbst zu Quellen, die uns zu helfen, höchst angemessen zu reagieren und uns in jedem Augenblick mit den besten Informationen zu versorgen. In B92 schafft das Olivgrün den Raum, die Angst zu verringern und auf unsere Intuition zu vertrauen. Und es ist auch eher unser intuitives Erfassen, das als Grundlage für unsere Ausdrucksformen dient, als dass wir uns von einer Überanalyse manipulieren oder kontrollieren lassen. Wir erfahren, wie unsere dogmatischen Haltungen geringer werden und dulden nicht länger aufgebürdete Philosophien, welche vielleicht nachklingende Narben des Fischezeitalters sind; wir können uns auch zunehmend entspannen, wenn wir den eigenen Quellen vertrauen und uns auf unsere innere Weisheit verlassen (B14). Das Hellkoralle in B92 zeigt das hervortretende neue Bewusstsein, die Versöhnung unserer Sehnsucht nach Utopien, mit der Erfahrung, in der materiellen Welt zu leben. Die Integration dieser beiden gegensätzlichen Tendenzen wird von Qualitäten weiblicher intuitiver Führerschaft unterstützt. Entwickelt sich diese Versöhnung, wird es uns möglich, für das einzustehen, was wir glauben, ohne dass wir auf einem utopischen Standpunkt beharren und an falschen Werten, Bedürfnissen und Wünschen festhalten. Unsere potenziellen Qualitäten im Seelenstern, im Magenta, werden unser Leben durchdringen, wenn wir den Stern, der wir sind, nach außen zeigen. B11 folgt B92. Die Zahl 11 ist wie die zwei Säulen eines Eingangs. B11 dient als Tor zu einer anderen Dimension

Der Dead Creek in Liberty Corner, New Jersey.

– und lässt uns durch die Säulen zu einer neuen Ebene des Verstehens gelangen. Ein weiterer Teil der Geschichte der B11 ist, dass wir empfindsamer gegenüber der Härte dogmatischer Einstellungen werden, wenn wir die Sicht eines anderen Menschen einnehmen. Stehen wir auf beiden Füssen, und bringen wir das Licht durch uns zu unserem Erdstern, eröffnet sich uns eine beachtliche Möglichkeit, die Kraft unseres Lichts mit Fürsorge und Freundlichkeit zu zeigen. B89, die Rückreise der B11, repräsentiert die Zeitenwende vom Fischezeitalter zum Wassermannzeitalter. Das kräftige Rot in dieser Kombination weist auf die Energie und die Kraft des Erwachens hin, die im Tiefmagenta gegeben sind. Der Gedanke an ein großes Potenzial in diesem Tiefmagenta liegt nahe. Es ist die Farbe der göttlichen Liebe, die nie wirklichkeitsgetreu dargestellt werden kann. Außerdem enthält Tiefmagenta alle Farben, und deshalb hat es auch das Potenzial aller Farben. Da es eine „Erste Hilfe“-Flasche ist, könnte man sagen, dass das Tiefmagenta das Potenzial hat, das Rot (Energie) aus dem Tiefmagenta zu „erretten“. B89 bietet uns eine größere Möglichkeit, aus falschen Träumen und aus der Massenhypnose der Gesellschaft zu erwachen, um unsere bewusste Aufmerksamkeit auf den Stern in jedem von uns zu lenken. Während ein gottergebener Pfad Teil des Fischezeitalters war, ist das Wassermannzeitalter die Zeit zur Individuation und die Zeit, für das einzustehen, was wir wissen. Der Mut, durch diese Transformation hindurchzugehen und unsere Herzenswahrheit deutlich auszusprechen, ist im Rot des Violetts im unteren Teil der B17 enthalten. Rot kann in allen Flaschen in dieser Matrix wahrgenommen werden.

Wir hoffen, dass Sie, als Leser, in diesem Abschnitt, in dem wir uns mit dem Konzept der Matrizen auseinandersetzen, zu einer neuen Wertschätzung der Sprache der Farben und der Zahlen, und wie diese zusammen wirken können, gelangen und sowohl die Komplexität als auch die Einfachheit, die die Equilibriumreihe auszeichnen, erkennen. Die archetypischen

Themen der Matrizen sind hilfreich, sowohl die Ähnlichkeiten als auch die Einzigartigkeit aller unserer Pfade wahrzunehmen und Licht auf Ihre persönliche Reise zu werfen.

Eine Zahl mit verschiedenen Namen

Als wir uns mit den Matrizen befassten, haben wir gesehen, dass auch die Zahl bzw. die Nummer jeder Flasche einen wesentlichen Beitrag zu dem leistet, was die Equilibrium Flaschen uns geben können. Die Flaschen fanden ihren Platz in einer bestimmten Reihenfolge oder entfalteten sich selbst in dieser Reihenfolge, und deshalb ist die Nummer, die mit jeder Flasche assoziiert wird, von Bedeutung. Somit stehen die B1, Blau/Tiefmagenta und die Tarotkarte Nummer 1 in Beziehung zueinander. Im Wesentlichen besteht ein gegenseitiger Bezug schon an sich darin, dass eins eins entspricht und sich dies wiederum in der Eins darstellt. Obwohl es eine einfache Zahlentheorie ist, ist sie eigentümlicherweise auch die Grundlage für die heilige kabbalistische Unterweisung der Gematria, der Lehre des Hebräischen als numerologisches System. Vicky war die Gematria bewusst nicht bekannt, als sie geführt wurde, diese Systeme miteinander zu verweben, aber anscheinend war ihr Vater darin besonders ausgebildet.

Befassen wir uns beispielweise weiterhin mit der Zahl 1: Im Tarot wird der Magier so betrachtet, dass er über alle Mittel der vier Sätze verfügt, die wiederum mit den vier Elementen in Beziehung stehen. Der Magier ist bereit, die Mittel geschickt, kreativ und in Harmonie mit der göttlichen Ordnung einzusetzen.

Seit etlichen Jahrhunderten ist in esoterischen Kreisen die Verbindung des Tarots mit dem Lebensbaum bekannt.[6] Sowohl B1 als auch die Karte mit dem Magier stimmen mit einem Pfad der Bewegung auf dem Baum überein. Auf diesem Pfad ist die bloße kreative Energie aus der Quelle, aus Kether verfügbar. Anfänglich war diese Energie als Potenzial in der Sephira Binah enthalten und einbehalten. Später wurde sie dann in die Lebenskraft verteilt.

Der Basisteil der B1 in der Aura-Soma Equilibriumreihe enthält die Farbe Tiefmagenta, welche die Quelle von allem, das möglich ist, repräsentiert. Das Tiefmagenta ist verfügbar und soll sich durch das Blau im oberen Teil der Flasche mitteilen. Das Blau bedeutet, dass es im Rahmen von Frieden, Klarheit und Wahrheit seinen Ausdruck findet. B1 ist die Körperliche „Erste Hilfe"-Flasche. Sie zeigt uns, dass wir in Kontakt mit dem Seelenstern und mit dem Kehlchakra sind, und dass wir Fürsorge und Wärme in alles einbringen, was wir tun.

Im I Ging wird das erste Hexagramm von Richard Wilhelm „das Schöpferische", von John Blofield „das schöpferische Prinzip" und von Meister Huang „das Auslösende" genannt. Dieses Hexagramm ist der Himmel: Himmel unten und Himmel oben. Es lehrt uns, dass das Ergebnis gut ist, wenn die Intention gut ist, die göttliche Ordnung aufrecht erhalten wird und die Schöpfung geglückt ist.[7]

Diese vier Systeme sagen etwas Ähnliches über die Zahl Eins bzw. über ihr erstes Element aus. B1, der Magier, der übereinstimmende Pfad im Lebensbaum und das erste Hexagramm, beschreiben jeweils die Qualitäten der schöpferischen und lenkenden Kräfte, die, wenn sie wohlmeinend und korrekt aktiviert werden, hilfreich und transformierend sind.

Die Zahl bzw. die Nummer, die zu jeder Equilibrium Flasche gehört, öffnet die Tür zu weiteren Möglichkeiten, die Beziehungen zwischen den Flaschen zu verstehen. Jenen Menschen, die an Numerologie und heiliger Geometrie interessiert sind, bietet sie Einsichten in eine andere Kommunikationsebene, die im Aura-Soma System eingebunden ist. Zahlen sind ebenso wie Farben eine universelle Sprache. Zahlen sind manchmal direkt mit der Sprache verbunden und bieten so weitere Möglichkeiten zur Kommunikation oder zur Verschlüsselung von Informationen. Beispielsweise könnte der Buchstabe *a* gleich 1, *b* gleich 2, *c* gleich 3 sein und so weiter im englischen Alphabet. Es könnte sehr amüsant werden zu verstehen, warum wir völlig durcheinander sind [Im Englischen: *to be at sixes (6) and sevens (7)*], wenn wir unser ABC (*the ABC's*) nicht kennen: Wenn wir unser ABC nicht kennen, kennen wir unsere 1er, 2er und 3er nicht. 1 + 2 + 3 = 6 (*sixes*). Der Buchstabe s ist der neunzehnte Buchstabe im Alphabet. Somit ist „ABC's" = 1 + 2 + 3 + 19 = 25; 2 + 5 = 7 (*sevens*). Deshalb heißt es, wenn wir unser ABC nicht kennen, sind wir völlig durcheinander und kommen nicht klar. Dinge sind nicht in Ordnung und müssen wieder geklärt werden.

Betrachten wir beispielsweise B13, Klar/Grün, die Veränderung im Neuen Zeitalter, deren Hauptthema das Erhellen der Gefühlsseite des Lebens und das Erleuchten des Herzens ist. Veränderung wird oft durch den Tod von etwas Altem und durch den Beginn von etwas Neuem gekennzeichnet. Ein ganzes Jahr von seinem Anfang bis zu seiner Vollendung umfasst 13 Mondzyklen. Die Zählung eines dreizehnten Mondes ist im Maya-Kalender bedeutsam. Dieser Kalender zeichnet kleine und große Zeit-Zyklen und Epochen auf. Die dreizehnte Tarotkarte ist der Tod. Im Volkstum gilt die 13 oft als Unglückszahl. Einige Hotels und große Gebäude lassen deshalb die Nummer 13 aus, wenn sie ihre Gänge oder Räume nummerieren.

Werden die Werte jedes Buchstabens im hebräischen Wort für *eins* zusammengezählt, ist die Summe gleich 13. Die Summe der Buchstaben im hebräischen Wort für *Liebe* ist ebenfalls 13. Die Kabbalah lehrt, dass zwei Wörter, die den gleichen Zahlenwert aufweisen, eine indirekte innige Beziehung zueinander haben oder in gewisser Weise synonym sind. Daher sind sich im Hebräischen die Wörter für *Liebe* und *eins* ähnlich. Tatsächlich ist es auch so, wenn wir für jemanden oder etwas Liebe empfinden, verbinden wir uns oder werden mehr eins mit diesem Menschen oder dieser Sache. Das eigentliche Band, das alles zum Einssein oder zur Einheit zusammenbringt, ist höchstwahrscheinlich das Element der Liebe.

Jetzt ist es unsere Aufgabe, die Erkenntnisse über die Zahl 13 so miteinander zu verknüpfen, dass wir zu einem größeren Verständnis der B13 gelangen. Dem Todes- und Veränderungsprozess wohnt eine Einheit oder ein Einssein inne: Unsere Essenz besteht weiter. Es ist möglich, dass die Qualität und das Gefühl der Liebe helfen, diese Einheit und das Weiterbestehen unserer Essenz sichtbarer zu machen. Erleuchtung des Herzens und ein Erhellen unserer Gefühle sowie Klarheit über diese Gefühle, erlauben uns eine neue Sicht im Hinblick auf bestimmte Situationen zu entwickeln. Die

Bemerkungen über B13 deuten an, dass wir „die Vergangenheit loslassen und neue Ziele setzen und planen und sie zur rechten Zeit umsetzen." Die Auswahl dieser Flasche deutet an, dass wir in der einen oder anderen Art einem Ende entgegen blicken. Vielleicht gibt uns der Hinweis, dass 13 = Liebe = eins ist, die Kraft, die Konstante des Lebens zu betrachten: „Alles fließt". Wenn wir uns in einem Veränderungsprozess befinden, sind wir eins mit dem, was war, was ist und was sein wird.

Wie könnte dieses erweiterte Verständnis anwendbar sein, wenn jemand B13 auswählt? Er mag von dieser Flasche angezogen werden und bei tieferem Nachdenken darüber sich erinnern, dass er im Alter von dreizehn Jahren sein geliebtes Haustier verlor. Ein anderer Mensch wählt Klar/Grün aus und ruft sich wieder in Erinnerung, dass er und seine Familie, als er dreizehn war, zurück auf die schöne Familienfarm gezogen sind, wo es weite Flächen grünen Weidelands gab, das man auf dem Pferderücken erkunden konnte. Aus scheinbar anderen Gründen können beide Personen eine starke Verbindung mit der Flasche haben. Beide erfuhren Verlust oder Veränderung – eine neue Richtung oder Perspektive für ihr Leben. Was sie aus diesen Erfahrungen lernten, mag unterschiedliche Auswirkungen haben, aber die Themen der Veränderung und der Liebe liegen vor.

Dies sind keine besonderen Beispiele, aber sie sind leicht zu verstehen und zeigen, wie unsere Intuition angeregt werden kann, um mehr über die Bedeutungen zu erfahren, die in Zahlen und Farben verschlüsselt sind. Manchmal scheint eine erste Assoziation mit einer Farbe zunächst die passendste zu sein. Oft haben dann aber Assoziationen, die scheinbar weit hergeholt sind, ein größeres Gewicht, als dies anfänglich aussah. Wir laden die Leser ein, für alle in einer Farbkombination enthaltenden Möglichkeiten offen zu sein und eigene Forschungen aufzunehmen, die wahrscheinlich eine größere Entwicklung mit sich bringen, insbesondere als Auslöser, um die tieferen Ebenen der Intuition in sich selbst anzuregen.

Es ist so, als ob jede Flasche eine strahlende Sonne wäre, ein Lichtpunkt, der auf viele Arten leuchtet und sichtbare Eindrücke hinterlässt, zu emotionalen Antworten einlädt, innere Einstellungen und Reaktionen fördert, Verbindungen andeutet und Informationen enthüllt. Wir denken an astrologische Assoziationen, an Reinkarnationserfahrungen, die archetypische Geschichte des Tarots, die Bedeutung der Farben und/oder die Verbindung zur feinstofflichen Anatomie. Alle Strahlen einer Farbkombination sind Teil des Bildes. Auf alle kann man sich beziehen, und sie werden für den Einzelnen nützlich, der auf die Flasche anspricht und sagt: „Ja, diese bin ich, mit ihr möchte ich mich identifizieren und ja, diese ruft mich." Wenn wir die Inhaltsstoffe der Flasche auf unsere Haut auftragen, ermöglichen wir den Nachklang der Einsichten in unserem Inneren. Das Aura-Soma System ist sowohl für sich allein enorm groß, aber auch in Berührung mit anderen Systemen; und doch ist es gleichzeitig offen und zugänglich.

Es mag nicht leicht sein zu glauben, dass alle Aura-Soma Equilibrium Flaschen so viele Informationen enthalten und fähig sind, einen einzelnen Menschen auf eine Weise zu beschreiben, die einzigartig und passend ist. Wenn wir jedoch den Basisbaustein des Lebens, die DNA-Doppelhelix betrachten, erhalten wir einen Einblick, wie dies möglich ist. Die DNA steckt in jeder lebenden Zelle und trägt in sich den genetischen Code für alles Leben auf der Erde. Dieser Code wird nur durch vier Nukleinsäuren übermittelt, die paarweise in jeweils drei verschiedenen Reihenfolgen entlang der Doppelhelix angeordnet sind. Die großartige Vielfältigkeit der vielen Milliarden Menschen – ebenso wie die Millionen der anderen Arten mit großen und kleinen Beständen – ist das Ergebnis dieser wenigen Nukleinsäuren, die sich selbst in vielfältigen Möglichkeiten gruppieren, wie beispielsweise als „Chromosomen". So offenbart sich die Auswahl der zweifarbigen Kombinationen auch via unseres einzigartigen Farbcodes, dem Wunder und der Vielschichtigkeit unserer Seelenreise durch die Zeit.

Aura-Soma und der Individuationsprozess

Da Wissenschaftler im Begriff sind, den genetischen Code von Menschen, Tieren und Pflanzen zu entschlüsseln, ist es vielleicht angesagt, dass auch der Farbcode der individuellen Seelen bekannter wird. Durch Aura-Soma kann der Pfad der Seele, der zu uns gehört und in uns ist, wahrgenommen und gestärkt werden. „Sei dir selbst treu", nicht nur so, dass „du keinem anderen gegenüber unaufrichtig bist",[8] sondern auch so, dass wir in gemeinsamem Schaffen die besten Potenziale des Wassermannzeitalters Wirklichkeit werden lassen.

Es ist erstaunlich, dass etwas so einfaches wie die Anordnung von ein paar Nukleinsäuren die vielfältigen Arten von Menschen, die es auf der Erde gibt, hervorbringt. Von einer makroskopischen Sicht aus betrachtet weisen neuere Studien der Bibel, die von sehr schnellen Computern ermöglicht wurden, eine ähnliche inhaltlich vielfältige Dichte auf. Die Tora, der heilige hebräische Text, wurde mit den zweiundzwanzig hebräischen Buchstaben in einer fortlaufenden Reihe geschrieben. Es gibt hier keine Vokale. Wie in Büchern über die hebräische Schrift beschrieben (z. B. The Bible Code von Michael Drosnin und Cracking the Bible Code von Jeffrey Satinover), scheint es, dass es in der Tora durch Austauschprozesse der Buchstaben, Auslassungen in der Reihenfolge und Kombinationen möglich wird, alles zu schildern, was im menschlichen Erleben war, ist und sein wird. Wie Vicky über Aura-Soma sagen würde: „Es ist so einfach und doch so erstaunlich."

Es gibt eine Parallele zwischen dieser Vielfalt von Ergebnissen und Aura-Soma. In unserer Erörterung der feinstofflichen Anatomie (Seite 23) sprachen wir über den Jungschen Individuationsprozess. Der türkisfarbene Bereich, das Ananda Khanda, wird aktiviert, wenn jedes der Chakras funktioniert, und wenn wir mit unserem Erdstern und mit unserem Seelenstern verbunden sind. In diesem Augenblick begibt sich das Türkis auf seinen Weg zur Mitte des Körpers, zum Smaragd des Herzens. Durch diesen Individuationsprozess werden wir fähiger, unsere Aufgabe auf der Erde besser zu erfüllen, sowohl individuell als auch in der Gemeinschaft.

Aus der Sicht von Aura-Soma steht diese Auffassung interessanterweise in Übereinstimmung mit der Forschung von Ken Wilber. Wilber empfiehlt eine entwicklungsgemäße Annäherung, um unterschiedliche menschliche Werte und

Weltansichten und die Auffassung zu beschreiben, dass „ein Stadium der Entwicklung nur dann überschritten werden kann, wenn wir uns zu einer höheren Ebene hin weiterentwickeln; und dass soziale Gerechtigkeit schließlich nur gewährt werden kann, wenn wir diese Entwicklung erkennen und möglich machen.“[9] Weiterhin führt er diese Wirklichkeiten, Weltansichten oder tiefen Strukturen in Bezug auf Farbe aus. Wilber empfiehlt, dass sich die Menschen durch eine Reihe miteinander verbundener Werte fortlaufend weiterentwickeln. Dies sind:

> ... verschiedene Wellen bzw. Zyklen des Daseins (oder Stadien der Entwicklung) ... [die] nicht nur vorübergehende Phasen in der Selbstentfaltung sind; es sind ständig verfügbare Fähigkeiten und Bewältigungsstrategien, die, wenn sie sich einmal gezeigt haben, unter entsprechenden Lebensbedingungen aktiviert werden können ...[10]

Im Hinblick auf die Stadien meint Wilber: Die ersten sechs Ebenen sind „existenzielle Ebenen“ die von einem „Primärschicht-Denken“, also zunächst notwendigem Denken geprägt sind. Dann entsteht eine revolutionäre Wende im Bewusstsein: das Aufkommen von „Daseinsebenen“ und eine Art „Sekundärschicht-Denken“.[11] Wilber führt jede dieser Ebenen in Bezug auf Farbe aus. Wenn wir an unsere sieben Chakras denken und die Aura-Soma Auffassung vom Smaragd des Herzens als den Ort vor Augen haben, wo wir das Kreuz der Zeit und das Raumkontinuum ablegen können, ist es im Hinblick auf das grüne Mem - einer Entwicklungsstufe oder Welle der Existenz - und dessen Wert, interessant zu beachten, was Wilber sagt:

> Mit der Vollendung des grünen Mem ist das menschliche Bewusstsein zu einem Quantensprung in das „Sekundärschicht-Denken“ bereit. Clare Graves bezog sich darauf als einen „gewaltigen Sprung“, wo „eine Kluft unglaublicher Bedeutungstiefe überwunden würde. Im Wesentlichen kann man mit „Sekundärschicht-Bewusstsein“ sowohl senkrecht als auch waagrecht denken, indem man sowohl Hierarchien als auch Heterarchien verwendet. Man kann zum ersten Mal deutlich das ganze Spektrum der inneren Entwicklung erfassen, und somit sehen, dass jede Ebene, jedes Mem, entscheidend wichtig für die Gesundheit der gesamten Spirale ist. Da jede Welle „übersteigend und einschließend“ ist, ist jede Welle ein elementarer Bestandteil aller darauf folgenden Wellen, und somit sollte sie geschätzt und angenommen werden.[12]

Bei Aura-Soma ist Türkis, das aus Blau und Grün gebildet wird, der Sitz der Glückseligkeit und wird von der gleichzeitigen Bewegung des Seelensterns und des Erdsterns aktiviert. Wilber beschreibt die letzte Welle des „Sekundärschicht-Bewusstseins“ als Türkis und als relativ selten ... die „eigentliche Speerspitze“ der kollektiven menschlichen Evolution. Türkis ist:

> Ganzheitlich: ein universelles ganzheitliches System ... das Gefühl mit Wissen (Kentaur) vereint; mehrere Ebenen in einem einzigen bewussten System verwebt. Eine universelle Ordnung, aber in einer lebendigen, bewussten Art und Weise, nicht begründet auf äußeren Regeln (Blau) oder Gruppenbindungen (Grün). Eine wirklich „große Vereinigung“ ist möglich, in der Theorie und in der Praxis. Manchmal zeigt sich das Auftauchen einer neuen Spiritualität als ein Geflecht für alles Existierende.[13]

Es gibt eine auffällige Übereinstimmung zwischen Wilbers Theorien über das Bewusstsein, den Theorien von Carl Jung und dem, was Aura-Soma bekundet. Aura-Soma fördert den Individuationsprozess, sodass wir unsere Bestimmung auf der Erde im Rahmen einer Gemeinschaft erfüllen können.

Ein Beispiel: B5 und Aura-Soma

In der Nacht, als Aura-Soma geboren wurde, schuf Vicky B5, Gelb/Rot. Es war die Flasche, zu der sie sich am stärksten hingezogen fühlte, die sie am stärksten „rief“. Es ist ein gutes Beispiel dafür, wie eine Flasche sowohl den einzigartigen Pfad eines Menschen, als auch die Erfahrungen einer größeren Gemeinschaft ansprechen kann.

Bekannt als die Sonnenaufgangs- und Sonnenuntergangsflasche kann B5 so betrachtet werden wie die Sonne, die am Horizont der roten Erde auf- und untergeht. Der Hauptaspekt der B5 handelt von der Möglichkeit, Wissen hinsichtlich der Energien, die wir mit uns führen, weise einzusetzen und mit Energie und Leidenschaft (Rot) den Ausdruck von Wissen (Gelb) zu unterstützen. In der Sprache der Farben kann Gelb/Rot auf eine Führungskraft hinweisen, die einen schwierigen, dennoch freudigen Pfad im Hinblick auf seine oder ihre Aufgabe hat; auf einen Menschen mit Kraft und Stärke (Rot), der seine Lebensaufgabe mit Freude (Gelb) erdet (Rot). All das könnte auf Vicky zutreffen.

Wenn Gelb und Rot zusammengeschüttelt werden, entsteht Orange, die Farbe der B26, Orange/Orange, die uns als die Ätherische „Erste Hilfe“-Flasche oder als Humpty Dumpty bekannt ist. Dies kann nahe legen, dass die Wahl der B5 auf Missbrauch, Schock oder schwierige Situationen in jungen Jahren hinweist. Das Orange bedeutet Abhängigkeit und Co-Abhängigkeit, bedingte und abhängig machende Muster und Befreiung durch den Weg der Meditation, der Einsicht und Glückseligkeit bringt. Vickys einzigartige Geschichte, einschließlich der Erschütterungen und Rückschläge, die sie erfuhr, und die ihre Seele trübten, trugen dazu bei, ihre Stärken weiterzuentwickeln und befähigten sie, ihre Weisheit in etwas Praktischem zu erden, das mit vielen Menschen geteilt werden kann. Somit können die vielfältigen Bedeutungen dieser Farbkombination alle für sie bezeichnend sein.

Weniger individuell bezogen wird bei den Hauptaspekten der B5 erwähnt, dass es hilfreich sein könnte, mit tibetischen und chinesischen Inkarnationen Kontakt aufzunehmen. Gelb/Rot hat eine besondere Beziehung zu den Unterweisungen und der Geschichte des tibetischen Buddhismus. Der Dalai Lama und andere tibetische buddhistische Mönche tragen Gewänder in den Farben Gelb und Rot, und der Raum mit dem Schrein im Karme Choling Meditationszentrum[14] – einem sehr großen Retreatzentrum in Barnet, Vermont, USA, nicht weit entfernt vom Zuhause eines der Autoren – ist in diesen Farben gestrichen. Oft reagierten die Studenten ziemlich stark, wenn sie diesen Raum zum ersten Mal sahen: Er schockiert die Besucher, rüttelt sie wach und macht frei von gewohnheitsmäßigen Voreingenommenheiten. Wie Chogyam Trungpa Rinpoche, der Begründer von Karme Choling sagen würde: Es bringt uns „zum Ausgangspunkt zurück". Nach einer gewissen Zeit sehnen sich die Studenten nach der Atmosphäre im Schreinraum.

Orange/Orange, zu dem sich B5 verschüttelt, ist als Hilfe bei Schocks vorgesehen. Es ist die „Bring es wieder zusammen" Flasche, und sie fördert die Heilung der Zeitlinie. Sicherlich haben die tibetischen Buddhisten große Schocks erlitten. Beim Schreinraum im Karme Choling ist die positive Folge eines Schocks, dass die Meditierenden in einen Zustand von Wachsamkeit aufgerüttelt werden.

Des Weiteren können wir uns die Mönche in ihren safranfarbigen Gewändern vorstellen, und wie sie durch ihr Alltagsleben gehen. Durch ihre Meditationspraxis finden sie möglicherweise den Schlüssel für ein Verständnis, das hilft, Mitgefühl und liebevolle Freundlichkeit hervorzurufen, und das die Entwicklung der Menschheit auf dem Planeten zu fördern vermag. Gelb, Rot und Orange sind die Farben der ersten drei Chakras: der Wurzel, des Nabels und des Solarplexus. Wenn wir die Schwierigkeiten der ersten drei Chakras überwinden und uns von den damit verbundenen Energien freimachen, kann sich das vierte Chakra, das Herz, öffnen.

Numerologisch ist die Gelb/Rot mit dem fünften Trumpf im Tarot, dem Hierophant verbunden. Traditionell gilt der Hierophant im alten Griechenland als der oberste Priester, der in den eleusinischen Mysterien beim Fest der Demeter und der Persephone den Vorsitz hatte. Unter der Führung des Hierophant wurde den Menschen die Möglichkeit geboten, in Weisheit zu wachsen. Dies ist eine passende Verbindung zur Flasche, die uns ermutigt, unsere Energien weise einzusetzen. Im Orange sind Gelb und Rot enthalten. Somit kann die Erfahrung der Gelb/Rot zu Einsicht (auch dafür ist Orange symbolhaft) führen. Die Meditationspraxis (Orange) bringt mit sich, dass wir erkennen, wie wir unsere Energien (Rot) weise (Gelb) einsetzen können. Vicky praktizierte die Meditation, und sie verschrieb sich ganz dem Dienst an der Welt. Ihr wurde Aura-Soma gegeben. Unter ihrer anfänglichen Führung wurde es dann zu einem System, mittels dem sie sich anderen widmen konnte, indem sie ihnen auf ihrem Weg des Wachwerdens half. Es ist ein Weg, der zu persönlichen Einsichten führt, zu einer unmittelbaren Verbindung zum Göttlichen im Inneren und zu der Fähigkeit, die Lebenskraft weise einzusetzen.

B5, die sechste Flasche in der Equilibriumreihe, stimmt überein mit vov, dem sechsten Buchstaben im hebräischen Alphabet. Vov erscheint auf dem Pfad des kabbalistischen Lebensbaums genau unter Chokmah, der höchsten Sphäre auf der männlichen Säule, wo Energien existieren, bevor sie sich in einer fassbareren Form zeigen. Vov ist die Verbindung zwischen Chokmah und dem, was ins Dasein kommen wird. Eine Definition dieses Buchstabens ist „Haken, Nagel, etwas, das Konzepte oder Dinge miteinander verbindet, die scheinbar getrennt sind." Chogyam Trungpa Rinpoche spricht über die pragmatische Rolle der Hingabe beim Prozess, Erleuchtung zu erlangen und weist darauf hin, dass es der „Haken" ist, mithilfe dessen die Lehrer und die Bodhisattvas mit menschlichen Wesen arbeiten können.[15] Vov bedeutet auch Einmaligkeit, und wie wichtig es ist, dem eigenen Weg zu folgen.[16] Wenn wir an Vickys Leben denken, ist die Bedeutung der Beziehung ihrer Flasche zu diesem Buchstaben offensichtlich: Sie war ein „Haken", oder jemand, der von der spirituellen Welt die Inspiration für Aura-Soma holte und empfing. Indem sie Aura-Soma gebar, war Vicky imstande, anscheinend voneinander abweichende Konzepte, Heilungstechniken, Theorien und Systeme zu integrieren und sie leicht verfügbar zu machen. In einer praktischen Weise bringen die Fläschchen Energien spiritueller und inspirierender Art auf die Erde und binden sie in zweifarbige Kombinationen ein, die sie leicht zugänglich machen.

Was Karme Choling betrifft, so kann der persönliche Schock und das Erwachen, das aus der Praxis der Meditation hervorgeht, Studenten ermutigen, auf ihrem einzigartigen Weg zu reisen, sich sicherer in ihrer spirituellen Intention „einzuhaken" und sie dann auf praktische Weise umzusetzen. Hingabe, Schock und Wachsamkeit teilen Vicky Wall in England und das tibetische Meditationszentrum in Vermont in ihrer gemeinsamen Farbgeschichte, die sich in der B5 und B26 auf faszinierende Weise darstellt. Es ist interessant zu sehen, dass B26 weltweit beständig jene Flasche ist, die mehr als alle anderen Farbkombinationen gekauft wird. In der Tat ist der Name Aura-Soma gleich 26, wenn die einfache numerologische Entsprechung des englischen Alphabets verwendet wird. In der kabbalistischen Tradition bedeutet dies, dass Aura-Soma und die Zahl 26 eine besondere Beziehung oder Gleichwertigkeit haben. Folglich wurde uns Aura-Soma gerade jetzt vom Geist angeboten, um uns zu helfen, uns nicht nur von den Erschütterungen zu erlösen, die im eigenen aurischen Feld und im Ätherischen festgehalten sind, sondern uns auch beim Heilungsprozess unserer individuellen und kollektiven Zeitlinie zu unterstützen. Wir mögen uns so zu größerer Synchronizität und Harmonie hinbewegen. Dass uns B26 zu B8 (2 + 6 = 8) bringt, legt nahe, dass Aura-Soma gerade jetzt hier ist, um jedem von uns zu helfen, unseren Lichtkörper und unsere Flügel zu entwickeln.

Aura-Soma und das Neue Zeitalter

Wie wir gesehen haben, ist Aura-Soma ein sich entwickelndes System. Von Zeit zu Zeit wurden neue Flaschen „geboren" oder geschaffen, wenn Vicky Wall und jetzt Mike Booth die Inspiration erhielten, sie hervorzubringen. Der Zeitpunkt dieser Inspirationen legt nahe, dass die neuen Flaschen, die neuen Farbkombinationen und sogar die neuen Pastellfarben und Volltöne dann eintreffen, wenn sich die Bedürfnisse der Menschen verändern. Die Ankunft der einzigartigen Farbkombinationen scheint die persönliche Individuation zu fördern und und die Entwicklung der Menschheit und einen gleichzeitigen Bewusstseinswandel im Kollektiv zu unterstützen oder vielleicht sogar anzuführen.

Die Geburt der beiden Flaschen, B101 und B102, dient als Beispiel für die synchronistische Entfaltung des Aura-Soma Systems. B101, Erzengel Jophiel, Hellblau/Hellolivgrün, kam am 14. Dezember 2000 an. Jophiel ist uns als der Erzengel bekannt, der Adam und Eva aus dem Garten Eden hinaustrieb, nachdem sie vom Baum des Wissens gegessen hatten. Vielleicht ist Jophiels Erscheinung in der Aura-Soma Reihe zu Beginn des neuen Millenniums ein Hinweis, dass die Zeit gekommen ist, wieder zu einer harmonischeren, Herz betonten Lebensweise zurückzufinden und sich der eigenen inneren Weisheit und dem Inkarnationsstern im goldenen Bereich anzunähern. Unser eigener Gralskelch möge bis zum Überfließen gefüllt sein, auf dass wir mit der Welt die Essenz unserer Talente teilen und dadurch uns allen helfen, zu einem vereinten Feld und zu einem Einssein miteinander zurückzukehren.

Erzengel Samael, Tiefolivgrün/Tiefmagenta, B102, kam nach Jophiel an, und Samaels satte Töne sind merklich im Kontrast zu den hellen Tönen der B101. Vielleicht in der Art, wie Liebe alles, das nicht wie sie selbst ist, zum Zwecke der Heilung hervorbringt, so bringt die Möglichkeit, zu dem vereinten Feld zurückzufinden, alle Hindernisse und Schattenthemen, mit denen wir uns befassen müssen, um zu Harmonie zu gelangen, in unser Bewusstsein.

Die Umstände, die mit der Geburt der B102 einhergehen, zeigen anschaulich die synchronistische Entfaltung des Aura-Soma Systems auf: In der Weihnachtszeit im Jahr 2000 erwähnte Mike Booth, er spüre, dass eine weitere Flasche dabei war, in Kürze geboren zu werden und dass Erzengel Samael der Name sei, der ihm für diese Flasche gegeben wurde. Die Schreibweise des Namens war sehr speziell und sollte nicht mit „Samuel" oder anderen Wesen mit ähnlichen Namen verwechselt werden. Im Laufe des Winters erforschten wir, was in der Überlieferung über die Wesensart und die Rolle Samaels steht. Gustav Davidson beschreibt ihn im ‚*A Dictionary of Angels*' (Engelslexikon) als eine „Kombination von ‚Sam', das Gift bedeutet und ‚el', das Engel bedeutet … und er wird sowohl für gut als auch für böse gehalten … der Engel des Todes." Arthur Edward Waite sagte in ‚*The Holy Kabbalah*' (der heiligen Kabbalah), dass Samael als „Strenge Gottes"[17] bezeichnet wird.

Nach Rudolf Steiner wird der Erzengel Samael mit Mars assoziiert, dem Planeten oder Gott, der traditionsgemäß mit Krieg und Macht in Zusammenhang gebracht wird. Steiner verband Erzengel Samael auch mit der siebzehnten Tarotkarte, dem Turm sowie mit dem sechzehnblättrigen Lotus, dem Kehlchakra, der Beherrschung der Sprache, um das Wort zu verkünden. Das Schwert ist symbolhaft für das Wort.[18] Wie schon früher erwähnt, wird jede große Arkana im Tarot traditionsgemäß mit einem bestimmten Pfad auf dem kabbalistischen Lebensbaum in Verbindung gebracht. Der Turm ist der Pfad, der die Säulen der Gnade und der Strenge miteinander verknüpft, indem er die siebte und die achte Sphäre, als Netzach und Hod bezeichnet, am Fuße jeder Säule verbindet.

Im Laufe des Winters und im Frühling 2001 fühlte Mike, dass die Flasche näher kam, um dann wieder zurückzuweichen, als ob die Dringlichkeit für ihre Geburt stärker wurde und wieder nachließ, beinahe wie Geburtswehen, oder als ob sich die Energien der Flasche in einer Ausreifungszeit befanden. Mike hatte einige Vermutungen hinsichtlich der möglichen Farbkombinationen der Flasche, aber er wartete auf weitere Führung. Im August erwähnte er, er spüre, dass die Geburt der Flasche nahe sei, und dass sie etwa um den 10. oder 11. September ankommen würde, dann, wenn er wieder in England sei. Am 11. September 2001, gleich, nachdem er die Nachricht vernahm, dass die Zwillingstürme des Welthandelszentrums getroffen worden waren, fühlte Mike sich veranlasst, ins Labor zu gehen und die neue Flasche zu schaffen.

Die Farben, die sich ihm in einer unbeabsichtigten visuellen Kombination auf dem Labortisch zeigten, unterschieden sich von dem, was er erwartet hatte. Hier war zum ersten Mal das tiefe Olivgrün: Der Aura-Soma Sammlung wurde ein Schatten hinzugefügt.

Wir alle sind vertraut mit den Einzelheiten, die sich am 11. September abspielten. Rückblickend betrachtet bedeutet Samael – das Gift Gottes; die Assoziation mit Mars, dem Kriegsgott; sogar die Verbindung zum Turm ist offensichtlich. Jene, die mit der Turmkarte vertraut sind, wie sie im Rider-Waite-Deck abgebildet wird, sind sich der Ähnlichkeit zwischen dem vom Blitz getroffenen Turm auf der Tarotkarte und den Bildern bewusst, die sich in die Köpfe von vielen von uns einbrannten. Es sind die Bilder von Menschen, die von den Zwillingstürmen fielen, während die Türme selbst auseinanderbrachen.

Sogar die astrologische Zeitvorgabe hatte die Bedeutung einer scheinbar kosmischen Fügung: Der Mond war „außerhalb seiner Bahn" in den Zwillingen, dem Sternzeichen der Zwillinge. Des Weiteren fallen im Gregorianischen Kalender sowohl das äthiopische als auch das koptische Neue Jahr auf den 11. September. Auch der alte ägyptische Neujahrstag ist der 11. September, wenn für moderne Kalender neu berechnet wird. Dieser Tag wurde vom aufgehenden Sirius, dem der Isis geweihten Stern, markiert. Isis ist die Göttin, die das Leben erhält und Osiris, den verwundeten König heilte, der – was den Tod angeht – der Herr der Unterwelt ist.[19]

In der ägyptischen Mythologie wird Osiris, der König, der der Heilung und Auferstehung bedarf, mit der Zahl 15 assoziiert. Die fünfzehnte Tarotkarte ist der Teufel. In der Aura-Soma Reihe ist die Flasche 15 die Klar/Violett, und ihre Hauptaspekte schließen Heilung in der Neuen Zeit und Erhebung des Selbst durch

Zerquetschter, verbogener Stahl der Zwillingstürme vor den Gebäuden des Weltfinanzzentrums, den man nach dem 11. September 2001 dort stehen ließ.

Reinigung und Läuterung ein. Noch einmal wurde uns eine weitere Assoziation mit den Ereignissen des 11. Septembers gegeben – hier das Verlangen, ihnen mit einem inspirierenden (Klar) und transformierenden (Violett) Ansatz zu begegnen. Je mehr wir in die Synchronizität zwischen der Geburt von Erzengel Samael und den Ereignissen am 11. September 2001 eintauchen, desto stärker sind die Hinweise auf eine göttliche Präsenz bei Aura-Soma.

Für das Prinzip der Homöopathie gilt, dass die energetischen Schwingungen von einem schwach toxischen Material Heilung anregen können. Vielleicht kann das Energiepaket der B102, der Erzengel Samael, das Gift Gottes, ähnlich wirken und energetisch ausgleichende Prozesse durch die Resonanz auf die Ereignisse des 11. Septembers anregen und helfen, einen positiven Wandel im Bewusstsein für die Menschheit herbeizuführen.

Die Farben der B102 deuten an, dass dieser Wandel möglich ist. Wie im 5. Kapitel erläutert, werden alle Flaschen mit Tiefmagenta in ihrem Basisteil als „Erste Hilfe"-Flaschen bezeichnet. Magenta wird mit göttlicher Liebe und Gnade assoziiert; Tiefmagenta wird mit der Quelle von allem, das ist, mit tätigem Mitgefühl und tiefer Fürsorglichkeit, aber auch mit dem, das im Schatten, in unserem Unbewussten ist, in Verbindung gebracht. Olivgrün symbolisiert weibliche Führerschaft und Einfühlungsvermögen, eine Führung vom Herzen her, die von Bitterkeit befreit und Hoffnung bietet. Es fördert die Reinigung und Klärung negativer Emotionen. Vom Standpunkt der feinstofflichen Anatomie aus betrachtet, schlägt Olivgrün die Brücke vom goldenen Teil unseres Wesens zum Herzen. Es ist der Schritt zur Öffnung des Smaragds unseres Herzens, da Rosa durch Gold und Olivgrün aufsteigt, um diese Öffnung zu ermöglichen. Wie vorher schon erwähnt, besteht eine unmittelbare Beziehung zwischen unserer menschlichen Entwicklung und der Entwicklung der Erde. So, wie der Smaragd unseres individuellen Herzens sich öffnet, wird auch das Gittersystem der Erde gestärkt und die Erde bei ihrem Entwicklungsschritt unterstützt, sich selbst als Planet der Liebe darzustellen.

Wie die meisten Equilibrium Flaschen ist B102 sowohl mit dem Tarot als auch mit dem Pfad auf dem kabbalistischen Lebensbaum verknüpft. Jeder kabbalistische Pfad stimmt mit zwei speziellen Tarotkarten überein: der Hinreise und der Rückreise. Der Reisende hat auf der Rückreise, wobei er sich noch immer mit dem Gelernten der Hinreise auseinandersetzt, durch bestimmte archetypische Lektionen auf dem Pfad, vertiefte Einsichten erlangt und bietet jetzt der Welt an, was er oder sie bis zu diesem Punkt gelernt hat. Steiner bezeichnet die Bedeutung dieses Wachstumsstadiums eines Menschen folgendermaßen:

> Er lernt nicht, um das Erlernte als seinen eigenen Wissensschatz anzuhäufen, sondern um dieses erlernte Wissen in den Dienst der Welt zu stellen. ... Alles Wissen, das wir lediglich anstreben, um das eigene Erlernte anzureichern und den Schatz für uns selbst anhäufen, führt uns weg von unserem Weg; aber alles Wissen, das wir anstreben, um reifer zu werden auf dem Weg der menschlichen Höherentwicklung und für den Fortschritt der Welt einbringen, führt uns einen Schritt weiter.[20]

Die Rückreise, die mit dem Turm assoziiert wird, ist Erzengel Michael, B94. Mit der Ankunft von Erzengel Samael hat dieser Pfad eine dritte Ebene erreicht, B102. Nach Steiner übernahm Erzengel Michael im Jahr 1879 die Verantwortung von Erzengel Gabriel, um die Bewusstseinsentwicklung auf diesem Planeten zu überwachen. Erzengel Michael wird direkt mit den energetischen Gitterlinien auf dem Planeten in Verbindung gebracht, mit den heiligen Stätten und mit dem Erwecken des Bewusstseins auf dem Planeten selbst. Das Erscheinen der B102 könnte so verstanden werden, dass Erzengel Michael die Hilfe von Erzengel Samael herbeirief.

Zum Herbeirufen von Hilfe ist in den Vereinigten Staaten die 911 die richtige Telefonnummer für den Notruf. Da es um diese Zahlen viele Assoziationen gibt, erhielt die 911 seit dem 11. September sicherlich eine zusätzliche Bedeutung. Bei der Krise waren es nicht nur örtliche Polizeikräfte, Feuerwehrleute und Erzengel Samael, die herbeigerufen wurden, sondern auch K9-Rettungsteams mit über 300 Hunden. Es passt, dass K der elfte Buchstabe im englischen Alphabet ist. Gewissermaßen war die „11-9" Einheit ein Rettungsteam, das am 11.9. im Einsatz war, um dem 911-Hilferuf nachzukommen. Vielleicht war eine göttliche Gegenwart zugegen; rückwärts buchstabiert bedeutet „dog" (Hund) immerhin „god" (Gott) im Englischen. Wie auf der Tarotkarte, wenn der Turm auseinanderbricht und das Auge wahrer Einsicht auftaucht, weisen das Tiefolivgrün und das Tiefmagenta der B102 auf eine mögliche größere Hoffnung für ein Leben hin, das vom Herzen her geführt wird und erretten so die Fürsorglichkeit aus der Tiefe der Dunkelheit sowie die Erneuerung bringenden, erhaltenden Prinzipien, die auf das zerstörende Ereignis folgen (generative, operative, destructive – g o d = Gott).

Alle Informationen und Bedeutungen, die in der jeweiligen Farbkombination jeder Equilibrium Flasche verschlüsselt sind, sind Teil der Unterstützung, die die Flaschen den Menschen, die sie auswählen und der Welt insgesamt bieten. Das Spannende bei Aura-Soma ist, dass wir kein bewusstes Wissen über diese Informationen haben müssen, wenn wir eine Farbkombination auswählen. Die Aussagekraft ist da und wartet darauf, sich uns zu offenbaren, während unsere Verbindung zur Flasche wächst. In der Zwischenzeit arbeitet sie unsertwegen. Es sieht so aus, als gäbe es eine wunderbare Vollkommenheit, einen inneren Zusammenhang und eine Beständigkeit in dem, was uns durch Aura-Soma angeboten wird.

Sonnenuntergang im arktischen Norwegen.

Quellen

Practitioner und Distributoren

Nehmen Sie bitte für weitere Informationen über das Aura-Soma® Colour Care System oder Empfehlungen für Berater in Ihrer Gegend und für den Kauf von Aura-Soma Produkten Kontakt auf mit:

Aura-Soma Products Limited
South Road
Tetford
Lincolnshire, LN9 6QB
United Kingdom
+44 (0)1507 533581
E-Mail: info@aura-soma.co.uk
www.aura-soma.net

Information und Details der Berater und Lehrer in den deutschsprachigen Ländern
+49 (0)7021 3235 bzw. 3492
E-Mail: ulrike@asiact.org und ulrike@aura-soma.net

Camelot, Colour & Light GmbH
Gohrstraße 24
D-42579 Heiligenhaus
Tel: 02056/9314-0
Fax: 02056/9314-44
Web: www.aurasoma.de
E-Mail: info@aurasoma.de

Pranahaus GmbH
Wöhlerstr. 4
D-79108 Freiburg
Tel. Kundenbetreuung: +49 (0)180/500 15 14
Mo. - Fr.: 8.00 - 20.00 Uhr
Fax-Nr. +49 (0)180/500 15 13
Web: www.pranahaus.de
E-Mail: kundenbetreuung@pranahaus.de

Aquamarin Verlag GmbH
Voglherd 1 D-85567 Grafing
Tel: +49 (0)8075 913274
Fax: +49 (0)8075 913275
Web: www.aquamarin-verlag.de
E-Mail: kontakt@aquamarin-verlag.de

Internationale Practitioner und Distributoren

The Art and Science International Academy of Colour Technologies
Dev Aura
Little London, Tetford
Lincolnshire, LN9 6QL
United Kingdom
+44 -(0) 1507 - 533218
E-mail: info@asiact.org
Web: www.asiact.org

Die Art and Science International Academy of Colour Technologies (AS I ACT) ist eine registrierte gemeinnützige Stiftung mit den Hauptzielen der Ausbildung und der Vermittlung des Verständnisses für Farben zur Bewusstwerdung der Seele. Diese Ziele werden durch Ausbildungskurse, veröffentlichte Ausbildungsunterlagen, Seminare, Tagungen und Forschung erreicht.

Publikationen

Aura-Soma: Das Wunder der Farbheilung und die Geschichte eines Lebens von Vicky Wall - herausgegeben von Edition Sternenprinz im Hans-Nietsch-Verlag 2006. Eine Erzählung ihrer Lebensgeschichte und die Innovation der Aura-Soma-Equilibrium-Flaschen.

Es gibt auch viele Bücher über das Aura-Soma Farbsystem in anderen Sprachen. Bitte nehmen Sie mit Aura-Soma Products Limited für weitere Informationen Kontakt auf.

Oben: In Blau-Gold fallendes Wasser am „Connor Pond Dam“ in Petershan, Massachusetts..

Anmerkungen

Einführung

1. Caroline M. Shreeve, The Alternative Dictionary of Symptoms and Cures (London: Rider, 1986), 489–97.
2. Rudolf Steiner, Knowledge of the Higher Worlds (London: Rudolf Steiner Press, 1969), 39–40.

1. Kapitel

1. Jede Seele oder jedes Bewusstsein, das in eine menschliche Form eingeht, kam als Teil des Vorgangs, angezogen zu werden von einer bestimmten Farbschwingung bzw. einem bestimmten Farbstrahl sowie von allen Eigenschaften, die gerade diese besondere Farbe aufweist.
2. Seth Lerer, *The History of the English Language, Part I* (Hörkassette; Chantilly VA: The Teaching Company, 1998). Professor Lerer steht in Verbindung mit der Universität Stanford. Die vollständige Vorlesungsreihe kann auf Hörkassette, Hör-CD, Videokassette oder DVD von: The Teaching Company telefonisch unter 1-800-832-2412 oder über die Website www.teach12.com bestellt werden.

2. Kapitel

1. Vicky Wall, *Aura-Soma: Self-Discovery through Color* (Rochester, VT: Healing Arts, 2005), 1.
2. ebd., 57.
3. ebd., 59, 67.
4. Vicky sagte immer, Aura-Soma käme vom "Vater," Auf diese Weise bezog sie sich sowohl auf ihren Vater als auch auf Gott.
5. Steiner, *Knowledge*, 22–23.
6. Die Equilibrium Flaschen kennt man durch Farbe, Name und Zahl. Die Flasche, die Vicky stärkte, ist somit als die Grün/Grün, „Geh' umarme einen Baum" und als Flasche 10 (abgekürzt B10) bekannt.
7. A. P. Shepherd, *Rudolf Steiner: Scientist of the Invisible* (Rochester, VT: Inner Traditions, 1954).
8. Steiner, *Knowledge,* 39.
9. Shreeve, *Alternative Dictionary,* 489–97.

3. Kapitel

1. Steiner, *Farbe* (Sussex: Rudolf Steiner Press 1992), 70.
2. ebd., 177.
3. ebd.
4. Johann Wolfgang von Goethe, *Theory of Colors* (Cambridge, MA: MIT Press, 1976), xxxvii.
5. ebd., lvi.
6. Joseph Addison, *The Spectator* (England: 1711–1712).
7. Goethe, *Theory of Colors,* 307–8 .
8. ebd, 321.

4. Kapitel

1. Johann Wolfgang von Goethe, *Theory of Colors,* 310.
2. Steiner, *Farbe,* 118.
3. ebd., 129–30.
4. Für weitere Informationen bitte die Website www.paul-schatz.ch oder www.oloid.ch besuchen.
5. Wie von Paul Dicker, Produktion, Forschung und Entwicklung Aura-Soma Products Ltd. bei einem persönlichen Gespräch am 22. Juli 2005 berichtet.
6. Steiner, *Farbe*, 129–30.
7. ebd., 65.

Oben: Löwenpaar in Ostafrika genießt das Licht am Ende des Tages.

8. Informationen aus *Aura-Soma: ArchAngeloi von Mike Booth* mit herzlichem Dank an Carol McKnight und Iris Rebilas (Heiligenhaus, Deutschland: Seifert & Gries, 2004).

5. Kapitel

3-a. Eine historische Niederschrift von Atlantis findet man in den *Timaeus und Critias* Dialogen von Plato. Diese Dialoge wurden weitgehend übersetzt und herausgegeben und sind leicht erhältlich.

3-b. Henriette Mertz, *Atlantis: Dwelling Place of the Gods* (Chicago: self-published, 1976).

7-a. „Im Garten von Getsemane ergriff Jesus Furcht und Angst. Und er sagte zu ihnen: „Meine Seele ist zu Tode betrübt. Bleibt hier und wacht." Und er ging ein Stück weiter, warf sich auf die Erde und betete, dass diese Stunde, wenn möglich, an ihm vorübergehe. Er sagte: „Abba, Vater! Alles ist dir möglich. Nimm diesen Kelch von mir! Aber es soll geschehen, was du willst, nicht was ich will." (Markus 14:34-37) The Bibel (New Jerusalem Version) (New York: Doubleday, 1985).

7-b. Lobsang Wangyal, „Als ich vor 45 Jahren bei der Flucht des Dalai Lama Zeuge war, wusste ich nicht, dass Geschichte geschrieben wurde," *Update der Tibetischen Nachrichten"* 2004; am 12. März 2005 eingesehen bei www.friends-of-tibet.org.nz/news/april_2004_update_20.htm.

7-c. Georges Serrus, *The Land of the Cathars* (Portet-sur-Garonne, France: Editions Loubatieres, 1990).

8-a. Es gibt einige interessante Literaturhinweise für ägyptische Mythen und Religionen, beispielsweise *The Egyptian Book of the Dead*. Viele Ausgaben in Englisch sind erhältlich.

10-a. „Morris Tänze und Verkleidungsspiele ... wurden seit dem Mittelalter zum wichtigen Ausdruck der Menschen, die sich nach der Grünkraft des Lebens sehnen ... Hildegard von Bingen nannte dies die *Veriditas*, die Grünkraft der Seele und zeigt, dass sogar in den Mysterien der Christenheit der Geist des Wilden gegenwärtig war" John Matthews, *Robin Hood: Green Lord of the Wildwood* (Glastonbury, UK: Gothic Image, 1993) 73.

11-a. Für weitere Informationen über die Essener können folgende Bücher hinzugezogen werden:

Olivier Manitara, *The Essenes* (Montreal: Telesma Evida, 2005).

Brother Nazariah, D.D., "Introduction to the Ancient Essenes and the Modern Essene Church of Christ"; am 7. März 2005 eingesehen bei www.essene.org/Ancient_Essenes.htm.

Edmond Bordeaux Szekely, *The Teachings of the Essenes from Enoch to the Dead Sea Scrolls* (London: C. W. Daniel, 1978).

11-b. „Sie sandten Heiler und Lehrer von den Bruderschaften aus, unter denen Elias, Johannes der Täufer, der geliebte Jünger Johannes und der große Essenermeister Jesus waren". (Edmond Bordeaux Szekely, *The Teachings of the Essenes from Enoch to the Dead Sea Scrolls* [London: C. W. Daniel, 1978], 13).

11-c. Edmond Bordeaux Szekely, *The Gospel of the Essenes* (London: C. W. Daniel, 1982).

15-a. Matthews, *Robin Hood,* 64.

16-a. Richard Cavendish, *The Tarot* (New York: Harper & Row, 1975), 54.

17-a. Guillaume de Machaut, *Foy Porter, am 10. April 2005 eingesehen beim Studienführer für Liebesgesänge aus dem Mittelalter unter* www.wsu.edu:8080/~brians/love-in-the-arts/medieval.html.

17-b. Zu beachten ist, dass es einen Bezug gibt zwischen den Albigensern und den Katharern.

17-c. Sie wurden 1118 vom französischen Edelmann Hugues de Payens als ritterliche Eskorten für die Pilger ins Heilige Land zusammengestellt, und man kannte sie „offiziell als ‚Der Orden der armen Ritter von Salomons Tempel'. --- 1307 fielen sie unvermeidbar in Ungnade. Der französische König, Philipp der Schöne, begann den Untergang der Templer mit der stillschweigenden Billigung des Papstes durchzuführen. --- Am Freitag, den 13. Oktober 1307 wurden die Templer zusammengetrieben, festgenommen, gefoltert und verbrannt." Lynn Picknett and Clive Prince, *The Templar Revelation* (Reading, UK: Corgi Books, 1998), 125–28.

17-d. Es werden unterschiedliche Daten für den Anfang und das Ende des Fischezeitalters angegeben. Diese Daten wurden vom Astrologen John Ramsey (johnpeniel45@hotmail.com), am 13. März 2005 in einer E-Mail-Botschaft an Carol McKnight genannt.

18-a. Diese Daten wurden am 13. März 2005 vom Astrologen John Ramsey in einer E-Mail- Botschaft an Carol McKnight angegeben. Andere Autoritäten nennen unterschiedliche Daten für den Anfang und das Ende des Fischezeitalters und der in diesem liegenden ägyptischen Epoche. Ramsey bemerkt auch, dass die Zeit der aufgeklärteren Priester/Könige zwischen 10000 AD bis 3500 AD war.

20-a. Das buddhistische Konzept der „Rechten Rede" entspricht Vickys Theorie. Eine Erklärung über die rechte Rede wird auf der Website TheBigView.com wie folgt gegeben:

„Die rechte Rede ist der erste ethische Verhaltensgrundsatz auf dem Achtfachen Pfad. Eine ethische Haltung wird als Richtschnur für eine *moralische Disziplin* betrachtet, die die anderen Prinzipien des Pfades unterstützt. Dieser Aspekt reicht selbst nicht aus, ist jedoch wesentlich, da eine mentale Reinigung und Läuterung nur durch die Kultivierung einer ethischen Haltung und Handlungsweise erlangt werden kann. Die Wichtigkeit der Rede im Rahmen der buddhistischen Ethik ist offensichtlich: Worte können Leben zerstören oder retten, Feinde oder Freunde schaffen, Krieg beginnen oder Frieden stiften. Buddha erklärte die rechte Rede wie folgt: 1. Falsche Rede zu unterlassen, besonders nicht absichtlich Lügen zu erzählen und nichts in betrügerischer Absicht zu sagen. 2. Verleumderische Rede zu unterlassen und Worte nicht boshaft gegen andere zu richten. 3. Schroffe Worte zu unterlassen, die andere beleidigen oder verletzen und 4. Geschwätz zu unterlassen, dem es an Tiefe oder einer Bestimmung mangelt. Positiv ausgedrückt bedeutet dies, die Wahrheit zu sagen, freundlich, warm und sanft zu sprechen und nur, wenn nötig, zu reden" (www.thebigview.com/buddhism/eightfoldpath.html; am 15. März 2005 aufgerufen).

22-a. „Jesus antwortete und sprach zu ihm: Wahrlich, wahrlich, ich sage dir: Es sei denn, dass jemand von neuem geboren werde, so kann er das Reich Gottes nicht sehen. Nikodemus spricht zu ihm: Wie kann ein Mensch geboren werden, wenn er alt ist? Kann er auch wiederum in seiner Mutter Leib gehen und geboren werden? Jesus antwortete: Wahrlich, wahrlich ich sage dir: Es sei denn, dass jemand geboren werde aus Wasser und Geist, so kann er nicht in das Reich Gottes kommen." (Johannes 3:3-5)

25-a. Barbara Montgomery Dossey, *Florence Nightingale: Mystic, Visionary, Healer* (Springhouse, Penn.: Springhouse, 2000), 237, 420-24.

25-b. ebd., 33.

25-c. Diese Krankheit ist in den Vereinigten Staaten als ‚Chronisches Müdigkeitssyndrom' bekannt.

26-a. TTed Andrews, *Animal-Speak* (St. Paul, Minn.: Llewellyn Publications, 1996), 281-82.

27-a. Eine umfassende historische Biographie von Robin Hood ist bei Wikipedia.org zu finden. Für eine mehr in die Tiefe gehende Betrachtung siehe Robin Hood: *Green Lord of the Wildwood* von John Matthews.

32-a. „Indem man feststellt, dass erst mit der Wiederauferstehung des gespaltenen Luzifers als dem Menschen durch das Mysterium von Golgatha und mit der Wiederherstellung der ursprünglichen Dreieinigkeit des Heiligen Geistes, von Luzifer, Sophia und Michael als dem Menschen, die Wahrnehmung, die Verkörperung und der Ausdruck der kosmischen Intelligenz ohne Verzerrungen oder Behinderungen weitergehen und im Fleisch der Erde verankert werden konnte. Ein anderer Name für diese wiederhergestellte kosmische Dreieinigkeit des Menschen ist Jungfrau Sophia. Das ist deshalb so, weil Sophias Läuterungskatharsis innerhalb des individuellen Bewusstseins eines jeden Menschen als Ergebnis des Reinigungsvorgangs des Astralkörpers des Alten Mondes stattfindet. Wenn der menschliche Astralkörper nicht länger unreine Vorstellungen der körperlichen Welt in sich trägt, sondern wenn er über spirituelle Organe verfügt, die wach und fähig für höchst sensible Wahrnehmungen sind, dann kommt ‚die reine jungfräuliche weise Jungfrau Sophia' im einzelnen Mann oder in der einzelnen Frau mit dem kosmischen Ich, dem Ich-Bewusstsein des Logos des Christus in Berührung" (Richard Leviton, The Imagination of Pentecost: Rudolf Steiner and Contemporary Spirituality [New York: Anthroposophic Press, 1994], 401).

36-a. „Nun aber bleiben Glaube, Hoffnung, Liebe, diese drei; aber die Liebe ist die größte unter ihnen" (Korinther 1, 13:23).

44-a. „Die Violette Flamme, die häufig aufgrund ihrer reinigenden und befreienden Qualitäten die ‚Flamme der Freiheit' genannt wird, ist eine der Funktionen des Siebten Strahls unter der Leitung von Elohim Arcturus, Erzengel Zadkiel und dem Chohan des Siebten Strahls, St. Germain, die sie auch weitergeben. Die Verwendung „der Violetten Flamme", wenn sie rhythmisch angerufen und mit kreativer Visualisierung auf alle Aspekte der individuellen Situationen und der Verhältnisse in der Welt gerichtet wird, wird zu einer höchst nützlichen Methode für den planetarischen Wandel und seine Umgestaltung." Die Violette Flamme (Aufnahme). The Group, Route 9, Box 2370, Brooksville, FL32512.

50-a. Jede Flasche im Meisterset ist nach einem Meisterwesen benannt. Da diese Meister „alle durch eine menschliche Erfahrung gegangen sind und einfach Menschen sind, die ein relatives Maß an Vollkommenheit erreicht haben, gibt es Aspekte körperlichen Kontakts, die diese Meister vollständig überwunden und zutiefst abgelehnt haben. Es gibt nichts in den drei Welten, mit dem sie verglichen werden könnten, ausser mit dem Leben und mit dem Impuls der Liebe für alle Wesen. Das Wiedererlangen von gewissen Handlungsmöglichkeiten wurde als notwendig erachtet. Beispielsweise existieren die fünf Sinne, insofern es einen Meister betrifft, und sie werden, falls nötig, eingesetzt, aber der Kontakt mit den Schülern und den älteren Anwärtern in der Welt (durch die sie in erster Linie wirken) ist weitgehend telepathisch; das Hören und Sehen, sowie wir ihre Aufgaben verstehen, sind nicht beteiligt. Die Wissenschaft der Eindrücke mit ihrer erhöhten Wirksamkeit über den individuellen Kontakt durch die Sinne hat die strengere menschliche Methode vollständig überlagert. Außer, wenn die Meister auf der körperlichen Ebene und in einem physischen Körper wirken, kommen die äußeren physischen Sinne nicht zum Einsatz; bei der Mehrheit der Meister, die immernoch diese Sinne gebrauchen, ist der Einsatz stark eingeschränkt; ihre Arbeit ist immernoch fast vollständig subjektiv, und die Methode des telepathischen Zusammenspiels und des Eindrucks sind praktisch alle Mittel, die sie einsetzen, um ihre helfenden Vermittler zu erreichen" (Alice A. Bailey, *The Externalization of the Hierarchy* [New York: Lucis Publishing, 1989]).

50-b. Die folgenden Definitionen kommen von Mark Prophet, trans., *Intermediate Studies in Alchemy* (Los Angeles: Summit University Press, 1978).

Strahlen. „Strahlen aus Licht oder andere strahlende Energie. Die Lichtaussendungen der Gottheit, die, wenn diese im Namen Gottes oder im Namen des Christus angerufen wird, als Flamme in die Welt der Person hineinexplodieren. Strahlen können durch das Gottesbewusstsein der aufgestiegenen oder nicht aufgestiegenen Wesen als Konzentration der Energie, die zahlreiche Gott-Qualitäten wie Liebe, Wahrheit, Weisheit, Heilung etc. übernimmt, projiziert werden." (148)

Farbstrahlen. „Die Lichtaussendungen der Gottheit; z. B. die sieben Strahlen des weißen Lichts, die durch das Prisma des Christusbewusstseins entstehen, sind 1. Blau, 2. Gelb, 3. Rosa, 4. Weiß, 5. Grün, 6. Purpur und Gold und 7. Violett. Es gibt auch fünf „geheime Strahlen", die aus dem weiß-feurigen Herz des Seins hervorgehen" (131).

50-c. Zur weiteren Erforschung siehe Robert Wang, The Qabalistic Tarot (York Beach, Maine: Samuel Weiser, 1990), 50.

50-d. Gute Quellenangaben über El Morya, schließen folgende ein:

Alice A. Bailey and Djwhal Khul, *Initiation, Human and Solar* (New York: Lucis, 1997).

„El Morya: Der Chohan des Ersten Strahls." Auf der Website des Summit Lighthouse unter www.tsl.org/masters/ElMorya.asp; am 16. April 2005 aufgerufen.

„Der Große und Heilige Meister Morya", auf der Website der Sanctus Germanus Foundation bei www.sanctusgermanus.net/great%20white%20brotherhood/Morya.htm; am 10. März 2005 aufgerufen.

50-e. Laut Michael Poynder: „Die weiße Bruderschaft ist eine esoterische Bruderschaft des Lichts, mit denen viele Meister und viele Personen assoziiert werden. ... [Die Bruderschaft] ist verknüpft mit dem Seelenbewusstsein von einem Wesen zu einem anderen entlang der Schwingung des Lichts bis hin zum Ziel eines positiven Fortschritts der ganzen Erde auf ihrer kosmischen Reise. Das Zusammenwirken der Kräfte Gottes und eine gute Arbeit durch jede einzelne Person oder Gruppenseele erlauben es, dass viele außergewöhnliche und wundervolle Ereignisse im Alltäglichen geschehen, um die Kräfte der Dunkelheit, Unwissenheit, Angst und Unwahrheit zu bannen." (Michael Poynder, Pi in the Sky, London: Random Century Group, 1992), 70.

Die Website der Sanctus Germanus Foundation (www.sanctusgermanus.net) ist eine weitere gute Informationsquelle über die Weiße Bruderschaft, hier wird erklärt: „Die Große Bruderschaft des Lichts ist ein Körper von sehr hoch entwickelten Wesen, die viel höhere Ebenen erreichten, als ein gewöhnliches menschliches Wesen und viel tiefer hinter den Schleier der Natur eingedrungen sind. Sie haben durch die Einweihung in die Mysterien der zeitlosen Weisheit höhere Zustände der Existenz verwirklicht. Solche Wesen werden Meister genannt. Von jenen des höchsten Ranges glaubt man, dass sie die edelste Weisheit und das Wissen erlangt haben, das für die Menschheit im gegenwärtigen Stadium der Evolution möglich ist. Als spirituelle Ausführende von Gottes Plan überwachen sie die menschlichen und planetarischen Angelegenheiten. ... Sie handeln als ‚Boten der Weisheit Gottes', als ‚Hüter der Wahrheit' wie dies bei Christus ist und als ‚Jene, deren Aufgabe es ist', die Welt zu erretten, die nächste Offenbarung zu übermitteln und Göttlichkeit aufzuzeigen" (Sanctus Germanus Foundation, „Welcome and Introduction," www.sanctusgermanus.net/great%20white%20 brotherhood/great_white_brotherhood html; am 12 März 2005 aufgerufen).

50-f. Eine vollständigere Beschreibung findet sich bei Rabbi Adin Even Yisrael (Steinsaltz), „Miriam, die Große Schwester", bei www.jewish-holiday.com/miriam.html; am 11. April 2005 aufgerufen.

51-a. Gute Quellenangaben über Kuthumi in seinen verschiedenen Inkarnationen schließen folgende ein:

Alice A. Bailey and Djwhal Khul, Discipleship in the New Age, volume 1 (New York: Lucis, 1985).

„Der Große und Heilige Meister Kuthumi (Koot Hoomi)," auf der Website der Sanctus Germanus Foundation bei www.sanctusgermanus.net/great%20white%20brotherhood/Kuthumi.htm; am 12. März 2005 aufgerufen.

52-a. Siehe auch H. P. Blavatsky, *The Voice of the Silence*, 1889; verschiedene Ausgaben sind verfügbar. Diese Arbeit basiert auf den Auszügen aus dem Buch *Book of the Golden Precepts* und ist eine östliche Schrift.

53-a. Collins, Mabel. *Light on the Path*. Covina, Calif.: The Theosophical University Press, 1949.

53-b. Für weitere Informationen über Meister Hilarion, siehe Alice Bailey and Djwhal Khul, *The Rays and the Initiations* (New York: Lucis, 1971), Teil 2, Abschnitt 2.

Zur weiteren Erläuterung des „Weges", siehe Annie Besant, *The Masters* (Chicago: Theosophical Publishing, 1977); neuere Ausgaben sind auch verfügbar. Dieser Band erläutert viele Aspekte des „Weges" und wirft Licht auf die Schritte, die für uns notwendig sind, um ein Verständnis für unsere Seele und unsere Bestimmung zu erlangen. *Light on the Path* wird am Anfang der Seite 79 von Besants Arbeit erörtert.

Über Theosophie ist mehr unter der Website der Theosophischen Gesellschaft in Amerika unter www.theosophical.org zu finden. Die Grundauffassungen und Haltungen dieser Gesellschaft sind folgende: „Theosophie ... ist eine Tradition, die in menschlichen Kulturen überall auf der Welt und zu allen Zeiten historisch belegbar ist. ... Die drei wesentlichen Gedanken der Theosophie sind 1. Die fundamentale Einheit alles Existierenden, sodass alle Arten von Gegensätzen – Materie und Geist, das Menschliche und das Göttliche, du und ich – vorübergehende und relative Unterscheidungen von dem unter allem zugrundeliegenden vollkommenen Einssein sind. 2. Die Gesetzmäßigkeit des universellen Gesetzes, das periodisch aus dem absoluten Grund des Seins Universen erzeugt. 3. Der Fortschritt des Bewusstseins, der sich durch die Zyklen des Lebens zu einer sich immer weiter steigernden Wahrnehmung der Einheit entwickelt." (Theosophische Gesellschaft von Amerika, www.theosophical.org/theosophie/faqs/index.html#Q1; am 15. März 2005 aufgerufen).

54-a. „Noch ein weiterer Meister sei hier kurz erwähnt und zwar der Meister Serapis, der häufig „der Ägypter" genannt wird. Er ist der Meister auf dem vierten Strahl, und die großen Bewegungen der Kunst in der Welt, die Entwicklungen in der Musik und in der Malerei und im Schauspiel erhalten von ihm sehr anregende Impulse" (dies wird nachdrücklich unterstützt); Alice Bailey and Djwhal Khul, *Initiation, Human and Solar* [New York: Lucis, 1997]; reproduziert von http://netnews.org/bk/initiation/init1023.html, am 15. März 2005 aufgerufen).

55-a. Richard Leviton, *The Imagination of Pentecost: Rudolf Steiner and Contemporary Spirituality* (New York: Anthroposophic Press, 1994).

55-b. Siehe Richard Leviton, *The Imagination of the Pentecost: Rudolf Steiner and Contemporary Spirituality* (New York: Anthroposophic Press, 1994), 222-24.

56-a. Für weitere Informationen über Saint Germain und seine verschiedenen Inkarnationen siehe:

Mark Prophet, trans., *Intermediate Studies in Alchemy* (Los Angeles: Summit University Press, 1978), 102.

„Saint Germains Embodiments", auf der Website des Summit Lighthouse-Polen, unter http://tslpl.org/StGermain_embodiments.html; am 2. August 2005 aufgerufen.

57-a. Roy Willis, Ed., World Mythology (New York: Henry Holt, 1996).

58-a. „Vielleicht nur die zweitwichtigste nach dem „Big Dipper"(Wagen –"Große Schöpfkelle") in der Ursa-Major-Gruppe, ist die Konstellation des Orion eine der erkennbarsten Sternenbilder am Nordhimmel. Orion, der Jäger, ... wird von seinen treuen Hunden, Canis Major und Canis Minor begleitet. Nach der griechischen Mythologie war Orion in Merope verliebt, eine der Sieben Schwestern, die die Plejaden bilden, aber Merope wollte nichts mit ihm zu tun haben." (www.astro.wisc.edu/~dolan/constellations/constellations/Orion.html; am 17. April 2005 aufgerufen).

Auf der Wikipedia Website (www.wikipedia.org) finden wir folgende Erklärung über den Orion-Mythos: „In einer Version behauptet Orion von sich selbst, der größte Jäger in der Welt zu sein. Dies hörte Hera, die Frau des Zeus und beschloß, einen Skorpion auf Orion anzusetzen. Orion wurde von jenem Skorpion gestochen und starb. Orion tat Zeus leid, und er setzte ihn an den Himmel. Der Skorpion wurde ebenfalls an den Himmel verlegt und wurde zur Konstellation Skorpion. Es ist interessant, dass die eine Konstellation bereits untergegangen ist, wenn die andere der beiden am Horizont aufgeht. So können sich die beiden Rivalen niemals wiedersehen. (http://en.wikipedia.org/wiki/Orion_%28constellation%29; am 18. April 2005 aufgerufen.

58-b. Lemesurier, Peter, *The Great Pyramid Decoded* (New York: Barnes & Noble, 1996), 160.

Für eine detaillierte Analyse und einen Kommentar zu dieser Idee der Reihenfolge siehe Chris Tedder „Stars and the Giza Pyramids", 2002, www.kolumbus.fi/lea.tedder/OKAD/sky2475.htm; am 18. April 2005 aufgerufen.

58-c. Jane Grayson, *The Fragrant Year* (London: Aquarian/Thorsons, 1993).

59-a. William Shakespeare, *The Merchant of Venice*, 4. Akt, 1. Szene.

60-a. Raghavan Iyer, „*The Pledge of Kwan-Yin*", Hermes (November 1979); am 22. April 2005 die Online-Website der theosophischen Bücherei unter http:/theosophy.org/tlodocs/PledgeKY.htm aufgerufen.

60-b. Lao Tzu, *The Way of Life, the Wisdom of Ancient China* (New York: New American Library, 1955)..

60-c. Die Augen der Kwan Yin, www.mykwanyin.com/kwgoddess.html, am 11.März 2005 aufgerufen.

61-a. Sanat Kumara ist ein „Aufgestiegener Meister" und „einer der sieben heiligen Kumaras, die vor Urzeiten auf die Erde kamen, um die *dreifache Flamme* des Lebens im Interesse der Menschheit nach ihrer Vertreibung aus dem Paradies zu bewahren. Sanat Kumara gründete seinen *Zufluchtsort* in Shamballa, einer Insel im Gobi Meer, jetzt die Wüste Gobi. Der erste, der auf seine Flamme ansprach, war Gautama *Buddha*, gefolgt von *Lord Maitreya*. Sanat Kumara hatte die Position des Herrn der Welt, bis sein Anhänger Gautama *Buddha* genügend Verwirklichung erlangt hatte, um dieses Amt zu übernehmen. Am 1. Januar 1956 wurde Gautama Buddha als Herr der Welt gekrönt und Sanat Kumara kehrte zu Venus und zu seiner *Zwillingsflamme*, der Meisterin Lady Venus zurück" (Mark Prophet, trans., *Intermediate Studies in Alchemy* [Los Angeles: Summit University Press, 1978], 150).

62-a. „Der Maha Chohan ist die Personifikation der dritten Person der Dreiheit – des Vaters, des Sohnes, des Heiligen Geistes und der Göttlichen Mutter. Der Maha Chohan ist der Repräsentant und die Inkarnation des Heiligen Geistes. Dies bedeutet nicht, dass er der Heilige Geist ist, aber dass er von allen aufgestiegenen Meistern den Heiligen Geist am ehesten darstellt, wenn wir ins Zeitalter des Wassermanns eintreten". Die Prophetin Elizabeth Clare. „Lektion 1: Wer und was ist der Heilige Geist?" Umfeld der Seelenkonferenz, reproduziert online bei www.tsl.org/Masters/maha_chohan/ und am 17. April 2005 aufgerufen.

63-a. Für weitere Informationen über Djwal Khul, siehe „The Great and Holy Master Djwal Khul", auf der Website der Sanktus Germanus Foundation unter www.sanctusgermanus.net/great%20white%20brotherhood/Djwal%20Khul.htm; am 10. März 2005 aufgerufen.

Für weitere Informationen über Hilarion, siehe die Website www.crystalinks.com/hilarion.html.

66-a. William Shakespeare, *As You Like it*, 2. Akt, 7. Szene.

68-a. Die folgenden Definitionen stammen von Gustav Davidson, A Dictionary of Angels (New York: Free Press, 1971):

Engel. Ein Engel ist ein göttlicher Geist, ein Kurier oder Bote (20).

Erzengel. „Der Begriff Erzengel gehört im allgemeinen zu allen Engeln über dem Rang der Engels(ordnung); er dient auch dazu, eine bestimmte Rangordnung von Engeln in der himmlischen Hierarchie zu bezeichnen. ... [D]ie grössten Engel werden als Erzengel bezeichnet, wie im Alten Testament ..." (51).

Gabriel. „Bedeutet ‚Gott ist meine Stärke'. ... Er ist der Engel der Verkündigung, der Auferstehung, der Gnade, der Vergeltung, des Todes, der Offenbarung" (117).

70-a. Für weitere Erkundungen der astralen Ebene, siehe Alice Baileys *Ponder on This* (1971); einige Auflagen wurden herausgegeben.

72-a. „Der charakteristische Zirkusclown ist ein dicker Mann mit einem traurigen Lächeln, bei dem man das starke Gefühl verspürt, dass seine Späße mehr Bitterkeit enthalten, als es zunächst den Anschein hat.

„Leoncavallos *Pagliacci*, 1892 komponiert, führt diese Tradition zu ihrem logischen Fazit. Es betrifft eine Truppe reisender Schauspieler. Der Tenor singt in seiner berühmten Hauptarie, *Vesti la Jiuba*, dass sein Herz gebrochen ist, selbst wenn er sein Make-up für diese Show auflegen muss. Seine Frau plant mit ihrem Liebhaber wegzurennen, und doch muss er auf die Bühne und den komischen Mann spielen." Bradley Winterton „Opera for Everyone", *Taipei Times*, Freitag, den 24. September 2004.

78-a. Für weitere Erklärungen der Beziehungen zwischen Aura-Soma und der Astrologie, siehe *Esoteric Astrology* von Alice Bailey and Djwal Khul (1951); etliche Auflagen sind verfügbar.

82-a. „Rastafari strebt im Gegensatz zu den meisten Religionen und christlichen Gruppen, die dazu tendieren, eine Übereinstimmung mit den bereits bestehenden Mächten anzustreben, eine Nicht-Übereinstimmung an sowie eine friedliche Rebellion gegenüber dem, was sie als Babylon bezeichnet und die moderne Gesellschaft ist, in der wir leben. Rastafari wurde unter sehr armen Menschen groß, denen die Gesellschaft außer mehr Leiden nichts zu bieten hatte. Rastafarier sehen sich selbst einer Vision entsprechend, wie Afrikaner leben und zurückfordern sollten, was sie als die ihnen gestohlene Kultur betrachten, als sie auf Sklavenschiffen nach Jamaika, dem Geburtsort der Bewegung, gebracht wurden. Ihre Religion ist schwer einzustufen, weil Rastafari keine zentralisierte Organisation ist; und es bleibt den individuellen Rastafariern überlassen, ihre Wahrheit für sich selbst herauszufinden, was zu einer weitreichenden Verschiedenartigkeit an Glaubenshaltungen führt, die sich unter den breiten Schirm der Rastafari begeben." (Website Answers.com: www.answers.com/topic/rastafarianism; am 29. Juni 2005 aufgerufen).

84-a. „ Die Einsamkeit war hart
Die schwierigste Rolle, die du jemals spieltest
Hollywood schuf einen Superstar
Und Schmerz war der Preis, den du bezahlen musstest
Sogar als du starbst
Oh, die Presse jagte dich immernoch
Alles, was die Zeitungen zu sagen hatten
War, dass Marilyn nackt vorgefunden wurde."

(aus dem Album *Goodbye Yellow Brick Road*; Text von Bernie Taupin, wie bei www.eltonography.com/songs/candle_in_the_wind.html reproduziert; am 11. März 2005 aufgerufen).

87-a. „Im 20. Jahrhundert stehen wir an einem wichtigen Wendepunkt, an dem der ätherische Körper, schwach und relativ machtlos innerhalb der physischen Kopforganisation, wieder hervortreten und sich selbst aus der Schwere des Physischen befreien wird – jenem „drei Pfund schweren Universum", wie einige Neurowissenschaftler spaßeshalber das menschliche Gehirn nennen – und seine kosmische geistdurchdrungene Unabhängigkeit zurückverlangen wird. Im Wesentlichen ist dieses Lockern jenes engen Bandes zwischen dem ätherischen und dem physischen Körper die wichtigste Veränderung, die der ätherische Körper laut Steiner in unserer Zeit beginnen würde durchzumachen. Das Lockern des ätherischen vom physischen Körper ist die rechtmäßige Aufgabe des Bewusstseins dieser Seelenepoche. Dieses fördert auch die natürliche ätherische Hellsichtigkeit, und es ist vorgesehen, dass sie sich in der Mitte des 22. Jahrhunderts in der Menschheit entfalten soll. Diese natürliche ätherische Hellsichtigkeit, die wachsames Wahrnehmen mit sich bringt, wird die rechtmäßige Frucht der bewussten Seele sein. Wieder einmal stellen wir fest, dass Christus der Gärtner ist. In unserer Zeit wird dem ätherischen Körper neue Energie zugeführt, worauf Steiner hinwies, und diese Neu- und Wiederbelebung des Denkens, des Bilder webenden Lebenskörpers, in dem die Gedanken, um es noch einmal hervorzuheben, wirkliche lebendige Kräfte sind, ist mit der neuen Offenbarung des Christus verbunden. „Wenn der ätherische Körper wieder belebt wird, findet der Mensch den Christus" (Richard Leviton, *The Imagination of Pentecost: Rudolf Steiner and Contemporary Spirituality* [New York: Anthroposophic Press], 64).

89-a. Für weitere Erkundungen der Kodexe siehe José Argüelles, The Mayan Factor (Santa Fe, N.M.: Bear and Company, 1987).

91-a. Eine neuere Version dieser Transformation ist der Film *Meet Joe Black* (1998), bei dem der „Tod" lebendig wird und sich in eine Frau verliebt, die wiederum dem „Tod" zeigt, was Liebe ist. Dadurch verändert der „Tod" seine Beziehung zum Leben. Dieser Film stellt sehr schön die olivfarbene Energie dar.

92-a. Siehe Ellen Cannon Reed, *The Witches Qabala* (York Beach, Maine: Samuel Weiser, 1997), 51.

94-a. Für weitere Erkundungen siehe John Barnwell, *The Arcana of the Grail Angel* (Bloomfield Hills, Mich.: Verticordia Press, 1999), besonders Seite 509.

95-a. „Während der Führungszeit des Erzengels Gabriel waren die Kräfte der Vererbung dominante Aspekte der menschlichen Kultur, wobei verschiedene Gruppen von Menschen weitaus mehr dazu neigten, als Reaktion auf ihre Bindungen zu ihren Vorfahren heraus zu handeln." (John Barnwell, *The Arcana of the Grail Angel* [Bloomfield Hills, Mich.: Verticordia Press, 1999], 501).

96-a. Davidson, Gustav. *A Dictionary of Angels*. New York: Free Press, 1971.

97-a. Siehe *Der Kleine Prinz* von Antoine de Saint-Exupéry. Verschiedene Ausgaben sind verfügbar.

101-a. Ebenso von Interesse für den Leser mag Michelangelos Gemälde *Sündenfall und Vertreibung aus dem Paradies* sein.

102-a. Siehe John Barnwell, *The Arcana of the Grail Angel*, 475.

102-b. ebd.

6. Kapitel

1. Ken Wilber, *The Collected Works of Ken Wilber*, Band 7 (einschließlich *A Brief History of Everything und The Eye of Spirit*; Boston: Shambhala, 2000), 164.
2. ebd., 140.
3. ebd., 675.
4. ebd., 119.
5. ebd., 127.
6. Richard Cavendish, *The Tarot* (New York: Harper and Row, 1975), 54.
7. Chaih-hsu Ou-i, *Buddhist I Ching*, übersetzt von Thomas Cleary (Boston: Shambhala, 1987), 1.
8. William Shakespeare, *Hamlet*, 1. Akt, 3. Szene, Zeilen 82-84.
9. Wilber, *Collected Works*, 7.
10. ebd., 8.
11. ebd., 9.
12. ebd., 11.
13. ebd., 13.
14. www.karmecholing.org.
15. Chogyam Trungpa, *The Heart of the Buddha* (Boston: Shambhala, 1991), 60.
16. Edward Hoffman, *The Hebrew Alphabet* (San Francisco: Chronicle Books, 1998).
17. Beide Zitate sind von Gustav Davidson, *A Dictionary of Angels Including the Fallen Angels*, 255.
18. John Barnwell, *The Arcana of the Grail Angel,* 321.
19. David Wood, *Genisis* (Tunbridge Wells, U.K.: The Baton Press, 1985), 37.
20. Steiner, *Knowledge,* 30–31.

Literaturauswahl

Bailey, Alice A. *The Reappearance of the Christ.* New York: Lucis Publishing, 1948.

———. *A Treatise on White Magic.* New York: Lucis Publishing, 1974.

Baquedano, Elizabeth. *Aztec, Inca and Maya.* New York: Alfred A. Knopf, 1993.

Barnwell, John. *The Arcana of the Grail Angel.* Bloomfield Hills, MI: Verticordia Press, 1999.

Bartlett, John. *Familiar Quotations.* Boston: Little, Brown and Company, 1955.

Berenson-Perkins, Janet. *Kabbalah Decoded.* Hauppauge, NY: Barron's Educational Service, 2000.

The Bible (New Jerusalem Version). New York: Doubleday, 1985.

Blofeld, John. *Bodhisattva of Compassion.* Boston: Shambhala, 1978.

Bremness, Lesley. *Herbs.* New York: DK Publishing, 1994.

Brown, Sarah, and David O'Connor. *Medieval Craftsmen Glass-Painters.* London: British Museum Press, 1993.

Cavendish, Richard. *The Tarot.* New York: Harper and Row, 1975.

Church, W. H. *Edgar Cayce's Story of the Soul.* Virginia Beach: A.R.E. Press, 1989.

Cotterell, Arthur. *The Encyclopedia of Classic Mythology.* London: Lorenz Books, 2003.

Davidson, Gustav. *A Dictionary of Angels Including the Fallen Angels.* New York: The Free Press, 1971.

Dawkins, Peter. *Francis Bacon: Herald of the New Age.* Warwickshire, UK: Francis Bacon Research Trust, 1997.

de Purucker, G. *Occult Glossary: A Compendium of Oriental and Theosophical Terms.* Pasadena, Calif.: Theosophical University Press, 1956.

Drosnin, Michael. *The Bible Code.* New York: Simon and Schuster, 1997.

Fischer-Rizzi, Susanne. *Medicine of the Earth.* Portland, OR: Rudra Press, 1996.

Goethe, Johann Wolfgang von. *Theory of Colors.* 1810. Cambridge, MA: The MIT Press, 1976.

Guiley, Rosemary Ellen. *Encyclopedia of Angels.* 1st edition. New York: Checkmark Books, 1996.

Hamilton, Edith. *Mythology.* Boston: Little, Brown and Company, 1942.

Hart, George. *Ancient Egypt.* New York: Alfred A. Knopf, 1990.

Hoffman, Edward. *The Hebrew Alphabet.* San Francisco: Chronicle Books, 1998.

Lerer, Seth. *The History of the English Language.* Chantilly, VA: The Teaching Company, 1998. (Audiocassette series.)

Matthews, John. *Robin Hood: Green Lord of the Wildwood.* Glastonbury, UK: Gothic Image, 1993.

Pearson, Anne. *Ancient Greece.* New York: Alfred A. Knopf, 1992.

Philip, Neil. *Myths and Legends.* New York: DK Publishing, 1999.

Oben: Sonnenuntergang über dem Nil.

Poynder, Michael. *Pi in the Sky.* London: Random Century Group, 1992.

Price, Simon, and Emily Kearns. *The Oxford Dictionary of Classical Myth and Religion.* UK: Oxford University Press, 2003.

Rinpoche, Sogyal. *The Tibetan Book of Living and Dying.* San Francisco: HarperCollins, 1994.

Rosenberg, Donna. *World Mythology, an Anthology of the Great Myths and Epics.* 2nd edition. Lincolnwood, IL: NTC Publishing Group.

Rudhyar, Dane. *Astrological Timing: The Transition to the New Age.* New York: Harper & Row, 1972.

Saint Germain dictated to the messenger Mark L. Prophet. *Intermediate Studies in Alchemy.* Los Angeles: Summit University Press, 1978.

Satinover, Jeffrey. *Cracking the Bible Code.* San Francisco: HarperCollins, 1998.

Serrus, Georges. *The Land of the Cathars.* Portet-sur-Garonne, France: Editions Loubatières, 1990.

Shakespeare, William. *A Midsummer Night's Dream.* Reprinted in *The Complete Works of William Shakespeare* edited by Clark and Wright. New York: Doubleday, n.d.

Shepherd, A. P. *Rudolf Steiner: Scientist of the Invisible.* Rochester, VT: Inner Traditions, 1990.

Shreeve, Caroline M. *The Alternative Dictionary of Symptoms and Cures.* London: Rider, 1986.

Steedman, Scott. *Ancient Egypt.* New York: DK Publishing, 1995.

Steiner, Rudolf. *Color.* 1914–1924. Sussex, U.K.: Rudolf Steiner Press, 1992.

———. *The Course of My Life.* 1923–1925. New York: Anthroposophic Press, 1928.

———. *Knowledge of the Higher Worlds.* 1904–1905. London: Rudolf Steiner Press, 1969.

Trager, James, ed. *The People's Chronology.* New York: Holt, Rinehart and Winston, 1979.

Trungpa, Chogyam. *The Heart of the Buddha.* Boston: Shambhala, 1991.

Wall, Vicky. *Aura-Soma: Self-Discovery through Color.* Rochester, VT: Healing Arts Press, 2005.

Watts, Alan W. *The Way of Zen.* New York: Random House, 1999.

Wilber, Ken. *The Collected Works of Ken Wilber,* volume 7 (including *A Brief History of Everything* and *The Eye of Spirit*). Boston: Shambhala, 2000.

Willis, Roy, ed. *World Mythology.* New York: Henry Holt, 1996.

Wood, David. *Genisis.* Tunbridge Wells, U.K.: The Baton Press, 1985.

Der Weg winkt, Orangeville, Canada

Bildnachweis

David Allaway: 107 (oben)
Tiki Archambeau: 2,38,91,95 (oben), 137
Ryan Barolet-Fogarty: 79
Claudia Booth: 29 (oben links), 29 (rechts), 30, 31, 150 (links), 181 (unten) 213 (unten), 230 (unten rechts)
Mike Booth: 24 (mit Jakael und Issette Tristram und Carol McKnight), 28, 37 (unten rechts), 89, 148, 155, 157, 206, 209 (oben rechts), 224 (oben links), 247 (oben links), 248, 268 (oben links)
Professor John Buckeridge, Leiter der Schule für Umwelttechnik, Bauingenieurwesen und chemische Verfahrenstechnik am Royal Melbourne Institut der Technischen Universität in Melbourne, Australien: 98, 113 (unten links), 166 (links), 170
Ariel Kaile Burgess, „The Getco Sys Fue“: 18, 81 (unten), 127 (unten links), 129 (unten links), 131 (unten), 149 (oben), 176, 180, 181 (oben), 183 (unten), 204, 207 (oben), 223 (oben rechts), 236, 266 (unten links)
Michael Burgess: 7 (unten links), 16, 34 (unten), 58 (links), 66 (links), 74, 82 (links), 123 (unten), 144, 160, 161 (oben), 182, 225 (oben rechts), 231 (unten), 242, 345 (oben)
Robert Lee Cohen, freundlicherweise zur Verfügung gestellt von Dianne Cohen McInerney: 132, 253 (oben rechts)
Kameron Decker Harris und Dawn Decker: 65 (oben), 186
John Dillon-Guy: iii, 17, 119 (rechts), 164, 209 (links unten), 267
Mary Farrell: 232
Keith Fielder: 73
Russell C. Hansen of Lincoln, Vermont (www.birdsinflight.net; birdsinflight@mac.com).
Die Bilder von Russ sind einzigartig in der Welt der Fotografien von wildlebenden Tieren und in vielen Zeitschriften und Büchern erschienen. Sein Ausstellungsstück „Birds in Flight“ wurde seit 1992 zu vielen Museen überall in den USA weitergereicht. Freundlicherweise zur Verfügung gestellt von Martha S. Hansen. Die Fotografie von Russ ist auf Seite 215 zu sehen.
William Kolker: 173
Andrea Lloyd: 59, 158, 183 (oben), 258, 265 (oben)
Carol Jean McKnight: 2, 11, 13 (unten rechts, freundlicherweise zur Verfügung gestellt von Deborah LaFramboise und Kirsten Talmage), 14 (rechts), 19, 21, 22, 24 (mit Jakael und Issette Tristram und Mike Booth), 27, 63, 65 (unten), 66 (rechts), 68 (links), 70 (links, freundlicherweise zur Verfügung gestellt von Richard Brigham), 76, 77, 80, 83, 85 (links), 85 (rechts), 87, 88 (links), 88 (rechts), 93 (oben), 93 (unten), 95 (unten), 96 (links), 97 (oben), 99, 100, 101 (oben), 103, 109 (oben), 112 (links), 115 (rechts), 116, 125 (unten), 128, 133 (unten), 142, 143, 145 (unten), 149 (unten), 151, 152 (rechts), 159 (unten links), 161 (unten rechts), 162, 165 (oben), 167, 168, 171 (unten), 175 (oben), 187, 188, 199 (unten links), 201, 210, 211 (oben rechts), 216 (mit Annabelle Westling Williams), 220 (links), 222, 224 (unten), 225 (unten links), 228, 229, 231 (oben), 233 (unten links), 234 (unten links), 235 (unten), 237 (oben), 237 (unten), 240, 243, 247 (unten links), 256, 259, 262, 276, 279, 285, 292, 294 (mit Nick Vittum und Jakael und Issette Tristram)
Judi McLaughlin (www.35mmMagic.com) ist Berufsfotografin. Sie macht leidenschaftlich gern Bilder von exotischen Schauplätzen. Für die Fotografien, die in diesem Buch zu sehen sind, nutzte sie die schöne Dunkelheit der Nacht,

Oben: Die Flaschen des „Erste Hilfe“-Sets mit Tiefmagenta im unteren Teil.

um Alaskas magische Aurora Borealis einzufangen: sie fotografierte majestätische Königstiger ganz aus der Nähe, während sie auf einem Elefant im Khana Nationalpark, Indien ritt; sie enthüllte die Kraft der Natur in dem Bild, das sie von einem Hubschrauber aus über einem Vulkanausbruch auf Hawai aufnahm; und sie fing die Verspieltheit der Robben ein, als sie der Spur Darwins auf den Galapagos Inseln folgte. Ihre Bilder wurden unter anderem im Nature Photographer Magazine und im Digital Photographer Magazine veröffentlicht. Auf den Seiten vi, 34 (oben), 47 (oben), 47 (unten), 60, 67, 70 (unten rechts), 75 (links), 86, 90, 96 (rechts), 108, 110 (links), 110 (unten), 113 (oben rechts), 114, 118, 124, 125 (oben), 129 (oben rechts), 130, 131 (oben), 139 (unten), 140, 141, 147 (oben), 153, 156 (rechts), 163, 165 (unten), 166 (rechts), 169 (unten links), 171 (oben), 195 (oben), 197, 200, 205 (oben), 205 (unten), 227, 233 (oben), 239 (oben), 241 (oben), 245 (unten), 249, 264, 265 (unten rechts), 270 und 284 sind ihre Fotografien zu sehen.

Alma Midgehopes Originalkunst wird auf Seite 122 gezeigt.

Helen Newman: 203 (unten)

Larry Neumann: 145, 219, 254

Lindsay Raymondjack: 190 (rechts)

Kris Root: 134, 147 (unten)

Michelle de Santis, hauptberuflich Zahnärztin, mit einem Interesse für Aufnahmen aus nicht alltäglicher Sicht: 3, 6, 23, 127 (oben rechts), 154 (rechts), 199 (oben rechts) 218, 234 (unten rechts)

Tay Sloan: 75 (rechts), 196 (rechts)

Sansea Sparling: 61 (unten), 138, 196 (links)

Thalia Morrow Sparling: 58 unten links, 193, 214, 221

Colin Talmage: 112 (rechts), 230 (unten links)

Erin Talmage, Naturforscherin: 62, 71, 78, 115 (unten links), 123 (oben), 172 (links), 192, 194, 212, 238, 239 (unten rechts), 257

Kirsten Talmage: 111 (Original-Kunstwerk), 217 (oben)

Judy Taylor (www.agpix.com/judytaylor, www.photosourcefolio.com/1254, www.judytaylor.photosourcegroup.com) genießt es, die Natur und auch Menschen zuhause und bei der Arbeit zu fotografieren, häufig an historischen Stätten, die Teil ihres Alltagslebens sind. Sie verbringt soviel Zeit wie möglich draußen und ist auf der ständigen Suche nach der perfekten Fotografie. Ihre Bilder erscheinen auf den Seiten 7 (unten rechts), 14 (links), 37 (oben), 49, 82 (rechts), 92, 94, 105, 109 (unten), 133 (oben), 136, 169 (oben rechts), 177, 185, 190 (links), 191, 195 (unten), 211 (unten), 217 (unten), 235 (oben), 250, 251 (oben), 252, 255, 263, 266 (unten rechts), 268 (unten) , 269, 286, 287.

Mark Taylor: 12 (unten links), 13 (oben links), 12 (oben rechts), 15, 26, 97 (unten), 106, 121, 161 (unten links), 253 (oben links)

Pardon Elisha Tillinghast VII, Professor Emeritus für Geschichte am Middlebury College in Middlebury, Vermont: 61 (oben), 72 (links), 72 (rechts), 84, 119 (unten links), 135, 184, 244, 246, 251 (unten).

Doug Todd (www.dougtodd.com) ist Berufsfotograf und lebt jetzt in New York City: 203 (oben).

Issette und Jakael Tristram: Grafikdesigner (jkl@triple-ring.com): 2 (mit Carol McKnight), 24 (mit Carol McKnight und Mike Booth), 198, 294 (mit Carol McKnight und Nick Vittum).

Nick Vittum: 101(unten, freundlicherweise zur Verfügung gestellt von der Nasa), 102

Charles von Bruns: 174 - 175 (unten)

Elaine Lasker von Bruns: 208

Scott Wayne, Vorsitzender der SW Associates, LLC-Umweltgerechte Entwicklung durch Tourismus (www.sw-associates,net). Mr. Wayne leitete eine große Reihe touristischer Entwicklungsprogramme und Projekte, die sich auf die ökonomische Entwicklung durch Koalitionsbildung im Tourismus und auf Beziehungen zwischen internationalen Regierungen konzentriert. Er ist Autor von sieben Reisebüchern für Sierra Club Books und Lonely Planet. Seine Fotografien erscheinen auf den Seiten 120 und 207 (unten).

Debra Jo Whitcomb: 68 (rechts), 178, 293

Annabelle Westling Williams: 64, 69, 95 (unten), 117 (unten), 126, 139 (oben), 154 (links), 216 (mit Carol McKnight), 220 (rechts), 223 (unten), 260, 261

Tanya Williams: 107 (unten), 156 (links)

Rick Winslow: 152 (links), 159 (oben rechts), 202, 213 (oben), 226

Lynn Yarrington und Michael Mode: 81 (oben), 104, 117 (oben), 172 (rechts), 189, 241 (unten)

Die Equilibrium Flaschen

B56 B57 B58 B59 B60 B61 B62 B63
B64 B65 B66 B67 B68 B69 B70 B71
B72 B73 B74 B75 B76 B77 B78 B79
B80 B81 B82 B83 B84 B85 B86 B87
B88 B89 B90 B91 B92 B93 B94 B95
B96 B97 B98 B99 B100 B101 B102 B103
B104 B105

Themenverwandte Bücher

Aura-Soma
Self-Discovery through Color
by Vicky Wall

The Healing Power of Color
Using Color to Improve Your Mental,
Physical, and Spiritual Well-Being
by Betty Wood

Healing with Chakra Energy
Restoring the Natural Harmony of the Body
by Lilla Bek & Philippa Pullar

Aromatherapy for Healing the Spirit
Restoring Emotional and
Mental Balance with Essential Oils
by Gabriel Mojay

The Encyclopedia of Aromatherapy
by Chrissie Wildwood

Aromatherapy Workbook
by Marcel Lavabre

Advanced Aromatherapy
The Science of Essential Oil Therapy
by Kurt Schnaubelt, Ph.D.

Hydrosols
The Next Aromatherapy
by Suzanne Catty